青蓝文库

青蓝文库

律令时代的“议事以制”

汉代集议制研究

秦涛 著

中国法制出版社
CHINA LEGAL PUBLISHING HOUSE

问渠那得清如许

经过两年多的策划和工作，《青蓝文库》终于面世了。这中间，凝聚了很多人的努力和期待。中国法制出版社邀我写一个总序，考虑到丛书包涉法学各个专业，自己所学狭薄，我一开始有些犹豫。但又想到司马迁所言："序者，绪也，所以助读者，使易得其端绪也。"参与和见证一段历史，无形中就承载了记录绍介的义务。读者可能希望了解到这套文库的来龙去脉，如果我的序能够有所帮助，那还是义不容辞的。

说来话长。这套文库的大致雏形，最早涌现于 2016 年 3 月某日，中国法制出版社的马颖女士与我在陈明楼办公室的一番叙谈。马颖在法律出版界是资深编辑，那时刚接任编辑六部主任一职，很想为法制社的学术出版再开局面，拓展出一些新气象。而我自己当时手头文债积压，并无新货，于是，我们就聊到其他出版项目，其中就包括，法制社打算资助出版一批优秀博士论文。

如所周知，博士论文凝聚了一个人以学术为业的最初心血，是他走上学术之路的叩门砖，意味着从汲取导向的学生，开始向创新导向的学者蜕变。而且，从学术史经验来看，博士论文中也不乏经受住了时间检验的经典之作。尽管意义与价值如此之大，但是，在当下的出版环境中，博士论文出版却非常之难。一来，是由于纯粹的学术著作的受众市场本身就非常狭小；二来，在逼仄的市场中，书的销量和效益又往往与作者的知名度挂钩。于是，一个名不见经传、初出茅庐的学者，捧着手中新鲜出炉的博士论文，既不容易得到学术市场的认可，也因此很难获得出版社的支持。名家大腕被争相约稿，而刚出道的新人，即使自掏腰包自费出版，恐也难逃被冷落敷衍的命运。所以，尽管每年中国的法学院校里有很多博士生毕业，但是，即使是其中最优秀的博士论文，想要立即出版也非易事，往往是“养在深闺人未识”，直到作者闯出腕儿来、有了学术名声的那一天，蒙尘的明珠才可能绽放光芒。

然而，此时出版，已有些错过，不再是学术新人最渴望自我肯定和向学界证明的迫切时机，也不是学者在最艰难的出道之初，最急需的支持和鼓励，因而，可能只是锦上添花。过往，中国人民公安大学出版社的《北大刑法博士文丛》，以及武汉大学出版社的《武汉大学刑法学博士文库》，为很多刚毕业的刑法博士提供了论文出版的平台，成就了他们人生中的第一本书，那是颇有高义的雪中送炭之举。不过，这两套文库作者限于特定高校和刑法专业，影响不免有限。如今，法制社有意精心打造一套文库，推出全国法学院各专业的优秀博士论文，这种对学术新人鼎力相助的力度，可谓前所未有，出版社的学术情怀和社会担当更是令人敬佩。因此，当听到马颖提出这个出版计划并征询我的具体建议时，我也感到很振奋，愿意尽自己绵薄之力，帮助她绘成这个蓝图。

我当时向马颖建议，可以通过民间渠道邀请一批中青年学者，而非官方机构来遴选优秀论文。这不仅是由于，机构评选论文的形式已成窠臼，更主要是考虑，如果评审人与被评审人年龄代际相近，那么无论是个人的学术潜质还是论文情况，都一定更为熟悉。而且，相对于年长的学界大家来说，中青年学者距离在毕业前后的艰难岁月中努力跋涉的经历，时间还未久远，因此，对学术新人出头的不易，以及博士论文出版的困难，大都有尚未淡化和忘却的切身体会，可能更愿意去投入精力帮助后来人。加之较少社会杂务，更多爱惜学术羽毛，评选上也会更加认真、负责和公允。

马颖是个很有决断力的人，她听了我的建议后，完全赞同这个新的民间方案，并请我推荐和联系编委会人选。我被马颖的热诚感染，受她之托，给一些学界朋友打了电话。大家在了解到这个出版计划后，几乎都是毫不犹豫地应允下来，愿意义务承担审查来稿和推荐优秀论文的工作。编委会的人员组成很快就确定下来。这也让我颇有感触，一个有情怀的出版项目，不需要多少鼓吹，自会焕发出它的光彩，吸引和召唤着有学术责任感的学者们汇集。

万事俱备，只欠开会。2016 年 4 月 18 日，第一次神仙会胜利召开。根据出版社的记录，第一次与会的学者名单如下：车浩、陈新宇、侯猛、劳东燕、雷磊、栗峥、王莹、许德峰、张翔、张龑、赵宏、朱腾、谢海定。舒丹、马颖、王雯汀三位法制社编辑策划主持了第一次聚会。聚会之日适逢当年的北京电影节，于是，由我提议，大家在小西天附近餐叙后，又集体遛弯到中国电影资料馆，看了一场银河映像系列之《暗花》。从电影院出来，仍然意犹未尽，找了一处胡同里的茶馆继续聊。

这次聚会颇有成果。商定的内容包括：(1) 在全国范围内面向各个高校和专业征求优秀论文。(2) 采用作者自荐和编委推荐两种方式确立稿源。(3) 编委会的工作制度和推荐评审的义务。(4) 兼顾图书质量和出版规模等基本理念和规则。其实，答应参与编务的学者，虽然是法学各个专业里出类拔萃的青年才俊，但毕竟有学校和专业的隔离，相互间并没有想象中那么熟悉，甚至是闻名已久但从未谋面的神交，是《青蓝文库》这个出版项目中包含的学术理想和情怀，调动了每个人的学术热忱，大家才聚到一起来。每个人都很珍重自己的责任。在集聚餐、喝茶、看电影于一体的聚会中，严肃活泼地讨论了问题，达成了共识，像这样的交游轶事，对我们每个参与者都是很奇妙的体验，也是一次弥足珍贵的回忆。

第一次聚会后不久，法制社就在征求各位编委意见的基础上，面向全国，推出了正式的征稿启事。“《青蓝文库》是由中央级法律专业出版社中国法制出版社创设的重大出版项目，专门出版中国法学专业优秀博士学位论文。文库旨在发现有潜质的学术新星，为法学博士论文的发表搭建优质平台。文库支持和推动高校不断推出创新性成果，与学界一起探索和确立中国法学博士论文的优秀标准。”这份启事，包括我本人在内，多位老师参与修改润色，应当说，完整地表达了出版社编辑和我们编委会成员的共同心声。

在这份启事中，中国法制出版社郑重承诺：《青蓝文库》的出版无需任何资助；出版社会精心打磨每一部作品，以精美的版式设计和装帧风格匹配作品的学术价值；对《青蓝文库》的出版成果，出版社会积极联系各学术刊物、报刊媒体、学校官方平台等进行大力宣传；每一年度出版社将邀请出版论文作者参加“青蓝出版沙龙”，享受一次打破学科专业界限相互交流的盛会。显而易见，这些承诺如能一一实现，那么，进入《青蓝文库》，对于博士毕业的学术新人在学界影响力的彰显和提升，将会有极大的助力。这可能是青年学者能在国内出版界得到的最好的亮相机会了。当然，这份启事中也写明了我们这些编委的承诺，即编委会成员将尊重学术研究视角和立场的多元化，本着充分的学术包容精神，对挑选出真正有价值的论文怀有使命感，力求评选结果客观公正。

出版社与编委会的第一次碰头议事，设在小西天，以独特的方式，取得了非常好的效果。在其乐融融的气氛中，沟通了感情，增进了对《青蓝文库》这项共同事业的认同度和使命感。可能是受此激励，三个月后的一个周末（2016 年 7 月 23、24 日），马颖很快又趁热打铁组织了第二次编委会会议，地点设在京郊。报到当天下午，大家就开始了分组审稿的工作。第二天，在北京实创西山科技培训中心，召开了正式的评审会。针对符合征稿要求的 21 篇博士论文，按照“严格筛选、宁缺毋滥”的原则，以编委的个人初审为基础，经过分组审稿、分组讨论以及集中评审后，编委会成员进行匿名投票。再由出版社统计全体编委的推荐意见，当场公布获得三分之二（即 12 名以上）编委推荐的论文名单。针对入选的论文，编委会确定一至两名编委，综合全体编委的修改意见，会后与论文作者直接沟通，提出完善建议。至此，第一次评审会圆满完成，共评选出 4 篇优秀论文，作为《青蓝文库》第一批次推出的作品。

这是一次非常成功的论文评审会。这首先得益于，马颖、王雯汀、罗莎、侯鹏、吴宇辰等几位出版社的编辑及工作人员，为这次评审会付出了大量的心力来准备、策划和安排。其次，参加评审会的编委会成员，包括陈杭平、侯猛、劳东燕、雷磊、栗峥、王莹、许德峰、尤陈俊、张翔、张龑、朱腾、赵磊以及本人在内，都本着珍重这份责任的态度，对评审投入了很大精力。会前，出版社就已经通过邮件把论文发给了编委进行预审，等到开会当天，各学科组的编委对所推荐论文和存在争议的论文讨论得非常深入，争论得也十分激烈，可以说是充分且坦诚地交换了意见。

之后很长时间，我都常常想起这次令人难忘的评审会。马颖等各位编辑老师的策划安排，可谓煞费苦心。会议所在之地离龙泉寺很近，龙泉寺是全国有名的佛教古刹，出过很多高僧，常常以现代人喜闻乐见的方式传播佛法，寺内香火旺盛，游客如织，置身其中，感受到一种出世般的内心宁静，但也不会斩断与人间烟火的勾连。浸染在这种情绪中，特别适合投入接下去的评审工作。因为学术一途，本来也是素心人之事，要能脱心志于俗谛之桎梏，而付出精力去评审和推荐他人的论文，更是要有一种对学术共同体的使命感。所以，我觉得法制社的这次会议策划颇有禅机、值得回味。

半年之后，我们又在法制社的会议室召开了第三次编委会，也是第二次论文评审会。有了前两次成功的会议打下的基础，编委会磨合日趋顺畅，后面的评审会就进入了良性运转的正常轨道。值得一提的是，在几次会议中，大家逐渐达成一项共识，即《青蓝文库》支持的对象，不仅仅是优秀论文本身，而且是论文作者的学术之路。因此，虽然论文质量不错，但是作者博士毕业后就不再从事学术工作的，原则上不纳入出版计划之列。

受命作序，回想往事，点点滴滴都涌上来。这样不厌其详地叙述过往细节，正如开头所言，因为要向读者诸君讲述《青蓝文库》的来龙去脉，希望文库的每一位作者都能记住历史。法制出版社多次表示，他们有能力、有信心将《青蓝文库》的项目坚持下去，十年、二十年甚至更久。我也相信，未来将有更多的青年才俊，以这套文库为阶，走上学术舞台的中心。序中所记，是在这套文库诞生过程中，出版社编辑和编委会成员付出的热情和心血，当然，肯定还有很多我不了解的幕后工作无法呈现。我一直认为，缺乏学术传承和积累，是中国法学曾被人讥为“幼稚”的重要原因。而学术传统的形成，不是某一两个人甚至一两代人就能毕功的事业。我们每个人，都是在无尽的历史长河中来承担各自的使命。我们努力完成自己的作品，也不要淡忘先行者的努力和恩惠，同样，有能力时，更应尽力去帮助和支持学术之路上的后来人。由此，学术共同体才可能写下历史记忆，中国法学才可能形成绵延不断的积累。

问渠那得清如许？我想，年轻学者们锐意十足的作品、学界同仁间相互守望和提携的赤诚、出版界襄助学术的热忱，就是那永不枯竭的源头活水吧。愿中国法学的学术传统涓涓不息，清水长流！

是为序。

车浩

2018 年 4 月 9 日于北大陈明楼

目 录

青蓝文库

序　章

汉代集议制研究的前提工作

人事之叙述，当以十年为限观其沉浮；制度之研究，当以百年为界论其升降。

中国法制史上，国祚不及百年的政权，其法制或为后一时代之奠基、或为两大时代之过渡；而享百年以上承平之王朝，其法制大率成为法制史上的典型，但也因法久生弊而为后一时代提供变革的动因。绵延四百年的汉代法制，当属后者。

自清末对汉律的辑佚、考证以来，汉代法制的研究已逾百年。在这一个多世纪中，载有丰富法制内容的秦汉简牍层出不穷，大大拓展了汉代法制史研究的论域。而传世文献虽已经过历代学者的精耕细作，却远未到达“题无剩义”的地步——恰相反，由于有了地下材料的印证，许多原先暗昧不明的史料如今重新映入了研究者的视野。律令制、法律儒家化等经典命题尚未结项，种种新问题却持续涌现，牵扯着学界的研究重心。对秦汉法制史作出“通贯”的研究，火候未到；但是这种“通贯”的意识，却不可无。

杨鸿烈《中国法律思想史》有云："本来我们研究各国法制史的人，绝对不可专在零星的法律现象里头做白费的工夫，实在应该先寻觅得到几个总枢纽，然后才能触类旁通，左右逢源。"[1]这话是就研究"法系"而论的，若缩小一点规模，研究某一时代的法制史，恐怕亦是如此。

汉代法制史上"零星的法律现象"，有律、令、科、比的文本，有立法、司法的实践，有汉承秦制的基础，有礼法结合的进程。而我所寻觅到的"总枢纽"，是汉代的集议制。

汉代集议制，指汉代朝廷或各级官署通过合议的方式以立法建制、司法决事的机制，经中央集议而形成的法律文件、司法判例具有最高效力。所以，集议制本身既是有汉一代的基本大法，又是研究汉代法制的枢纽所在。研习法史以来，有三个问题长久萦怀：

第一，中国古代君主与法律的关系是什么？

第二，中国古代的"法"究竟何指？

第三，中国古代有悠久而丰厚的"议事"传统，却为何开展出与民主制截然异轨的政体？如何认识这一政体，以及这一政体中的法制？

研究汉代集议制，未必能够回答以上问题，但也许可以让宏大的问题在史料的细节中，获得更充分、更立体的理解。

下面，先从以往对汉代集议制的研究谈起。

第一节　汉代集议制研究回顾

一、以往研究已到达的位置

汉代集议制研究，迄无专著。以下介绍研究史上较为重要的论文和论著的相关章节。

---

[1] 杨鸿烈著：《中国法律思想史》，中国政法大学出版社2004年版，第5页。

最早注意到汉代集议的，是南宋的洪迈。《容斋随笔》卷二“汉采众议”条，罗列汉元帝从贾捐之议弃珠厓等八事，明汉代集议能体现公道；卷一三“汉世谋于众”条，亦列若干史事以论汉代集议之弊。[1]

南宋徐天麟的《西汉会要》和《东汉会要》，是最早按议题归类辑录汉代集议事例的著作。其中《西汉会要》卷四〇、四一设“议立君”等十三目，辑录西汉集议史料 96 条；[2]《东汉会要》卷二二设“议典礼”等八目，辑录东汉集议史料 40 条。[3] 值得注意的是，两汉《会要》均将“集议”归于“职官”篇下。两汉《会要》对汉代集议史料的辑录还有很多不足，例如辑佚书目仅限于班、范二史，即便对两《汉书》集议史料的辑录也并不齐全，仅罗列史料而未加按语和分析，等等。但是两汉《会要》毕竟是第一部大规模辑录汉代集议史料的著作，此后研究所用的事例多未能超出徐氏所辑的范围。更难能可贵的是，徐氏最早注意到汉代集议的分类问题，并且尝试着以“议题”为标准分类辑录。这是此后研究不可忽视的贡献。

元朱礼《汉唐事笺》卷三“集议”条，以两汉所议事之广、卑之能抗尊，明“汉之集议公而且严”[4]。明王鏊《震泽长语》卷上“官制”条也有专节数十字讲汉代集议，大体抄自《汉唐事笺》，唯结尾发牢骚道：“今制亦议，统于一二尊官而已。”[5]

梁启超的《古议院考》于救亡图存之际发表于 1896 年的《时务报》，考察集议于经典之依据、汉议官之设置职掌等，以“推本于古”而“言西政”，显然未脱“托古改制”之义。但值得注意的是，梁氏此文对汉代专司议论的“议官”进行了比较到位的归纳，指出中央有谏大夫、博士、议郎之设，有司、郡县有议曹、议曹史、门下议史之置。[6] 梁氏对“议曹”的

---

[1] [宋] 洪迈撰：《容斋随笔》，孙凡礼点校，中华书局 2005 年版，第 27—28 页、第 175 页。

[2] [宋] 徐天麟撰：《西汉会要》，上海人民出版社 1977 年版，第 463—482 页。

[3] [宋] 徐天麟撰：《东汉会要》，上海古籍出版社 1978 年版，第 323—333 页。

[4] [元] 朱礼撰：《汉唐事笺》卷三，道光二年山阴李锳桥复刻本。

[5] [明] 王鏊撰：《震泽长语》卷上《官制》，商务印书馆 1937 年版，第 12 页。

[6] 梁启超：《古议院考》，载氏著：《饮冰室文集》第 1 册，云南教育出版社 2001 年版，第 2—3 页。

归纳，固然有为当时在地方设咨议局寻求历史渊源的致用意图，但完全符合汉代议官系统的实际，也是后来的研究者所未措意的。

以上，都还只是传统的读史札记、政书辑录性质，谈不上对汉代集议的学术研究。有之，自柳诒徵的《汉官议史》始。

《汉官议史》于集议制的渊源、议题、参与者、规模、场所、持续时间、议的方式、汉代集议之特点与意义都有论列，几乎涉及了汉代集议制的全部问题。[1]在集议参与者上，柳诒徵进行了全面的归纳，列出诸侯王、宗室、丞相（大司徒）、太尉（大司马、大将军、将军）、御史大夫、中二千石、二千石、诸大夫、博士、议郎十种，将之总结为“执行政务者”“专发言论者”两类，并且已经注意到有“不在职而备顾问者”，可谓发前之所未发，后来的研究者在集议参与者方面没有能够突破此文成果的。关于集议的场所，柳氏也有突出贡献。他考出未央宫、司徒府、温室、东朝四处集议场所，将后二处称为“非常例”，且引入政治史上的“中外朝”概念来解读集议场所。虽然其将集议场所限于“外朝”的说法可容商榷，但是柳诒徵对集议场所研究之深入，使得后来研究者除多考出若干具体集议场所外，再未能有尺寸的推进。但是柳诒徵在他的研究范围内也有一些局限，例如，对集议参与者罗列不全、分类有误；因时代背景而对汉代集议有溢美之嫌，定性为“吾国议会高尚纯洁之历史”，拳拳爱国之心可佩，但未免有失客观。

齐觉生《秦博士制度与廷议》发表于1957年，对传世文献所见秦代博士参与集议的四则实例进行了探讨，得出结论：“汉廷议制度，仿之秦朝。”[2]这是对汉代集议制渊源的研究。

杨树藩《西汉中央政府议事制度》发表于1958年，该文最值得注意处，是首先提出了汉代集议的分类问题。杨氏将汉代集议分为三类：廷议、朝议、中朝官议。他认为廷议“原则上天子不参加”，所议“多为一般性

[1] 柳诒徵：《汉官议史》，载《学衡》1922年第1期。

[2] 齐觉生：《秦博士制度与廷议》，原载《大陆杂志》第15卷第12期，收入《秦汉史及中古史前期研究论集》，大陆杂志社1967年版，第8—10页。

的国家庶政”，是外朝官的集议；朝议是“天子临朝时所举行的会议”；中朝官议则“主议丞相、御史大夫之违法失策问题”。同时，杨氏在对“廷议”进行研究时，还探讨了集议的程序，这也是前此所未有的。[1] 自杨氏之文一出，汉代集议的分类成为后续研究绕不开的问题。但是杨氏此文也有较大的缺陷：一是分类标准不一，如廷议与朝议的区分在于天子参加与否，而廷议与中朝官议的区别在于所讨论的事项、集议的参与者，稍嫌混乱；二是对史籍中“廷议”的原意理解有误，这一点也招致了后来研究者的批评。[2]

周道济《汉唐宰相制度》初刊于 1964 年，第四章第一节“朝议权”，详细讨论了汉代宰相在朝议中的作用。[3] 与此相类似的，是 1990 年出版的祝总斌《两汉魏晋南北朝宰相制度研究》第二章对三公“议政权”的讨论。祝氏认为是否同时拥有“议政权”与“监督百官执行权”，是判断某官职是不是宰相的标准。他将当时议政权的行使分为两种方式：宰相提交君主批准；君主咨询宰相，宰相组织集议后提交君主批准。[4] 其实就相当于大庭脩所谓制诏的第二、三形式。

大庭脩是日本较早介入集议制研究的学者。[5] 他的《秦汉法制史研究》“汉王朝的统治机构”一章的“丞相和朝议”部分，将集议纳入汉代政务运行体系中理解，将之视为“皇帝决定政策的最高咨询机构”。该文还讨论了列侯在汉初与武帝后作为集议参与者的地位之变化，这是此前此后的研究者都没有注意到的问题。[6] 另外，该书所收的“汉代制诏的形态”讨论了

---

[1] 杨树藩：《西汉中央政府议事制度》，原载《大陆杂志》第 16 卷第 9 期，收入《秦汉史及中古史前期研究论集》，大陆杂志社 1967 年版，第 39—43 页。

[2] 如下文要提到的廖伯源《秦汉朝廷之论议制度》、李学铭《东汉集议制度之探讨》。

[3] 周道济著：《汉唐宰相制度》，大化书局 1978 年版，第 73—77 页。

[4] 祝总斌著：《两汉魏晋南北朝宰相制度研究》，中国社会科学出版社 1990 年版，第 28—33 页。

[5] 与大庭脩几乎同时，还有贝冢茂树的《汉代の高级官僚会议制度（公卿集议）について》，在 1967 年第二十七届国际东洋学者会议大会发表要旨，惜无缘得睹。参见后引永田英正文注释一。

[6] ［日］大庭脩著：《秦汉法制史研究》，林剑鸣等译，上海人民出版社 1991 年版，第 37—41 页。

汉代的立法手续，[1]“《史记·三王世家》与汉代的公文书”从武帝册立三王的公文书复原出一次具体集议的实况。[2]大庭脩以文书复原程序、在程序的动态运作中讨论集议的研究思路，为后续研究提供了范例。

继大庭脩之后，永田英正的《汉代の集议について》是汉代集议制研究的力作。该文第一部分以大庭脩的研究为基础，着重讨论了制诏与集议的关系。第二部分沿用杨树藩的提法，将朝廷的集议分为“廷议”“朝议”两类，其中朝议又按参与者为标准，分为公卿议、中朝官议、大议三种。在朝廷集议之外，他还提出“有司议”，讨论某官署内部的集议，这是前此的研究者所没有注意的。[3]经过大庭脩和永田英正的研究，汉代集议制的大局已经呼之欲出。但遗憾的是，后来国内的研究者几乎都没有参考这两位日本学者的成果，而日本学界则可能认为汉代集议制已经没有遗义可寻，也停止了前进的步伐。实际上，两位学者的研究并非没有可推进的地方。其中大庭脩其实并没有过多正面涉及对集议制的研究，而永田英正对集议的分类可容商榷，对集议制的各要素只进行罗列而未归纳规律，对集议的功能也几未触及。

回到国内。荣远大的《汉晋集议制度初探》发表于1989年，分集议类别、集议程序两大部分，对汉晋集议制的几乎所有问题都进行了讨论。该文运用史料丰富，涉及面广而文字精练，但因罗列现象多、总结规律少而略失芜杂。例如集议的类别，提出了八种之多，分类标准不统一，八类集议互有交叉。[4]

孟祥才执笔的《中国政治制度通史·秦汉卷》第三章“中央决策系统”对集议进行了比较充分的讨论。该书将集议制定位为“中央决策系统”，置于皇帝制度之后、行政体制与各项具体制度之前。从参与面的广狭出发，

---

[1] ［日］大庭脩著：《秦汉法制史研究》，林剑鸣等译，上海人民出版社1991年版，第165—192页。

[2] ［日］大庭脩著：《秦汉法制史研究》，林剑鸣等译，上海人民出版社1991年版，第234—253页。

[3] ［日］永田英正：《汉代の集议について》，《东方学报》第43册，1972年，第97—136页。

[4] 荣远大：《汉晋集议制度初探》，载《南充师院学报》（哲学社会科学版）1989年第1期。

分为御前会议、宰辅会议、百官会议三类，讨论了各自的特点。[1]

此后大陆涉及汉代集议制的研究成果还有很多，但都没有突破性的进展，不再一一论列。姗姗来迟的港台学者，此时开始发力。

廖伯源《秦汉朝廷之论议制度》发表于 1995 年，该文首先对杨树藩的集议分类提出质疑，认为“朝议”“廷议”在史籍中并没有明显区别，在研究时应该弃用。他以皇帝亲临与否作为标准，将集议分为五种形式：皇帝定期朝会群臣之论议、皇帝临时召集某些官员会议、事下某些官员筹议、使者听取吏民之言论、群臣大议。这种分类方法虽然还略嫌繁复，但已经比较贴合汉代集议的实情了。另外，廖氏注意到集议的组合，并且依前后汉的不同作了分类：西汉有丞相议、丞相御史议；东汉有公府议、尚书议；两汉皆有公卿议、亲近臣议。[2] 这是汉代集议制研究的重要突破。

发表于 2011 年的李学铭《东汉中央集议制度之探讨》，是汉代集议制研究的殿军。他对“朝议”“廷议”“朝会”“朝廷议”等名称之看法，对汉代集议的分类，大体同于廖伯源而有所损益。至于集议之范围，该文不采《东汉会要》的议题而别立议典礼、议策封、议历事等九类，以辑录东汉集议事例。另外，该文还对两汉经学论辩风气与集议的关系、两汉集议的不同进行了讨论。李氏此文最值得注目之处，在于提出了以史籍所用字例区分汉代集议的类型。例如，他认为凡“下……议”“诏……议”都是“人主不监临之集议”；用“召”“会”“引”等字，都是“人主监临之集议”。[3] 这一归纳是准确的，也对最大限度解读史料所透露的信息提供了一种便利有效的操作法。

大陆学者的研究之全面、日本学者之注重动态运行、港台学者对集议类型的新观点，都为后续的研究提供了坚实的基础。

最后，捎带说一下法律史学界的情况。法律史学界尚没有将汉代集议

---

[1] 孟祥才著：《中国政治制度通史》第三卷《秦汉》，人民出版社 1996 年版，第 118—153 页。

[2] 廖伯源：《秦汉朝廷之论议制度》，载氏著：《秦汉史论丛》（增订本），中华书局 2008 年，第 130—169 页。

[3] 李学铭：《东汉中央集议制度之探讨》，载《新亚学报》第 29 卷，2011 年 3 月。

制纳入研究视野，[1] 但是有两点值得一说。其一，张春海《论隋唐时期的司法集议》依现代法学概念将隋唐的司法集议分为指定集议、法定集议和申请集议三类，较之史学界的研究要简洁、明晰得多，这也充分说明了法律史学不应该在汉代集议制研究中缺位。[2] 其二，汉代法制史的重要命题如《春秋》决狱、奏谳制度、先请、八议、汉代立法程序等，都不同程度地涉及了集议制。对汉代集议制进行法律史学的研究，正可以找到这些“零星的法律现象”的“总枢纽”，从而收获“触类旁通、左右逢源”的效果。

二、后续研究要解决的问题

汉代集议制研究史所到达的位置，正是本书的出发点。后续研究要解决的问题大体可以分为两类，一类是以往研究提出的、悬而未决的问题，一类是以往研究尚未涉及的问题。以下分次论之。

第一类：以往研究悬而未决的问题。

第一，如何认识史籍所载“廷议”“朝议”“集议”等名目的意思？（廖伯源——括号内人名表示关于此问题目前作出最高水平论述的作者，下同）采用何种概念作为汉代“议”制度的总名较为合适？（李学铭）

第二，汉代集议制的基本要素是什么？有何规律？

具体来讲，包括：汉代集议的场所有哪些，与集议的关系为何？（柳诒徵、荣远大）汉代集议的参与者有哪些，常见的集议组合是什么？（廖伯源）议官、议曹的设置与职掌如何？（梁启超）汉代集议的议题有哪些？（徐天麟、李学铭）汉代集议的方式是什么？（柳诒徵）影响集议的

[1] 法律史学者林乾《论中国古代廷议制度对君权的制约》（《社会科学战线》，1992 年第 4 期）涉及了汉代集议制，但是该文重在论证廷议制度“有效地限制了君权的非正常行使”，对制度本身的考证并没有超出前此研究的范围，所得结论如“体现了地主阶级内部最高层次的民主”等也还可容商榷。对这篇文章的评论和回应，见孙家洲：《廷议制度赘言》，载《社会科学战线》1993 年第 3 期。

[2] 张春海：《论隋唐时期的司法集议》，载《南开学报》（哲学社会科学版）2011 年第 1 期。

若干要素之间，孰轻孰重？有何规律？

第三，汉代集议制的程序是如何运行的？

具体来讲，包括：朝廷的集议程序是怎样进行的？（大庭脩、永田英正）中央各官署内部的集议情况如何？（永田英正）郡县的集议情况如何？（梁启超）从郡县到中央，汉代集议体系的结构和运行程序如何？

第四，汉代集议制与立法程序的关系。

具体来讲，包括：汉代立法程序是怎样的？（大庭脩）与集议的关系如何？（永田英正）汉代集议形成了哪些立法成果？

第二类：以往研究尚未涉及的问题。

第五，汉代集议制与司法的关系。

具体来讲，包括：汉代的诉讼程序是怎样的？[1]集议在其中的位置如何？如何理解秦汉奏谳文书中的“吏议”？（陶安[2]）先请、八议、《春秋》决狱、奏谳、杂治与集议的关系是什么？

第六，集议制与汉代的法源。

具体来讲，包括：汉代集议所引以裁决政务、刑狱的理据有哪些？如何理解这些理据与汉代法制的关系？

对以上问题的探讨和解决，构成了本书的主体部分。还需说明的是，最后的研究成果不仅将提供上述问题的答案，有些或将修正问题本身。

三、材料、方法和研究步骤的交代

对于研究汉代集议制来讲，最大的难题在于：无论汉代遗留下来的史籍、后世的追述，还是丰富的地下材料，都没有提供关于汉代集议制的系统记载。例如今天研究汉代职官最重要的史料——《汉书·百官公卿表》和《汉官六种》的佚文，几乎都只在关于三公的职权中对集议略提一笔。

[1] 关于汉代诉讼程序的已有研究情况，详见本书第四章。

[2] ［德］陶安：《张家山汉简〈奏谳书〉吏议札记》，第二届“出土文献与法律史研究”学术研讨会会议论文。

也就是说，作为有汉一代基本大法的集议制，似乎在当时并没有形之于纸面，而是一种不成文的“活法”。对于这样一种“活法”的研究，唯一的办法是广泛搜集汉代集议的实例，并且到实例中去归纳、考证其基本要素和程序。

为此，我做的第一步工作是到传世与出土文献中去搜集汉代集议的史料，并且制作成《西汉议例表》《东汉议例表》《汉以前议例表》和《其他汉代集议史料列表》四个资料长编。在识别集议史料时，前引李学铭文提供的史籍所用字例法发挥了极大的功效。每个表除了列明材料、出处以外，还对材料的可靠程度、异文等情况作了初步考证，并且对每则事例进行了系年的工作，[1] 凡 22 万字。

第二步工作，是对前两个资料长编进行归纳、整理，制作成《西汉议例一览表》《东汉议例一览表》，每表以事例为经，以年份、议题、启动、规格·具体参与者、结果、出处、备注为纬，按时代先后顺序排列，总计辑录西汉（含新莽）集议事例 300 余例，东汉集议事例 200 余例，共 500 余例，出土文献所见集议事例尚不在内。这两个表格将作为附录，以供览者检阅。

以上构成了本书的材料基础。需要说明的一点是，汉代集议制的史料，绝大多数是朝廷集议，而今天出土的汉代简牍除律令简外，以反映基层行政、法制为主，故本书取材的大宗只能是传世文献。但另一方面，简牍材料也在两个方面提供了令人意想不到的帮助。

其一，有关有司集议与地方集议的材料。

传世文献关于某官署内部集议和地方集议的史料极少，而这方面恰是

---

[1] 系年的工作耗时最多，由于表中只列出了最后成果，这里需要对系年的方法作一点说明：史书明确说明时间而与其他记载不冲突者，径取之；没有明言时间，则参考本纪或其他人物的传记以考明年代；皆无，则根据本传上下文所记事件的时间作为该次集议年代的上下限；或查明其时各集议参与者的官职，查阅《汉书·百官公卿表》以考定之；实在不可考，则姑以《汉纪》《后汉纪》《资治通鉴》的系年为准，并于备注中说明。可以考定具体年份者，明书之；大约在某年者，记作“约某年”；只能推断年代上下限者，记作“某年—某年间”；只知在某帝时发生者，记作“某帝时”；皆不可考者，在最后另设一表曰“年代不明者”收之。

简牍史料的优长。例如张家山汉简《奏谳书》案例二一提供的廷尉府内部集议，像现场直播般写实和精彩；遗址简中常见的“期会”“召会”等材料，也为地方集议提供了丰富的例证。凡此都足以补史之阙。

其二，以简牍文书复原集议程序的方法论。

如前所述，大庭脩在他的作品中示范了以简牍文书（《史记·三王世家》的性质其实相当于简牍文书的释文记录）复原集议程序的方法。这一方法是日本学者研究的利器，富谷至曾将之喻为“简牍学的醍醐真味”：

把简牍放到时间、场所、移动这样的空间坐标之上来考虑，此中既有奥晦难解之处，又有妙趣横生的一面，简牍的特殊魅力正在于此。……文书的收信地 A 和发信地 B 如果得以成功确认，A 机关和 B 机关之间的关系就会由此明朗。这是行政机构的解明，而且还有助于深入理解政治、制度和国家权力的实际状况。将简牍置于空间坐标的一点所展开的研究，关联着解明空间坐标的全体构成的历史学，这大概是我们大家都能够理解的吧。[1]

具体到汉代集议的问题上，见到如《津关令》中“相国议”这样的字眼固然令人欣喜，从“制诏相国、御史：……具为令”到“相国、御史请……”之间也完全可以推想出省略了相国、御史议的经过。又如：

制曰：下大司徒、大司空。臣谨案：令曰：未央厩、骑马、大厩马日食粟斗一升、叔（菽）一升。置传马粟斗一升、叔（菽）一升。其当空道日益粟，粟斗一升。长安、新丰、郑、华阴、渭成（城）、扶风厩传马加食，匹日粟斗一升。车骑马，匹日用粟、叔（菽）各一升。建始元年，丞相衡、御史大夫谭……（Ⅱ 0214②：556）[2]

这是一篇残损的上奏公文，其中“制曰下大司徒大司空”及之前的部分当是奏文中引述事情原委和制书，这是汉代公文书的常见体式；“建始元年”之后的部分，是追述前事，也许引以为比。从“制曰下大司徒大司空”

[1] ［日］富谷至著：《木简竹简述说的古代中国——书写材料的文化史》，刘恒武译，黄留珠校，人民出版社 2007 年版，第 65—66 页。

[2] 胡平生、张德芳编撰：《敦煌悬泉汉简释粹》，上海古籍出版社 2001 年版，第 5 页。

到“臣谨案”之间，可以推想省略了二府集议的内容。

以上还属于小头，依据简牍文书可以将从地方到中央的整个文书行政网络渐次复原，而这张网络上的节点，也许即是发生集议之处。这些节点的填补端赖传世文献中的实例，但这张网络的织就，则是简牍穿针引线的功劳。汉代碑刻史料的功用，则介乎传世文献与汉简之间。

对传世文献提供实例的利用方法，还有三点需要说明。

首先，汉代集议的基本要素，可以通过对五百多个集议实例进行归纳得到；但是如何从现象到规律，则需要进一步的提炼。

其次，汉代集议程序的结构和体系，需要通过对五百多个集议实例进行互相的补缀来得到。我所搜集到的汉代集议实例，从空间上看，分散在大汉王朝的各个机构；从时间上看，分处于集议的不同环节。所以将这些碎片通过补缀来复原汉代集议程序的体系，是不得已的做法。好在时间因素并不特别给集议程序带来新的变量，而更多体现在基本要素的改变上。这样复原出来的程序和体系，未必存在于每一次集议之中，但应该是最标准的形态。汉代实际发生的集议，多是对标准形态稍加损益的简易程序。

再次，汉代集议制的事例中，除了占绝大多数的碎片化的例子只能反映集议的某个环节外，还有一些记载了某次集议的全程。这样的史料将得到重点的解读，所以在文中难免不避重复、反复利用。而对这种典型集议事例解读的成果，则可以演绎到其他事例中加以验证。

以上是关于材料和方法的纸上谈兵，真正的应用从下文开始。

第二节　汉代“集议”释名

一、如何认识汉代“议”的名目

传世文献使用了种种名目来称述汉代的“议”，常见者如“大议”“会议”“朝议”“廷议”“杂议”“详议”“博议”“集议”等。研究者对待这些概念的态度，大体分为三种：

第一，认为这几个名目异名同实，从而径取其一作为汉代“议”的代名词使用。如雷戈《廷议程序与君臣秩序——后战国时代的一种思想史分析》，认为秦汉之际的议事制度“一般被称为‘廷议’‘朝议’或‘集议’”，但没有对这几个名目进行辨析，而径取“廷议”一词以名篇。[1]另如荣远大《汉晋集议制度初探》等也是如此。[2]

第二，对这几个名目予以考察后，作为汉代“议”的不同类别来使用。如杨树藩《西汉中央政府议事制度》，经过考察后将汉代的“议”总名之曰“中央政府议事制度”，这是现代的概念；总名之下再细分为“廷议”“朝议”“中朝官议”三类，这是借用汉代人的名目。[3]永田英正的《汉代の集议について》，则出于方便的考虑直接沿用了杨氏的提法。[4]

第三，弃用这几个名目，另以现代语汇来描述汉代的“议”。如廖伯源《秦汉朝廷之论议制度》，在对杨氏的分类提出质疑后认为朝议、廷议、朝廷议等名目的意义“今已难于考究”“为免误解，故摒此三词不用，而别以文字说明各种形式之论议”。[5]

应该说，上举种种关于“议”的名目，都是汉代人的习语。[6]这些名目能否对汉代的“议”进行准确概括与分类，的确存在疑问。但是如果要想进入汉代人的政法世界，则必须通过深入考察这些汉代人“在构筑其世

---

[1] 雷戈：《廷议程序与君臣秩序——后战国时代的一种思想史分析》，载《福建论坛》（人文社会科学版）2005年第10期。

[2] 荣远大：《汉晋集议制度初探》，载《南充师院学报》（哲学社会科学版）1989年第1期。这类文章还有很多，不再一一引述。

[3] 杨树藩：《西汉中央政府议事制度》，载《秦汉史及中古史前期研究论集》，第39—43页。

[4] ［日］永田英正：《汉代の集议について》，载《东方学报》第43册，1972年，第97—136页。该文注释（14）说：“不管是廷议还是朝议，汉代有没有这样的熟语尚存疑问，另外，就算有，意义是否和这里使用的一样更是问题。不过，这里就姑且遵循杨树藩的用法，将朝议和廷议视为有上述含义的熟语，区别使用。”

[5] 廖伯源：《秦汉朝廷之论议制度》，载氏著：《秦汉史论丛》（增订本），第130—169页。

[6] 关于永田英正提出的“不管是廷议还是朝议，汉代有没有这样的熟语尚存疑问”，这是在担心这些名目可能出于后来史家追记，可以答复如下：如果该词在《史记》中出现，则可视为前汉已有此习语；如果在《汉书》中出现，则可视为后汉已有此习语。前举“大议”诸词，均见于《史记》《汉书》及其他汉代文献。

界和阐述现实时所用的概念和符号去理解他们”[1]，以期获得“理解”基础上的进一步分析。如果轻易弃用这些名目，则难免不得其门而入。所以这里将先对文献所见汉代与“议”有关的名目一一考释、辨析，以澄清其含义，进而窥探汉代人对“议”的认识。

这些名目对汉代人而言既是习语，则往往只被“使用”而不被“解释”。在没有新材料出现的情况下，要对这些汉代人日用而不知其意、考据家语焉而难知其详的习语进行考释，则不能死守着有“朝议”“廷议”等字眼出现的材料，而必须扩大视野和材料范围。这里先对方法步骤作一个说明：

第一，利用不同史书或同书不同篇目对同一事件的记载，以考知其详。

例如关于汉初事，《史记》《汉书》往往有相同记载，但用词不尽相同。《史》《汉》用词的歧异处，即是理解汉代人对该词语使用情况的密钥。[2]而由于纪传体的特点，往往一件史事分载多处，某处使用了“朝议”字眼，而别处则不用。这几处的材料一集成，就可以了解此次“朝议”的全貌了。

第二，以构成“议”的诸要素为指标，对找到的例子一一分析。

“议”的名目之所以会有不同，无非因为构成“议”的诸要素有所变化。构成或影响“议”的要素，大约有如下几个：场所、参与者（其中皇帝亲临与否是一个重要指标）、启动方式（定期召开、不定期召集）、议的形式（书面、口头）等，此外还需要将前后汉“议”的变迁考虑进去。

第三，利用以上方法归纳出某类“议”的共同点后，可以执此标准以返诸史料，适当扩大材料范围，找到“疑似”的同类型“议”。

---

[1] 吉尔兹语，引自［美］吉尔兹著：《地方性知识——阐释人类学论文集》导读一《对阐释人类学的阐释》，王海龙、张家瑄译，中央编译出版社 2000 年版，第 6 页。

[2] 如《史记·袁盎晁错列传》与《汉书·晁错传》对窦婴难晁错事的不同措辞，详下文“集议”条。

二、文献所见汉代“议”的名目条辨

下面就利用这三个步骤，对文献所见汉代“议”的名目一一辨析，并尝试提出考释的结论。

1. 集议

“集议”是汉代人的习语，《史记》《汉书》《政论》《太平经》等汉代成书的文献中均有出现。考察“集”的本义，《说文》：“群鸟在木上也。”《尔雅》：“集，会也。”来自不同地方而会于一处，就是集。文献中的“集议”往往都是在这个意义上使用的。如“（司徒掾冯岱）与四府掾属并诣台，集议边事”[1]，四府掾属来自四个不同部门，一起到尚书台讨论边事，这就是“集议”。

从启动方式看，集议都是因事而临时召集，如“（晁错）迁为御史大夫，请诸侯之罪过，削其地，收其枝郡。奏上，上令公卿列侯宗室集议”[2]，这是晁错上书请示，皇帝令群臣集议。“永初四年，羌胡反乱，残破并、凉，大将军邓骘以军役方费，事不相赡，欲弃凉州，并力北边，乃会公卿集议”[3]，这是大将军邓骘因羌乱而临时集议。

皇帝不出席集议，而是采取“下议”的方式，让群臣会集讨论，如“故每有言事颇合圣听者，或下群臣令集议之”[4]；既然是会集讨论，采用的方式当然是口头议论。议论结束之后，以书面形式总结并“奏议”。

集议与杂议可通用。《史记·袁盎晁错列传》记窦婴难晁错事曰：“奏上，上令公卿列侯宗室集议，莫敢难，独窦婴争之，由此与错有卻。”而《汉书·晁错传》袭用《史记》原文时改“集议”为“杂议”：“奏上，上令公卿列侯宗室杂议，莫敢难，独窦婴争之，繇此与错有隙。”由此可证集议与杂议通用。

---

[1] 《北堂书钞》卷六八《设官部·掾》引谢承《后汉书》。

[2] 《史记》卷一〇一《袁盎晁错列传》。

[3] 《后汉书》卷五八《虞诩传》。

[4] ［汉］崔寔撰撰：《政论校注》，孙启治校注，中华书局2012年版，第42页。

续表

集议与会议亦通用。如前引邓骘“乃会公卿集议”，即“会”而“集议”之。又《后汉书·董卓传》：“（董卓）因集议废立，百僚大会”，《卢植传》同记此事说“乃大会百官于朝堂，议欲废立”，会百官于朝堂而议，即“会议”，可见集议与会议通。再如白虎观会议，史传有说“与太常楼望、少府成封、屯骑校尉桓郁、卫士令贾逵等集议”[1]，有说“会白虎观，讲议《五经》同异”[2]，有说“肃宗集诸儒于白虎观”[3]。可见“会而议之”即“集而议之”，也就是“集议”。

2. 杂议

“杂议”强调的是“议”的参与者来自不同部门。《汉书·楚元王传》“杂治刘泽诏狱”，颜注：“杂谓以他官共治之也。”这里的官不是指官员，来自同一部门的官员共治，是不能叫“杂”的。秦汉时代的“官”，往往保留有古义，指涉部门。[4]

汉代的政务，一般由丞相、御史大夫（大司空）负责解决。倘若他们拿捏不准，可以请求会同其他部门“杂议”，如：

成帝崩，哀帝即位。丞相孔光、大司空何武奏言：“永光五年制书，高皇帝为汉太祖，孝文皇帝为太宗。建昭五年制书，孝武皇帝为世宗。损益之礼，不敢有与。臣愚以为迭毁之次，当以时定，非令所为擅议宗庙之意也。臣请与群臣杂议。”[5]

结果这次杂议，参与者除丞相、大司空外，还有光禄勋、詹事、博士等五十三人，以及另外单独上疏的太仆、中垒校尉等。关于文献所见的“杂议”，列表如下：

[1]《后汉书》卷三七《丁鸿传》注引《东观记》。

[2]《后汉书》卷二《肃宗孝章帝纪》。

[3]《后汉书》卷二五《鲁恭传》。

[4] 详见拙文《秦律中的“官”释义——兼论里耶秦简“守”的问题》，载《西南政法大学学报》2014年第2期。

[5]《汉书》卷七三《韦贤传》。

表一　文献所见汉代“杂议”例表

内容	出处	参与者
奏上，上令公卿、列侯、宗室杂议，莫敢难，独窦婴争之，繇此与错有隙。	《汉书》卷四九《晁错传》	公卿、列侯、宗室·御史大夫晁错、詹事窦婴
成帝崩，哀帝即位。丞相孔光、大司空何武奏言：“……臣请与群臣杂议。”奏可。	《汉书》卷七三《韦贤传》	群臣·丞相孔光、大司空何武、光禄勋彭宣、詹事满昌、博士左咸等五十三人、太仆王舜、中垒校尉刘歆
初，宫哀帝时与丞相、御史杂议帝祖母傅太后谥，及元始中，王莽发傅太后陵徙归定陶，以民葬之，追诛前议者。	《汉书》卷八一《马宫传》	丞相、御史、光禄勋马宫等
先是，九年，太史待诏董萌上言历不正，事下三公、太常知历者杂议，讫十年四月，无能分明据者。	《续汉书·律历志》	三公、太常知历者
诏书下三公、百官杂议。	《续汉书·律历志》	三公、百官·太史令虞恭、治历宗欣等

杂议的参与者来自不同部门，从表中应可一目了然。值得注意的还有两点：第一，杂议的事项似乎往往都是专门知识；第二，杂议的参与者因为来自不同部门，故身份平等，不应该存在隶属关系。

3. 会议

史料所见带有“会……议”字样的，都可以认为是会议。前已说明，会议与集议可以通用，两者都表示因事召集至某处而议，皇帝一般不亲临，议毕以书面形式奏议等。这里再讲一个问题。

《后汉书·乌桓鲜卑列传》记载，灵帝拜田晏为破鲜卑中郎将，打算出兵讨伐鲜卑：“大臣多有不同，乃召百官议朝堂。”《蔡中郎集》记此事曰：“时朝廷大臣多以为不便，召公卿百官会议。”在会议上，议郎蔡邕发言，说："众所谓危，圣人不任，朝议有嫌，明主不行。"亦即：朝议所反对的，君主不应该违背众意、强行去做。所谓"朝议"，即之前的"时朝廷大臣多以为不便"。也就是说，灵帝拜田晏为破鲜卑中郎将后，先有一次"朝议"，结果"朝廷大臣多以为不便"，灵帝才又"召公卿百官会议"。这里可以看出"朝议"与"会议"的关系：朝议可能是定期召开的例行会议，皇帝亲临参与，参与者是"朝廷大臣"，是小规模的御前会议；而会议则是由皇帝临时召集的会议，皇帝不亲临参与，参与者是"公卿百官"，规模较大。

4. 朝议

史书在使用"朝议"一词的时候，往往是相对于地方而言的。如：

顺帝永和九年，交趾太守周敞求立为州，朝议不许，即拜敞为交趾刺史。(《晋书》卷一五《地理志下》)[1]

永兴二年三月甲午，(巴郡太守)望上疏曰："……"朝议未许，遂不分郡。(《华阳国志》卷一《巴郡》)

初，朝议以州郡相党，人情比周，乃制婚姻之家及两州人士不得对相监临。(《后汉书》卷六〇《蔡邕传》)

朝议以为郡在边外，蛮夷喜叛，劳师远役，不如弃之。(《后汉书》卷八六《南蛮西南夷列传》)

朝议以宗正东海刘伯安既有德义，昔为幽州刺史，恩信流著，戎狄附之，若使镇抚，可不劳众而定，乃以刘虞为幽州牧。(《三国志》卷八《公孙瓒传》)

汉代的官员，可以分为中都官与郡国官，后者没有资格参与朝议。如武帝拜汲黯为淮阳太守，"黯既辞行，过大行李息，曰：'黯弃居郡，不得

[1] [越] 黎崱著：《安南志略》，武尚清点校卷七《汉交趾九真日南刺史太守》："周敞，字子敬，吴人也。永和元年，守交趾，上书云：'交土既远，处九围之外，北望京师，若瞻云汉，宜有方伯，为国南藩。'遂拜敞交趾刺史。"（中华书局 2000 年版，第 162 页）当即此次奏议的遗文，但此书失载"朝议不许"一节，盖径以周敞为郡刺史也。又：永和止六年，此"九年"当为"元年"之误，据《安南志略》正之。

与朝廷议也’”[1]。而中都官，也就是京官，也并不都有资格参与朝议。如：“(郭躬) 辟公府，以明法律，特预朝议”[2]，郭躬是一个公府掾，算是中都官，却没有资格参与朝议；因为有法律知识，才被特许参加。中都官里的“朝臣”，才能参与朝议。

《汉书·刘辅传》注引孟康曰：

中朝，内朝也。大司马左右前后将军、侍中、常侍、散骑、诸吏为中朝。丞相以下至六百石为外朝也。

这里大体上说出了朝臣——包括内朝臣和外朝臣的范围。郭躬作为公府掾属，在六百石以下，所以不能“预朝议”。再如右曹侍郎薛况买凶杀人未遂，御史中丞弹劾时特意点明他的身份：“况朝臣。”薛况是右曹侍郎，“左右曹”虽然没有被孟康提及，但属于内朝臣是没有疑义的。[3] 所以御史中丞说薛况是朝臣。

朝臣的划分和内外朝的出现，与“议”的场所有密不可分的关系，详后文。顺便提一句，杨树藩认为朝议是“天子临朝时所举行的会议”，这个看法大体是不误的。[4] 廖伯源对杨树藩的分类法不以为然，但对这个朝议的定义也不能置一辞。

5. 详议、博议

《说文》：“详，审议也。”“详”字本身就有详尽讨论的意思。详议、博议的意思相近，如赵充国上疏称：“臣充国材下，犬马齿衰，不识长册，唯明诏博详公卿议臣采择。”所谓详议、博议，一般都是君主对臣下议事的一种要求，如：

天子下其书充国，令与校尉以下吏士知羌事者博议。(《汉书》卷六九《赵充国传》)

[1] 《史记》卷一二〇《汲郑列传》。

[2] 《太平御览》卷六四〇《刑法部·决狱》引《续汉书》。

[3] 关于中朝官的范围，参见安作璋、熊铁基著：《秦汉官制史稿》，齐鲁书社 2007 年版，第 230—305 页。

[4] 杨树藩：《西汉中央政府议事制度》，载《秦汉史及中古史前期研究论集》，大陆杂志社 1967 年版，第 42 页。

诏书下公卿详议。(《续汉书·律历志》)

盖欲郑重其事也，如："太祖重其事，依违者久之，乃下世子及大臣博议。"[1] 这是因为曹操"重其事"；又如："可令疑罪皆详议其法"，[2] 这是因为狱事重大；再如："愿陛下与平昌侯、乐昌侯、平恩侯及有识者详议乃可"[3]，则郑重其事之意昭然若揭。正如前文引及天子下书赵充国令博议之，又在诏书中说"孰计其便，复奏"，博议、详议正是要表达"孰计之"的意思。

还需说明三点：

其一，根据日本学者的研究，"详议"和"博议"在东晋南北朝有特定的含义，详议指尚书省官员内部进行的讨论，是外议；而博议指各个官种的官员参加的讨论，是内外议。[4] 这种区别和用法在汉代文献中是没有的。

其二，"大议"一词偶尔也在这个意义上使用。《说文》："博，大通也。"《汉书·丙吉传》："愿将军详大议，参以蓍龟"，连蓍龟都用上了，可见郑重其事的程度。

其三，博议的参与范围未必"博"，大议在此意义上使用时，参与者的范围也并不大。如前引天子令赵充国与"校尉以下吏士知羌事者博议"，参与讨论的人是很寥寥的。再如石渠阁会议，"召《五经》名儒太子太傅萧望之等大议殿中"，其实参加者不过都是诸儒而已，较之前面的"大会公卿百官"规模要小得多。

6. 大议

除去上述用法外，大议的常用义的确是指规模浩大的会议。《汉书·循吏传》颜师古注："大议，总会议也。"前文说过，汉代的议，有例行召开会议与临时召集会议两种，前一种即是"朝议"，后一种即是"会议"。哪

---

[1] 《三国志》卷一一《田畴传》。

[2] 《后汉纪》卷一六《安帝纪上》。

[3] 《汉书》卷七四《魏相传》。

[4] ［日］渡添庆文：《国家与政治》，载谷川道雄主编：《魏晋南北朝隋唐史学的基本问题》，中华书局2010年版，第175—176页。

些人参加会议？一般是会议的召集者指定的，如果参加人数多，这种会议就是“大议”。如：

宣帝初即位，欲褒先帝，诏丞相御史曰：“……其与列侯、二千石、博士议。”于是群臣大议廷中，皆曰：“宜如诏书。”

宣帝指定了丞相、御史大夫、列侯、二千石、博士参加，差不多算是汉代最高规格的会议了，这就是大议。有时候，这种大议，天子也会亲临现场。如“国每有大议，天子车驾亲幸其殿”[1]。很多久已退休的老人，也会受邀顾问，如赵充国：“朝庭每有四夷大议，常与参兵谋，问筹策焉。”[2]又如董仲舒：“仲舒在家，朝廷如有大议，使使者及廷尉张汤就其家而问之。”[3]可知大议讨论的事项重大、参与范围也最广泛。

7. 廷议

杨树藩认为“‘廷议’在两汉时，为外朝官对国政之会议。在原则上天子不出席，但也有例外”[4]。例外已经由廖伯源举出一例：“时匈奴数犯塞，帝患之，乃召百僚廷议。宪以为天下疲敝，不宜动众。谏争不合，乃伏地称眩瞀，不复言。帝令两郎扶下殿，宪亦不拜。”[5]这里可以再举一反例：

又高皇后尝忿匈奴，群臣庭议，樊哙请以十万众横行匈奴中，季布曰：“哙可斩也，妄阿顺指！”

“庭议”即廷议，如《三国志·陈矫传》注引《魏氏春秋》：“庭议其阙”。季布接着指责樊哙：“今哙奈何以十万众横行匈奴中，面谩！”面谩，即是当面欺骗（吕后）。可见此处亦是君臣同议。

但杨树藩的说法也并非毫无依据。前汉自武帝以后有“内朝”与“外廷”之分，如司马迁《报任安书》：“向者仆尝厕下大夫之列，陪外廷末

[1]《续汉书·百官志》注引应劭曰。

[2]《汉书》卷六九《赵充国传》。

[3]《汉书》卷五六《董仲舒传》。

[4] 杨树藩著：《两汉中央政治制度与法儒思想》，台湾商务印书馆 1967 年版，第 192—199 页。

[5] 廖伯源：《秦汉朝廷之论议制度》注释一，载氏著：《秦汉史论丛》（增订本），中华书局 2008 年版，第 130—131 页。

议。”后汉则无。[1] 而上举两个反例，恰好一个是西汉武帝之前，一个是东汉光武帝时。这是一个可注意之处。

廷议，强调的是地方——廷。但所谓廷，即正厅。无论朝廷的大殿还是官署的正厅，[2] 都可叫廷。所以，廷议即是指定地点在“廷”的议事。史书所见“廷议”，一般指地点在前殿（朝堂，详下文）发生的集议。既然有统一的地点，那么往往也是进行口头议事而非书面议论。如果皇帝不亲临现场，则将议事结果写成书面材料上奏。

三、“议”和“集议制”

现在可以来简单梳理一下以上几个关于汉代“议”的名目之间的关系了。

按照启动方式来看，汉代的议有例行召开的“朝议”，和临时召开的议。如果临时召开的议要求参与者集中到同一个地方去开，则是“会议”或“集议”。如果临时召开的议，参与者来自不同部门且互相无统属关系，则是“杂议”。如果“会议”的规模大，即是“大议”。如果皇帝要求与会者能够详尽讨论，则是“详议”或“博议”。

从对这几个名目的分析可以看出，汉代人关于“议”的种种名目并非“不可考究”，而是各有其特定含义。但是同时也应该看到，汉代人所设立的这些名目是比较随意的，这种随意性体现在两个方面：

第一，命名的依据不同。有按场所命名，有按规模命名，有按启动方式命名，等等。

第二，没有分类的意识。如果完全拘泥于汉代人的这些名目，而想对“议”进行一个系统而科学的分类，是困难的。

另外还应该看到，尽管以上罗列了林林总总关于“议”的词语，但这

[1] 参见杨鸿年著：《汉魏制度丛考》，武汉大学出版社 2005 年版，第 134—136 页。

[2] 在殿上的廷议，见前引光武帝令两郎扶郭宪下殿的例子。在官署的廷议，如“司隶诣台廷议，处九卿上”。这里廷议的地点是“台”，即尚书台，具体地点大约是在尚书台的正厅。

种双音节词在史书中仍属罕见。关于“议”的绝大多数材料都仅仅使用了一个“议”字。也就是说，汉代人只有想突出表达此次“议”的某方面特性时，才会选用以上的某个名目，而这些名目既彼此间关系纠缠缴绕，又不能将“议”的种类囊括殆尽。

但是这并不意味着以上所做的考释工作是无用功。通过以上辨析，一来可以明了汉代人口中这些名目各异的“议”各自是怎么回事，二来可以知道汉代人对“议”进行分类时所考虑的要素和使用的标准，而这些要素和标准在我们对“议”进行重新分类时，将是重要的参考。

末了，解释一下为什么本书采用“集议制”作为汉代这种议事制度的总称。

其一，“集议”在汉代种种旧名之中，涵义较宽，使用较广。

如前所述，朝议、廷议、大议、博议、详议等名目，涵义较狭，不适宜作为总称。“会议”则容易导致古今词语的混淆。唯“集议”涵义较为宽泛，似可以囊括诸种“议”。另外，“集议”一词在《史记》《汉书》《后汉书》中均曾出现，可见前后汉皆有；又曾在《政论》《太平经》中出现。[1]《政论》为崔寔所撰私人著述，《太平经》则为早期道教文献。可见无论对士大夫还是民间而言，“集议”都不是陌生词汇，而是汉代人的习语。以“集议”作为汉代“议”的总称，是比较合适的。

其二，以现代语汇作为汉代“议”的总名并不合适。

学界采取的现代语汇以作为汉代“议”总名的有议、议事制度、论议制度等。以“议”作为总名，过于宽泛。汉代除了作为制度的“议”以外，还有大量的私议，如《史记·日者列传》：“宋忠为中大夫，贾谊为博士，同日俱出休沐，相从论议，诵易先王圣人之道术，究遍人情，相视而叹。”

[1] 《太平经》卷八六《己部之一·来善集三道文书诀》即集中描绘了天下百姓“集议”的政治设想，如：“为畏其州郡长吏不敢言者，一州中诸善士贤明相索，共集议于他州上之；畏其郡，集议于他郡上之；畏其县，集议于他县上之；畏其乡亭，集议于他乡亭上之；畏其里，集议于他里上之。”（杨寄林译注：《太平经》，中华书局2013年版，第1094—1095页。）此处的“集议”亦是一种“制”，不过仅存在于想象之中而已。

宋忠、贾谊假期里一块儿谈天说地发牢骚，显然不是我们要讨论的作为制度的“议”。再如东汉末年的“清议”，固然受了汉代集议制和论议风气的影响，但也不是本书的考察对象。“议事制度”相对准确一些，但是集议的功能，一是裁决具体事务，还有一个则是立法建制，后一个功能似乎不能为“议事制度”涵盖。至于“论议制度”，则略显不知所云，不如采取汉代人的旧名为佳。

其三，以“集议”作为汉代“议”的总称，已是学界相沿弗替的做法。

南宋徐天麟在编撰《两汉会要》时，即在“职官”之下设“集议”之目，以辑录两汉“议”的材料。[1]元朱礼《汉唐事笺》卷三有“集议”条，条下附注“汉之集议公而且严”[2]。明王鏊《震泽长语》卷上“官制”条说“汉集议有公天下之心”[3]。今人荣远大《汉晋集议制度初探》、李学铭《东汉中央集议制度之探讨》、[4]日本学者永田英正《汉代の集议について》，皆以“集议”名篇。如果没有更合适的名目，则不妨沿袭此学术惯例。

至于在“集议”之后加上“制”字，是为了区别于民间的私议，和不成为制度的谋议。总之，本书的“集议制”即指汉代通过集体讨论以立法建制或司法决事的制度。

[1] 见［宋］徐天麟撰：《西汉会要》卷四〇《职官十・集议上》、卷四一《职官十一・集议下》，第463—482页；《东汉会要》卷二二《职官四・集议》，第323—332页。

[2] ［元］朱礼撰：《汉唐事笺》卷三，道光二年山阴李銕桥复刻本。

[3] ［明］王鏊撰：《震泽长语》卷上《官制》，第12页。

[4] 李学铭：《东汉中央集议制度之探讨》，载《新亚学报》第29卷，2011年3月。

青蓝文库

第一章

汉代集议制基本要素的考察

考察汉代人设立的“议”的名目，并结合从史料中找到的大量实例可知，影响集议性质的要素大体有如下五项：场所、参与者、议的形式、议题、启动方式。其中，“场所”可以说是理解集议的锁钥，也是影响其他几个要素的关节，所以首先并重点讨论。至于启动方式，则留待下章探讨。

第一节　场　所

一、《周礼》“三朝”与汉制互证

汉代集议的场所很杂，有在东朝（长乐宫）者，[1] 有在公车门者，[2] 有

[1]《汉书》卷五二《窦婴传》：上然之，赐婴食，曰：“东朝廷辩之。”

[2]《汉书》卷六〇《杜周传》：千秋即召中二千石、博士会公车门，议问吴法。

在未央宫者，[1]有在宣室者，[2]有在温室者，[3]有在前殿者，[4]有在石渠阁、白虎观者，[5]有在朝堂者，[6]有在省阁、尚书台者，[7]有在显阳苑者，[8]有在司徒府者，[9]如此等等，不一而足。要一一考察场所与集议规格、议题的对应关系，无疑是头绪纷繁的工作。但如果以《周礼》的“三朝”模型为参照，很多问题都将迎刃而解。

《周礼》大致成书于战国到汉初之间，是杂糅了周代典制与时人设想的一部书。[10]汉代去古未远，汉代的典章制度就有很多沿袭了周秦之旧，或者说以《周礼》为理想而设立的。最典型的例子，即是郑玄注《周礼》的时候，每每以汉制作为佐证。[11]

《周礼·冬官》在汉代就已亡佚，当时人补了一篇《考工记》。根据传世文献记载和考古发掘，汉代长安城及其主体未央宫的设计，在很大程度上受到了《周礼》尤其是《考工记》的影响。例如刘庆柱认为“汉长安城

---

[1] 《汉书》卷六八《霍光传》：遂召丞相、御史、将军、列侯、中二千石、大夫、博士会议未央宫。

[2] 《汉书》卷七〇《陈汤传》：丞相王商、大将军王凤及百僚议数日不决。凤言：“汤多筹策，习外国事，可问。”上召汤见宣室。

[3] 《汉书》卷七五《京房传》：上令公卿朝臣与房会议温室，皆以房言烦碎，令上下相司，不可许。

[4] 《汉书》卷八二《王商传》：天子亲御前殿，召公卿议。

[5] 《汉书》卷七三《韦玄成传》：玄成受诏，与太子太傅萧望之及《五经》诸儒杂论同异于石渠阁。《后汉书》卷二《肃宗孝章帝纪》：于是下太常，将、大夫、博士、议郎、郎官及诸生、诸儒会白虎观，讲议《五经》同异。

[6] 《后汉书》卷四五《袁安传》：诏百官议朝堂。

[7] 《后汉书》卷五四《杨赐传》：中平元年，黄巾贼起，赐被召会议诣省阁。《北堂书钞》卷六八《设官部·掾》引谢承《后汉书》：与四府掾属并诣台，集议边事。

[8] 《太平御览》卷九二《皇王部·废帝弘农王》引《英雄记》：董卓在显阳苑，请官僚共议，欲有废立。

[9] 《续汉书·律历志》：以群臣会司徒府议。

[10] 关于《周礼》的成书年代与性质，参见钱穆：《周官著作时代考》，载氏著：《两汉经学今古文平议》，商务印书馆2001年版，第319—493页；彭林：《〈周礼〉主题思想与成书年代研究》，中国人民大学出版社2009年版。

[11] 早在宋朝就有利用《周礼》郑玄注来考证汉制的著作，即王应麟的《汉制考》。近人刘善泽的《三礼注汉制疏证》（岳麓书社1997年版）则系统考证了三礼注中保存的汉代制度，尤其精密。

四面各置三座城门，全城共十二座城门，这与《周礼·考工记》所记载的‘匠人营国’‘旁三门’是一致的”。刘氏还特别强调了《考工记》虽然成书于战国，但先秦都城中“旁三门”的现象并不多见，以此体现出汉长安城与《考工记》的瓜葛尤深。[1]社科院考古研究所1980—1989年考古发掘报告《汉长安城未央宫》则指出：“未央宫宫城平面近方形，边长约2150米—2250米。这与《周礼·考工记》所载王城、宫城取方形是一致的。”[2]

《周礼》中的制度设计，与建筑结构密切相关。这里考察与集议制有关系的“三朝五门”之制。《周礼·阍人》注引郑司农曰：“王有五门，外曰皋门，二曰雉门，三曰库门，四曰应门，五曰路门。”郑玄更正说第二道门是库门、第三道门是雉门。以五门为坐标，整理《周礼》“三朝”的情况如下：

表二 《周礼》“三朝”表

属性	名称	位置	功能	出处
外朝	外朝	库门外，皋门内	断狱弊讼	《周礼·稾人》注
内朝	治朝	路门外，应门内	君臣治事	《周礼·大宰》注
	燕朝	路门内，路寝庭	图宗人之嘉事	《周礼·太仆》注

如果更加直观一点来表现，可以绘制如下一图：

[1] 刘庆柱、李毓芳著：《汉长安城》，文物出版社2003年版，第33页。

[2] 中国社会科学院考古研究所编著：《汉长安城未央宫（1980—1989年考古发掘报告）》，中国大百科全书出版社1996年版，第263页。

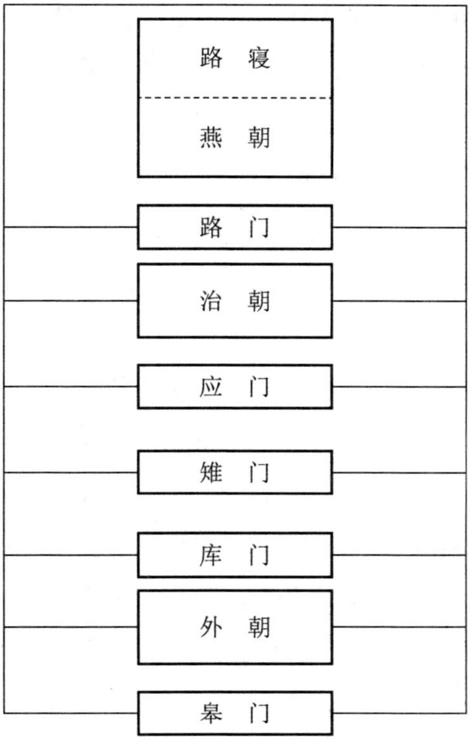

图一 《周礼》三朝五门示意图

这里着重谈一下“三朝”各自的功能。

1. 治朝

《周礼·宰夫》贾疏:“知此治朝在路门外者，燕朝在路寝庭，外朝在库门外，其事希简，非常治政之所。此云治朝，是常治事之朝。”也就是说，燕朝和外朝是非常朝，属于因事临时召集的会议；治朝是常朝，每天都要召开，类似于汉代人口中的“朝议”“朝会”。《周礼·师氏》注:“朝在路门外，群臣治事之朝。王视之，则助王平断。”君主和朝臣都会出席，共同议事，所以一般的事务都可以在治朝得到解决。

2. 燕朝

那么退朝以后呢?《周礼·司士》:“王入，内朝皆退。”这个内朝就是治朝。郑玄注:“王入，入路门也。王入路门，内朝朝者皆退，反其官府治处也。”退朝后，朝官各自返回官署，处理政务。《礼记·玉藻》:“君日出而视之，退适路寝听政，使人视大夫；大夫退，然后适小寝，释服。”君主回到路门之内的路寝正厅，继续听政，但是这种听政不叫“燕朝”。《周礼·太仆》注：“燕朝，朝于路寝之庭。王图宗人之嘉事，则燕朝。”燕朝，是处理王族冠婚等嘉事的。贾疏：“郑必以王图宗人嘉事为燕朝者，以其因燕而朝群臣。”路寝带有君主私人住处的性质，举行燕朝时往往伴随宴席的形式。关于燕朝及路寝在汉朝的情况，后文再谈。

3. 外朝

最后是外朝。《周礼·稾人》注：“外朝，司寇断狱弊讼之朝也。今司徒府中，有百官朝会之殿云，天子与丞相旧决大事焉。是外朝之存者与？”外朝是处理狱讼的地方。郑玄特别提到，东汉司徒府有“百官朝会之殿”，西汉时期天子与丞相共同裁决大事，可能是外朝的遗存。《续汉书·百官志》“司徒”条注：“《周礼》有外朝，干宝注曰：‘《礼》，司徒府中有百官朝会殿，天子与丞相决大事，是外朝之存者。’”干宝的说法，可能是承袭郑玄而来。

《周礼·朝士》：“朝士掌建邦外朝之法，左九棘，孤卿大夫位焉，群士在其后。右九棘，公侯伯子男位焉，群吏在其后。面三槐，三公位焉，州长众庶在其后。”因为有这些设施，所以“三槐九棘”也是外朝的代名词。《后汉书·袁绍传》记载，袁绍遭到曹操假借汉献帝名义发来的诏书责问时，上疏说：“诚恐陛下日月之明有所不照，四聪之听有所不闻，乞下臣章，咨之群贤，使三槐九棘，议臣罪戾。”袁绍生怕汉献帝受曹操蒙蔽而加罪于己，所以请求天子不要私自定罪加刑，而要开启集议程序，议他的罪戾。外朝之议，因为参与者众多，所以往往相对公平，不至于为个别权臣所掌控。

二、集议制的空间结构之一：西汉未央宫前殿复原

以上是对《周礼》“三朝”制度与汉代集议制的初步互证。要想进一步搞清楚两者之间的关系，还需对汉代长安城尤其是政治中枢未央宫的布局

作一番了解，以此勾画出汉代集议制的空间结构。

传世文献关于汉长安城的记载，主要有《史记》《汉书》《西都赋》《西京赋》《三秦记》《雍州记》《三辅黄图》《关中记》《西京杂记》《水经注》《长安志》《雍录》《类编长安志》和《关中胜迹图志》等。[1]这些文献，是我们考察汉长安城以及未央宫布局的重要材料，也是对考古遗迹予以认定和复原的参考和依据。

自1956年起，有关单位对汉长安城的遗址进行了全面、系统的考古工作，主要考古对象先后有：汉长安城遗址范围、南郊礼制建筑、武库和长乐宫等。20世纪八九十年代的考古重心，则放在了未央宫内。图二是汉长安城遗址的平面示意图。

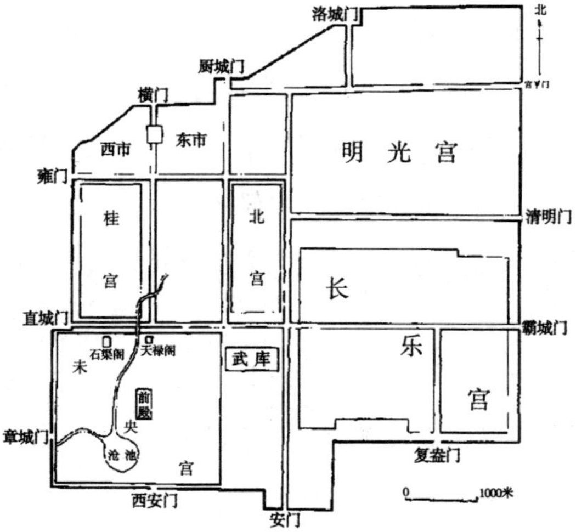

图二　汉长安城平面示意图[2]

从图中可以很清晰地看到，未央宫位于长安城西南隅。汉初萧何建造未央宫以后，至迟从汉惠帝时代起，就一直是西汉的政治中枢。而中枢的

[1] 参见刘庆柱、李毓芳著：《汉长安城》，文物出版社2003年版，第8页。

[2] 引自中国社会科学院考古研究所编著：《汉长安城未央宫（1980—1989年考古发掘报告）》，中国大百科全书出版社1996年版，第4页，原名“未央宫位置图”。

中枢，则是未央宫的前殿，从地理上来看，也是图中未央宫的核心。

1980—1989 年，社科院考古研究所着重对前殿 A 区遗址和 B 区遗址进行了发掘。经过考古发现，前殿的形制是一台三殿式的。前殿的下方是一个大台基，自南向北逐渐升高。台基之上，由南而北分布着三座宫殿。其中第一座与第二座宫殿之间，有一东西向长廊建筑横亘其间。第三座宫殿的北部，也就是台基的最北端也是最高的位置，还分布着一个南北宽 16 米、东西长百余米的建筑基址。[1] 根据这些情况，绘制示意图如下：

下面要解决的问题有两个：第一，图中所示 1—8 号建筑分别是什么；第二，这些建筑与《周礼》“三朝”制度的对应关系。以下次第言之。

1 号建筑：端门；2 号建筑：前殿。

杨鸿勋推测：“上述台榭上的三殿遗址，其前方一层台上的殿堂为大朝所用的前殿本身，它也便是这整座台榭的总称，当时的‘未央宫’匾额应即悬于该殿之上。”[2] 以情理推测，这个看法是有道理的，惟须寻求进一步的证据。据《史记·吕太后本纪》记载，吕后之乱后，群臣在长安代邸奉代王刘恒为天子。入宫之前，先派东牟侯刘兴居与太仆夏侯婴“除宫”，也就是把吕后所立的少帝驱逐出宫，送到未央宫西北部的少府。[3] 当天傍晚，汉文帝入未央宫：

代王即夕入未央宫。有谒者十人持戟卫端门，曰：“天子在也，足下何为者而入？”代王乃谓太尉。太尉往谕，谒者十人皆掊兵而去。代王遂入而听政。(《史记》卷九《吕太后本纪》)

汉文帝首先进入端门。《资治通鉴》“高后八年”记此事，胡三省注：“端门，未央宫前殿之正南门也。”所以文帝是自南而北进入未央宫。再看《史记·孝文本纪》的记载：

[1] 参见刘庆柱：《汉长安城未央宫布局形制初论》，载《考古》1995 年 12 期。

[2] 杨鸿勋：《西汉未央宫前殿与椒房殿复原初探》，载氏著：《杨鸿勋建筑考古学论文集》（增订版），清华大学出版社 2008 年版，第 241 页。

[3] 关于少府遗址及其方位，见中国社会科学院考古研究所编著：《汉长安城未央宫（1980—1989 年考古发掘报告）》，中国大百科全书出版社 1996 年版，第 124 页。

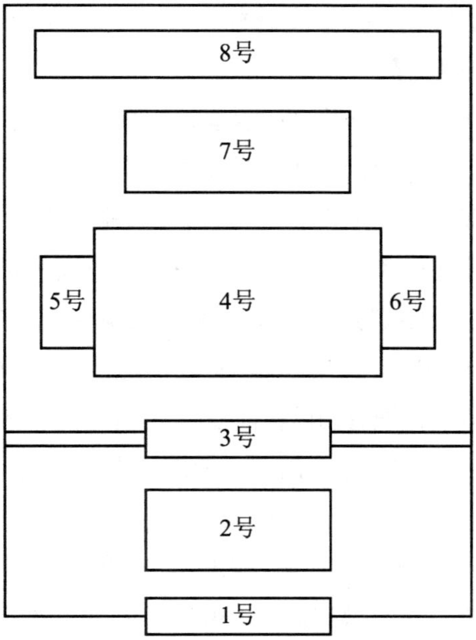

图三　未央宫前殿遗址平面示意图

皇帝即日夕入未央宫。乃夜拜宋昌为卫将军，镇抚南北军。以张武为郎中令，行殿中。还坐前殿。

汉文帝进入前殿，派张武巡行殿中。这里的“殿中”，当然重点就是之前少帝所在的地方。未央宫前殿的大体布局是前朝后寝，所以之前的“除宫”行动，发生地点应该就是在前殿后部的皇帝正寝，这里最有可能潜伏着威胁汉文帝人身安全的隐患，所以是重点排查对象。排查结束之后，汉文帝“还坐”前殿。文帝由南往北进入未央宫，“行殿中”之后“还坐”前殿，可见所行之“殿中”应该在未央宫的北部，而“还坐”之前殿，应该在未央宫的南部，也就是台基之上最南端的建筑。前殿，即所谓朝堂，详后文。

3 号建筑：相当于《周礼》的路门；4 号建筑：宣室，相当于《周礼》的路寝。

4 号建筑，在三大殿之中体量最大，刘庆柱推测“中间的大殿可能是文献记载的‘宣室’或‘宣室殿’”[1]。杨鸿勋也认为：“其后部的中殿体量

[1] 刘庆柱：《汉长安城未央宫布局形制初论》，载《考古》1995 年 12 期。

最大，应即文献所载的‘宣室殿’或称‘宣室’，是这一群组的主体。”[1]他们引用的依据主要有三条：

《汉书·贾谊传》注引苏林曰：“宣室，未央前正室也。”

《三辅黄图》：“宣室殿，未央前殿正室也。”

《汉书·东方朔传》：“夫宣室者，先帝之正处也。”

这里还可以补充一条佐证。南宋薛季宣《未央宫记》是在对当时所见文献精确考订基础上撰写的文章，有学者已撰专文充分肯定了其文献价值，“在学术史上和史料价值方面都具有特别的意义”[2]。《未央宫记》记载：“七月，初作宫长安，因龙首山以抗前殿，……殿北营宣室殿，为帝者之正处。”按《三辅黄图》：“宣室、温室、清凉，皆在未央宫殿北。”《史记索隐》引《三辅故事》：“宣室在未央殿北。”可与之互证。薛氏在罗列未央宫诸殿名时，在“前殿”之后，首举“宣室”，应该有他的依据。

《太平御览》卷一七五《居处部·殿》引山谦之《丹阳记》：“太极殿，周制路寝也，秦、汉曰前殿。”整个一台三殿的前殿建筑群，即相当于《周礼》所谓的“路寝”。[3]而具体来讲，三大殿中，宣室才是名副其实的“路寝”。前引《东方朔传》说：“夫宣室者，先帝之正处也。”正处，就是正寝。《礼记·丧大记》：“君、夫人卒于路寝。”郑玄注：“言死者必皆于正处也。寝、室通耳。”这就是所谓“寿终正寝”。可见，正处即是正寝，亦即是路寝。宣室以“室”为名，正是取“寝”的意思。

以宣室为路寝，那么 3 号建筑就相当于《周礼》中的“路门”了。

5 号、6 号建筑：西厢、东厢。

---

[1] 杨鸿勋：《西汉未央宫前殿与椒房殿复原初探》，载氏著：《杨鸿勋建筑考古学论文集》（增订版），清华大学出版社 2008 年版，第 241 页。杨氏在稍早出版的《宫殿考古通论》中，认为本书 4 号建筑为路寝，7 号建筑为宣室，见氏著《宫殿考古通论》，紫禁城出版社 2001 年版，第 237 页，及第 234 页图二二六“陕西西安汉长安城未央宫遗址前殿复原设想平面图”。

[2] 辛德勇：《薛季宣〈未央宫记〉与汉长安城未央宫》，载《社会科学战线》2011 年第 11 期。该文第一部分利用多种版本对《未央宫记》进行了全面的校读，本书引用《未央宫记》即引自辛文。

[3] 陈苏镇《未央宫四殿考》对传统思路质疑，提出：“勘探数据只能证明‘第 1 号遗址’上有三座大型建筑，不能证明‘前殿’包括三大殿。”（《历史研究》2016 年第 5 期）这个可能性也有。但我认为，汉代史料所谓“前殿”，浑言之则包括三大殿建筑群，析言之则仅指其中南部宫殿。《史记·屈原贾生列传》《集解》引苏林曰：宣室，“未央前正室”。今本《三辅黄图》：“宣室殿，未央前殿正室也。”但证据尚嫌不足，姑存疑。

杨鸿勋认为东西厢应该在前殿的两侧，这个可能性不能排除，也许三大殿都有东西厢。但是前殿有东西厢的猜想，目前得不到考古发现和文献的支持。首先从考古发现来看，“中部和北部宫殿的东西两侧列置了厢房或廊房建筑”[1]，并没有说前殿也有东西厢房。其次从传世文献记载来看，《史记·张丞相列传》提到，汉高祖与大臣讨论废立太子事时，“吕后侧耳于东箱听”，东箱，即东厢。《集解》引韦昭曰：“殿东堂也。”《索隐》引颜师古注：“正寝之东西室，皆号曰箱，言似箱箧之形。”正寝是路寝，也就是宣室。这里的东箱，只能是宣室的东箱。而且，高祖健在时，吕后作为家属，很难想象会跑到前朝大殿偷听朝议。而宣室本来就带有皇帝起居室的性质，吕后出现在东厢，会显得自然一些。

7 号建筑：可能是温室，相当于《周礼》的燕寝；8 号建筑：可能是后阁。

前引《礼记·玉藻》：“君日出而视之，退适路寝听政，使人视大夫；大夫退，然后适小寝，释服。”治朝之后，是路寝；路寝之后，是小寝，即燕寝，[2] 是君主真正睡觉的地方，可能就是文献记载中的“温室”[3]。关于 8

[1] 刘庆柱、李毓芳著：《汉长安城》，文物出版社 2003 年版，第 59 页。

[2] 《礼记·玉藻》郑玄注：“小寝，燕寝也。”

[3] 《三辅黄图》：“宣室、温室、清凉，皆在未央宫殿北”，则三殿似由南而北一字排开。《汉书》卷八一《孔光传》记载孔光担任尚书令，“终不及朝省政事。或问光：‘温室省中树皆何木也？’光嘿不应，更答以它语”。由此可见，温室在“省中”，即帝、妃起居之处（关于省的解释，可以参考杨鸿年著：《汉魏制度丛考》，武汉大学出版社 2005 年版，第 1—20 页），极有可能是温室。又《汉书》卷六八《霍光传》记载：“（昌邑）王入朝太后还，乘辇欲归温室”。昌邑王当时即位为帝，朝见太后之后，很有可能归他自己的起居处，也就是“燕寝”温室。如果说前殿的三大殿应该都要有“议事”的功能，那么汉元帝曾经“令公卿朝臣与房会议温室”就是其例（《汉书》卷七五《京房传》）。陈苏镇《未央宫四殿考》也认为“前殿、宣室殿、温室殿自南向北排列”，唯其认为本书所谓 4 号为前殿，7 号为宣室，而考古认为的椒房殿当为温室殿，证据尚嫌不足。还有一个可能的疑虑是，《三辅黄图》说“温室殿，武帝建”，而前殿的三大殿应该都是萧何建造的。按《汉书》卷七五《翼奉传》说孝文帝时“独有前殿、曲台、渐台、宣室、温室、承明耳”，可见《三辅黄图》误。前殿三大殿，只能在翼奉所列举的六个建筑之中。曲台、渐台单独有台基，排除；前殿、宣室已有所属；承明殿在未央宫东，排除。（陈苏镇认为承明殿是汉代日常议政的场所，且可能位于宣室与温室之间，并无依据。按承明殿职在著述，文学多待诏于此，见班固《西都赋》：“又有承明金马，著作之庭。”具体方位在未央宫东北，可能在石渠阁东。《千字文》：“右通广内，左达承明，既集坟典，亦聚群英”，“右”就是东边。）所以只能是温室殿。

号建筑，刘庆柱和杨鸿勋均推测可能是文献记载中的“后阁”，因与汉代集议制没有关系，不再赘述。[1]

考证至此，可以绘制出西汉未央宫前殿的平面复原图如下：

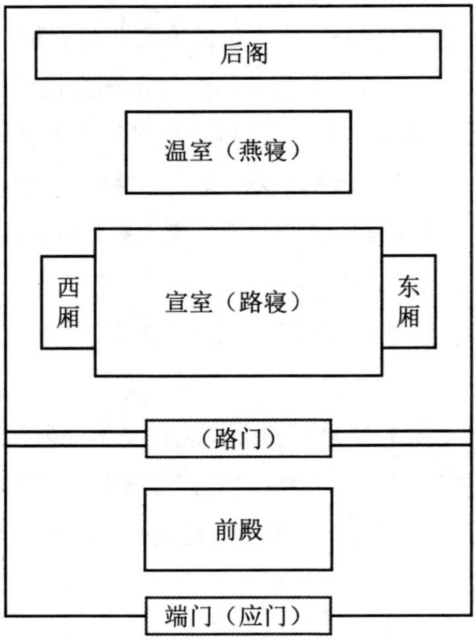

图四　未央宫前殿平面复原图

按：括号中的名称表示《周礼》中的对应名称，不在括号中的名称则表示汉代实有其名。

在对未央宫前殿复原的基础上，下文将结合《周礼》“三朝”的模型，来探讨汉代集议制的空间结构。

三、集议制的空间结构之二：汉代集议制“三朝”模式说

在继续行文之前，先说明两个问题：

---

[1] 参见刘庆柱：《汉长安城未央宫布局形制初论》，载《考古》1995 年 12 期；杨鸿勋：《西汉未央宫前殿与椒房殿复原初探》，载氏著：《杨鸿勋建筑考古学论文集》（增订版），清华大学出版社 2008 年版，第 241 页。

其一，建筑的空间结构将在很大程度上决定政治的结构。这里有两个很好的例子，一个是杨鸿年在《汉魏制度丛考》中总结出了“宫省制度”，原属建筑名词的“宫省”经过几十上百年的演变，逐渐成为汉代政治生态的分区。[1] 另一个是日本学者渡边信一郎以空间结构来分析中国历史上（主要是汉至隋唐）的朝政和仪礼，得出了很有启发性的结论。[2] 事实上，本书的这种分析思路亦是拜渡边氏大作所赐。

其二，以下用《周礼》的“三朝”模式来解读汉代集议制，只是为了起到一个线索和参考的作用，以期把握貌似杂乱无章的集议场所背后可能存在的规律。这样的做法并不意味着汉代集议制就是全盘照搬《周礼》而来。[3]

好，以下还是大体按《周礼》“三朝”模式将汉代集议发生的场所分类考证，另外设立“非常规集议场所”以容纳偶尔发生集议的场所。

---

[1] 关于“宫省制度”对两汉乃至中国史的影响，杨鸿年在与欧阳鑫的合著《中国政制史》第二章“宫廷内外制度”中有进一步的说明。（武汉大学出版社 2005 年版）

[2] ［日］渡边信一郎：《天空の玉座——中国古代帝国の朝政と儀礼》，柏书房 1996 年。该书第二章“元会的建构”已有中译文，收录于沟口雄三、小岛毅主编的《中国的思维世界》，江苏人民出版社 2006 年版。而全书观点的评介，可以参考王德权《东京与京都之外——渡边信一郎的中国古代史研究》第四部分“议政、礼仪与帝国的政治空间”，收于渡边氏著《中国古代的王权与天下秩序——从日中比较史的视角出发》中译本附录，中华书局 2008 年版，第 185—189 页。而该书第四章“宫阙与园林”也是使用这一方法进行研究的典范。

[3] 刘敦桢对这一思路表示反对，他认为“应劭、孟康、干宝诸人，谓汉以丞相府为外朝，大司马、前后左右将军、侍中、常侍散骑为内朝，乃儒生牵强事实，附会经说，非碻论也”。他的一大依据是认为郑玄就已经搞不清楚《周礼》“三朝”的设置：“然郑注《秋官小司寇》，谓外朝在雉门之外，其注朝士及《礼记》文王世子，又在路门之外，抵触如此，宜乎后儒诠经，胶执异同，纷纭千载，莫由裁决矣。”（见《六朝时期之东西堂》，载氏著：《刘敦桢文集》（三），中国建筑工业出版社 1987 年版，第 456 页）事实上，郑玄注《小司寇》说外朝在雉门之外是正确的，而说外朝在路门之外的，是《朝士》注引的郑司农之说。郑玄紧接着说“然则外朝在库门之外，皋门之内与”，并没有互相矛盾。惟刘氏认为“汉之前殿，实盖大朝、常朝、日朝为一”，不可拘泥于《周礼》，则是符合事实的说法。

（一）外朝

1. 各官署

其实严格来讲，各官署进行的集议并不能称之为“朝”，但这是汉代绝大多数政务得到处理的场所。官署集议的例子，举两个：

例 1：诏书下太常：“其详案注记，平议术之要，效验虚实。”太常就耽上选侍中韩说、博士蔡较、谷城门候刘洪、右郎中陈调于太常府，覆校注记，平议难问。（《续汉书·律历志》）

灵帝时，关于官方历法的问题发生了一起讼难，天子以诏书命令太常评判双方历术的优劣。太常找了四位专家到太常府进行讨论。第二个例子来自张家山汉简《奏谳书》案例二一：[1]

例 2：明旦，素告甲吏，吏捕得甲，疑甲罪。廷尉榖、正始、监弘、廷史武等卅人议当，皆曰：……今廷史申繇（徭）使而后来，非廷尉当，议曰：当非是。律曰：不孝弃市。有生父而弗食三日，吏且何以论子？廷尉榖等曰：不当论。有（又）曰：有死父，不祠其冢三日，子当何论？廷尉榖等曰：当弃市。……曰：廷尉、史议皆以欺死父罪轻于侵欺生父，侵生夫罪重于侵欺死夫，今甲夫死□□□夫，与男子奸棺丧旁，捕者弗案校上，独完为舂，不亦重虖（乎）？榖等曰：诚失之。

这是廷尉府集议某甲夫丧和奸案的现场讨论记录。[2] 从这两个例子，就可以管窥汉代一般衙署日常集议和裁决事务的情况。

2. 丞相府（司徒府）百官朝会殿

在后汉人的观念中，司徒府被比附为《周礼》的“外朝”。《周礼·稾人》郑玄注：“今司徒府中有百官朝会之殿云，天子与丞相旧决大事焉，是

---

[1] 彭浩、陈伟、［日］工藤元男主编：《二年律令与奏谳书》，上海古籍出版社 2007 年版，第 374 页。

[2] 彭浩认为本案例发生于秦代，见《谈〈奏谳书〉中秦代和东周时期的案例》，载《文物》1995 年第 3 期；张家山二四七号汉墓竹简整理小组认为该案例发生于汉代，见《张家山汉墓竹简［二四七号墓］》（释文修订本），文物出版社 2006 年版，第 109 页注释八。该案例即便发生于秦代，也可以以此推知汉代廷尉府内部集议的情况。事实上，《汉书》卷五八《兒宽传》便记载了廷尉从史兒宽出差回来，纠正府中掾史的上奏文的故事，情节与本案例惊人地相似。

外朝之存者与？”《周礼·朝士》注又说：“今司徒府有天子以下大会殿，亦古之外朝哉！”

东汉的司徒府，位于洛阳南宫东门外。《续汉书·百官志》“司徒”条注引蔡质《汉仪》说“司徒府与苍龙阙对”，“卫尉”条云：“苍龙司马，主东门”，注：“案《雒阳宫门名》为苍龙阙门”，可见苍龙是东门，司徒府正对着南宫东门。东汉司徒府的方位，是沿西汉丞相府的旧制，西汉丞相府当亦在未央宫东门外。[1]

丞相府日常也要接受天子的指示，通过集议处理一些公务。如《汉书·酷吏传》：“焦、贾两家告其事，下丞相府。丞相议奏延年‘主守盗三千万，不道’。”这种集议可能在百官朝会殿举行，也可能就在丞相府的衙署中举行。

大规模的集议，则通常在百官朝会殿。《史记·淮南衡山列传》：“有司请逮捕衡山王。天子曰：‘诸侯各以其国为本，不当相坐。与诸侯王列侯会肄丞相诸侯议。’”这次集议有四五十人之多，估计是在百官朝会殿进行。《集解》引徐广曰：“诣都座就丞相共议也。”都座，是东汉以后尚书台的议事场所，徐广是晋人，他是以晋制比附汉制。

《续汉书·律历志》记载了一次明确的在百官朝会殿集议的例子：“乙卯，诏书下三府，与儒林明道者详议，务得道真。以群臣会司徒府议。”注引《蔡邕集》说：

> 三月九日，百官会府。公殿下东面，校尉南面，侍中、郎将、大夫、千石、六百石重行北面，议郎、博士西面。户曹令史当坐中而读诏书，公议。蔡邕前坐侍中西北，近公卿，与光、晃相难问是非焉。

据此，可以大体绘出当时集议的座位图：

[1] 关于西汉丞相府具体方位的考证，可参考宋杰：《西汉长安的丞相府》，载《中国史研究》2010年第3期。

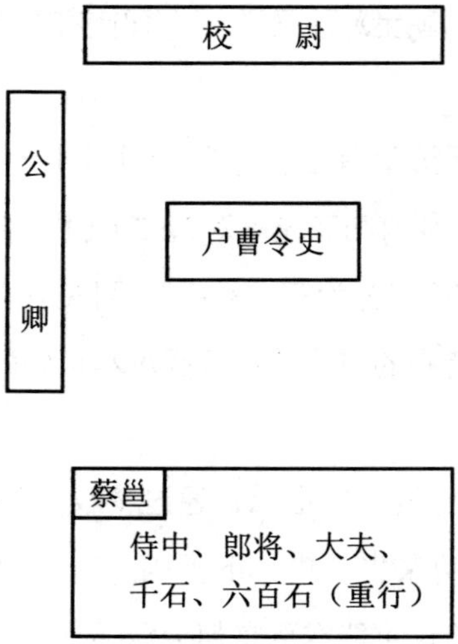

图五　司徒府百官朝会殿集议座位图

汉代集会的座位，以东向为最尊，南向次之，北向又次之，西向最卑。重行，是因人数太多，一排坐不下，而排成数行。另外，因建议改历而引发此次会议的五官郎中冯光、沛相上计掾陈晃二人，也许也是坐在诸人之中，从而与蔡邕等人“相难问是非焉”。

除了集议之外，郡国上计吏汇报工作，也在百官朝会殿举行。《汉书·循吏传》记载京兆尹张敞的上疏说：

窃见丞相请与中二千石博士杂问郡国上计长吏、守丞为民兴利除害、成大化，条其对，有耕者让畔，男女异路，道不拾遗，及举孝子贞妇者为一辈，先上殿，举而不知其人数者次之，不为条教者在后叩头谢。丞相虽口不言，而心欲其为之也。长吏、守丞对时，臣敞舍有鹖雀飞止丞相府屋上，丞相以下见者数百人。

参加者包括丞相、中二千石、博士、郡国上计长吏守丞等数百人之多，可想见其规模。另外，朝廷教习礼仪等事项，也往往在此举行，宋杰《西汉长安的丞相府》有详细的考证，兹不赘述。

郑玄说“今司徒府中有百官朝会之殿云，天子与丞相旧决大事焉”，丞相之设是西汉旧制，“旧决大事”亦可看出这是西汉前期丞相权重之时的境况。应劭说“国每有大议，天子车驾亲幸其殿”[1]，这说的也是西汉的情况，在东汉是不可想象的。时过境迁，正如祝总斌所云：“随着尚书台发展成宰相机构，百官商议政事也从旧百官朝会殿（汉代原在司徒府）移至尚书都坐或朝堂进行。”[2]

3. 门阙

《周礼》“外朝”有一项重大功能：“致万民而询焉”。《周礼·小司寇》：

小司寇之职，掌外朝之政，以致万民而询焉。一曰询国危，二曰询国迁，三曰询立君。

这是听取底层民意的重要渠道。《周礼》“外朝”的这一功能，在汉代的对应设施，就是“门阙”。

门阙，即宫门。阙是宫门两侧的附属设施，可以登高望远作警备之用，[3] 也可以发布法令公告。[4] 西汉未央宫最重要的门阙，是北阙。《汉书·高帝纪》颜注：“未央殿虽南向，而当上书奏事谒见之徒皆诣北阙，公车司马亦在北焉。”这段话透露出两个信息：第一，未央宫北阙是吏民上书、奏事、谒见的场所，与《周礼》“外朝”的功能接近；第二，北阙有一个重要设施——公车司马，这是沟通宫城内外的窗口。[5]

关于门阙作为民众集会的场所，史不绝书。两汉书中提到“诣阙”“守阙”事者皆是。[6] 这里举几个其中尤著者：

博士弟子济南王咸举幡太学下，曰：“欲救鲍司隶者会此下。”诸生会者千余人。朝日，遮丞相孔光自言，丞相车不得行。又守阙上书。（《汉书》

[1] 《续汉书·百官志》注。

[2] 祝总斌著：《两汉魏晋南北朝宰相制度研究》，中国社会科学出版社 1990 年版，第 228 页。

[3] 《古今注》卷上《都邑》：“阙，观也。古每门树两观于其前，所以标表宫门也。其上可居，登之则可远观，故谓之观。”

[4] 《续汉书·五行志》注引《风俗通》：“夫礼设阙观，所以饰门，章于至尊，悬诸象魏，示民礼法也。”

[5] 《续汉书·百官志》：“公车司马令一人。”本注：“掌宫南阙门，凡吏民上章，四方贡献，及征诣公车者。”

[6] 王子今统计两汉书所记录“诣阙”事件，《汉书》15 起，《后汉书》88 起。见王子今：《西汉长安的公共空间》，载《中国历史地理论丛》第 27 卷第 1 辑。

卷七二《鲍宣传》)

这是太学生集会为司隶鲍宣请愿平反，守阙上书者千余人。又：

吏民守阙号泣者数万人，或言“臣生无益县官，愿代赵京兆死，使得牧养小民”。(《汉书》卷七六《赵广汉传》)

这是吏民集会为京兆尹赵广汉请愿，人数达到数万人之多，比之《周礼》的“致万民而询焉”有过之而无不及了。又：

庶民、诸生、郎吏以上守阙上书者日千余人，公卿大夫或诣廷中，或伏省户下，咸言：“……”(《汉书》卷九九《王莽传》)

这是吏民请求立王莽之女为皇后。是不是王莽精心安排的政治作秀姑且不论，这则材料很好地体现了不同层级的官、吏、民所可以抵达的宫城位置：庶民、诸生、郎吏以上千余人，只能“守阙上书”，在宫门口请愿，这是“外朝”；公卿夫，则有的可以抵达“廷中”(可能是前殿)，这是“治朝”；有的则深入“省户”，这就是“燕朝”了。

正因为门阙带有公共政治空间的意味，所以以下这则集议的材料就很好理解了：

少府徐仁即丞相车千秋女婿也，故千秋数为侯史吴言。恐光不听，千秋即召中二千石、博士会公车门，议问吴法。(师古曰：“于法律之中吴当得何罪。”)议者知大将军指，皆执吴为不道。明日，千秋封上众议，光于是以千秋擅召中二千石以下，外内异言，遂下廷尉平、少府仁狱。(《汉书》卷六〇《杜周传》)

丞相车千秋的女婿徐仁因为侯史吴的案子受牵连，而当时内朝的集议为大司马霍光所掌握，车千秋不得已，为保女婿而自行召集中二千石、博士会聚公车门集议，试图以此作为公意的体现。霍光指责车千秋“外内异言”，颜注：“外内，谓外朝及内朝也。”公车门作为外朝集议的性质，至为明显。

（二）治朝

1. 前殿（附朝堂考辨）

汉代的前殿，是“大朝正殿”[1]。刘敦桢引用四条例证，说明前殿的功能“实盖大朝、常朝、日朝为一”，这是符合史实的说法。[2] 这里再补充一条东汉的例证。《后汉书·皇后纪》李贤注引蔡邕《独断》说：

少帝即位，太后即代摄政，临前殿，朝群臣。太后东面，少帝西面。群臣奏事上书，皆为两通，一诣后，一诣少帝。

太后临“朝”摄政、群臣奏事上书之“朝”，当然即是常朝，也就是《周礼》中“君臣治事”的“治朝”，没有什么问题。问题在于“朝堂”在什么地方。

《史记》《汉书》中不曾出现过“朝堂”的字样，但是《后汉书》等记录东汉史事的文献中，经常可以看到公卿百官议于“朝堂”的例子，举几个如下：

诏百官议朝堂。(《后汉书》卷四五《袁安传》)

和帝即位，窦太后临朝，后兄车骑将军宪北击匈奴，安与太尉宋由、司空任隗及九卿诣朝堂上书谏，……书连上辄寝。宋由惧，遂不敢复署议，而诸卿稍自引止。唯安独与任隗守正不移，至免冠朝堂固争者十上。（同上）

邓太后召勇诣朝堂会议。(《后汉书》卷四七《班勇传》)

诏公卿大会朝堂，令中常侍赵忠监议。(《后汉书》卷五六《陈球传》)

大臣多有不同，乃召百官议朝堂。(《后汉书》卷九〇《乌桓鲜卑列传》)

于是诏百官大会朝堂，皆从劭议。(《后汉书》卷四八《应劭传》)

---

[1] 刘庆柱、李毓芳著:《汉长安城》第二章第二节名即为“大朝正殿——前殿”，见该书目录页。

[2] 刘敦桢:《六朝时期之东西堂》，载氏著:《刘敦桢文集》(三)，中国建筑工业出版社 1987 年版，第 456 页。杨鸿勋猜测前殿作大朝之用，宣室作常朝之用，并没有什么依据。见《西汉未央宫前殿与椒房殿复原初探》，载杨氏著:《杨鸿勋建筑考古学论文集》(增订版)，清华大学出版社 2008 年版，第 241 页。

及卓至，果陵虐朝廷，乃大会百官于朝堂，议欲废立。(《后汉书》卷六四《卢植传》)

观察这几个例子可以发现，朝堂集议有两个特点：第一，不是常朝，而是因事临时集议；第二，皇帝例不出席，偶尔会派人监议。那么“朝堂”到底在什么地方？是否东汉有而西汉无呢？

渡边信一郎考察汉唐间的议政事例后认为，会议地点体现出一种“正殿、朝堂举行朝议的空间结构”，具体包括“皇帝直接临御进行裁决且下达指令的太极殿、官僚集会对皇帝作成上奏文的朝堂”。而这种空间结构“萌芽于西汉中晚期，形成于东汉”[1]。按照他的观点，朝堂是独立于正殿（前殿）之外的建筑物。渡边氏对朝堂的认识，应该是受到了日本宫城结构的影响。日本典型的宫城如平城宫和藤原宫，大体都有三个部分：朝堂院、太极殿、内裹。太极殿大体相当于中国的正殿（前殿），内裹相当于后宫（省中）。而朝堂院，根据日本学者的研究，则是“中国朝堂与尚书省的一体化”。对此，王仲殊说：“中国两汉的朝堂，主要是百寮集会议事的场所。此后经魏晋南北朝至于隋唐，朝堂的性质已有改变，但名称如旧。”[2]所以要搞清楚两汉的“朝堂”究竟何所指，不妨先从魏晋南北朝的“朝堂”入手。

所幸这个工作已经有人做过。郭湖生《台城辩》“尚书朝堂”一节引二十八条史料证明，两晋南北朝所谓“朝堂”就是尚书省的每日议事场所，又名都坐或都堂，是太极殿东南侧的一个独立建筑物。[3]那么，曹魏有没有“朝堂”呢？

检《三国志·魏志》及裴注，“朝堂”一词凡五见，其中两则讲的是汉末的事情。剩下三则，有两则正文与注重出，但取《魏志》正文，列举如下：

[1] 转引自王德权《东京与京都之外——渡边信一郎的中国古代史研究》，收于渡边信一郎著：《中国古代的王权与天下秩序——从日中比较史的视角出发》附录，徐冲译，中华书局2008年版，第185页。

[2] 以上均参见王仲殊：《关于日本古代都城制度的源流》，载《考古》1983年第4期。

[3] 郭湖生：《台城辩》，载《文物》1999年第5期。

正始中，有诏议圜丘，普延学士。……又是时朝堂公卿以下四百余人，其能操笔者未有十人，多皆相从饱食而退。(《三国志》卷一三《王肃传》注引《魏略》)

不胜愤懑，拜表陈情。若有不合，乞且藏之书府，不便灭弃，臣死之后，事或可思。若有豪厘少挂圣意者，乞出之朝堂，使夫博古之士，纠臣表之不合义者。(《三国志》卷一九《任城陈萧王传》)

从这两条材料来看，曹魏时期“朝堂”的含义与东汉相比并没有什么变化，也不能解读出曹魏在太极殿之外另建有朝堂的意思。

那么东汉时期的“朝堂”有没有可能和两晋南北朝一样，指尚书台的议事场所呢？答案是否定的。看三条证据。

证据1：正月朔旦，苍当入贺。故事，少府给璧。是时阴就为府卿，贵骄，吏傲不奉法。苍坐朝堂，漏且尽，而求璧不可得，顾谓掾属曰：“若之何？”(《后汉书》卷四三《朱晖传》)

正月朔旦朝会，刘苍坐在朝堂之上等着朝贺。说明朝堂不仅是集议的场所，也是朝贺的场所。而这种“万人以上”的大朝场合，总不至于是区区尚书台吧？事实上，汉代朝贺的地点是非常明确的，详后文。

证据2：凡制书，有印使符下远近皆玺封，尚书令印重封。唯赦令、赎令，召三公诣朝堂受制书，司徒印封，露布下州郡。(《独断》)

普通的制书，由尚书令在封泥上盖印以后封起来；而赦令、赎令，则由天子召三公亲自到朝堂上来领取，司徒用印，下发州郡。这恐怕是因为赦令、赎令适用面更广、“公”的意味更浓厚的缘故。朝堂和尚书台在这里分工不同，显见不是一回事。

证据3：左右廷中，朝堂百僚之位，萧曹魏邴，谋谟乎其上。(班固《西都赋》)[1]

---

[1] 胡三省《通鉴注》据班固文说“朝堂盖在殿庭左右”，这是对班赋的误解。按胡三省注《唐纪》“朝堂”时明白说道：“合本太极宫图：东西朝堂在承天门左右”，而此处则用推测之词：“盖在殿庭左右”，则可能是以唐朝宫殿制度为原型的臆测。且后文要提到，朝堂举行朝贺之礼，会者万人以上，恐怕不是“殿庭左右”可以站得下的。

朝堂承东，温调延北，西有玉台，联以昆德。（张衡《西京赋》）

这两条都是东汉人的赋，描写对象则是西京长安，由于写实程度高，直到今天也是汉长安城未央宫复原的重要参考。这两首赋都提到了“朝堂”，尤其是第一首，提到萧何、曹参还曾经在朝堂之上“谋谟”过。萧何、曹参时代，尚书还只是名副其实的“尚书”，当然不可能拥有能容纳公卿百官集议的朝堂。

这两首赋，也为我们提供了解开汉代朝堂之谜的钥匙。前面提到过，西汉的史料都没有出现过“朝堂”二字，这可能引发猜想：西汉没有朝堂。但是写实性的《西都赋》与《西京赋》都提到未央宫内有朝堂，并且还描述了其功用。这自然引发了下面这条结论：西汉无朝堂之名，而有朝堂之实。

未央宫重要建筑的名称，传世文献都有记载，其中没有叫“朝堂”的，那么最大的可能是：朝堂就是其中一个建筑，只不过它另有正式的名称而已。

前引《后汉书·朱晖传》刘苍在朝堂等候朝贺的史料，可以提供一点线索——正月朔旦举行朝贺之礼的地方，就是朝堂。汉代朝贺之礼，一般都在正殿（前殿）举行。《续汉书·礼仪志》注引《决疑要注》曰：“汉、魏粗依其制，正旦大会，诸侯执玉璧，荐以鹿皮”。注引蔡质《汉仪》曰：“正月旦，天子幸德阳殿，临轩。公、卿、将、大夫、百官各陪位朝贺。……宗室诸刘亲会，万人以上，立西面。位公纳荐太官赐食酒西入东出既定，上寿。”正月旦执玉璧朝贺，与刘苍事例相吻合。东汉，朝贺在德阳殿举行，德阳殿是洛阳南宫的正殿，相当于未央宫前殿。由此可证，朝堂就是正殿，即前殿。

又《后汉书·明帝纪》：“夏五月戊子，公卿百官以帝威德怀远，祥物显应，乃并集朝堂，奉觞上寿。”公卿百官并集朝堂上寿，上寿的地方在哪儿呢？前引蔡质《汉仪》已经表明，朝贺、上寿都在前殿，所以朝堂即是前殿。这又是一证。

前引《后汉书·皇后纪》注提到：“少帝即位，太后即代摄政，临前殿，朝群臣。”《袁安传》又说：“和帝即位，窦太后临朝，后兄车骑将军宪北击匈奴，安与太尉宋由、司空任隗及九卿诣朝堂上书谏，……”太后临朝摄政，地点是在“前殿”，即“朝堂”，这是第三证。

再看东汉人使用“朝堂”一词的情况。《潜夫论》评论秦朝赵高“指鹿为马”的故事时说：“此二物者，皆得进见于朝堂，暴质于心（廷）臣矣。”[1] 由此可见，在东汉人看来秦朝也已有相当于东汉朝堂的场所，而赵高当着秦二世与廷臣的面表演“指鹿为马”把戏的“朝堂”，当然不可能是尚书台或正殿左右的小房间，而只能是前殿。这是第四个证据。

最后考察一下张衡赋中“朝堂承东，温调延北”的确解。一般的解释是朝堂朝向东边，[2] 这好像与正殿面南不符，这是一个误解。《汉书·高帝纪》：“萧何治未央宫，立东阙、北阙、前殿、武库、大仓。”未央宫最重要的门阙就是北阙、东阙。前已提及，北阙是吏民上书的渠道，有学者已考证，温室殿因为居未央宫之北，方便接见北阙进谒的群臣吏民。[3] 这应该就是“温调延北”的含义。延，即是引，引入、引见的意思。“朝堂承东”的“东”，则应指东阙。《续汉书·五行志》说“刘向以为东阙所以朝诸侯之门也”，则诸侯朝见由东阙进入，朝见的地点当然就是未央前殿。这就是“朝堂承东”的含义。承，就是受、迎的意思。

下面再补充几条材料作为佐证。《周礼·匠人》：“内有九室，九嫔居之。外有九室，九卿朝焉。”郑玄注：“内，路寝之里也。外，路门之表也。九室，如今朝堂诸曹治事处。”贾疏：“郑据汉法朝堂诸曹治事处，谓正朝之左右为庐舍者也。”内外，以路门为分界。郑玄以汉制比况《周礼》，当时的目的是使汉代人更好地理解《周礼》，今天则为我们复原汉制提供了意

---

[1] 《潜夫论笺校正》校语曰“‘心臣’未详，程本作‘廷臣’”，参见［汉］王符撰，［清］汪继培笺：《潜夫论笺校正》，彭铎校正，中华书局1985年版，第102—103页。

[2] 《全汉赋评注》：“承，迎，向。承东，即面向东方。”见龚克昌等评注：《全汉赋评注》，花山文艺出版社2003年版，第436页。又《全汉赋校注》：“朝堂：宫殿名。承：连接。”见费振刚、仇仲谦、刘南平校注：《全汉赋校注》，广东教育出版社2005年版，第642页。按：说“朝堂”是宫殿名，没有任何文献依据，显误；“承东”是“连接东方”，也难以说通。

[3] 吕菊：《温室殿及其功用》，载《兰州学刊》2006年第9期。

想不到的便利。下面结表以明之：

表三 《周礼》设施与汉宫对照表

《周礼》	汉宫
路寝	宣室
路门	（路门）
治朝	朝堂（正朝）
外九室	诸曹治事处（正朝左右庐舍）

汉制与《周礼》一比照，“朝堂”之意怡然理顺。这里再附带谈一下前殿作为“大朝正殿”和“集议朝堂”的功能转换，是如何实现的。还是结合《礼记·玉藻》：“君日出而视之，退适路寝听政，使人视大夫；大夫退，然后适小寝，释服。”这和汉代的情况应该大体相符。天子在前殿上朝，群臣奏事；退朝之后，天子回到宣室继续听政，公卿则退到前殿左右的“庐舍”——也就是“诸曹治事处”办公，有事则随时上奏到宣室，由天子作出指示、发号施令。所以汉代人说：“宣室，布政教之室也”[1]，“夫宣室者，先帝之正处也，非法度之政不得入焉”[2]。总结一下，皇帝亲御前殿上朝，则前殿是“大朝正殿”；皇帝退朝回宣室，则前殿可以成为集议的“朝堂”。贾谊《新书》：“清晨听治，罢朝而论议，从容泽燕。夕时开北房，从薰服之乐。”[3]按之本书所拟的政治空间：“清晨听治”在前殿，“罢朝而论议”在宣室，“从容泽燕”在温室，“夕时开北房，从薰服之乐”则在掖庭椒房殿之属。廖伯源推测“朝堂当是宫中皇帝朝见群臣之殿堂，皇帝虽不出席，群臣亦可在朝堂中会议”[4]，虽然没有给出推断的依据，但不害其结论之无误。

[1] 《汉书》卷二三《刑法志》注引如淳曰。

[2] 东方朔语，见《汉书》卷六五《东方朔传》。

[3] 阎振益、钟夏校注：《新书校注》，中华书局 2000 年版，第 293 页。

[4] 廖伯源：“秦汉朝廷之论议制度”，载氏著：《秦汉史论丛》（增订本），中华书局 2008 年版，第 156 页。

2. 尚书台

如果以路门作为省中、省外标志的话，东汉的尚书台位于宫内、省外，[1] 也属于“治朝”的范围。尚书台集议分两种情况，一种是诸尚书内部集议，如《后汉书·朱晖传》：“于是诏诸尚书通议。晖奏据林言不可施行，事遂寝。”这里的“诸尚书通议”，场所当然是在尚书台。另一种是诏公卿百官到尚书台集议。如：

臣伏见尚书仆射郅寿坐于台上与诸尚书论击匈奴，言议过差，及上书请买公田，遂系狱考劾大不敬。(《后汉书》卷二九《郅寿传》)

冯岱字德山，辟司徒刘宠府，与四府掾属并诣台，集议边事。(《书钞》卷六八《设官部·掾》引谢承《后汉书》)

司隶诣台廷议，处九卿上，朝贺处公卿下陪卿上。(《续汉书·百官志》“司隶校尉”条注引蔡质《汉仪》)

这些都是在尚书台集议的例子，而且都发生在东汉，这可以看出汉代中枢机构与权力的变迁。如果把时间轴拉长，尚书台也由原先离“省户”最近的位置逐渐往外挪，到两晋南北朝的“朝堂”，已经临近宫门，到唐朝终于搬到宫城之外。而尚书台集议的性质，也就由“治朝”变为“外朝”

[1] 参见杨鸿年：《汉魏制度丛考》“尚书”部分，武汉大学出版社2005年版，第74—86页。按：杨鸿年认为尚书是宫内官、省外官，这个结论在东汉是有效的，但在西汉则似乎不然。《唐六典》卷一《尚书都省·尚书令》：“初，秦变周法，……置尚书于禁中，有令、丞，掌通章奏而已。汉初因之。”杨鸿年认为这是唐人的臆测，不足为据。但翻检《汉书》也可以找到若干强证，如哀帝时孙宝为尚书仆射郑崇鸣冤时说：“疑昌与崇内有纤介，浸润相陷，自禁门内枢机近臣，蒙受冤谮，亏损国家，为谤不小。”把尚书称为“禁门内枢机近臣”，可见尚书在省中。又霍光以大司马大将军的身份专权，当然是在省中。当时，“光时休沐出，桀辄入代光决事”，霍光放假“出”省中，上官桀就“入”省中临时代理他的工作。上官桀因此之便找昭帝告小状，“候司光出沐日奏之”，这个事情当然是发生在省中。第二天霍光知道此事，“止画室中不入”，被昭帝叫进来安抚，“是时，帝年十四，尚书左右皆惊”。这整个事情都发生在省中，而“尚书左右皆惊”，可见尚书平时即在省中，又是一证。杨鸿年论证尚书是省外官，所引证据都是东汉史料，不足以涵摄西汉，但适足以作为尚书工作地址内外转移的证明。又：“尚书台”之名不见于《史记》《汉书》，盖起于东汉。《唐六典》就说“后汉尚书称台”。所谓“台”，乃是尚书机构的建筑物独立建造在一个“台基”之上的意思，参见上引杨鸿年书，第77—79页。既然别在一台基之上，当然就不可能继续在省中，而只能搬出到省外了。

了，这恐怕就是空间结构对集议制影响的一个侧影吧？

（三）燕朝

汉代宫城，以路门为界，可以分为省外、省中，路门应该即是所谓“省户”或“省闼”。省中，即是俗话说的后宫，是皇帝和妃嫔起居的地方，其正厅也往往用以议事。《周礼》中的“燕朝”，就相当于汉代的“省中”。从史料来看，汉代皇帝经常在省中以召问、集议的方式接待一些重要官员或特殊人物。召问例见下，集议例如《后汉书·杨赐传》：“中平元年，黄巾贼起，赐被召会议诣省阁。”而汉武帝以后的内朝，主要集议场所也在这里。

1. 宣室

宣室相当于《周礼》的“路寝”，其正厅是皇帝裁决政事的地方。《汉书·刑法志》说汉宣帝经常在宣室裁断刑狱：“时上常幸宣室，斋居而决事，狱刑号为平矣。”《汉书·贾谊传》的如下记载，则因为李商隐的名句“可怜夜半虚前席，不问苍生问鬼神”而更加为人所熟知：

后岁余，文帝思谊，征之。至，入见，上方受釐，坐宣室。上因感鬼神事，而问鬼神之本。谊具道所以然之故。至夜半，文帝前席。

至于在宣室集议的事例，见《汉书·陈汤传》：

丞相王商、大将军王凤及百僚议数日不决。凤言“汤多筹策，习外国事，可问”。上召汤见宣室。

宣室作为皇帝路寝、兼作议事之所的性质，从以上事例中应该可以看得出来。

2. 温室

温室相较宣室而言，更加私密，最初的作用可能在于保暖、起居和举办宴席。后因距离北阙较近，温室的功能“渐渐从宴席扩大到日常议政，在皇帝的日常生活和工作乃至于国家政治中发挥出重要的作用”[1]。

---

[1] 吕菊：《温室殿及其功用》，载《兰州学刊》2006 年第 9 期。

在温室集议的例子并不多见，今天可以确知的有以下一则：

诏使房作其事，房奏考功课吏法。上令公卿朝臣与房会议温室，皆以房言烦碎，令上下相司，不可许。上意乡（向）之。(《汉书》卷七五《京房传》)

汉元帝内心赞同京房的“考功课吏法”，所以特意召集公卿朝臣与京房会议，而之所以把地点选在温室这样的私密性场所，可能带有一定的暗示意味。没想到公卿朝臣并不买他的账，一致反对。

3. 东朝

东朝，就是长乐宫。萧何建未央宫之前，长乐宫一度被当作正朝大殿来使用。未央宫建好之后，行政中心转移，长乐宫则成为太后居住的地方。《汉书·叔孙通传》：“惠帝为东朝长乐宫”，注引孟康曰：“朝太后于长乐宫。”是为其证。长乐宫，当然也属于燕朝的范围。天子处理家事的集议，会放到这里来举行。如：

立召入，具告言灌夫醉饱事，不足诛。上然之，赐婴食，曰：“东朝廷辩之。”婴东朝，盛推夫善，言其醉饱得过，乃丞相以它事诬罪之。蚡盛毁夫所为横恣，罪逆不道。……上问朝臣：“两人孰是？”御史大夫韩安国曰：“……”主爵都尉汲黯是魏其。内史郑当时是魏其，后不坚。余皆莫敢对。……即罢起入，上食太后。太后亦已使人候司，具以语太后。太后怒，不食，曰：“我在也，而人皆藉吾弟，令我百岁后，皆鱼肉之乎！且帝宁能为石人邪！此特帝在，即录录，设百岁后，是属宁有可信者乎？”上谢曰：“俱外家，故廷辨之。不然，此一狱吏所决耳。”(《汉书》卷五二《窦婴传》)

武帝时的两个外戚窦婴、田蚡为了灌夫骂座的事情起争执，汉武帝让两人“东朝廷辩之”。如淳注：“东朝，太后朝也。”张晏注：“会公卿大夫东朝，共理而分别也。”可见这次集议的地点即在太后所居的长乐宫。汉武帝说：“俱外家，故廷辨之。不然，此一狱吏所决耳。”更可以看出此次廷辩的性质。虽然参加人员有公卿朝臣，但因为集议场所在东朝，所以仍属于皇帝家事的范围，处理的权力也由皇帝完全掌握，与走公共司法程序的

“下吏”“下廷尉”有本质的区别。

另外，东汉有“显亲殿”，可能也属于“燕朝”范围。如《后汉书·周举传》：“永和元年，灾异数见，省内恶之，诏召公、卿、中二千石、尚书诣显亲殿，问曰：……”这里说“省内”恶之，然后“召”群臣“诣”，则显亲殿可能就在省内。再如“时连有灾异，帝思商言，召举于显亲殿，问以变眚”。皇帝单独召问的场所，一般都在省中，亦是一证。

（四）非常规集议场所

除了以上常规集议场所以外，还有一些偶尔一用的集议场所，或因为非常时期，或因为特殊事项。列举如次。

代邸。汉代各郡国在京城都设有驻京办，叫作“郡邸”或“国邸”。代邸，就是代国在京城设的邸。吕后之乱以后，代王刘恒被汉廷群臣迎立为帝的集议大会，就在代邸举行：

太尉勃乃跪上天子玺。代王谢曰：“至邸而议之。”闰月己酉，入代邸。群臣从至，上议曰：“……臣谨请阴安侯顷王后、琅邪王、列侯、吏二千石议，大王高皇帝子，宜为嗣，愿大王即天子位。”代王曰：“……寡人弗敢当。”群臣皆伏，固请。……遂即天子位。（《汉书》卷四《文帝纪》）

这是非常时期的特殊集议。

石渠阁、云台、白虎观。石渠阁和云台，本就是汉代藏书之所。据《后汉书·贾逵传》：“诏逵入讲北宫白虎观、南宫云台”，《章帝八王传》：“帝移幸北宫章德殿，讲于白虎观”，则白虎观可能也是宫中讲学的场所。这三个地方都与学术有关，所以都曾举行过学术会议：

玄成受诏，与太子太傅萧望之及《五经》诸儒杂论同异于石渠阁，条奏其对。（《汉书》卷七六《韦玄成传》）

时尚书令韩歆上疏，欲为《费氏易》《左氏春秋》立博士，诏下其议。四年正月，朝公卿、大夫、博士，见于云台。（《后汉书》卷三六《范升传》）

于是下太常，将、大夫、博士、议郎、郎官及诸生、诸儒会白虎观，讲议《五经》同异，使五官中郎将魏应承制问，侍中淳于恭奏，帝亲称制临决，如孝宣甘露石渠故事，作《白虎议奏》。(《后汉书》卷二《肃宗孝章帝纪》)

石渠阁会议、白虎观会议，对汉代经学乃至中国思想史影响深远。

显阳苑。显阳苑是东汉桓帝年间在洛阳城西新造的苑囿，汉末董卓进京，曾经召集公卿百官在此集议：

董卓在显阳苑，请官僚共议，欲有废立，……卓曰："天下之事，岂不在我？我今为之，谁敢不从！"绍曰："天下健者，不惟董公，绍请立观之。"横刀长揖而去，坐中皆惊愕。(《太平御览》卷九二《皇王部·废帝弘农王》引《英雄记》)

之所以以此为集议场所，是董卓初进京时，将军队屯驻于此，见《三国志》卷六《董卓传》注引《献帝春秋》："卓时适至，屯显阳苑。闻帝当还，率众迎帝。"所以在此集议，可以达到以武力威胁与议者的目的，孰料到有袁绍这样的英雄横刀长揖而去，一座皆惊愕。

以上之所以费这么多笔墨考述汉代集议的场所，乃是空间结构很大程度上规定了集议的其他要素，譬如与议人员、集议规格、集议方式、议题等等。这一点是很好理解的，以今喻古，在人民大会堂举行的会议，和在中南海举行的会议，参与者、规格、议题当然有所不同。汉代亦是如此。场所的问题搞清楚了，其他问题解决起来也会事半功倍。关于场所和其他诸要素的联系，是下面要解决的问题。

第二节　参与者

一、参与者的各分子

从汉代的实例来看，集议的参与者可以是上自皇帝、下至吏民的任何汉代人。对象如此广泛的政务决策参与机制，在后世是不多见的。无怪乎自宋人洪迈、元人朱礼以下皆盛赞汉代集议"犹有公道存焉""有公天下之意”[1]，而近人梁启超、柳诒徵倾慕西方议院制度，反求诸历史，都不约而同把目光瞄准了汉代集议制，称誉“政治公开当无过于炎汉矣”[2]。当与不当姑置不论，汉代集议制的参与面之广泛，毋庸置疑。

集议的参与群体虽然庞杂，但分析其成分，无外以下四种：君主、官僚系统、诸侯宗室系统，以及特邀的专家、顾问和吏民等。在汉代集议制的成熟期，最主要的参与者以官僚系统为主。以下分次述论。

（一）君主

君主是汉代集议制的主要参与者。如果把这个“参与”理解得广泛一些——不仅包括亲自出席，也包括事前的启动、事后的决策的话，那么从原则上来讲，每一次集议都应该有君主的参与。

第一，启动集议。

集议的启动，包括发起集议、指定集议参与者、集议场所等。这些事情，按理都应该由君主来决定。例如《汉书·文帝纪》：“诏曰：‘方春和时，草木群生之物皆有以自乐，而吾百姓鳏、寡、孤、独、穷困之人或阽于死亡，而莫之省忧。为惘父母将何如？其议所以振（赈）贷之。’”文帝以诏书的形式发起集议，命令有关部门讨论振贷弱势群体的办法。

臣下有请求集议的，君主当然有拒绝启动集议的权力。例如东汉曹褒上书请求制礼作乐，汉章帝问班固的意见，班固认为“京师诸儒，多能说礼，宜广招集，共议得失”，汉章帝予以拒绝：“谚言‘作舍道边，三年不成’。会礼之家，名为聚讼，互生疑异，笔不得下。昔尧作《大章》，一夔足矣。”于是未经集议而直接让曹褒改制礼乐。[3]

臣下私自启动集议是非法的。西汉丞相车千秋为在“侯史吴案”中

[1] ［宋］洪迈著：《容斋随笔》卷二“汉采众议”条，中华书局2005年版，第28页。朱礼语见前引书。

[2] 梁启超：《古议院考》，载氏著：《饮冰室文集》第一册，云南教育出版社2001年版，第2—3页。柳诒徵：《汉官议史》，载《学衡》1922年第1期。

[3] 《后汉书》卷三五《曹褒传》。

袒护女婿，“即召中二千石、博士会公车门，议问吴法”。第二天，霍光便“以千秋擅召中二千石以下，外内异言”，把车千秋和他女婿一并打下大牢。为车千秋辩护的人，也不得不承认“至擅召中二千石，甚无状”[1]。

在某些非常时候，集议的启动权才由他人代为行使。一是皇帝年幼，太后临朝听政，则此时太后等于君主，可以自行启动集议，如汉安帝时“邓太后诏公卿以下会议”[2]；二是皇帝换届而没有明确的继承人，青黄不接，则由大臣启动集议，如汉文帝的上台是丞相陈平、太尉周勃等“谨请阴安侯列侯顷王后与琅邪王、宗室、大臣、列侯、吏二千石议”的结果，[3]昌邑王之废、汉宣帝之立则是大司马大将军霍光“召丞相、御史、将军、列侯、中二千石、大夫、博士会议未央宫”的结果。[4]

而汉末权臣专擅之时，则无所谓通过皇帝与否了，枪杆子决定话语权，权臣可以凭借权势、武力自行启动集议。例如前引《英雄记》：“董卓在显阳苑，请官僚共议，欲有废立”即是其例。

第二，出席集议。

君主亲自出席集议与否，是前人判断集议性质的一个重要标准，[5]其实这种分类仍未见汉代集议制的本质。以集议的启动方式看，无非“定期召开”与“临时召集”两种。在朝廷之上定期召开的例会，就是史书旧称的“朝议”；而君主临时召集的集议，就是史书旧称的“会议”，如果在朝堂之上举行，则称之为“廷议”。朝议，君主是一定会出席的。即便君主年幼，由太后临朝听政，也须由君主、太后分坐两边，同时在形式上参与朝议，见《后汉书》卷一〇《皇后纪》注引蔡邕《独断》：

少帝即位，太后即代摄政，临前殿，朝群臣。太后东面，少帝西面。

---

[1] 《汉书》卷六〇《杜周传》。

[2] 《后汉书》卷二五《鲁恭传》。

[3] 《史记》卷一〇《孝文本纪》。

[4] 《汉书》卷六八《霍光传》。

[5] 例如廖伯源的《秦汉朝廷之论议制度》即将集议分为“皇帝亲临之论议”与“皇帝不在场之论议”两大类。杨树藩《西汉中央政府议事制度》将前者称为“朝议”，后者称为“廷议”。

群臣奏事上书，皆为两通，一诣后，一诣少帝。

至于临时召集的集议，则君主或亲临，或不出席，以后一种情况为多。君主亲临的情况，一般都是召集群臣到朝堂甚至省中集议，具有前述“燕朝”的性质。[1]君主亲临朝堂，仅仅是为了表示重视，并不明显改变集议本身的性质。例如《汉书·王商传》：“建始三年秋，京师民无故相惊，言大水至，百姓奔走相蹂躏、老弱号呼，长安中大乱。天子亲御前殿，召公卿议。”揣摩文意与史官措辞，不难看出天子亲御前殿并非常例。因此，将君主亲临与否作为集议分类的标准，只见其皮相，并不合理。

君主出席集议，作用有二，一是主持，二是决策。就主持而言，君主可以提出议题，如：

明年，雁门马邑豪聂壹因大行王恢言：“匈奴初和亲，亲信边，可诱以利致之，伏兵袭击，必破之道也。”上乃召问公卿曰：“朕饰子女以配单于，币帛文锦，赂之甚厚。单于待命加嫚，侵盗无已，边竟数惊，朕甚闵之。今欲举兵攻之，何如？”（《汉书》卷五二《韩安国传》）

可以亲自参与集议，向议臣提问，或表明自己的立场，如：

匈奴来请和亲，群臣议上前。博士狄山曰：“和亲便。”上问其便，山曰：“……”上问汤，汤曰：“此愚儒，无知。”……于是上作色曰：“吾使生居一郡，能无使虏入盗乎？”曰：“不能。”曰：“居一县？”对曰：“不能。”复曰：“居一障间？”山自度辩穷且下吏，曰：“能。”于是上遣山乘鄣。（《史记》卷一二二《酷吏列传》）

也可以随时结束集议，如：

单于尝为书嫚吕太后，太后怒，召诸将议之。……是时，殿上皆恐，太后罢朝，遂不复议击匈奴事。（《汉书》卷三七《季布传》）

有些议题，当下就能决策的，君主往往会现场决策。如汉朝建立后，

[1] 西汉初年丞相权重时，天子往往会亲临“外朝”——丞相府百官朝会殿参与集议，见前引《续汉书·百官志》注引应劭曰：“国每有大议，天子车驾亲幸其殿。”这种局面应该维持不了多久，史书上并没有见过实例。《周礼·稾人》郑玄注已经说“今司徒府中，有百官朝会之殿云，天子与丞相旧决大事焉”了。“旧决大事”，可见此制久已废弃。

对功臣位次的集议：

列侯毕已受封，奏位次，皆曰："平阳侯曹参身被七十创，攻城略地，功最多，宜第一。"上已桡功臣多封何，至位次未有以复难之，然心欲何第一。关内侯鄂秋时为谒者，进曰："群臣议皆误。……萧何当第一，曹参次之。"上曰："善。"于是乃令何第一，赐带剑履上殿，入朝不趋。(《汉书》卷三九《萧何传》)

又如著名的石渠阁会议、白虎观会议，都由君主亲自称制临决：

诏诸儒讲《五经》同异，太子太傅萧望之等平奏其议，上亲称制临决焉。乃立梁丘《易》、大小夏侯《尚书》、穀梁《春秋》博士。(《汉书》卷八《宣帝纪》)

于是下太常，将、大夫、博士、议郎、郎官及诸生、诸儒会白虎观，讲议《五经》同异，使五官中郎将魏应承制问，侍中淳于恭奏，帝亲称制临决，如孝宣甘露石渠故事，作《白虎议奏》。(《后汉书》卷二《肃宗孝章帝纪》)

这类学术会议的具体情况，从《通典》保存的一则《石渠礼》佚文尚可窥见一斑：

石渠礼曰："'诸侯之大夫为天子、大夫之臣为国君服何？'戴圣对曰：'诸侯之大夫为天子当缌缞，既葬除之。以时接见于天子，故既葬除之。大夫之臣无接见之义，不当为国君也。'闻人通汉对曰：'大夫之臣，陪臣也，未闻其为国君也。'又问：'庶人尚有服，大夫臣食禄，反无服，何也？'闻人通汉对曰：'记云"仕于家，出乡不与士齿"，是庶人在官也，当从庶人之为国君三月服。'制曰：'从庶人服是也。'"(《通典》卷八一《礼·沿革·凶礼·诸侯之大夫为天子服议》)

代表皇帝"承制问"的五官中郎将魏应提出议题，并分别向礼学专家戴圣、闻人通汉发问，戴圣、闻人通汉回答问题、阐述自己的意见，最后由汉宣帝以"制曰"的形式予以定论。

第三，集议之后的决策。

君主亲临现场的集议，往往拘泥于礼仪，受压于皇权，而不利于畅所欲言。如前引《季布传》吕太后召群臣集议事，季布言辞稍一激切，则“殿上皆恐”，君主亲临的集议参与者所承受的压力可想而知。至于前引汉武帝公然袒护张汤、质问博士狄山的例子，则直接给集议参与者带来了杀身之祸。所以除了定期召开的朝议之外，君主一般都不亲自出席集议，而采取“下某某议”的方式，让群臣自由讨论。这时，君主的作用就体现在事后的决策。

君主不亲临的集议，集议结果一般都以书面形式反馈到君主手中。如汉灵帝时议窦太后与桓帝合葬：

既议，坐者数百人，各瞻望中官，良久莫肯先言。赵忠曰：“议当时定。”怪公卿以下各相顾望。球曰：“皇太后以盛德良家，母临天下，宜配先帝，是无所疑。”忠笑而言曰：“陈廷尉宜便操笔。”球即下议曰：“皇太后自在椒房，有聪明母仪之德。遭时不造，援立圣明，承继宗庙，功烈至重。先帝晏驾，因遇大狱，迁居空宫，不幸早世，家虽获罪，事非太后。今若别葬，诚失天下之望。且冯贵人冢墓被发，骸骨暴露，与贼并尸，魂灵污染，且无功于国，何宜上配至尊？”忠省球议，作色俯仰，蚩（嗤）球曰：“陈廷尉建此议甚健！”（《后汉书》卷五六《陈球传》）

陈球发表了口头意见，赵忠让他写成书面意见，陈球毫不迟疑，援笔立就。君主根据臣下交上来的集议结果进行决策，或予以认可，或予以否决，或不置可否，即所谓“寝其事”。例如《汉书·魏相传》保存了一条汉高祖时的施行诏书“高皇帝所述书《天子所服第八》”，简要记录了汉初“议天子所服”的过程：

大谒者臣章受诏长乐宫，曰：“令群臣议天子所服，以安治天下。”相国臣何、御史大夫臣昌谨与将军臣陵、太子太傅臣通等议：“春夏秋冬天子所服，当法天地之数，中得人和。故自天子王侯有土之君，下及兆民，能法天地，顺四时，以治国家，身亡祸殃，年寿永究，是奉宗庙安天下之大礼也。臣请法之。中谒者赵尧举春，李舜举夏，兒汤举秋，贡禹举冬，四人各职一时。”大谒者襄章奏，制曰：“可。”

汉高祖在长乐宫下诏启动集议，大谒者把这份诏书交给相国、御史大夫，相国、御史大夫组织群臣集议，并领衔将结果以书面形式交给大谒者，大谒者上奏，汉高祖以“制曰可”的形式作出决策，予以认可。

总之，君主通常情况下虽不积极参与集议的讨论，并非集议舞台上最耀眼的明星，却是幕后的导演，只要不遇上戏霸，便可大体操控集议的走向和最终结果。

（二）官僚系统

官僚系统是集议最主要的参与者。但汉朝十几万官吏，[1] 不可能人人都有机会参与集议。前文提到，汉代官员分为中都官和郡国官，郡国官一般来讲是没有机会参与集议的。例如郡守，虽然也是二千石官，但史书屡见的“下二千石议”，并不包括郡守。所以武帝朝的汲黯被外放为淮阳太守时，表示宁可做一个比六百石的中郎，“出入禁闼，补过拾遗”；求做中郎亦不得，才气馁地说：“黯弃居郡，不得与朝廷议也。”但是这也并不绝对。地方官可以通过“奏议”即上疏提议的方式，向朝廷进言。这种奏议，往往会被皇帝下发群臣集议。如：

元和二年，武威太守孟云上书：“北虏既已和亲，而南部复往抄掠，北单于谓汉欺之，谋欲犯边。宜还其生口，以安慰之。”诏百官议朝堂。（《后汉书》卷四五《袁安传》）

地方官也可以通过上疏的形式，参与朝廷正在进行的集议。如：

先是安平王续为张角贼所略，国家赎王得还，朝廷议复其国。燮上奏曰：“续在国无政，为妖贼所虏，守藩不称，损辱圣朝，不宜复国。”时议者不同，而续竟归藩。（《后汉书》卷六三《李燮传》）

这是李燮以安平相的身份，向朝廷上疏参与复立刘续为安平王的集议。又如：

是时，朝臣以金城破羌之西，涂远多寇，议欲弃之。援上言，破羌以西城多完牢，易可依固；其田土肥壤灌溉流通。如令羌在湟中，则为害不

[1] 根据《汉书·百官公卿表》，则当时“吏员自佐史至丞相，十二万二百八十五人”。

休，不可弃也。帝然之，于是诏武威太守，令悉还金城客民。(《后汉书》卷二四《马援传》)

这是马援以陇西太守的身份，参与朝廷关于弃金城的集议。偶尔君主还会派使者征询某些地方官对于朝廷大议的意见，如：

顷之，章迁梁郡太守，兴迁弘农太守。兴求贤好善，郡中翕然，朝廷每有异议，必乘驿问兴。(《后汉纪·光武皇帝纪四》)

但是这种参与毕竟属于少之又少的例外，正如安定太守谷永在参与讨论御史大夫人选的上疏中坦陈自己“是用越职”[1]，参与集议并非地方官的分内之事。所以参与集议的官僚系统，还是以京官为主。而京官之中，又以朝臣为主。顾名思义，朝臣即有资格参与朝会、朝议的官员。《汉书·刘辅传》注引孟康曰：

中朝，内朝也。大司马左右前后将军、侍中、常侍、散骑、诸吏为中朝。丞相以下至六百石为外朝也。

朝臣又分为中朝官与外朝官，这说的是武帝以后的情状。这两类人，是参加集议的主体。除此之外，还有一类专为论议而设置的官职，史书一般总称之为“议官”，主要包括大夫、博士、议郎，按理也应该算作“外朝官”，由于性质特殊，单列一类。另，公府和地方，往往设有一些专司议论的官职，一并附于“议官”类讨论。

1. 外朝官

外朝官秩的下限是六百石。在秦汉时期，“六百石”是官秩的一道分界线。秦简《法律答问》：“可（何）谓‘宦者显大夫’？·宦及智（知）于王，及六百石吏以上，皆为‘显大夫’。”[2] 汉代情况亦是如此，六百石以上官员才有参与朝会、朝议的资格。《史记·叔孙通列传》说叔孙通制定朝仪，正式演习时“引诸侯王以下至吏六百石以次奉贺”即是其证。司马迁《报任安书》说：“乡者，仆亦尝厕下大夫之列，陪外廷末议。”司马迁当时

---

[1] 《汉书》卷八三《薛宣传》。

[2] 睡虎地秦墓竹简整理小组编：《睡虎地秦墓竹简》，文物出版社 1990 年版，第 139 页。

官居太史令，《史记·太史公自序》司马贞《索隐》引《博物志》："太史令茂陵显武里大夫司马迁，年二十八,三年六月乙卯除，六百石。"[1] 可见太史令位下大夫，秩六百石，得"陪外廷末议"，又是一证。

根据学者杨振红的研究，汉代官僚体系中存在着"公卿大夫士"的"爵位"系统，节引其"位"与"禄秩"的对照表如下：[2]

表四　西汉时期位、秩对照表

位	禄秩
公（上公、公、比公）	
卿（上卿、卿）	中二千石
上大夫	二千石、比二千石
下大夫	千石至比六百石
士	五百石至比二百石

以此表来理解，太史令司马迁所谓的"仆亦尝厕下大夫之列，陪外廷末议"就可以得到确解——六百石是"公卿大夫"的下限（下大夫），也是参加朝议的下限。所以所谓的外朝官，就是指公、卿、大夫。[3]

（1）公

汉代三公制度的真正确立，要到汉成帝时。[4] 但是秦汉习惯将丞相、御史大夫和太尉合称"三公"。其中，丞相和御史大夫是西汉集议的关键角色，下面先谈御史大夫。

甲．御史大夫及御史府

过去一般认为，御史大夫相当于"副丞相"，担任监察职责。清人沈钦

[1] 颜注引臣瓒曰："汉太史令千石，位下大夫。"误。《汉书补注》引沈钦韩说已驳其非，《二年律令·秩律》太史令秩亦六百石。《博物志》所引应是司马迁名籍，属一手资料，可信度高。

[2] 杨振红：《秦汉官僚体系中的公卿大夫士爵位系统及其意义》，载《文史哲》2008 年第 5 期。

[3] "公卿大夫"中的"大夫"是爵位，下文属于"议官"的大夫是官职，两者不可混为一谈。

[4] 安作璋、熊铁基对此有详细的考辨，参见氏著：《秦汉官制史稿》，齐鲁书社 2007 年版，第 6—8 页。

韩别具只眼地指出“是时未有尚书，则凡诏令，御史起草，付外施行”[1]。日本学者大庭脩详细论证了“御史本来是在王身边的书记官”，负责文书起草与上传下达的任务，也就是后世尚书台的职责。[2] 所以，御史府在日常行政中的一大作用，即是负责文书的传达，成为西汉早期沟通皇帝与官僚系统的桥梁。如《汉书·高帝纪》载著名的求贤诏，结尾说：“御史大夫昌下相国，相国酂侯下诸侯王，御史中执法下郡守”，文书下发各郡国，国系统走的是“御史大夫—相国—诸侯王”一线，郡系统走的是“御史中执法—郡守”一线，要之，都是从御史府发出来的。

来看一个具体的例子。《史记·三王世家》完整保存了封武帝三子为王的集议过程的原始文书，下面把这个过程简单示意如下（与御史府有关的部分加着重号）：

A. 大司马霍去病上疏提议

B. 御史霍光守尚书令奏未央官

C. 制曰：“下御史。”

D. 御史霍光守尚书令、丞非下御史

E. 丞相、御史大夫等集议，上书请立三王

F. 制更议

G. 丞相、御史大夫等集议，再请立三王，书奏未央宫

H. 制曰：“家以列侯可。”

I. 丞相、御史大夫等集议，再请立三王

J. 书奏未央宫，留中不下

K. 丞相、太仆行御史大夫事等集议，请令史官择吉日、具礼仪上，御史奏舆地图

[1] ［清］王先谦撰：《汉书补注》卷一下《高帝纪》补注引沈钦韩曰，上海古籍出版社 2008 年版，第 55 页。按：沈氏说“是时未有尚书”，可以商榷。

[2] ［日］大庭脩著：《秦汉法制史研究》，林剑鸣等译，上海人民出版社 1991 年版，第 34—37 页。又祝总斌对这个问题也有详细的论证，参见氏著：《两汉魏晋南北朝宰相制度研究》，中国社会科学出版社 1990 年版，第 34—37 页。

L. 制曰："可。"

M. 太仆行御史大夫事奏吉日、舆地图、礼仪，请所立国名

N. 制所立国名

O. 奏未央宫

P. 御史大夫下丞相，丞相下中二千石、二千石，下郡太守、诸侯相，丞书从事下当用者如律令

这是褚少孙取封策书补《史记·三王世家》之阙，幸运地给我们提供了最原始的集议资料。从以上材料可以清晰地看出，御史府在集议过程中的三大作用：

其一，上传下达。

负责这个工作的，是本职御史、兼任尚书令的霍光。他负责把霍去病的上疏上奏给汉武帝，同时负责把上疏连带皇帝批示的制书下发御史府，通过御史府下发给丞相、御史大夫等官吏。丞相组织有关部门集议，集议结果由丞相、御史大夫领衔上奏。最后议定的结果，得到制书的认可，加上具体执行办法，由御史大夫下发丞相，丞相再逐级下发给中二千石、二千石、地方守相等人。御史府在集议中的角色，一目了然。

很有意思的是，内朝的形成、尚书台职权的扩大，是在武帝朝。而御史府这一职能的转移，就在此时。所以《三王世家》中，由御史霍光兼任尚书令，也许就反映了这种职权的过渡。

其二，参与集议并领衔上奏。

这主要是御史府的首长御史大夫的工作。御史大夫作为丞相的副贰，是朝廷的高官，当然要参与集议。集议的结果，由丞相、御史大夫领衔上奏。偶尔御史大夫外出办公，则由其他官员（这里是太仆）兼行御史大夫的职责。

其三，制作具体的执行办法。

四次集议的结果，都由丞相、御史大夫领衔上奏。但是在"制曰可"之后，剩下的工作几乎都由御史府一手操办了。具体包括史官择吉日、具礼仪，御史奏舆地图，而这些成果（也就是具体执行办法）的上奏，是由

御史大夫单独完成的。其中“O．奏未央宫”，应该就是御史大夫在得到制书指示的国名后，制作成完整的执行草案，上奏汉武帝。得到许可后，下发工作仍然从御史府发端，一篇篇简牍文书下发到汉朝地方的各个终端。

乙．丞相

丞相是外朝的领袖，丞相府百官朝会殿也经常是集议的场所，前文已经有所论及。所以丞相在集议中的重要地位是不言而喻的，周道济《汉唐宰相制度》对此已经讲得很多。[1]这里谈一下丞相在集议中的角色。

其一，根据皇帝的指示召集集议。

前引《三王世家》，丞相在接到“下御史”的制书后，立刻召集集议，是为其证。没有皇帝的指示而擅自召集集议是犯罪行为，见前引田千秋的例子。但该例也从侧面说明了平时召集集议是丞相的职责。

其二，主持集议、参与集议并领衔上奏。已见上述，此不赘。

总之，汉代的集议很少有绕开丞相的。另外，公府掾属也经常有参与集议的资格。例如：

后党禁除解，辟司空府。每三府掾属会议，颙策谋有余，议者皆自以为不及。(《三国志》卷一〇《荀攸传》注引《汉末名士录》)

明年，召公卿百官及四府掾属，问其方略，皆议遣大将，发荆、杨、兖、豫四万人赴之。(《后汉书》卷八六《南蛮西南夷列传》)

这里的三府是指司徒、司空、太尉府，四府则加上一个大将军府或太傅府，后面讲参与者的组合时再予详论。有时掾属竟至于能通过三公影响集议，如：

永初四年，羌胡反乱，残破并、凉，大将军邓骘以军役方费，事不相赡，欲弃凉州，并力北边，乃会公卿集议。骘曰：“譬若衣败，坏一以相补，犹有所完。若不如此，将两无所保。”议者咸同。诩闻之，乃说李修曰：……修善其言，更集四府，皆从诩议。(《后汉书》卷五八《虞诩传》)

虞诩以太尉府郎中的身份，竟能说动太尉李修，从而令四府扭转心意，

[1] 参见周道济：《汉唐宰相制度》第四章第一节“朝议权”，大化书局1978年版，第74—77页。

“皆从诩议”而否决大将军邓骘的弃凉州论。前引何颙以司空掾的身份而在三府掾属会议上大出风头，可见汉代集议的开明风气。

（2）卿

卿，即指中二千石的官员。史书中常可见中二千石议、公卿议，这类例子太多，前后汉各举一例：

光乃引延年给事中，阴与车骑将军张安世图计，遂召丞相、御史、将军、列侯、中二千石、大夫、博士会议未央宫。（《汉书》卷六八《霍光传》）

三月乙未，大赦天下，诏曰：“顷狱多冤人，用刑深刻，朕甚愍之。孔子云：‘刑罚不中，则民无所措手足。’其与中二千石、诸大夫、博士、议郎议省刑法。”（《后汉书》卷一《光武帝纪》）[1]

元封四年中，关东流民二百万口，无名数者四十万，公卿议欲请徙流民于边以適之。（《史记》卷一〇三《万石张叔列传》）

明年，大议郊祀制，多以为周郊后稷，汉当祀尧。诏复下公卿议，议者佥同，帝亦然之。（《后汉书》卷二七《杜林传》）

公加上中二千石，就是“公卿”。如：

于是望之劾奏延寿上僭不道，又自称：“前为延寿所奏，今复举延寿罪，众庶皆以臣怀不正之心，侵冤延寿。愿下丞相、中二千石、博士议其罪。”事下公卿，皆以延寿前既无状，后复诬诉典法大臣，欲以解罪，狡猾不道。（《汉书》卷七六《韩延寿传》）

有“卿”参与的集议，就已经不再是皇帝和个别大臣的独断，而有“公”的性质了。所以上例中萧望之劾奏韩延寿，为避免公报私仇的嫌疑，而主动请求下丞相、中二千石、博士议其罪。

（3）其他外朝官

亦即表四所谓“上大夫”“下大夫”，包括从比六百石到二千石的官员。其中，二千石参与集议的机会较多。例如：

[1] 袁纪作“三月乙酉”。按此年三月无乙未，范书误。

有司复请诛王。制曰：“与列侯、中二千石、二千石、博士议。”（《汉书》卷五三《景十三王传》）

永光四年，乃下诏先议罢郡国庙，曰：“……其与将军、列侯、中二千石、二千石、诸大夫、博士、议郎议。”丞相玄成、御史大夫郑弘、太子太傅严彭祖、少府欧阳地馀、谏大夫尹更始等七十人皆曰：……（《汉书》卷七三《韦贤传》）

从《汉书·百官公卿表》的情况来看，公、卿加上二千石、比二千石，大概在三四十人的规模。以上是最常参与集议的人群。至于千石、六百石，也还有机会“陪外廷末议”，参与朝廷的决策。所以杨振红推测“（汉代）一般部门的长官均定为六百石秩，其目的应是为了让朝廷与这些部门能够建立直接联系”，是很有见地的。

2. 中朝官

汉武帝以来中、外朝的分野，是汉代政治史的一个热点，历来研究很多，这里先考察一下集议制在中朝形成过程中的作用，再分析中朝官在集议中的角色。

（1）集议与中朝的形成

中外朝的划分，根源于汉代政治的空间结构。在汉代，天子是一切权力的来源，谁离天子近，天子就与谁亲近，就方便把权力交给谁。汉代长安城的空间结构，按离天子的远近，可以划分为省中、宫中、宫外。省中、宫中的官员距离皇帝较近，自然就容易获取权力。不仅汉代，以后的历朝历代也是如此。关于这一点，劳干概括得很好：“中国历朝政治，总是近臣夺宰相之权，等到近臣变了宰相，那就又产生了新的近臣再来夺权，这样便一层一层的推之不完，剥之不已。”[1] 所谓“近臣”，就是在宫中或省中工作、从而离皇帝很近的官员。

中朝（或曰内朝）的形成，是在汉武帝时代。至于其形成过程，与集

[1] 劳干：《论汉代的内朝与外朝》，载黄清连主编：《制度与国家》，中国大百科全书出版社 2005 年版，第 61 页。

议制密不可分。先来看一段当时情势的总叙：

郡举贤良，对策百余人，武帝善助对，由是独擢助为中大夫。后得朱买臣、吾丘寿王、司马相如、主父偃、徐乐、严安、东方朔、枚皋、胶仓、终军、严葱奇等，并在左右。是时，征伐四夷，开置边郡，军旅数发，内改制度，朝廷多事，屡举贤良文学之士。……上令助等与大臣辩论，中外相应以义理之文，大臣数诎。(《汉书》卷六四《严助传》)

颜师古注："中，谓天子之宾客，若严助辈也；外，谓公卿大夫也。"中外对立的表现，就是在集议之时"上令助等与大臣辩论"。天子在集议之中一般不表露自己的态度，所以需要养一班能言善辩之辈来充当他的喉舌。"内外朝"的分野，就在这唇枪舌剑的往复论辩中渐趋明朗。这里可以看两个具体例子：

例 1：偃盛言朔方地肥饶，外阻河，蒙恬城以逐匈奴，内省转输戍漕，广中国，灭胡之本也。上览其说，下公卿议，皆言不便。公孙弘曰："秦时尝发三十万众筑北河，终不可就，已而弃之。"朱买臣难诎弘，遂置朔方，本偃计也。(《汉书》卷六四《主父偃传》)

时又东置苍海，北筑朔方之郡。弘数谏，以为罢弊（疲敝）中国以奉无用之地，愿罢之。于是上乃使朱买臣等难弘置朔方之便。发十策，弘不得一。弘乃谢曰："山东鄙人，不知其便若是，愿罢西南夷、苍海，专奉朔方。"上乃许之。(《汉书》卷五八《公孙弘传》)

例 2：后征入为光禄大夫侍中。丞相公孙弘奏言："民不得挟弓弩。……臣愚以为禁民毋得挟弓弩便。"上下其议。寿王对曰：……书奏，上以难丞相弘。弘诎服焉。

例 1 是主父偃（亦是《严助传》所举"天子之宾客"的一员）建议置朔方郡，遭到外朝官的一致反对，外朝领袖丞相公孙弘反对尤力。汉武帝遂派中大夫侍中朱买臣反驳，说得公孙弘哑口无言，自嘲"山东鄙人"而屈服于汉武帝的意志。例 2 是公孙弘建议立法禁止老百姓挟弓矢，遭到光禄大夫侍中吾丘寿王的书面反驳，汉武帝以寿王的反驳质问公孙弘，公孙弘再次"诎服"。

由这些例子可见，所谓“中朝”，最初即是汉武帝蓄养的一班亲信，通过在集议中充当喉舌的方式，捍卫皇帝的意志和利益，从而形成了一个有别于外朝官的官僚系统。简言之，集议制为这个“史家未明言之”的“西京朝局之变”，[1] 提供了一个重要的舞台。

(2) 两类中朝官

中朝官以其自身的性质和在集议中的作用划分，大体有两类：一是尚书，[2] 二是将军系统以及各种加官。

甲. 尚书

尚书权力的扩张，始于武帝朝。成帝时代置三公，宰相权力弱化，留下的权力真空为尚书所迅速抢占。到后汉，尚书台已经成为“政令之所由宣，选举之所由定，罪赏之所由正”的中枢了。[3]

尚书在集议中的作用，有一部分与早期御史的作用相仿，即上传下达，已见上述。在集议之中，则常代君主发问。如：

有诏躬上殿，令尚书令与公卿杂难躬曰：“督将授斧钺称令，故得擅行法，都尉别得行军法，何以明之？”躬对曰：“军正校尉别将兵，假斧钺即得专军法。”难者曰：“今不假，故不得擅煞。”躬曰：“汉制：假棨戟以当斧钺。”议者皆屈，上从之。(《御览》卷六四六《刑部·斩》引《汉新事》)

尚书问勇曰：“今立副校尉，何以为便？又置长史屯楼兰，利害云何？”勇对曰：…… (《后汉书》卷四七《班勇传》)

有时君主不直接面见臣下，而采取“召诣尚书台问状”的形式来询问或质问臣下，尚书在其中亦扮演了一个上传下达的媒介作用。如：

---

[1] 钱大昕语。见氏著：《廿二史考异》附《三史拾遗》卷三“刘辅传”条，上海古籍出版社 2004 年版，第 1434 页。

[2] 这里有两个分歧：一，“中朝”在两汉史上存续的时间是多久？杨鸿年认为后汉无“中朝”，主流意见如劳干等则认为前后汉皆有“中朝”。本书认为狭义上的（亦即史籍所用“中朝”一词意义上的）“中朝”的确只存在于武帝以后至西汉末，但后汉内外之分仍然存在，则不妨亦认为是“中朝”的一种延续。二，尚书是否算中朝官？祝总斌认为不算，劳干认为算。《汉书》所载历次中朝官集议，的确不包含尚书，但由于尚书的“枢机近臣”地位，应该归于中朝。

[3] 《通典》卷二二《职官四·尚书上·尚书省》。

后二十余日，嘉封还益董贤户事，上乃发怒，召嘉诣尚书，责问以："……大臣举错，恣心自在，迷国罔上，近由君始，将谓远者何！对状。"嘉免冠谢罪。(《汉书》卷八六《王嘉传》)

统复上言曰："有司以臣今所言，不可施行。……愿得召见，若对尚书近臣，口陈其要。"帝令尚书问状，统对曰：……(《后汉书》卷三四《梁统传》)

书上，即召诣尚书问状。楷曰："……"尚书上其对，诏下有司处正，尚书承旨奏曰："……请下司隶，正楷罪法，收送洛阳狱。"帝以楷言虽激切，然皆天文恒象之数，故不诛，犹司寇论刑。(《后汉书》卷三〇《襄楷传》)

月日，诏召尚书问："立春当斋，迎气东郊，尚书左丞冯方殴杀指挥使于尚书西祠，可斋不？得无不宜？具对。"议郎臣蔡邕、博士任敏死罪对：……(《蔡中郎集·答斋议》)

尚书台最早不过是君主的文书收发处，但随着权力的扩张，尚书竟有权决定何种文书要交君主裁决，何种文书寝而不奏。如：

又故事诸上书者皆为二封，署其一曰副，领尚书者先发副封，所言不善，屏去不奏。相复因许伯白，去副封以防雍蔽。宣帝善之，诏相给事中，皆从其议。(《汉书》卷七四《魏相传》)

宣帝在汉室诸帝中以勤政著称，所以能暂时刹住这股风气；此后诸帝又复旧习，且变本加厉，由尚书草拟初步的裁决方案，即所谓"处议"，见《御览》卷二一二《职官部·总叙尚书》引桓谭《新论》："昔尧试舜于大麓。麓者，领录天下事，如今之尚书官矣。宜得大贤智，乃可使处议持平。"以汉官比拟，则舜在尧的手下，犹如天子之下的尚书官，权势不可谓不大。安帝时尚书仆射陈忠反映"选举诛赏，一由尚书，尚书之任，重于三公，凌夷已来，其渐久矣"，并建议"今尚书奏事，有所请造，及决天下罪法不依故事者，宜使左右责求其意，割而勿听"，说明当时尚书台已经有"决天下罪法不依故事"的情况。

尚书台代君主草拟裁决，须经过台内集议。尚书台设有尚书令、仆射各一名，为正副长官；又有尚书六曹（一说“五曹六人”），后汉将尚书令、仆射与六曹合称“八座”。[1] 有事则八座集议，如：

献帝初平四年正月，当祠南郊，尚书八座议，欲却郊日，又定冠礼而月朔日蚀。（《通典》卷七八《礼三十八·沿革·军礼·天子合朔伐鼓》）

议定结果，须由八座集体署名。所谓“大事八座连名，而有不合，得建异议”。[2] 建异议的例子，如：

是时谷贵，县官经用不足，朝廷忧之。尚书张林上言：“……”于是诏诸尚书通议。晖奏据林言不可施行，事遂寝。（《后汉书》卷四三《朱晖传》）

先是宁阳主簿诣阙，诉其县令之枉，积六七岁不省。主簿乃上书曰：“臣为陛下子，陛下为臣父。臣章百上，终不见省，臣岂可北诣单于以告怨乎？”帝大怒，持章示尚书，尚书遂劾以大逆。诩驳之曰：“主簿所讼，乃君父之怨；百上不达，是有司之过。愚蠢之人，不足多诛。”帝纳诩言，笞之而已。诩因谓诸尚书曰：“小人有怨，不远千里，断发刻肌，诣阙告诉，而不为理，岂臣下之义？君与浊长吏何亲，而与怨人何仇乎？”闻者皆惭。（《后汉书》卷五八《虞诩传》）

朱晖是尚书仆射，而反驳尚书张林的建议；虞诩是尚书仆射，而反对诸尚书的弹劾，由此可见尚书台内的集议亦不强求统一，以收集思广益之效。

除了台内的集议外，尚书台官还往往参加朝廷的大议。如：

永和元年，灾异数见，省内恶之，诏召公、卿、中二千石、尚书诣显亲殿，问曰：“……”群臣议者多谓宜如诏旨，举独对曰：“……”于是司徒黄尚、太常桓焉等七十人同举议，帝从之。（《后汉书》卷六一《周举传》）

事毕上言，帝以望不先表请，章示百官，详议其罪。时公卿皆以为望之专命，法有常条。（尚书仆射）钟离意独曰：“昔华元、子反，楚、宋之

[1] 《通典》卷二二《职官四·尚书上·历代尚书（八座附）》：“后汉以六曹尚书并令、仆二人，谓之八座。”

[2] 《通典》卷二二《职官四·尚书上·尚书省》。

良臣，不禀君命，擅平二国，《春秋》之义，以为美谈。今望怀义忘罪，当仁不让，若绳之以法，忽其本情，将乖圣朝爱育之旨。”帝嘉意议，赦而不罪。(《后汉书》卷三九《王望传》)

这应该是后汉尚书台权重以来的事情。总之，尚书台由文书收发的工作，扩及先行拆阅奏议、以决定寝奏的权力，扩及拆阅奏议、附上裁决办法以供君主决策参考的权力，扩及受君主委托、集议某些事务的权力，扩及参与朝廷集议的权力，以至于外朝集议的召开与否，亦有建议之权。参与集议的程度从无到有、由浅及深，两汉中枢权力的转移已隐乎其中、昭然若揭。

乙．其他中朝官

前引《刘辅传》注引孟康曰：“大司马、左右前后将军、侍中、常侍、散骑、诸吏为中朝。”所以其他中朝官主要包含两类：第一，将军系统；第二，加官。

中朝的形成有一个过程，大司马为首的将军系统进入中朝，是昭宣时霍光专权以后的事情，[1]这是人事影响制度的一个表现。自霍光开始，大司马大将军且成为内朝的领袖，而与外朝领袖丞相分庭抗礼了。

所谓“加官”，根据劳干的研究，共包括侍中、左右曹、诸吏、散骑、常侍、给事中六种。这是武帝耍的一个小聪明，任何官员甚至白丁，只要有了这类加官，就可以享有出入省中或在左右执事的特权了。所以外朝臣与中朝臣并没有绝对的界限，关键看有无此类加官。

以皇帝为圆心，随着参与者范围的扩张，可以画出一环套一环的集议圈，而中朝官组成的集议圈，是其中离皇帝最近也最小的一个。中朝官既受皇帝的委托，集议某些不便交付外朝的事项，也会与外朝官一起进行大规模的集议。前者如：

又丹使吏书奏，吏私写其草，丁、傅子弟闻之，使人上书告丹上封事行道人遍持其书。上以问将军中朝臣，皆对曰：“忠臣不显谏，大臣奏事不

[1] 参见劳干：《论汉代的内朝与外朝》，前引书第44页。

宜漏泄，令吏民传写流闻四方。‘臣不密则失身’，宜下廷尉治。”（《汉书》卷八六《师丹传》）

后者如：

元嘉元年，迁司空。桓帝欲褒崇大将军梁冀，使中朝二千石以上会议其礼。特进胡广、太常羊溥、司隶校尉祝恬、太中大夫边韶等，咸称冀之勋德，其制度赉赏，以宜比周公，锡之山川、土田、附庸。（《后汉书》卷六一《黄琼传》）

这里的“中朝二千石以上”显然不是指“中朝”的“二千石以上”，因为下文与会者如太常、司隶校尉，当然不属于中朝，所以可以理解为“中朝”和（外朝）“二千石以上”共同集议。[1] 关于这些问题的具体情况，在下面“参与者的组合”部分细谈。

3. 议官

汉代有一类职官，专掌议论。大小集议，常可见到他们的身影。《潜夫论》卷二《考绩》：“侍中、大夫、博士、议郎，以言语为职，谏诤为官。”侍中，前面已经讲过，起初是内朝的一种加官。所以这里重点谈一下大夫、博士和议郎。

（1）大夫

大夫秩比八百石至比二千石不等，是三类议官中地位最高的。《汉书·百官公卿表》说：“大夫掌论议，有太中大夫、中大夫、谏大夫，皆无员，多至数十人。”《后汉书·百官志》本注：“凡大夫、议郎，皆掌顾问应对，无常事，唯诏命所使。”由此可见，两汉的大夫起初没有固定员数，也没有固定职掌，专门负责议论。

正因为这个特点，很多皇帝所亲信的臣下，往往被安插在这个位置上。如文帝朝的贾谊（太中大夫）、景帝朝的晁错（中大夫）等。至于武帝朝，

---

[1] 也有学者认为后汉已无中外朝之分，并引《通鉴》注说这里的“中朝”是“朝廷”的意思，亦可备一说。参见杨鸿年著：《汉魏制度丛考》，武汉大学出版社 2005 年版，第 135—136 页。但这并不影响正文观点，因为即便西汉，中外朝合议也是很常见的，只要细考参与者的官职即可，不过并不标明“中朝”字样而已。

前面讲中朝的形成时所提及的那一拨“天子之宾客”如朱买臣（太中大夫）、吾丘寿王（光禄大夫）等，多是在大夫的位置上被汉武帝当枪使的。

汉代大夫群体最早参与集议的记录，是前117年议封皇子闳等为三王。霍去病上疏请封，武帝下御史，丞相、御史大夫召集中二千石、二千石等进行第一次集议，集议的结果奏上，遭到武帝的反对，要求重新讨论。丞相、御史大夫立刻召集“列侯臣婴齐、中二千石、二千石臣贺、谏大夫、博士臣安等议”——在原有官僚系统之外，前面增加了一个诸侯宗室系统的“列侯”，后面增加了议官系统的“谏大夫、博士”，以表示集议参与者范围的扩大，从而增强集议结果的说服力。

（2）博士

博士官的设置，在战国末。秦代博士就已经以议政为主要职权了。秦代著名的集议如始皇二十六年议帝号、二十八年议封禅、三十四年议分封、二世元年议讨陈胜，都有博士的参加。之所以如此，大概是博士“掌通古今”的缘故，不仅要知古，更要能通今。

到汉代，博士议政几乎成为惯例，但是这里面也有一个变化。王国维说：“汉博士秩卑而职尊，除教授弟子外，或奉使，或议政，中兴以后，此制渐废，专议典礼而已。”[1]周予同赞同这个意见，并进一步说：“以博士的议政而言，东汉不如西汉；西汉宣帝以后，不如宣帝以前。”[2]对此，张汉东的《论秦汉博士制度》提出了两点反驳。第一，他质疑王、周得出这个结论的材料基础。王国维《汉魏博士考》辑录两汉博士议政二十二例，周氏从中取十三例，而张汉东则辑出四十二例。[3]王氏所辑仅有半数，所以结论有误。第二，他说“汉史的实际是西汉博士探讨典礼的事例比东汉要

[1] 王国维著：《观堂集林》卷四《汉魏博士考》，中华书局1959年版，第200—207页。

[2] 周予同：《博士制度和秦汉政治》，载朱维铮编：《周予同经学史论著选集》，上海人民出版社1996年版，第748—749页。

[3] 张氏自己说“总计两汉博士议政共四十三例”，实际仅得四十二例。

多三倍”，从而反驳东汉博士“专议典礼而已”的论点。[1]

实际上，张氏的反驳并不能成立。

首先，张氏所辑的四十二个例子也并非全部。例如张氏所辑，于明、章、献三朝付之阙如，而明帝永初间有公卿博士议光烈皇后入庙事，[2]章帝时有博士参与的白虎观会议，[3]献帝时有博士田琼参与的议异姓为后礼等。[4]张氏漏辑的东汉事例，多属探讨典礼的例子，所以张氏的立论基础也谈不上很牢靠。

其次，张氏所谓“西汉博士探讨典礼的事例比东汉要多三倍”不知是怎么统计出来的，但这个比较法本身就有问题。下面把我所辑得的东汉博士议政例如下（张氏漏辑者加着重号并注出处，分隔符前为我所拟的分类）：

光武：封建·议封侯面积、律令·议省刑法、学术·议增置博士、礼法·议郊尧、边事·议匈奴犯塞事、[5]礼法·议宗庙、人事·议太子立傅、礼法·议封禅礼、[6]礼法·议诸礼仪

明：礼法·议光烈皇后入庙[7]

[1] 张汉东：《论秦汉博士制度》，载安作璋、熊铁基著：《秦汉官制史稿》附录，齐鲁书社2007年版，第409—492页。

[2]《后汉纪·孝安皇帝纪上》：“冬，谒者刘珍上言曰：‘……孝明皇帝务遵经典，使公卿、博士议，时太傅邓禹奏宜如松言，光烈皇后于是入庙。……’”

[3]《后汉书》卷二《肃宗孝章帝纪》：“于是下太常，将、大夫、博士、议郎、郎官及诸生、诸儒会白虎观，讲议《五经》同异，……”

[4] 见《通典》卷六九《礼二十九·沿革·嘉礼·异姓为后议》，文多不载。按：此条材料虽云“魏时或为四孤论曰”云云，但参与者有大理王朗和王修，王朗为大理在汉末，王修亦卒于汉末。此云“魏时”，盖指曹操之魏国，仍属献帝朝。

[5]《后汉书》卷八二《方术列传》。

[6]《续汉书·祭祀志》注引《东观书》：“上至泰山，有司复奏《河》《雒》图记表章赤汉九世尤著明者，前后凡三十六事。与博士充等议，……”按：《后汉书·曹褒传》记载其父曹充“建武中为博士，从巡狩岱宗，定封禅礼，还，受诏议立七郊、三雍、大射、养老礼仪”。《东观书》所记，盖即“从巡狩岱宗，定封禅礼”的事情，在议诸礼仪之前，故知其为两事。

[7]《后汉纪·孝安皇帝纪上》。

章：学术·议五经同异[1]

和：灾异·问得失、刑狱·议太尉张酺罪

安：律历·议改历

桓：灾异·问得失

灵：律历·议用甲寅元、律历·议宗承张恂历术优劣、[2]刑狱·议王叔汉罪、礼法·议殴杀指挥使尚可斋祠不[3]

献：礼法·议异姓为后、[4]礼法·议追尊曹嵩为太王[5]

共得二十一例，较张氏多出八例。从这些例子里面可以观察到两点：其一，光武以后，博士议政明显减少；其二，光武以后，博士议政例多不出太常职掌的范围。

博士隶属于太常，但因为其议官的性质，能够独立参与汉代大事的集议。但是光武以后，博士集议共十二例，其中属于太常职掌的礼法、学术、律历类八例，与太常职掌有关的灾异类二例，无关的仅刑狱类二例，至于关乎国计民生的大事，一件都没有。从中可以看出，王国维说“中兴以后，此制渐废，专议典礼而已”，措辞虽然稍嫌绝对，判断却是正确的。

关于这个变化的原因，正如周予同借用唐人刘秩所发的议论，在两汉今古文之变的大背景下，东汉人“好学不能施之于政”，“虽用经术之士，而不用经术之道”，经学终于渐渐变成纸面上的死东西。随着章句的愈造愈多、训诂的日趋精密，博士也终于为学术所囿，蔽于古而不知今，埋没于故纸堆中不能自拔了。

(3) 议郎

议郎隶属于光禄勋，是汉代庞大的郎官系统之一员。和大夫、博士相

---

[1] 其事分见《后汉书》卷三《肃宗孝章帝纪》、卷二五《鲁恭传》、卷三七《丁鸿传》、卷四〇《班固传》等。

[2]《续汉书·律历志》。

[3] 其事并见《宋书》卷一四《礼志一》、《蔡中郎集·答斋议》。

[4]《通典》卷六九《礼二十九·沿革·嘉礼·异姓为后议》。

[5]《通典》卷七二《礼三十二·沿革·嘉礼·天子追尊祖考妣》。

比，议郎加入集议是比较晚的事情。有学者推测“议郎一职的设置，应该在元朔五年与六年之间”，与武帝朝确立儒学的独尊地位有关。[1]

议郎参与集议，最早的例子发生在武帝朝对匈奴作战的军事前线，讨论的议题是对败军之将苏建的处置：

右将军苏建尽亡其军，独以身得亡去，自归大将军。大将军问其罪正闳、长史安、议郎周霸等：“建当云何？”霸曰：“自大将军出，未尝斩裨将。今建弃军，可斩以明将军之威。”闳、安曰：“不然。……不当斩。”大将军曰：“……而具归天子，天子自裁之，于是以见为人臣不敢专权，不亦可乎？”军吏皆曰“善”。（《史记》卷一一一《卫将军骠骑列传》）

第二例是在宣帝时石渠阁会议前讨论《公羊》、《穀梁》异同：

乃召《五经》名儒太子太傅萧望之等大议殿中，平《公羊》、《穀梁》同异，各以经处是非。时，《公羊》博士严彭祖、侍郎申輓、伊推、宋显，《穀梁》议郎尹更始、待诏刘向、周庆、丁姓并论。《公羊》家多不见从，愿请内侍郎许广，使者亦并内《穀梁》家中郎王亥，各五人，议三十余事。望之等十一人各以经谊对，多从《穀梁》。由是《穀梁》之学大盛。（《汉书》卷八八《儒林传》）[2]

但此时议郎似乎还没有与大夫、博士一起参与朝廷的集议。如前引《三王世家》，丞相、御史大夫组织的第二次集议，有谏大夫、博士，却无议郎，三缺一。议郎真正参与朝廷大事的集议，始见于汉元帝时期：

永光四年，乃下诏先议罢郡国庙，曰：“……其与将军、列侯、中二千

[1] 李都都：《两汉议郎考补》，载《史学月刊》2012年第5期。

[2] 关于这条史料，研究议郎的学者多有误读。如前引李都都文认为“《穀梁》议郎尹更始”一语“更是透露出西汉议郎设置之初可能分经而置的信息”，而葛志毅《汉代的博士与议郎》（《史学集刊》1998年第3期。则解读为：“《公羊》已立于学官，故有‘《公羊》博士’之称；《穀梁》尚未列于学官，于是仅有‘《穀梁》议郎’，其次为‘《穀梁》待诏’。”最后认为两汉有“某经议郎”的设置。实际上，《儒林传》这段引文中的《公羊》《穀梁》，是表明两个派别，并非“博士”或“议郎”的定语，不能读为“《穀梁》议郎”，而是与下文“《穀梁》家中郎王亥”一样，表示《公羊》家有博士严彭祖、侍郎申輓、伊推、宋显，《穀梁》家有议郎尹更始、待诏刘向、周庆、丁姓。否则如果刘向等是“《穀梁》待诏”，那申輓等岂不是成了“《公羊》侍郎”？王亥岂不是成了“《穀梁》中郎”？

石、二千石、诸大夫、博士、议郎议。”（《汉书》卷七六《韦贤传》）

自此之后，大夫、博士、议郎遂成为集议的铁三角组合，尽人皆知。如老百姓为京兆尹王尊喊冤叫屈、诣阙上书时说：“愿下公卿、大夫、博士、议郎，定尊素行。”[1]经公卿与大夫、博士、议郎集议的决策，公信力远远高于皇帝私自的决策。所以汉哀帝想封宠臣董贤为侯，试探大臣的意见，丞相和御史大夫都建议启动公卿、大夫、博士、议郎参与的集议作定夺：“陛下仁恩于贤等不已，宜暴贤等本奏语言，延问公卿、大夫、博士、议郎，考合古今，明正其义，然后乃加爵土；不然，恐大失众心，海内引领而议。”[2]

东汉后期，博士囿于学术而不与议国之大事，铁三角渐渐散架，议郎内部也出现了分化。有人以议郎之职备位近臣，参政议政；有人把议郎当升迁的跳板；有人以议郎为养贤、荣宠之位。这种冗散化的倾向，是魏晋以后散官出现的先声，也是议郎一职在隋代寿终正寝的伏笔。[3]

（4）有司与地方的议曹

朝廷的集议是汉王朝运转的中枢，而有司集议和地方集议则是行政的终端。所以正如朝廷有议官系统，许多中央机关和地方政府也都设有自己的议曹。以前研究集议的视野不曾扩及这里，盖由于文献不足征的缘故。这里搜求传世文献，佐之以碑刻材料，来做一个初探。

甲．中央机关的议曹

设置议曹的中央机关，主要是有权开府、自行辟除吏员的中央机关。最早这样做的，可能是武帝时的丞相公孙弘：

弘自见为举首，起徒步，数年至宰相封侯，于是起客馆，开东阁以延贤人，与参谋议。弘身食一肉，脱粟饭，故人宾客仰衣食，奉禄皆以给之，家无所余。（《汉书》卷五八《公孙弘传》）

《西京杂记》卷三载有公孙弘“三馆待宾”的故事，也许是从正史敷衍

---

[1]《汉书》卷七六《王尊传》。

[2]《汉书》卷八六《王嘉传》。

[3] 参见李都都：《两汉议郎考补》，载《史学月刊》2012年第5期。

而来，亦可想见当时情状：

平津侯自以布衣为宰相，乃开东阁，营客馆，以招天下之士。其一曰钦贤馆，以待大贤；次曰翘材馆，以待大才；次曰接士馆，以待国士。其有德任毗赞、佐理阴阳者，处钦贤之馆。其有才堪九列、将军二千石者，居翘材之馆。其有一介之善、一方之艺，居接士之馆。而躬自菲薄，所得俸禄，以奉待之。[1]

这种“与参谋议”的宾客贤人，并没有编制，全靠丞相自己掏钱养活，应该就是议曹的前身。到了后汉的《汉旧仪》，丞相府的议曹已经要经过考试方能进入了：

古法，圣犹试，故令丞相设四科之辟，以博异德，……二科曰：学道修行，经中博士，……二科补议曹，……（《艺文类聚》卷四五《职官部·总载职官》引《汉旧仪》）

根据文献记载，丞相（司徒）、司空、太尉、大司马府，都设置有议曹，其长或曰议曹祭酒，其副或曰议曹掾，其属员或曰议曹史。

丞相、司徒府议曹：

方进虽受《穀梁》，然好《左氏传》、天文星历，其《左氏》则国师刘歆，星历则长安令田终术师也。厚李寻，以为议曹。（《汉书》卷八四《翟方进传》）

司徒侯霸辟意署议曹掾，以诏书送徒三百余人到河北，遭遇隆冬盛寒，徒衣被单，手足不能复行。（《御览》卷二〇九《三公府掾属·司徒掾》引《钟离意别传》）

大司空、司空府议曹：

王莽大司空王邑辟升为议曹史。（《后汉书》卷三六《范升传》）

邴原，字根矩。魏武皇帝初，为司空辟，署议曹掾。（《御览》卷二〇九《三公府掾属·司空掾》引《邴原别传》）

[1] ［晋］葛洪集：《西京杂记全译》，成林、程章灿译注，贵州人民出版社1993年版，第127—128页。

太尉、大司马府议曹：

劭时为太尉议曹掾，白公邓盛：……（《续汉书·五行志》注引《风俗通》）

高然其言，辟衡为议曹史，荐衡于上，上以为郎中，迁博士，给事中。（《汉书》卷八一《匡衡传》）

周泽字稚都，北海安丘人也。少习《公羊严氏春秋》，隐居教授，门徒常数百人。建武末，辟大司马府，署议曹祭酒。数月，征试博士。（《后汉书》卷七九《儒林列传》）

另外，将军幕府有从事中郎，《续汉书·百官志》本注说“职参谋议”，与议曹性质相近。《汉书·毋将隆传》也说道：“大司马车骑将军王音内领尚书，外典兵马，踵故选置从事中郎与参谋议，奏请隆为从事中郎，迁谏大夫。”

这类议曹的性质，主要就是协助长官谋议。长安令杨兴劝说外戚车骑将军大司马史高辟用名士匡衡为议曹史的时候，就说：“将军诚召置莫府，学士歙然归仁，与参事议，观其所有，贡之朝廷，必为国器，以此显示众庶，名流于世。”可见其职为“与参事议”。具体谋议的情况，可见前引《风俗通》的佚文：

龙从兄阳求腊钱，龙假取繁数，颇厌患之，阳与钱千，龙意不满，欲破阳家，因持弓矢射玄武东阙，三发，吏士呵缚首服。因是遣中常侍、尚书、御史中丞、直事御史、谒者、卫尉、司隶、河南尹、雒阳令悉会发所。劭时为太尉议曹掾，白公邓盛：“……宜遣主者参问变状。”公曰：“府不主盗贼，当与诸府相候。”劭曰：“……当为人制法，何必取法于人！”于是公意大悟，遣令史谢，申以钤下规应掾自行之，还具条奏。时灵帝诏报，恶恶止其身，龙以重论之，阳不坐。

丞相府议曹的人选，是“学道修行，经中博士”，即有学问、有道德的人，在当时而言，就是名士。外戚史高辟名士匡衡为议曹史即是其例，又如翟方进辟《尚书》家李寻、曹操辟名士邴原，大司马府署《春秋》家周泽为议曹祭酒，都是如此。

有司议曹的迁转，往往为朝廷的议官，可谓对口单位。如史高把匡衡推荐给皇帝，即迁为博士；毋将隆在大司马车骑将军府任从事中郎，迁谏大夫；周泽担任大司马府的议曹祭酒，征试博士。

乙．地方政府的议曹

地方的郡、县，都有议曹的设置。后来州成为一级行政单位，也设有议曹从事。如：

先主定益州，领牧，以琼为议曹从事。(《三国志》卷四二《杜琼传》)

国山名甫，广汉郪人也。好人流言议。刘璋时，为州书佐。先主定蜀后，为绵竹令，还为荆州议曹从事。(《三国志》卷四五《杨戏传》附《季汉辅臣赞》)

郡县的议曹，职务也在于谋议；议曹的人选，与有司的议曹相同，都以经明行修的儒生为主；同时，郡县官吏分为职吏和散吏，议曹属于可设可不设的散吏。这三点，从下面一则史料中都可以看得很清楚：

博尤不爱诸生，所至郡辄罢去议曹，曰：“岂可复置谋曹邪！”(《汉书》卷八三《朱博传》)

议曹被朱博称为“谋曹”，则其职在谋议可知。具体的谋议情况，可以看下面这个例子：

数年，上遣使者征遂，议曹王生愿从。……会遂引入宫，王生醉，从后呼，曰：“明府且止，愿有所白。”遂还问其故，王生曰：“天子即问君何以治渤海，君不可有所陈对，宜曰‘皆圣主之德，非小臣之力也’。”遂受其言。既至前，上果问以治状，遂对如王生言。天子说其有让，笑曰：“君安得长者之言而称之？”遂因前曰：“臣非知此，乃臣议曹教戒臣也。”(《汉书》卷八九《循吏传》)

议曹对于郡县庶政也有提出建议之职，如钱塘之建成，就是出于郡议曹之议。[1] 议曹既是散职，则议曹掾可以设置多人，与其他列曹掾一般设置一

---

[1]《后汉书》卷七一《朱俊传》注引《钱塘记》：“昔郡议曹华信议立此塘，以防海水。”

人不同。例如《巴郡太守张纳碑阴》的名单，记了巴郡五个议曹掾的名字；[1]《溧阳长潘乾校官碑》则记录了参与立碑的溧阳县两个议曹掾的名字。[2]

地方议曹的人选，与有司议曹相似，以有道德、有学问的名士、学者居多，“是对郡内知名人士的一种优礼”[3]。例如“显名京师”的孝子原涉，被谒请为扶风郡议曹；[4]“四辅三公连辟不到”的隐士龙丘苌，受到会稽郡都尉的非凡礼遇而感恩出仕，被署为议曹祭酒，[5]等等。议曹既是一种优礼，则在郡县官吏中的排名比较靠前，一般排在分职列曹之前，这从前引碑文可以看得很清楚。

需要特别说明的一个问题是，有司和地方的集议，并非只有议曹才能参加。恰恰相反，议曹在集议中扮演的角色并不重要。以朝廷议官在集议中的地位和角色来理解议曹，则庶几不差矣。

（三）诸侯、宗室系统

官僚系统而外，诸侯、宗室系统亦是集议参与者的一部分。汉初的诸侯，代表了“汉廷”之外更大范围的“天下”，而其中的同姓和宗室系统，则代表了与“公”的政府相对的“私”的皇室。这些情况，在诸侯、宗室系统参与的集议议题上，可以看得很清楚，下面以诸侯王、列侯、宗室三目分述之。

1. 诸侯王

两汉诸侯王的地位，前后变化很大，其在集议制中的重要性也大不相同，所以有必要厘清其流变之迹。

---

[1] ［宋］洪适撰：《隶释》卷五《张纳碑阴》，中华书局 1986 年版，第 63 页。

[2] ［宋］洪适撰：《隶释》卷五《溧阳长潘乾校官碑》，中华书局 1986 年版，第 58 页。

[3] 安作璋、熊铁基著：《秦汉官制史稿》，齐鲁书社 2007 年版，第 635 页。

[4] 《汉书》卷九二《原涉传》：“及涉父死，让还南阳赙送，行丧冢庐三年，由是显名京师。礼毕，扶风谒请为议曹，衣冠慕之辐辏。”

[5] 《后汉书》卷七六《循吏列传》：“吴有龙丘苌者，隐居太末，志不降辱。王莽时，四辅三公连辟，不到。……遣功曹奉谒，修书记，致医药，吏使相望于道。积一岁，苌乃乘辇诣府门，愿得先死备录。延辟让再三，遂署议曹祭酒。”

西汉初年，异姓诸侯林立，《后汉书·百官志》追述说：“汉初立诸王，因项羽所立诸王之制，地既广大，且至千里。……百官皆如朝廷。”是则汉廷在当时而言，不过一较大的诸侯国而已。刘邦被“诸侯及将相”拥立为皇帝，也只是在数个月前封韩信、彭越、英布等为诸侯王的交易结果。汉廷与诸侯国之间的紧张关系，从张家山汉简《贼律》里面可以看得很清楚：“以城邑亭障反，降诸侯，及守乘城亭障，诸侯人来攻盗，不坚守而弃去之，若降之，及谋反者，皆要（腰）斩。”[1]

汉廷一方面防诸侯王如仇寇，一方面又不得不承认其既有势力，而尊重其对朝廷大事的意见。所以汉初的几次以封建为议题的集议，都由诸侯王进行：

诏诸侯王视有功者立以为燕王。荆王臣信等十人皆曰：“太尉长安侯卢绾功最多，请立以为燕王。”（《汉书》卷一《高帝纪》）

诏曰：“吴，古之建国也。日者荆王兼有其地，今死亡后。朕欲复立吴王，其议可者。”长沙王臣等言：“沛侯濞重厚，请立为吴王。”（同上）

诏诸侯王议可立为燕王者。长沙王臣等请立子建为燕王。（同上）

但诸侯王因要留守其国，不便参与汉廷的集议，所以一般由汉廷大臣集议之后，派使者将结果通报诸侯王，以获得其认可。这个程序见于《汉书·高后纪》的记载：

太尉勃与丞相平谋，以曲周侯郦商子寄与禄善，使人劫商令寄绐说禄曰：“高帝与吕后共定天下，刘氏所立九王，吕氏所立三王，皆大臣之议。事已布告诸侯王，诸侯王以为宜。……”

也有些诸侯王因故到京，而得以参与朝廷的大议。比如诸吕之乱被平定时，琅邪王刘泽到长安，得以参与拥立代王刘恒的大议：

---

[1] 彭浩、陈伟、[日] 工藤元男主编：《二年律令与奏谳书》，上海古籍出版社2007年版，第88页。有学者提出新说，认为“从理论上说，汉初分封的异姓诸侯国、同姓诸侯国都是汉帝国的有机组成部分。在汉初律中将其视为敌国实难想象”，从而提出这里的“诸侯”指“匈奴”。这是不了解当时这一情势的说法。说见曹旅宁：《说张家山汉简〈贼律〉中的“诸侯”》，载氏著：《张家山汉律研究》，中华书局2005年版，第13—26页。

而琅邪王亦从齐至长安。大臣议欲立齐王，而琅邪王及大臣曰："……且代王又亲高帝子，于今见在，且最为长。以子则顺，以善人则大臣安。"于是大臣乃谋迎立代王，……（《史记》卷五二《齐悼惠王世家》

丞相陈平、太尉周勃、大将军陈武、御史大夫张苍、宗正刘郢、朱虚侯刘章、东牟侯刘兴居、典客刘揭皆再拜言曰："子弘等皆非孝惠帝子，不当奉宗庙。臣谨请阴安侯列侯顷王后与琅邪王、宗室、大臣、列侯、吏二千石议曰：'大王高帝长子，宜为高帝嗣。'愿大王即天子位。"……代王曰："宗室将相王列侯以为莫宜寡人，寡人不敢辞。"遂即天子位。（《史记》卷一〇《孝文本纪》）

代王最后说："宗室、将相、王、列侯以为莫宜寡人，寡人不敢辞"，明确表示出当时集议参与者各自的代表性——将相，是官僚系统的代表；宗室、王、列侯，是诸侯宗室系统的代表。而大臣上议时所说的"臣谨请阴安侯列侯顷王后与琅邪王、宗室、大臣、列侯、吏二千石议曰"，也清楚地表明各参与者的排名——以诸侯王排名最前。

但诸侯王经过高祖对异姓王的杀伐、景帝武帝对同姓王的削弱，从此一蹶不振，几乎从集议的舞台上销声匿迹。只有武帝时处理淮南王、衡山王谋反的大狱，才重新找来几位诸侯王作为点缀，达到"以王制王"的目的。各位诸侯王当然也心知其意、卖力演出，以图自保：

衡山王赐，淮南王弟也，当坐收，有司请逮捕衡山王。天子曰："诸侯各以其国为本，不当相坐。与诸侯王列侯会肄丞相诸侯议。"赵王彭祖、列侯臣让等四十三人议，皆曰："淮南王安甚大逆无道，谋反明白，当伏诛。"胶西王臣端议曰："……臣端所见其书节印图及他逆无道事验明白，甚大逆无道，当伏其法。……以章臣安之罪，使天下明知臣子之道，毋敢复有邪僻倍畔之意。"（《史记》卷一一八《淮南衡山列传》）

此后诸侯王的处境更加困蹇，未曾再见过参与集议的事例。至于东汉的东平王刘苍多次参与朝廷集议，乃是以骠骑将军的身份受皇帝特诏留京辅政。即便如此，刘苍还是"自以至亲辅政，声望日重，意不自安"，多次上疏请求归国。前汉时丞相府的百官朝会殿，还有诸侯王的位置，所谓

“国每有大议，天子车驾亲幸其殿。殿西王侯以下更衣并存”，前文武帝诏书说“与诸侯王列侯会肄丞相诸侯议”，大概也是到百官朝会殿集议；而后汉司徒府百官朝会殿集议时，殿西已经换成公卿的座位了。

2. 列侯

列侯在两汉的势力，较诸侯王要小得多，因此受到的限制也较小，成为诸侯、宗室系统中在集议舞台上最活跃的一员。

列侯的地位也有一个变化的经过。西汉之初，列侯多以功臣受封，朝廷重臣多为列侯，所以参与集议最多。如：

列侯毕已受封，奏位次，皆曰：“平阳侯曹参身被七十创，攻城略地，功最多，宜第一。”上已桡功臣多封何，至位次未有以复难之，然心欲何第一。关内侯鄂秋时为谒者，进曰：“郡臣议皆误。……萧何当第一，曹参次之。”上曰：“善。”(《汉书》卷三九《萧何传》)

二年春，诏曰：“……今欲差次列侯功以定朝位，臧于高庙，世世勿绝，嗣子各袭其功位。其与列侯议定奏之。”丞相臣平言：“谨与绛侯臣勃、曲周侯臣商、颍阴侯臣婴、安国侯臣陵等议：列侯幸得赐餐钱奉邑，陛下加惠，以功次定朝位，臣请臧高庙。”奏可。(《汉书》卷三《高后纪》)

再如前引议立代王刘恒为帝，也有列侯的参与。文帝时，“廷臣皆高祖时功臣，封侯为相，世袭相承”，成为朝廷中的守旧势力。[1]贾谊想要“定制度，兴礼乐”“乃草具其仪，天子说焉。而大臣绛、灌之属害之，故其议遂寝”。[2]文帝“议以为贾生任公卿之位。绛、灌、东阳侯、冯敬之属尽害之”，而不得不“不用其议，乃以贾生为长沙王太傅”，下放地方。[3]直到景帝时，七国之乱虽平，而功臣却封列侯，“每朝议大事，条侯、魏其，列侯莫敢与亢礼”[4]。这个局面要到雄才伟略的汉武帝起来，才得以改变。

前汉列侯参与集议，共辑得十九例，其中探讨最多的事项是关于宗庙

[1] 钱穆著：《秦汉史》，生活·读书·新知三联书店 2004 年版，第 71 页。

[2] 《汉书》卷二二《礼乐志》。

[3] 《史记》卷八四《屈原贾生列传》。

[4] 《汉书》卷五二《窦婴传》。

的礼仪、宗室的犯罪、皇帝的废立，以及关乎列侯自身利益的事项等，共占去十五例。此外，因为丞相是外朝领袖，为回避起见，有些事关丞相的集议，也由中朝官会同列侯讨论。例如成帝时，丞相薛宣超出权限，派掾属督促司隶校尉和刺史参与对一件恶性刑事案件的侦查。司隶校尉弹劾丞相，并请求“愿下中朝特进列侯、将军以下，正国法度”[1]，正是出于不宜由外朝来集议的考虑。

此外，列侯偶尔也参与关乎国计民生的大事。例如：

诏曰：“间者数年比不登，又有水旱疾疫之灾，朕甚忧之。……其与丞相、列侯、吏二千石、博士议之，有可以佐百姓者，率意远思，无有所隐也。”（《汉书》卷四《文帝纪》）

但这种情况，在汉武帝“作左官之律，设附益之法，诸侯惟得衣食税租，不与政事”之后，[2]就没有再见过。于中可窥列侯势力之消长。

光武中兴，鉴于西汉初的教训，一开始就把功臣列侯的问题解决得很好：尽量在物质上给予优待，而政治上决不让其染指。关于这一点，范晔在讲完“云台二十八将”事迹的《后汉书》卷二二之后有一篇长论，说得非常清楚。《后汉书·贾复传》又说：“是时列侯唯高密、固始、胶东三侯与公卿参议国家大事，恩遇甚厚。”这三侯一死，则后汉集议几乎全由官僚系统掌握，诸侯系统再难染指。[3]这是前后汉之交的一个大变局，一举奠定了后汉王朝的基本性格，不可不察。

3. 宗室

宗室，是指皇室的近亲。《史记·三王世家》说：“宗正者，主宗室诸

---

[1]《汉书》卷八四《翟方进传》。

[2]《汉书》卷一四《诸侯王表》。

[3] 后汉光武帝以后，有列侯参与的集议有两次，一次是几个“将二代”集议兵事：“顷之，太仆祭肜、虎贲中郎将马庚、显亲侯窦固、下博侯刘张、好畤侯耿忠等俱见议兵事。”（《后汉纪·孝明皇帝纪下》）一次是外戚梁冀讨论天子人选的集议：“冀得书，乃召三公、中二千石、列侯大议所立。”（《后汉书》卷六三《李固传》）前一次不能算作列侯系统参与集议，而属于下文要讲的专家系统参与集议；后一次则是废立大事，不得不有诸侯系统的参与。这亦是诸侯系统在集议舞台上的最后一次回光返照。

刘属籍。”可见哪些人属于宗室，当时设有专门的“属籍”造册登记以便管理，主管宗室的长官是宗正。[1]

宗正一方面属于“卿”，可以出席官僚系统的公卿集议；另一方面又是宗室的总代表，经常出席涉及宗室问题的集议。例如文帝时议淮南王刘长狱，就有一位“宗正臣逸”出席；[2]霍光召集群臣废昌邑王刘贺时，亦有一位“宗正臣德”的参加。[3]

至于宗室集体参与集议，则有前引议立代王刘恒事。景帝时，晁错提出“请诸侯之罪过，削其地，收其枝郡”的建议，景帝曾令“公卿、列侯、宗室集议”[4]。根据《汉书·王莽传》的记载，西汉末平帝时在京参加“祫祭明堂”礼的有“宗室子九百余人”，而全国范围内“惟宗室子皆太祖高皇帝子孙及兄弟吴顷、楚元之后，汉元至今，十有余万人”[5]。这么庞大的群体，当然不可能都参与集议。其中的参与者，很可能是宗室中的在官者，或佼佼者。例如：

辟强字少卿，亦好读《诗》能属文。武帝时，以宗室子随二千石论议，冠诸宗室。(《汉书》卷三六《楚元王传》)

常与宗室近亲临邑侯刘复等论议政事，甚见宠幸。(《后汉书》卷二四《马严传》)

但是与诸侯的情况一样，宗室群体在汉武以后也很少再出现在集议的舞台上；到了汉末，更是早已威风不再。甘谷汉简记录了汉桓帝时宗正刘柜的一封上书，反映当时生活在全国各地的宗室“为乡县所侵”、甚至被“殴辱”的情况。[6]宗室自保且不暇，则更无从对他人的祸福议论风生了。

---

[1] 关于宗室属籍的问题，参见刘敏：《秦汉户籍中的“宗室属籍”》，载《河北学刊》2007年第6期。

[2]《史记》卷一一八《淮南衡山列传》。

[3]《汉书》卷六八《霍光传》。

[4]《史记》卷一〇一《袁盎晁错列传》。

[5]《汉书》卷一二《平帝纪》。

[6] 张学正：《甘谷汉简考释》，载甘肃省文物工作队、甘肃省博物馆编：《汉简研究文集》，甘肃人民出版社1984年版，第85—141页。

（四）专家、顾问及吏民

前面说到，参与集议的官秩下限是六百石，但这亦非绝对。有专长的异士，已致仕的老臣，甚至建言上书的吏民，也经常出现在两汉集议的舞台上，甚至成为聚光灯下的明星。

1.专家

专家，是指具有某方面特长或专门知识的人。集议某些特定问题，需要专业知识，则往往交付专家集议，或特邀专家参与。其实严格来讲，两汉诸卿的设置本身即是专业分工的结果，所以如太常之议礼法、廷尉之议刑狱、博士之论儒术，也属于专家集议。

专家集议的参与情况，有全盘交付专家集议的，也有专家作为集议参与者之一分子的。专家集议的议题，以礼法、边事、律历、学术、刑狱、事役居多。各举数例如下。

议礼法，往往邀请博士、诸生、诸儒参与。例如：

自得宝鼎，上与公卿诸生议封禅。封禅用希旷绝，莫知其仪礼，而群儒采封禅尚书、周官、王制之望祀射牛事。齐人丁公年九十余，曰："封者，合不死之名也。秦皇帝不得上封。陛下必欲上，稍上即无风雨，遂上封矣。"上于是乃令诸儒习射牛，草封禅仪。（《史记》卷二八《封禅书》）

议边事，则以将领及熟悉边事者为主。例如：

顷之，太仆祭（彤）【肜】、虎贲中郎将马（庚）【廖】、显亲侯窦固、下博侯刘张、好畤侯耿忠等俱见议兵事。（《后汉纪·孝明皇帝纪下》）

祭肜是云台二十八将之一，自不必说；其余的，马廖是马援之子，窦固是窦融之侄，耿忠是耿弇之子，都算"将二代"。议律历，以历学专家为主。这些历学专家，有朝廷的，有基层的，也有来自民间的。例如：

先是，九年，太史待诏董萌上言历不正，事下三公、太常知历者杂议，讫十年四月，无能分明据者。（《续汉书·律历志》）

行之未期，章帝复发圣思，考之经谶，使左中郎将贾逵问治历者卫承、李崇、太尉属梁鲔、司徒掾严勖、太子舍人徐震、钜鹿公乘苏统及欣、梵

等十人。（同上）

议学术，如前举石渠阁会议、云台会议、白虎观会议，参与者有皇帝、太子太傅、博士、侍郎、议郎、诸生、诸儒等，身份各不相同，但都是精通儒学的专业人士。议刑狱，如前引郭躬以公府掾的身份，受特邀参与朝议，议决骑都尉秦彭、中常侍孙章两狱的例子。议事役，主要是议水利工程，参与者有水利专家，如：

王莽时，征能治河者以百数，其大略异者，长水校尉平陵关并言：“……”大司马史长安张戎言：“……”御史临淮韩牧以为“……”大司空掾王横言：“……”沛郡桓谭为司空掾，典其议，为甄丰言：“……”（《汉书》卷二九《沟洫志》）

永平十二年，议修汴渠，乃引见景，问以理水形便。景陈其利害，应对敏给，帝善之。（《后汉书》卷七六《循吏列传》）

第二例中的王景，当时官居司空掾，是中国史上著名的水利专家。据我所搜辑到的两汉集议资料，专家集议礼法的有 11 例，边事 9 例，律历 8 例，学术 5 例，律令刑狱 4 例，事役 2 例，大体可以看出当时的情况。

2. 顾问

所谓顾问，指已经退休的老臣。国家有大事或专门事项，往往召顾问入朝集议，或者派使者咨询他们的意见，以作为决策的参考。例如：

故胶西相董仲舒老病致仕，朝廷每有政议，数遣廷尉张汤亲至陋巷，问其得失。于是作《春秋决狱》二百三十二事，动以经对，言之详矣。（《后汉书》卷四八《应劭传》）

充国乞骸骨，赐安车驷马、黄金六十斤，罢就第。朝庭每有四夷大议，常与参兵谋，问筹策焉。（《汉书》卷六九《赵充国传》）

禹虽家居，以特进为天子师，国家每有大政，必与定议。（《汉书》卷八一《张禹传》）

此类顾问，与上述专家有重合部分，如上举遇“四夷大议”问老将赵充国例。所以这种分类，本非绝对，不可不辨。另外，也有前政府高官去职，以诸侯王、列侯的身份虽在地方而受特别咨询的，也算顾问而不宜算作诸侯宗室系统，如：

十三年，增弇户邑，上大将军印绶，罢，以列侯奉朝请。每有四方异议，辄召入问筹策。(《后汉书》卷一九《耿弇传》)

自是朝廷每有疑政，辄驿使咨问。(《后汉书》卷四二《光武十王列传》)

如果说专家集议体现了中国“专家治国”的传统，则顾问集议体现了中国“老人治国”的传统。专业知识与经验阅历，共同流动在集议制的血脉之中。

3. 吏民

作为汉王朝底层的吏民，也有各种渠道向君主表达自己的意见，甚至参与集议。由此可见两汉言路之开放与畅通。吏民参加集议，有四种方式。

第一，君主指定部分吏民参与集议。

例如汉桓帝时，“时有上书言人以货轻钱薄，故致贫困，宜改铸大钱。事下四府群僚及太学能言之士。”而太学生刘陶随即上书，直接影响了集议的结果。[1] 更著名的例子，则是盐铁会议：

昭帝即位六年，诏郡国举贤良文学之士，问以民所疾苦，教化之要。皆对愿罢盐、铁、酒榷均输官，毋与天下争利，视以俭节，然后教化可兴。弘羊难，以为此国家大业，所以制四夷，安边足用之本，不可废也。乃与丞相千秋共奏罢酒酤。(《汉书》卷二四《食货志》)

会议双方，一边是丞相、御史大夫等官僚系统，一边是茂陵唐生、鲁国万生等六十多名贤良、文学，是吏民的代表。

第二，吏民上书建议引发集议，从而成为集议的参与者。例如：

灵帝熹平四年，五官郎中冯光、沛相上计掾陈晃言：“历元不正，故妖民叛寇益州，盗贼相续为害。历当用甲寅为元而用庚申，图纬无以庚申为元者。近秦所用代周之元。太史治历郎中郭香、刘固意造妄说，乞本庚申元经纬明文，受虚欺重诛。”乙卯，诏书下三府，与儒林明道者详议，务得

[1] 《后汉书》卷五七《刘陶传》。

道真。以群臣会司徒府议。(《续汉书·律历志》)

蔡邕前坐侍中西北，近公卿，与光、晃相难问是非焉。(《续汉书·律历志》注引《蔡邕集》)

冯光是五官郎中，比三百石；[1]陈晃是沛相上计掾，郡国属吏。因上书建议引发集议，而得以与公卿百官等“相难问是非”。

第三，吏民是某方面的专家，故得以参与集议。

这在前面“专家”部分已经讲到。前举章帝年间议律历，参与者有“钜鹿公乘苏统”，就是吏民身份。

如果从广义上来看待集议，则还有第四种渠道。在前面集议的场所部分，外朝有“门阙”，是吏民集会的场合。吏民可以自发集合在门阙，单方面给朝廷提建议。如：

庶民、诸生、郎吏以上守阙上书者日千余人，公卿大夫或诣廷中，或伏省户下，咸言：“明诏圣德巍巍如彼，安汉公盛勋堂堂若此，今当立后，独奈何废公女？天下安所归命！愿得公女为天下母。”莽遣长安以下分部晓止公卿及诸生，而上书者愈甚。(《汉书》卷九九《王莽传》)

“庶民、诸生、郎吏以上”就是吏民，故不能入宫，而只能“守阙上书”。这一大场面的发生，固出于王莽精心策划的政治作秀，但亦可窥见汉代日常行政对吏民开放的程度。

二、参与者的组合

以上所举四部分的集议参与者，从理论上讲，君主可以进行任意的组合，想找谁来集议就找谁来集议。但是，考察两汉集议的实际例子，集议参与者的组合还是体现出了一定的规律性。以下先从史的角度，观察不同时期集议参与者的变迁，再归纳出两汉常见的集议组合及其规律，最后解剖麻雀，谈谈在一次具体的集议中，参与者的角色分工如何。

---

[1]《后汉书·百官志》。

（一）集议参与者之史的观察

如果把两汉集议看作一个舞台，把集议参与者看作演员，那么“史的观察”就是考察上述四大类的集议参与者，是在何时登上集议的舞台，又是何时退出的。这种登场和退场的时间，有时与该官职产生时间相近，有的则不然。相比起对某一官职的产生和消亡来讲，作为集议参与者之史的观察，更有助于了解这一官职在权力场上的位置。为便于观察，特制作“两汉集议参与者变迁一览图”如下（图六），现对其中若干参与者的起讫时间略作说明。

太尉：武帝建元二年罢太尉官，光武建武二十七年复其官名。其间置大司马，冠将军之号，其实就是中朝的大司马大将军。

尚书：尚书职权的扩大，大约在武帝以后；官职的设置则更早。但是首次登上集议舞台，“领尚书事”之类不算的话，今能找到的最早例子是哀帝建平三年（前 4）议更下公卿复治东平王云狱，所以暂从这里起算。

大将军：前汉的大司马大将军，后汉的大将军。“大将军”之名见于史籍的很早，如刘邦登坛拜将，就是拜韩信为大将军；见于集议舞台的也很早，议立代王恒为帝时就有“大将军武”的参与。但是本书要考察的作为中朝领袖的大将军，则是武帝以后的事情，所以断自武昭之际也就是霍光执政始。汉代最后一位大将军何进，在 189 年死于宫廷政变，所以断于该年终。

博士：汉初就已经设置了博士，但是高、惠、吕后时期见于史籍的很少，仅叔孙通、孔襄、随何三人。[1] 今能见到的博士议事的最早例子，是文帝朝的贾谊，所以断自文帝初年始，这也符合当日儒学变迁之大势。

议郎：议郎的设置大概在武帝朝，则其参与集议只会更晚，详见前述。

诸侯王、列侯、宗室：诸侯宗室系统参与集议的起讫时间，前面都已经讲清楚了。

---

[1] 张汉东：《论秦汉博士制度》，载安作璋、熊铁基著：《秦汉官制史稿》附录，齐鲁书社 2007 年版，第 412 页。

至于专家、顾问、吏民系统，则随时可以受邀参与集议，亦不关乎汉代中枢权力的构成，所以没有在图中反映。还须说明一点的是，新莽时期对官名的改动较多，所以本图没有把这一时期反映进去，故以虚线表示。从这个图可以看出汉代各大势力的消长、中枢权力的转移，也可以明了集议参与者分分合合的大体情况。

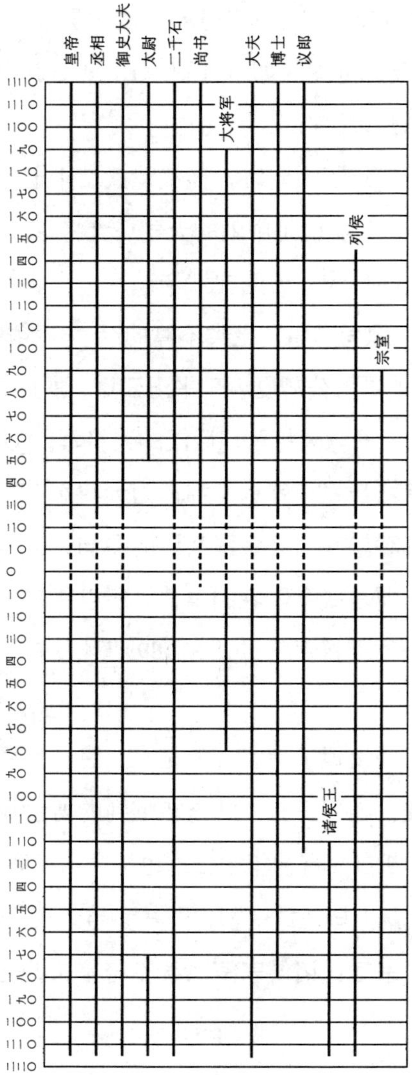

图六　两汉集议参与者变迁一览图

（二）集议的组合和规格

集议的组合和规格，是以往研究集议制的重点探讨对象，也是集议分类的基本依据。的确，阅读史籍时很容易被诸如“公卿议”“中二千石二千石议”之类语汇吸引眼球。但是在分析了集议参与者的各分子，并对其进行了史的观察之后，集议的组合已经呼之欲出了。下面就两汉常见的集议组合，作一番归纳。

1. 中朝议

如所周知，“中朝”起源于武帝时代，经过霍光专权而成型。如果把后汉的尚书台视为前汉“中朝”的延续和制度化，那么“中朝议”可以分为中朝官议和尚书台议。

（1）中朝官议

前面讲过，武帝时代不过是纠集了一帮能言善辩的心腹，如主父偃、朱买臣之徒，作为近臣，内则出谋划策，外则与公卿辩论。霍光专权以后，随着加官制度的成熟、领尚书事制度的形成，“中朝”也最后定型。

“中朝”的实质，是由近臣代理皇帝的部分职权。霍光专权时代，由于三任君主或年幼、或有待进一步考察，所以需要在辅政大臣的协助下行使权力，主要就是对臣下上奏的决策。而霍光为了避免专权的恶名，也为了提高决策质量和效率，聚拢了一批大臣，在公卿上奏和君主最后决断之间，通过讨论为君主决策提供备选方案。由此，在君主与外朝公卿之间，就产生了一个有权集议的层级，这就是“中朝议”的本质。

史书上关于“中朝官议”的例子很多，诸如：

丞相、御史请遣掾史与司隶校尉、部刺史并力逐捕，察无状者，奏可。司隶校尉涓勋奏言：“……今丞相宣请遣掾史，以宰士督察天子奉使命大夫，甚悖逆顺之理。……愿下中朝特进列侯、将军以下，正国法度。”议者以为，丞相掾不宜移书督趣司隶。（《汉书》卷八四《翟方进传》）

又丹使吏书奏，吏私写其草，丁、傅子弟闻之，使人上书告丹上封事行道人遍持其书。上以问将军中朝臣，皆对曰：“忠臣不显谏，大臣奏事不

宜漏泄，令吏民传写流闻四方。‘臣不密则失身’，宜下廷尉治。”（《汉书》卷八六《师丹传》）

上知傅太后素常怨喜，疑博、玄承指，即召玄诣尚书问状。玄辞服，有诏左将军彭宣与中朝者杂问。（《汉书》卷八三《朱博传》）

事下将军中朝者，光禄大夫孔光、左将军公孙禄、右将军王安、光禄勋马宫、光禄大夫龚胜劾嘉迷国罔上不道，请与廷尉杂治。胜独以为嘉备宰相，诸事并废，咎由嘉生；嘉坐荐相等，微薄，以应迷国罔上不道，恐不可以示天下。遂可光等奏。（《汉书》卷八六《王嘉传》）

后岁余，丞相王嘉上书荐故廷尉梁相等，尚书劾奏嘉“言事恣意，迷国罔上，不道”。下将军中朝者议，左将军公孙禄，司隶鲍宣、光禄大夫孔光等十四人皆以为嘉应迷国不道法。（《汉书》卷七二《龚胜传》）

这几例都是议丞相的罪责，丞相是外朝领袖，出于回避的原则，故由中朝官集议。除了回避以外，也有先进行小范围集议的意思，比如议丞相王嘉罪的例子，中朝集议之后，由于意见有分歧，或为了厌服人心，又下“票骑将军、御史大夫、中二千石、二千石、诸大夫、博士、议郎议”。议丞相朱博、御史大夫赵玄罪，也是如此。

（2）尚书台议

尚书台议，是中朝议在后汉的常规化、制度化。群臣有事上奏，尚书台先拟出一个初步的方案，附在上奏文后供君主参考。这方面的例子，在前面“参与者的各分子”之“尚书”部分已经举得很多，尤其是《续汉书·礼仪志》刘昭注引的“议立宋皇后仪”尚书台上奏文书，就是一个最典型的例证，放到后文程序复原的部分讨论。这里不再赘述。

2. 公府议

前引杨振红的研究成果已表明，两汉在官秩系统之外，还有一个“公卿大夫”的“位”系统。所谓“公”，即是指中二千石以上（不含中二千石）的官职。在两汉集议中，主要是丞相（大司徒、司徒）、御史大夫（大司空、司空）、太尉、大将军（大司马大将军）、太傅五府。五府进行不同的排列组合，在两汉集议实例中可以见到的有丞相议、二府议、三府议、四府议。[1]

（1）丞相议

丞相议，大体存在于西汉前、中期。因丞相是外廷百僚之长，所以有些事情直接交付丞相讨论。《唐六典》卷一说："秦变周法，天下之事皆决丞相府。……汉初因之。"[2] 具体例子如：

是时北平侯张苍为丞相，方明律历。鲁人公孙臣上书陈终始传五德事，言方今土德时，土德应黄龙见，当改正朔服色制度。天子下其事与丞相议。（《史记》卷一〇《孝文本纪》）

因丞相明律历而下议，这一例中的丞相议，还有一点专家议的意思。景帝时，窦太后想封王皇后兄为侯，景帝不便反对，表示："请得与丞相议之。"结果：

丞相议之，亚夫曰："高皇帝约'非刘氏不得王，非有功不得侯。不如约，天下共击之'。今信虽皇后兄，无功，侯之，非约也。"景帝默然而止。（《史记》卷五七《绛侯周勃世家》）

丞相议，不仅仅是他本人与议，一般是由丞相府集议，即丞相召集相府掾属集思广益，最后再由丞相定夺，上奏集议结果。如：

初，大司农取民牛车三万两为僦，载沙便桥下，送致方上，车直千钱，延年上簿诈增僦直车二千，凡六千万，盗取其半。焦、贾两家告其事，下丞相府。丞相议奏延年"主守盗三千万，不道"。（《汉书》卷九〇《酷吏传》）

这里说"下丞相府"，即是交由丞相府集议。随着丞相权力的削弱，宣帝以后就很少见到单独的丞相议了。后汉也没有见过单独的司徒议，因为此时"丞相"已经一分为三而为三公所取代了。

---

[1] 后汉有"五府"之称，见《后汉书》卷三二《樊准传》："五府调省中都官吏京师作者。"注："五府谓太傅、太尉、司徒、司空、大将军也。"但汉代未见"五府议"的实例。晋有五府议，《晋书》卷五〇《庾纯传》："臣郡前尹关内侯纯，醉酒失常，《戊申诏书》既免尹官，以父笃老不求供养，下五府依礼典正其臧否。"《通鉴》胡三省注："当时除贾充之外，居公位者有五，故下五府。"

[2] ［唐］李林甫等撰：《唐六典》，陈仲夫点校卷一《尚书都省・尚书令》，中华书局 1992 年版，第 6 页。

(2) 二府议

二府，也称“两府”。在前汉，特指丞相、御史大夫（大司空），《汉书·楚元王传》：“今二府奏佞谄不当在位”，如淳注：“二府，丞相、御史也。”在后汉，司徒、司空、太尉府中的任何两个，都可以合称二府。例如《后汉书·光武帝纪》：“其令司隶、州牧各实所部，省减吏员。县国不足置长吏可并合者，上大司徒、大司空二府。”这是东汉初的情形，把大司徒、大司空合称“二府”。《后汉书·虞延传》：“三年，征代赵熹为太尉；八年，代范迁为司徒。历位二府，十余年无异政绩。”则是以太尉、司徒为二府，并无一定。清史学家王鸣盛却引《后汉书·何敞传》注：“二府谓司徒、司空”，[1] 这是断章取义的做法。不妨看一下《何敞传》及注的原文：

敞又说由曰：“……敞备数股肱，职典贼曹，故欲亲至发所，以纠其变，而二府以为故事三公不与贼盗。（章怀注：敞在太尉府，二府谓司徒、司空。）……今二府执事不深惟大义，惑于所闻，公纵奸慝，莫以为咎。惟明公运独见之明，昭然勿疑，敞不胜所见，请独奏案。”由乃许焉。二府闻敞行，皆遣主者随之，于是推举具得事实，京师称其正。（《后汉书》卷四三《何敞传》）

“由”是太尉宋由，“敞”是太尉掾属何敞。李贤注：“敞在太尉府，二府谓司徒、司空”，三府中除去自己所在的太尉府，所以称另两个为“二府”，而不是说“二府”就特指司徒、司空。同样的情况还可见《刘恺传》：

时征西校尉任尚以奸利被征抵罪。尚曾副大将军邓骘，骘党护之，而太尉马英、司空李郃承望骘旨，不复先请，即独解尚臧锢，恺不肯与议。后尚书案其事，二府并受谴咎（章怀注：二府即马英、李郃），朝廷以此称之。

三府之中，除去“不肯与议”的司徒刘恺，剩下两个阿曲权贵的太尉、司空合称“二府”，同样不能据以认定“二府”就特指太尉、司空。“二府”从前汉特指丞相、御史大夫，到后汉不特定的指代，反映的是两汉中枢权

---

[1] [清] 王鸣盛撰：《十七史商榷》卷二三《汉书十七·二府三府四府五府》，凤凰出版社 2008 年版，第 128 页。王氏此文，没有考订“二府三府四府五府”在两汉史上各自产生和存续的时限，是其一短。他以为后汉的“二府”也特指司徒、司空，正是在此基础上产生的误解。

力结构的流转和宰相制度的变迁痕迹。[1] 从这一点可以说，“二府议”大体上只存在于前汉。唐朝人说“西汉以二府分治，东京以三公总务”[2]，是符合史实的概括。

二府是西汉政府行政的中枢。王鸣盛说：“要之，二府为政本，丞相固助理万几，而御史大夫即佐之。……可见汉时二府权重，有大事必下二府治之。”[3] 这是得其情实的话。所谓“二府议”，就是把要讨论的事项同时交由二府集议。这是西汉行政的常态。这类例子史不绝书，兹举二例：

于是天子复下其议两府，丞相、御史以难问张敞。(《汉书》卷七八《萧望之传》)

五凤中，青州刺史奏终古使所爱奴与八子及诸御婢奸，……事下丞相、御史，奏：“终古位诸侯王，以令置八子，秩比六百石，所以广嗣重祖也。而终古禽兽行，乱君臣夫妇之别，悖逆人伦，请逮捕。”有诏：“削四县。”(《汉书》卷三八《高五王传》)

此外，在法制史上著名的文帝废肉刑、景帝定《箠令》中，也是由丞相、御史二府协助完成的。二府议与丞相议一样，也并非专由丞相、御史大夫两位长官完成，而是由两位长官分头召集各自的掾属集议。这从班固在《汉书·田千秋传》赞语里发的一段牢骚，可以看得很清楚：

若夫丞相、御史两府之士，不能正议以辅宰相，成同类，长同行，阿意苟合，以说其上，“斗筲之徒，何足选也”！

可见两府之士有“正议以辅宰相”的职责。二府各自有了想法以后，

---

[1] 这种权力的变迁和宰相制度的改革，分水岭是西汉成帝绥和元年的改制（成帝改制后，又经过哀帝的短时期反复），具体情况可参见祝总斌著：《两汉魏晋南北朝宰相制度研究》，中国社会科学出版社 1990 年版，第 55—61 页。不过值得注意的是，大概由于制度惯性的原因，改制之后二府议仍然存在，丞相和大司空仍是政府行政的中枢，仍是“二府”的特指对象。所以祝总斌说“绥和改制后，名为三公‘分职授政’，实际上具体政务仍由丞相、大司空处理，和过去的二府一样”，后面并且举了若干改制后讨论大事大司马不参与的例子为证。

[2] ［宋］王溥撰：《唐会要》卷五七《尚书省》“唐代宗大历五年敕”，中华书局 1955 年版，第 986 页。

[3] ［清］王鸣盛撰：《十七史商榷》卷二三《汉书十七·二府三府四府五府》，凤凰出版社 2008 年版，第 129 页。

再一起碰头，商讨出一致的结论。如果实在意见不合，也不必强求统一，可以分别向皇帝上奏。这两种情形，有一段史料可以作为绝佳的证明：

时陈万年为御史大夫，与定国并位八年，论议无所拂。后贡禹代为御史大夫，数处驳议，定国明习政事，率常丞相议可。(《汉书》卷七一《于定国传》)

这里反映出两任御史大夫不同的行政风格：陈万年与丞相合作八年，从来不反对丞相的意见；贡禹接班以后，成天跟丞相对着干。好在丞相行政经验很丰富，两个人交上去的奏议，总是丞相的那份被批准。

丞相、御史大夫在西汉行政中扮演着如此重要的角色，以至于皇帝都不得不重视其意见。汉哀帝是西汉后期少有的大权独揽的君主，想给宠臣董贤封个侯，尚且不敢自行其是，而“乃先使皇后父孔乡侯傅晏持诏书视丞相御史”，探探这两位的口风，结果果然遭到反对。

(3) 三府议、四府议

古“三公”之名，到成帝改制之后始具其实。对这一变化，《通典》卷一九《职官》概括得很到位：“成帝改御史大夫为司空，与大司马、丞相是为三公，皆宰相也。”光武中兴，继承这一体制，丞相、御史二府也就演化成了太尉、司徒、司空三府。大事三府集议，这类例子后汉很常见，如：

元以才高著名，辟司空李通府。时大司农江冯上言，宜令司隶校尉督察三公。事下三府。元上疏曰：“……”帝从之，宣下其议。(《后汉书》卷三六《陈元传》)

初，援在陇西上书，言宜如旧铸五铢钱。事下三府，三府奏以为未可许，事遂寝。(《后汉书》卷二四《马援传》)

二十八年，北匈奴复遣使诣阙，贡马及裘，更乞和亲，并请音乐，又求率西域诸国胡客与俱献见。帝下三府议酬答之宜。司徒掾班彪奏曰：“……”帝悉纳从之。(《后汉书》卷八九《南匈奴列传》)

时征西校尉任尚以奸利被征抵罪。尚曾副大将军邓骘，骘党护之，而太尉马英、司空李郃承望骘旨，不复先请，即独解尚臧锢，恺不肯与议。后尚书案其事，二府并受谴咎，朝廷以此称之。(《后汉书》卷三九《刘

恺传》)

和二府议一样，三府集议，意见不必强求统一；三府上奏的不同意见，由尚书分别登记在案以备查考。这从上举刘恺例中可以看得很清楚。三府集议，也有掾史的参与，如上举陈元是司空府掾史，班彪是司徒掾，都在集议中起了决定性的作用。大概所谓“三府议”，积极出谋划策的是三府掾史，而三公则主要起召集会议、主持、拿主意和最后上奏的任务。甚至汉末名士何颙为司空掾，“每三府会议，莫不推颙之长”，[1] 由此可见当时集议的开明风气。

除三公外，后汉大将军、太傅也可开府。《后汉书·樊准传》:“五府调省中都官吏京师作者”，章怀注:“五府谓太傅、太尉、司徒、司空、大将军也。”太傅、大将军中的任何一个，加上三府，就是“四府”。《赵典传》注:“四府，太尉、司徒、司空、大将军府也。”《虞诩传》注:“四府谓太傅、太尉、司徒、司空之府也。”可见两种情况都有。唯太傅开府的情况比较少，《续汉书·百官志》本注:“其后每帝初即位，辄置太傅，录尚书事，薨辄省。”可见太傅之设置，本就是因人设职，并非常设，所以“四府”一般还是指太尉、司徒、司空、大将军府。

四府集议的例子，史书上也很多。例如:

诩曰:“今凉土扰动，人情不安，窃忧卒(猝)然有非常之变。诚宜令四府九卿(章怀注:四府谓太傅、太尉、司徒、司空之府也)，各辟彼州数人，其牧守令长子弟皆除为冗官，外以劝厉，答其功勤，内以拘致，防其邪计。”修善其言，更集四府，皆从诩议。(《后汉书》卷五八《虞诩传》)

时有上书言人以货轻钱薄，故致贫困，宜改铸大钱。事下四府群僚及太学能言之士。(《后汉书》卷五七《刘陶传》)

冯岱字德山，辟司徒刘宠府，与四府掾属并诣台，集议边事。(《北堂书钞》卷六八《设官部·掾》引谢承《后汉书》)

中平二年，汉阳贼边章、韩遂与羌胡为寇，东侵三辅，时遣车骑将军

[1]《后汉书》卷六七《党锢列传》。

皇甫嵩西讨之。嵩请发乌桓三千人。北军中候邹靖上言：“乌桓众弱，宜开募鲜卑。”事下四府，大将军掾韩卓议，以为“……”。劭驳之曰：“……”韩卓复与劭相难反复。(《后汉书》卷四八《应劭传》)

第一例是太傅等四府议，最后一例有“大将军掾韩卓”，可见是大将军等四府议。[1]大体情形，似乎也是由各府掾属唱主角，和三府议没有多少区别。至于“五府议”，从情理推之，也有存在的可能，不过史书没有提供实例，只好付之阙如了。

3. 公卿议及其扩大会议

汉代所见最多的集议组合，是所谓“公卿议”。卿，依前所述，即中二千石。“公府议”的诸公，加上中二千石，就是公卿。如《汉书·韩延寿传》，萧望之劾奏韩延寿，请求“下丞相、中二千石、博士议其罪”，结果“事下公卿”。除了作为议官的博士外，此处正是以“丞相、中二千石”等于“公卿”。又如：

事下公卿议，太尉宋由、太常丁鸿、光禄勋耿秉等十人议可许。(司徒袁)安与(司空)任隗奏，以为“……”。宗正刘方、大司农尹睦同安议。事奏，未以时定。(《后汉书》卷四五《袁安传》)

这里参与集议的“公卿”，意见分为两派：一派是太尉、太常、光禄

[1] 廖伯源在《秦汉朝廷之论议制度》谈到这个例子时说“其时应劭之官职无考”。按：其时应劭为太尉属，准确说是太尉议曹掾，所以得以参与四府议。这个官职，本传失载。《后汉书·应劭传》载劭：“灵帝时举孝廉，辟车骑将军何苗掾。中平二年，汉阳贼边章、韩遂与羌胡为寇，东侵三辅，时遣车骑将军皇甫嵩西讨之。嵩请发乌桓三千人。北军中候邹靖上言：‘乌桓众弱，宜开募鲜卑。’事下四府，大将军掾韩卓议，以为‘……’。劭驳之曰：‘……’”则以为应劭与韩卓驳议时，职车骑将军掾也。然此又云“车骑将军皇甫嵩”云云，则误甚。按：何苗任车骑将军，在中平四年，皇甫嵩后。《汉书叙例》载应劭“后汉萧令，御史，营令，泰山太守。”(中华书局本点作“御史营令”，殊不成语，应点开)除泰山太守外，俱不见于本传，可见本传之疏漏。此处所谓“四府议”，乃大将军、太尉、司徒、司空四府掾属集议，应劭时任太尉议曹掾。《续汉书·五行志》注引《风俗通》：“劭时为太尉议曹掾，白公邓盛”云云，可证。邓盛中平元年任太尉，二年免。本例中应劭与韩卓议，即中平二年事。又《御览》卷八二七《资产部·市》引《汉名臣奏》：“太尉属应劭、司徒属孙嵩、司空掾孔伷议，以鲜卑隔在漠北，犬羊为群，无君长之师，庐落之居，又其天性贪而无信，故自汉兴至于兹，数犯障塞，吏民创楚，不与交关，……”与应劭、韩卓之议开募鲜卑是同一事，益可证明其时应劭官居太尉属。

勋等十人，另一派是司徒、司空、宗正、大司农四人，差不多就是三公加上诸卿的人数，也可证明“公卿”应该就是“公”加上“中二千石”。这是“公卿议”的标准形态。

但是史籍记载中的“公卿议”，不能理解得太实。很多记载提到“公卿议”，并非指其标准形态，而是扩大会议。例如：

司空李郃侍祠南郊，不见六宗祠，奏曰：“……”制曰：“下公卿议。”五官将行弘等三十一人议可祭，大鸿胪庞雄等二十四人议不当祭。上从郃议，由是遂祭六宗。(《续汉书·祭祀志》注引《李氏家书》)

这里的“公卿议”，总人数有五十五人之多，当然不可能仅仅是三公加中二千石。例如其中的五官将，就是比二千石。所以这次集议，大概是由公、卿、二千石、比二千石组成的扩大会议，这样算起来人数就差不多了。

又如：

河平元年，单于遣右皋林王伊邪莫演等奉献朝正月。既罢，遣使者送至蒲反。伊邪莫演言：“欲降，即不受我，我自杀，终不敢还归。”使者以闻，下公卿议。议者或言宜如故事，受其降。光禄大夫谷永、议郎杜钦以为：“……”对奏，天子从之。(《汉书》卷九四《匈奴传》)

这里的“公卿议”，参与者中又有比二千石的光禄大夫和比六百石的议郎。前已说过，汉代朝臣的下限即是六百石（或比六百石），比六百石以上犹算下大夫，还可以“陪外廷之末议”。这是公卿集议的进一步扩大。扩大至此，则议官系统（大夫、议郎、博士）就都可以参与进来了。这类集议在两汉也是很多的，分析其成分，则严格来讲应该叫“公、卿、大夫、博士、议郎议”，省称则略记曰“公卿议”。如：

愿下公卿、大夫、博士、议郎，定尊素行。(《汉书》卷七六《王尊传》)

秋七月，有星孛于东井。诏曰：“……公卿大夫、博士、议郎其各悉心，惟思变意，明以经对，无有所讳。……”(《汉书》卷一〇《成帝纪》)

至七年五月，诏三公曰：“汉当郊尧。其与卿大夫、博士议。”(《续汉书·祭祀志》)

至于其总人数，也许可以参考这则材料：

安帝延光二年，中谒者亶诵言当用甲寅元，河南梁丰言当复用《太初》。……诏书下公卿详议。太尉恺等上侍中施延等议：“……”博士黄广、大行令任佥议，如《九道》。河南尹祉、太子舍人李泓等四十人议：“……”恺等八十四人议，宜从《太初》。

这次集议的直接参与者有六百石的大行令、比六百石的博士、二百石的太子舍人，总计一百三十人左右。其中这位二百石的太子舍人李泓，我怀疑是以专家的身份参与集议的。因为太子舍人是太子官属中秩最低的，如果他都有资格参与集议，那么太子官属四五十人岂不是都可以参加？这显然是不可能的。

以上是在外朝官内部的扩大，还可以加上中朝官。例如：

天子亲御前殿，召公卿议。大将军凤以为太后与上及后宫可御船，令吏民上长安城以避水。群臣皆从凤议。左将军商独曰：“……”上乃止。（《汉书》卷八二《王商传》）

元和二年，旱，长水校尉贾宗等上言，以为断狱不尽三冬，故阴气微弱，阳气发泄，招致翻旱，事在于此。帝以其言下公卿议，（尚书陈）宠奏曰：“……”书奏，帝纳之。遂不复改。（《后汉书》卷四六《陈宠传》）

前一例的“公卿议”，参与者有大将军、左将军，属于中朝官的将军系统；后一例的“公卿议”，参与者有尚书陈宠。可见这类“公卿议”，已经扩大到中外朝合议。

以上还只是官僚系统内部的集议，除此还可以加上诸侯、宗室系统。例如前举晁错想削藩，“上令公卿、列侯、宗室集议”。更典型的例子是霍光废立之时的集议：

光乃引延年给事中，阴与车骑将军张安世图计，遂召丞相、御史、将军、列侯、中二千石、大夫、博士会议未央宫。（《汉书》卷六八《霍光传》）

丞相、御史是公，中二千石是卿，大夫、博士属于议官系统，将军属于中朝官，列侯属于诸侯宗室系统，各方面的代表都到齐了，才能废立一个皇帝。这应该算是最大规模的“群臣大议”了。除此之外，还可以扩大的成分有专家、顾问、吏民系统，这类例子前面已经讲到，不再列举。

最后说明一点：公卿集议，一定是从上往下叠加，即公加上卿，加上二千石比二千石……决没有卿参与集议而公却不参与，或二千石参与集议而公、卿却不参与的情况。也就是说，史书常见的“二千石议”，是“其（丞相、御史）与二千石议”的省文，实际指“二千石以上集议”的意思，而非仅仅指定二千石这一级集议。例如：

永光四年，乃下诏先议罢郡国庙，曰：“……其与将军、列侯、中二千石、二千石、诸大夫、博士、议郎议。”丞相玄成、御史大夫郑弘、太子太傅严彭祖、少府欧阳地馀、谏大夫尹更始等七十人皆曰：“……臣等愚以为宗庙在郡国，宜无修，臣请勿复修。”奏可。（《汉书》卷七三《韦贤传》）

西汉诏书，一般以“制诏丞相御史”开头，所以正文中可以径言“其与中二千石、二千石议”。

4. 有司议、诸侯议、专家议、专题会议

“公卿议”的基本形态及其扩大会议搞清楚了，剩下的一些集议组合就很好理解了。

前面说“公卿集议，一定是从上往下叠加”，也有例外。第一，在上位者因故不应出席，比如议某丞相的罪，则丞相本人当然不参与；第二，皇帝点名找某下级官员论议；第三，有司议。

所谓“有司议”，即在某机构（通常是某卿）内部展开的集议。前述丞相议、尚书台议，实际上也属于有司议的一种。中央各职能部门，各有分工。在各自的职能范围内，遇到一些疑难问题需要解决，就由各部门内部进行集议。还有一种情况，君主会把某专业性比较强的问题下到某部门集议。在史书上，太常、廷尉，是经常发生有司议的部门。

太常集议的例子如：

夏六月，诏曰：“盖闻导民以礼，风之以乐。今礼坏乐崩，朕甚闵焉。故详延天下方闻之士，咸荐诸朝。其令礼官劝学，讲议洽闻，举遗兴礼，以为天下先。太常其议予博士弟子，崇乡党之化，以厉贤材焉。”（《汉书》

卷六《武帝纪》)

褒知帝旨欲有兴作，乃上疏曰：“……宜定文制，著成汉礼，丕显祖宗盛德之美。”章下太常，太常巢堪以为一世大典，非褒所定，不可许。(《后汉书》卷三五《曹褒传》)

永元十四年，待诏太史霍融上言：“官漏刻率九日增减一刻，不与天相应，或时差至二刻半，不如夏历密。”诏书下太常，令史官与融以仪校天，课度远近。太史令舒、承、梵等对：“……”(《续汉书·律历志》)

廷尉集议的例子见前引《奏谳书》案例二一，传世文献也有记载：

时张汤为廷尉，廷尉府尽用文史法律之吏，而宽以儒生在其间，见谓不习事，不署曹，除为从史，之北地视畜数年。还至府，上畜簿，会廷尉时有疑奏，已再见却矣，掾史莫知所为。宽为言其意，掾史因使宽为奏。奏成，读之皆服，以白廷尉汤。(《汉书》卷五八《兒宽传》)

有时候，有司还与公府合议，前引诏太常议予博士弟子员的例子，就由丞相公孙弘与太常、博士合议。又如：

秋七月，诏曰：“吏受所监临，以饮食免，重；受财物，贱买贵卖，论轻。廷尉与丞相更议著令。”(《汉书》卷五《景帝纪》)

先是，九年，太史待诏董萌上言历不正，事下三公、太常知历者杂议，讫十年四月，无能分明据者。(《续汉书·律历志》)

这大概是因为三公乃外廷之首长的缘故。

诸侯议，主要存在于西汉前期，集议参与者仅仅是诸侯王或列侯。例如汉初议立吴王、燕王，都是由长沙王臣等诸侯王集议的；武帝时议淮南衡山王狱，是由诸侯王、列侯四十三人集议的。两者性质虽然还有所不同，但议题都与“封建”即诸侯的自身事务有关，所以完全交由诸侯集议。

专家，除了作为公卿议的扩大会议的参与者外，有时一些较专业的问题，特别是律历问题，也会全部交给专家集议。

专题会议，主要指汉代最著名的几次特殊集议，如盐铁会议、石渠阁会议、白虎观会议等。后面两个，其实就是专家议。只不过与会的专家中，有相当部分都另外带有政府官员的头衔而已。而盐铁会议，则是政府官员直接面对吏民的集议，性质较为特殊。其实，吏民在集议中的角色，往往是采集意见的对象。盐铁会议的起因亦是如此：

始元六年，诏郡国举贤良文学士，问以民所疾苦，于是盐铁之议起焉。（《汉书》卷六六《田千秋传》）

只不过后来与会的贤良文学代表群情激奋，而负责征询意见的御史大夫桑弘羊也忍不住赤膊上阵，所以演变成了一场大辩论。

5. 集议组合的规律和线索

最后总结一下汉代集议组合的两条基本规律：

第一，中朝议、公卿议、有司议、诸侯议、专家议，都可以单独举行；其中公卿议可以与其他任意一个或多个搭配，成为扩大会议。所以公卿议及其扩大会议，是两汉集议的基本组合。这是横向的规律。

第二，公可以单独或组合集议，这是“公府议”；加上卿，则是公卿议的基本形态“公＋卿（中二千石）”，以下可以依次递加二千石、比二千石、千石至比六百石等。这是纵向的规律。

明白了这两条基本规律，就不会再惑乱于诸如“三府议”“公卿议”“二千石议”之类炫目的名称了。如果再把时间维度纳入考虑，那么两汉历史上集议组合的情况基本如下表所示：

表五　两汉集议组合示意表

<table>
<tr><th colspan="2"></th><th>中朝议</th><th>公府议</th><th>公卿议</th><th colspan="2">诸侯议</th></tr>
<tr><td rowspan="2">西汉</td><td>武帝以前</td><td></td><td rowspan="2">丞相议、二府议</td><td rowspan="3">公卿议
及其扩大会议</td><td>诸侯王议</td><td rowspan="3">列侯议</td></tr>
<tr><td>武帝以后</td><td>中朝官议</td><td rowspan="2"></td></tr>
<tr><td>东汉</td><td></td><td>尚书台议</td><td>三府议、四府议</td></tr>
</table>

按：有司议贯穿两汉，且可以视作一种特殊的公卿议；专家议时有时无，按需存在，所以不列入表中。所谓“武帝前后”只是大体划分，不表示精确的时间。

第三节 议题和议的方式

除了场所、参与者外，议题和议的方式也是影响集议类别的因素，可以从静态层面进行观察。其中，议题与参与者的关系，在上节已经有所涉及，本节将作进一步的讨论。

一、议题

（一）议题的名目

最早按议题归类辑录两汉集议的作品，是南宋徐天锡的《西汉会要》和《东汉会要》。其中，《西汉会要》卷四〇、四一，设“议立君”等十三目；《东汉会要》卷二二，设“议典礼”等八目。其中，和《西汉会要》同实异名的有两目：改“立君”曰“策立”，改“民政”曰“食货”。将《西汉会要》的若干目合并为一目的有两例：《西汉会要》的“宗庙”“郊祀”“典礼”，都是礼仪制度，《东汉会要》合为“典礼”；《西汉会要》的“同姓”“大臣”，分别辑录集议宗室犯罪和集议大臣犯罪的案例，“法制”则是集议创制、修订律令的事情，《东汉会要》合并为“刑法”。又增加了《西汉会要》所没有的三目：议都邑、议历、议选举；删减了《西汉会要》原有的四目：议储嗣、议封建、议功赏、杂录。

应该说，《东汉会要》的设目，结构上较《西汉会要》为合理；另外，两部《会要》也都抓住了两汉集议各自的侧重点。如议封建，前汉明显多于后汉；议律历，则后汉明显多于前汉。正因为有这些特点，所以后来对集议的研究，在议题方面往往不再另外讨论，而都参考两汉《会要》的设目。

但是，两部《会要》的设目，也有不少漏略。如两汉议学术的事例很多，著者如石渠阁、[1] 白虎观会议，收入以上条目显然并不合适。又如两汉

---

[1]《西汉会要》入“议典礼”条。

每逢灾异、祥瑞，君主往往令群臣集议，两汉《会要》也几乎没有收录。我搜集了两汉集议的五百多个实例，以类相从，在综合两汉《会要》设目之长的基础上，形成了如下的议题分类，兹结表以明之：

表六　两汉集议议题设目比照表

<table>
<tr><th>西汉会要</th><th>东汉会要</th><th>本书</th></tr>
<tr><td>立君</td><td>策立</td><td rowspan="2">废立</td></tr>
<tr><td>储嗣</td><td></td></tr>
<tr><td>宗庙</td><td rowspan="3">典礼</td><td rowspan="3">礼法</td></tr>
<tr><td>郊祀</td></tr>
<tr><td>典礼</td></tr>
<tr><td>封建</td><td rowspan="2"></td><td rowspan="2">封建</td></tr>
<tr><td>功赏</td></tr>
<tr><td>民政</td><td>食货</td><td rowspan="2">民政</td></tr>
<tr><td></td><td>都邑</td></tr>
<tr><td>法制</td><td rowspan="3">刑法</td><td>律令</td></tr>
<tr><td>同姓</td><td rowspan="2">刑狱</td></tr>
<tr><td>大臣</td></tr>
<tr><td>边事</td><td>边事</td><td>边事、军事</td></tr>
<tr><td rowspan="5">杂录</td><td>历</td><td>律历</td></tr>
<tr><td rowspan="2">选举</td><td>政制</td></tr>
<tr><td>人事</td></tr>
<tr><td rowspan="2"></td><td>学术</td></tr>
<tr><td>祥瑞、灾异</td></tr>
</table>

以下略作说明。

议废立：包含了两《会要》议废立皇帝的“立君”“策立”，包含了《西汉会要》废立太子的“储嗣”，同时兼收大量废立皇后的例子。

议礼法：凡是礼仪类的集议（典礼、宗庙、郊祀等），均入此目。

议封建：凡是封建诸侯的集议，均入此目。《西汉会要》的因功封侯入“功赏”，本书也入“封建”类。

议民政：凡关乎民生国计的集议，均入此目。包括相当于财政的“食货”、相当于建设的“事役”如治河迁都等。

议律令：凡对汉代律令进行直接修改的集议，均入此目。大体相当于今天的立法，唯范围更狭。

议刑狱：凡裁决具体刑事案件的集议，均入此目。大体相当于今天的司法。

议边事（军事）：凡与国防有关的集议，均入此目。

议律历：凡专门讨论律历的具体技术问题的，均入此目。涉及改正朔等问题的，入“礼法”目。

议政制：凡集议政治上的种种制度，如议职官、议选举等，均入此目。

议人事：凡集议具体职位的人选、某人的赏罚，均入此目。

议学术：凡对经学等专门问题的讨论，均入此目。

议祥瑞、灾异：凡因祥瑞、灾异而引发的集议，均入此目。

经过这样的划分，两汉集议的五百多个实例大体可以收容殆尽了，两汉人所关心的大问题也可以一览无余了。需要说明的是，这一划分只是出于研究工作的便利。事实上，有很多集议的事例因为本身性质的模糊，在分类的时候是颇费踌躇的；还有些事例则横跨两三类，比如既是因祥瑞、灾异而引发讨论，同时讨论的事情又是某一政制的兴废。这样的例子，则不妨同时归入两类以上。关于这些名目之下的五百多个具体集议事例，请参见作为附录的《西汉议例一览表》和《东汉议例一览表》。

总之，从这些议题的名目可以看出，汉代的问题，几乎无不可以议。这和后代是大异其趣的。

（二）议题和参与者的关联度

议题和参与者的关联度，要解决的是这样两个问题：

第一，议题是否能决定参与者的成分？即，什么样的议题需要诸侯的参与，什么样的议题又需要中朝官、官僚、专家的参与？

第二，议题是否能决定参与者的规格？即，什么样的议题仅需丞相议、二府议？什么样的议题需要召开公卿议或其扩大会议？

关于第一个问题，议题和某些参与者的关联度还是很大的。

首先，议封建，一般都需要诸侯系统的参与，可参见前举议立吴王、燕王的例子。议刑狱中涉及诸侯王犯罪问题的集议，也往往有诸侯的参与，可参见前举议淮南衡山大狱的例子。

其次，专业性较强的集议，一般都有专业对口的有司和专家的参与。例如议学术，多有经学家参与，如前引石渠阁、云台、白虎观会议等；议律令、刑狱，则往往有廷尉和刑法专家的参与：

秋七月，诏曰："吏受所监临，以饮食免，重；受财物，贱买贵卖，论轻。廷尉与丞相更议著令。"（《汉书》卷五《景帝纪》）

永平中，奉车都尉窦固出击匈奴，骑都尉秦彭为副。彭在别屯而辄以法斩人，固奏彭专擅，请诛之。显宗乃引公卿朝臣平其罪科。躬以明法律，召入议。（《后汉书》卷四六《郭躬传》）

但这两种对应关系，只呈现出较强的关联度，不能绝对化理解。例如吕后临朝，欲封诸吕为王，只不过在朝会上问了问左右丞相和太尉周勃的意见，事后也不过"布告诸侯王"，并没有请诸侯来集议。[1]又汉文帝废除收律、相坐法，也只是诏丞相、太尉、御史大夫议而已，既没有下廷尉，也没有找法律专家。[2]

至于第二个问题，则关联度更显微弱。集议参与者的规格高低，与事情的重大程度呈正相关，但与议题并没有必然联系。例如同样是诸侯王犯罪，集议淮南王安狱的就有诸侯王、列侯四十三人；议菑川王终古狱，就不过"事下丞相、御史"而已。[3]而事情的重大程度，则往往取决于君主的判断和考虑。例如同样是议律令的废除，上举废除收律、相坐法，仅仅

[1] 事见《史记》卷九《吕太后本纪》、《汉书》卷三《高后纪》。

[2]《汉书》卷二三《刑法志》。

[3]《汉书》卷三八《高五王传》。

诏丞相、太尉、御史大夫议；著名的废肉刑，也不过是丞相、御史大夫议。而成帝时下诏“议减死刑及可蠲除约省者”，则下“中二千石、二千石、博士及明习律令者”议。[1] 只有一项议题的重要程度不需要君主拿捏——议废立君主，一定是诸侯宗室、将军、公卿二千石、议官等各系统的代表全部参加。

二、议的方式

集议的方式，一般分为口头议和书面议两种。因召集而聚到一起进行的集议，以口头议为主；因相应某诏令的要求而提供的奏议，则以书面议为主。两种形式的结合，可以有以下几种。

第一，纯粹的口头议。

这种情况，一般发生在君主亲临集议现场的情况下。因君主在场，所以当面口头讨论即可，无须事后以文书的形式汇报结论。例如：

上然之，赐婴食，曰："东朝廷辩之。"婴东朝，盛推夫善，言其醉饱得过，乃丞相以它事诬罪之。蚡盛毁夫所为横恣，罪逆不道。婴度无可奈何，因言蚡短。蚡曰："……臣乃不如魏其等所为。"上问朝臣："两人孰是？"御史大夫韩安国曰："……唯明主裁之。"主爵都尉汲黯是魏其。内史郑当时是魏其，后不坚。余皆莫敢对。上怒内史曰："公平生数言魏其、武安长短，今日廷论，局趣效辕下驹，吾并斩若属矣！"即罢起入，上食太后。

整个“东朝廷辩”的过程，包括武帝与群臣的问对，都是口头进行的，这是纯粹的口头议。但是这种口头议的过程，也许仍由史官、秘书登记在案，以供查询。

第二，纯粹的书面议。

参与者因为身处各方，不便集中讨论，则往往采取书面议的方式。不过这种方式，参与者之间往往很难有交流和论辩，而是由君主或集议的主持人

[1] 《汉书》卷二三《刑法志》。

汇总各方言论，斟酌判断。纯粹的书面议，一般用于听取各方意见。例如：

王莽时，征能治河者以百数，其大略异者，长水校尉平陵关并言："……"大司马史长安张戎言："……"御史临淮韩牧以为"……"大司空掾王横言："……"沛郡桓谭为司空掾，典其议，为甄丰言："凡此数者，必有一是。宜详考验，皆可豫见，计定然后举事，费不过数亿万，亦可以事诸浮食无产业民。……"(《汉书》卷二九《沟洫志》)

这些"能治河者以百数"的建议，应该不是在一时一地提出的。所以专门派司空掾桓谭为"典其议"的主持人，汇总各方意见，提供给上峰作为决策参考。又如：

九年，太后崩，未及葬，……太尉张酺、司徒刘方、司空张奋上奏，依光武黜吕太后故事，贬太后尊号，不宜合葬先帝。百官亦多上言者。帝手诏曰："……其勿复议。"于是合葬敬陵。

这里的三公上奏、百官上言，都是采用的书面形式。君主也以手诏答之以作为最后的裁决。有时候采取纯粹的书面议，是为了鼓励参与者无所顾忌、畅所欲言。例如：

夏四月辛亥朔，日有食之。帝引见公卿问得失，令将、大夫、御史、谒者、博士、议郎、郎官会廷中，各言封事。(《后汉书》卷四《和帝纪》)

和帝把大家召集到廷中，却令以"封事"的形式进议，正是为了保障言路的通畅。灵帝时的"答诏问灾异"议，情况与此类似，而记载更详：

光和元年七月十日，诏书尺一召光禄大夫杨赐，谏议大夫马日磾，议郎张华、蔡邕，太史令单飏，诣金商门，引入崇德殿，署门内南辟帏中为都座。漏未尽三刻，中常侍育阳侯曹节、冠军侯王甫从东省出，就都座东面，十门刘宠、庞训北面，赐南面，日磾、华、邕、飏西面，受诏书各一通，尺一木板草书。两常侍又谕旨："朝廷以灾异忧惧，特旨密问政事所变改施行，务令分明。"赐等称臣再拜受诏书，起就坐。五人各一处，给财用笔砚为对。(《蔡中郎集·答诏问灾异》)[1]

[1] 第239页。

此次小规模的密议，由两位中常侍主持，两位小宦官辅助，五位官员参与。五位官员每人都拿到一份诏书，上载有需要回答的疑问；五人各居一座，像参加考试一样作答，互相之间不得交流。这样做，也是为了保证各尽所言。《蔡中郎集》记录了蔡邕的答卷，引一条“诏问”原文，答一条对策，再引、再答。两常侍说的“特旨密问”，也有保密的意思。

同样出于保密需要的，还可以举一例。曹操建魏国，在太子人选的问题上犯踌躇，想听各位重臣的意见，所以“以函令密访于外”，结果“唯琰露板答曰：‘盖闻春秋之义，立子以长，加五官将仁孝聪明，宜承正统。琰以死守之。’”人家都用“封事”反馈意见，只有崔琰不识抬举，“露板”作答，表面上“太祖贵其公亮，喟然叹息”，[1] 实际上引发了曹操的杀机。

第三，口头议之后以书面形式上奏。

如果君主没有亲临现场，那么一般都是采取这种形式。这方面的例子最多，在“参与者的各分子”之“君主”部分已经引及，不再赘述。

第四，口头议与书面议的结合。

因某些集议参与者不在现场，所以君主一方面召集群臣集议，另一方面派人采集这些不能亲临现场者的意见。这些人，一般就是前面所说的“顾问”，例子已经举过。还有一种特殊的情况，以君主为媒介，书面议的议者与口头议的议者，可以实现隔空过招，真正实现“议”的效果。例如宣帝时赵充国身在前线，通过上书的形式提交军事建议，宣帝将该建议下发群臣讨论，将讨论结果反馈赵充国，赵充国再在前线组织军官集议，将集议结果再反馈宣帝……如此往返多次，史称：

充国奏每上，辄下公卿议臣。初是充国计者什三，中什五，最后什八。有诏诘前言不便者，皆顿首服。(《汉书》卷六九《赵充国传》)

一封封简牍文书成为言辞与意见的载体，往返穿梭于军事前线和后方朝廷两个集议终端之间。由此可见，汉代集议以博采众长为目的，手段可以是非常灵活和多样的。

---

[1]《三国志》卷一二《崔琰传》。

青蓝文库

第二章

汉代集议制程序复原

在尝试利用传世文献和出土材料对汉代集议制的程序予以复原之前，有两个问题必须先行说明。

第一，是关于材料和方法的问题。集议制虽然是汉代一项基本制度，但传世文献对此并没有集中的记载和描述。因此复原集议制的程序，只能有赖于对散落在文献中的数百个具体案例的归纳。通过归纳而拼缀起来的程序，未必是每一次集议都遵循的，但应该是集议程序的理想形态。在这一理想形态的基础上予以损益，则可以成为具体集议时所采取的简易程序。

第二，集议程序的复原，要复原什么？我要做的工作，首先是归纳出一次集议的基本构造，其次是将这种集议的基本构造演绎到汉代若干集议层级中间去，还原出汉代大大小小各类集议的运行网络。也就是说，本书要考察的对象，不局限于以往集议制研究所着眼的朝廷的集议，还包括地方集议、有司集议、公府集议、尚书台集议等等，以及这些集议，是怎么融会贯通成一张畅通的网络，从而保证两汉的国家机构有效运转。通俗地说，这里要探讨的是，大汉王朝的大脑和神经元，是如何工作、如何沟通的。

第一节　汉代集议制的构造和体系

孤立地观察某一次集议，其基本构造是非常简单的。先来看一次标准的集议，这则史料保存在《汉书·魏相传》里面，是西汉宣帝时尚能看到的“施行诏书”中编号第八的一条汉令，[1] 当时称之为“高皇帝所述书天子所服第八”。这条史料前面已经引过，这里略加分析，再行引用一次：

A. 高皇帝所述书《天子所服第八》曰：

B. 大谒者臣章受诏长乐宫，曰：“令群臣议天子所服，以安治天下。”

C. 相国臣何、御史大夫臣昌谨与将军臣陵、太子太傅臣通等议：“春夏秋冬天子所服，当法天地之数，中得人和。故自天子王侯有土之君，下及兆民，能法天地，顺四时，以治国家，身亡祸殃，年寿永究，是奉宗庙安天下之大礼也。臣请法之。中谒者赵尧举春，李舜举夏，兒汤举秋，贡禹举冬，四人各职一时。”

D. 大谒者襄章奏

E. 制曰：“可。”

A 是保存这份诏书的目录，从 B 到 E 是这次集议的全过程。B 是启动程序，汉高祖通过诏书的形式令群臣议天子所服，集议正式启动。C 是集议，群臣接到诏书开始集议。其实这里没有把集议的过程描述出来，引号

[1] 如淳注：“第八，天子衣服之制也，于施行诏书第八。”居延新简出土有甲 2551 号札，长 67.5 厘米，是目前为止出土汉简中最长的一支，与传世文献所载“三尺律令”之制吻合。陈梦家考订为“西汉施行诏书目录”中的第二支，并且据以复原出该目录中的若干条目。其中第八号诏书，即是这里引用的“天子所服第八”。参见陈梦家：《西汉施行诏书目录》，载氏著：《汉简缀述》，中华书局 1980 年版，第 275—284 页。

内的“春夏秋冬……四人各职一时”云云，已经是集议的书面结论了，也就是后面“大谒者襄章奏”的那份文书内容。汉代集议的过程，有不少见于史书描述的，可以补足这里的空白。D是把集议的书面结论上奏，E是裁决。这里裁决的结果是通过，另外还会有否决、搁置（史书中一般说“寝”）、复议几种结果。“制曰可”之后，就是反馈和执行，首先要把这次集议的过程制作成文书，经由大谒者反馈给相国，相国下发有关部门。大谒者这种上传下达的工作，以后先后为御史和尚书所取代。

启动、议、奏、决、报、执行，这是汉代集议的第一个基本构造。这种构造，在中央层面，适用于君主没有亲临集议的情况；在地方和有司，则适用于集议者无权裁决或无法裁决的情况。看一个具体例子，张家山汉简《奏谳书》里记载了一些反映汉代奏谳制度的案例。根据汉代的制度，郡县遇到疑难案件，无法裁决，可以上报给廷尉，廷尉研究讨论后下发指导意见。这里以《奏谳书》案例四“娶亡人为妻案”为例：[1]

A.·胡丞憙敢谳之，十二月壬申，大夫莇诣女子符，告亡。

B.·符曰：……

C1.·吏议：符有数明所，明嫁为解妻，解不智（知）其亡，不当论。

C2.·或曰：符虽已诈书名数，实亡人也。解虽不智（知）其请（情），当以取（娶）亡人为妻论，斩左止（趾）为城旦。

D.·廷报曰：取（娶）亡人为妻论之，律白，不当谳。

这则案例在抄录时，已经用隔离符“·”将之分为若干段。A是胡县县丞请谳，说明案情。B是县里审讯的过程，省略。C是“吏议”，即县里的司法人员给出的处理意见，C1、C2代表两种相左的意见。根据意见之相左，以及“吏议”的字样可以判断，这里存在一个“议”的过程。胡县无法裁决，可能通过上司京兆尹，把这个案子以及处理意见上奏到廷尉。廷尉府组织专家，对该案例进行集议（这个过程，本则案例中没有显示，可参考《奏谳书》案例二一），得出结论，以“廷报”的形式回馈到胡县。

[1] 彭浩、陈伟、[日] 工藤元男主编：《二年律令与奏谳书》，上海古籍出版社2007年版，第88页。

文书中没有记载但可以想象的是，胡县接到廷报后，遵照执行。在这则案例中，启动、议、奏（奏报上级）、决（上级裁决）、报（回馈下级）、执行的过程，也表现得非常清晰。

那如果胡县审理该案件的时候，没有遇到疑问，无须向廷尉奏谳呢？可以想象，那就不存在上奏和回馈这两个步骤了，裁决也可以在县内得到解决。这就是汉代集议制的第二个基本构造：启动、议、决、执行。这种构造，适用于本机关有对集议事项的裁决权的情况，例如：

后汉钟离意为会稽郡北部督邮。有乌程男子孙常，与弟并分居，各得田十顷。并死，岁饥，常稍稍以米粟给并妻子，辄追计直作券，没取其田。并儿长大，讼常。掾史议，皆曰："孙并儿遭饿，赖常升合，长大成人，而更争讼，非顺逊也。"意独曰："常身为父遗，当抚孤弱，是人道正义；而稍以升合，券取其田，怀挟奸路，贪利忘义。并妻子虽以田与常，困迫之至，非私家也。请夺常田，畀并妻子。"众议为允。(《通典》卷一六八《刑法六·决断》)

这是会稽郡的一起"讼"，相当于今天的民事诉讼，郡里当然有审决权。孙并的儿子"讼常"，诉讼开始，集议程序启动，"掾史议"，最后钟离意的意见得到通过，可想而知，下一步郡里面就将按照钟离意的意见裁决此案，这是执行的部分。如果是朝廷的集议，这种构造则适用于君主亲临现场、当场裁决的情况。例如：

建始三年秋，京师民无故相惊，言大水至，百姓奔走相蹂躏、老弱号呼，长安中大乱。天子亲御前殿，召公卿议。大将军凤以为太后与上及后宫可御船，令吏民上长安城以避水。群臣皆从凤议。左将军商独曰："……此必讹言也，不宜令上城，重惊百姓。"上乃止。(《汉书》卷八二《王商传》)

"天子亲御前殿，召公卿议"，这是启动；大将军凤和左将军商发表意见，这是议；"上乃止"，这是决。因为君主在集议现场，所以"奏"和"报"的程序可以免去。下一步，当是按照王商所言，派人安抚百姓，这是执行。

根据上面的分析，汉代集议制有两种基本构造，可以表示如下图：

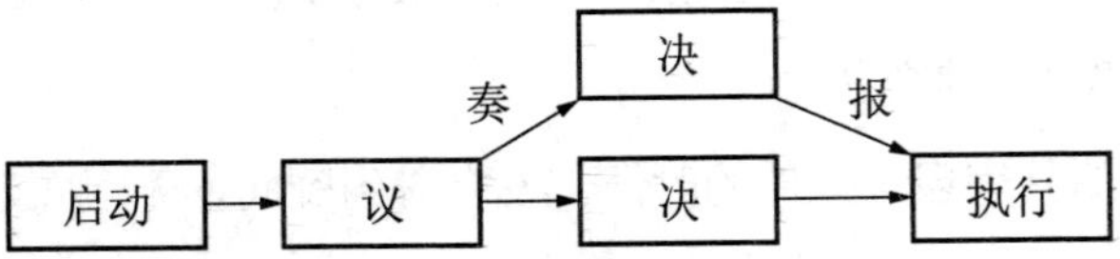

图七　汉代集议制基本构造示意图

在这两种基本构造的基础上，可以产生种种变形。这些变形，主要是因为“决”的结果不同。如果君主对集议结果不满意，要求“更议”，则“议—决”的过程可以重复进行一次或多次。如文帝时议淮南王长罪：

A1.“丞相臣张仓、典客臣冯敬行御史大夫事、宗正臣逸、廷尉臣贺、备盗贼中尉臣福昧死言：淮南王长废先帝法，……长当弃市，臣请论如法。”

B1. 制曰：“朕不忍致法于王，其与列侯二千石议。”

A2.“臣仓、臣敬、臣逸、臣福、臣贺昧死言：臣谨与列侯吏二千石臣婴等四十三人议，皆曰‘长不奉法度，不听天子诏，乃阴聚徒党及谋反者，厚养亡命，欲以有为’。臣等议论如法。”

B2. 制曰：“朕不忍致法于王，其赦长死罪，废勿王。”

A3.“臣仓等昧死言：长有大死罪，陛下不忍致法，幸赦，废勿王。臣请处蜀郡严道邛邮，遣其子母从居，县为筑盖家室，皆廪食给薪菜盐豉炊食器席蓐。臣等昧死请，请布告天下。”

B3. 制曰：“计食长给肉日五斤，酒二斗。令故美人才人得幸者十人从居。他可。”（《史记》卷一一八《淮南衡山列传》）

A1、A2、A3，是群臣的三次集议和奏请，B1、B2、B3，是文帝三次以制书的形式“决”，B1 要求群臣与列侯、二千石复议，B2 赦长死罪、废勿王，另外还应该包含了要求群臣讨论“废”的具体办法和“废”后的待遇问题，B3 才是真正的最后裁决。一次集议到这里，才算尘埃落定。

另一个变形是“寝而不决”，集议无疾而终，那么也就谈不上“执行”的问题了。例如汉末曹操主持集议恢复肉刑的问题：

A. 时太祖议复肉刑，令曰:“安得通理君子达于古今者，使平斯事乎！昔陈鸿胪以为死刑有可加于仁恩者，正谓此也。御史中丞能申其父之论乎?”

B. 群对曰:“臣父纪以为汉除肉刑而增加笞，本兴仁恻而死者更众，所谓名轻而实重者也。……”时锺繇与群议同，王朗及议者多以为未可行。

C. 太祖深善繇、群言，以军事未罢，顾众议，故且寝。(《三国志》卷二二《陈群传》)

A 是启动，B 是议，C 是寝。所谓“寝”，不代表“否决”，而是暂时搁置。也有否决的情况，如:

顺帝永和九年，交趾太守周敞求立为州，朝议不许，即拜敞为交趾刺史。(《晋书》卷一五《地理志下》)

“寝”和否决之后，就都谈不上执行的问题了。复议、寝、否决，这是汉代集议制的三个变形，示意如下:

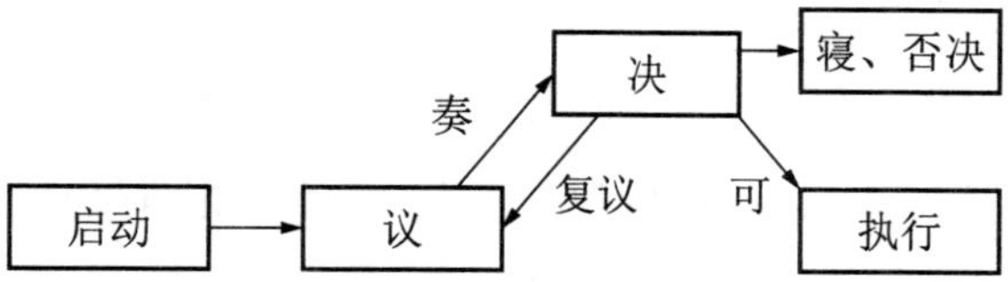

图八　汉代集议制变形示意图

以上就是某一次集议的基本构造及其变形，分析起来是非常简单的。但是，如果把不同层级的集议纳入考虑，问题就变得复杂起来了。在集议的第一种基本构造“启动—议—奏—决—报—执行”中，“决”这一环，很有可能是由另一次集议构成的。也就是说，下级的“上奏”，很可能成为上级机关的一个启动事由，从而由某位首长启动集议，同样经历了“议—决”的过程，再反馈到下级。而如果这一级也无权裁决，那么要继续上报，也就是说，这一级的“奏”，同样启动了上级的一次集议。这个过程，可以表示如下:

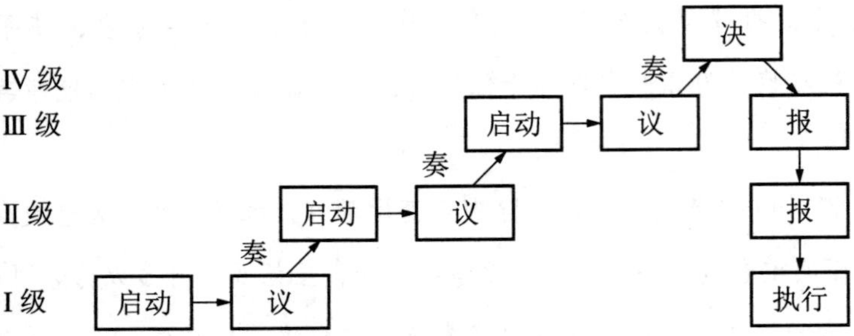

图九　汉代多层级集议示意图

假如这是一个刑事案件，不妨把Ⅰ级理解为县级，Ⅱ级为郡级，Ⅲ级为廷尉，Ⅳ级为君主。汉代的奏谳制度，就是通过这样的多层级集议实现的，这一点，从汉高祖七年下的一份诏书中可以得到最集中的展示：

高皇帝七年，制诏御史："狱之疑者，吏或不敢决，有罪者久而不论，无罪者久系不决。自今以来，县道官狱疑者，各谳所属二千石官，二千石官以其罪名当报。所不能决者，皆移廷尉，廷尉亦当报之。廷尉所不能决，谨具为奏，傅所当比律、令以闻。"（《汉书》卷二三《刑法志》）

县道官通过集议而不能解决的疑难案件，上奏郡国长官，郡国长官通过集议，如果能裁决，则把所拟判决（罪名当）回馈（报）给县道官。郡国一级解决不了的，上报廷尉，廷尉同样通过集议裁决，以前述“廷报”的形式反馈给郡国，郡国反馈给县道。廷尉也解决不了的，附上与本案相关的法条，制作成一份详细的报告书（谨具为奏），上奏到中央。

这里之所以认为每一级都要进行集议，证据有三点：第一，“谳”字在《说文解字》中的意思就是“议罪也”；第二，如上所说，《奏谳书》里经常出现“吏议”字样，起码表示郡、县级是进行过集议的，前引钟离意议讼的例子正是这方面的一个实例；第三，《奏谳书》案例二一和《汉书·兒宽传》都记载了奏谳制度下廷尉府对疑难案件进行集议的详细情形。

第二节　汉代集议体系的复原

到这里为止，汉代集议制的基本构造和体系应该已经说清楚了。下面，我将把这个基本构造和体系，通过实例的形式还原出来，并且补充实际运作过程中的一些细节。

一、启动事由

集议因为什么而启动？事由可以是多种多样的，归纳起来不外乎四种：事件、奏请、集议启动者的意志、法定程序。其中，“事件”要通过后三者起作用。

（一）事件

某一事件发生，或通过臣下、吏民的奏请，或引起集议启动者的关注，或进入法定程序，从而启动集议。应该说，绝大多数集议，都是这样开始的。例如前引“建始三年秋，京师民无故相惊，言大水至，百姓奔走相蹂躏、老弱号呼，长安中大乱”这一事件，引起最高统治者的关注，所以“天子亲御前殿，召公卿议”，集议启动。史不绝书的祥瑞、灾异引发集议，也属于这一类，如：

十五年春，黄龙见于成纪。上乃下诏议郊祀。（《汉书》卷四《文帝纪》）

秋七月，有星孛于东井。诏曰：“乃者，日蚀、星陨，谪见于天，大异重仍。在位默然，罕有忠言。今孛星见于东井，朕甚惧焉。公卿大夫、博士、议郎其各悉心，惟思变意，明以经对，无有所讳。……”（《汉书》卷一〇《成帝纪》）

至丙寅暮，汉氏高庙有金匮图策：“高帝承天命，以国传新皇帝。”明旦，宗伯忠孝侯刘宏以闻，乃召公卿议，未决，而大神石人谈曰：“趣新皇

帝之高庙受命。毋留！”(《汉书》卷九九《王莽传》)

最后这一例，是“汉氏高庙有金匮图策”这一事件发生后，由臣下上奏而引发的集议。一般来讲，作为制度的集议，一定要经过“启动”的程序，不可能某事件发生后自动进入集议程序，所以“事件”顶多引发非制度性的集体议论，不可能单独自动引发集议。

（二）奏请

集议的启动者，比如君主，所能够耳闻目击的事件和现象毕竟少数，所以绝大多数的集议启动事由，都是下级或僚属的奏请。这种奏请，也许是在某事件发生之后的请示，例如：

后数岁，西域都护段会宗为乌孙兵所围，驿骑上书，愿发城郭敦煌兵以自救。丞相王商、大将军王凤及百僚议数日不决。(《汉书》卷七〇《陈汤传》)

西域都护段会宗为乌孙兵所围，身居深宫的皇帝何由得知？只能是段会宗本人派驿骑上书，奏请发兵自救，这才引发集议。关于奏请，可以讨论三点内容：奏请的主体、奏请的渠道、奏请的内容。

第一，奏请的主体——谁可以上书奏请？

从原则上来讲，上至三公九卿，下到平民百姓，任何人都可以。官员奏请，不用多举例子了。关于吏民奏请，著名的汉文帝废肉刑之集议，就是由民女缇萦上书而引发的。吏民的奏请，在汉代史籍中一般称作“自言”。

第二，奏请的渠道——向谁奏请？

奏请的渠道很多。作为一个汉朝的吏民，可以上书给自己的父母官或上级，从而逐级奏请。例如：

郡文学掾宕渠赵芬、掾弘农冯尤、垫江龚荣、王祈、李温、临江严就、胡良、文恺、安汉陈禧、阆中黄阊、江州毋成、阳誉、乔就、张绍、牟成、平直等诣望自讼曰：……(《华阳国志》卷一《巴志》)

这是巴郡吏民找太守但望上书，请求把巴郡一分为二。这是因为“郡以仰达君相”[1]，郡守有直接与中央沟通的权力，“系中央与县的中枢”[2]。吏民也可以越级，甚至直接向皇帝上书：

先是宁阳主簿诣阙，诉其县令之枉，积六七岁不省。主簿乃上书曰：“臣为陛下子，陛下为臣父。臣章百上，终不见省，臣岂可北诣单于以告怨乎？”（《后汉书》卷五八《虞诩传》）

宁阳县的一个主簿，上书给皇帝告御状，长达六七年得不到答复，居然发牢骚说：“你不给我办事，难不成是逼我去北边找单于诉苦吗？”所幸，或者说倒霉的是，这份上书倒被皇帝看到了，惹来一个“帝大怒”的后果。吏民可以“诣阙”上书，这一点前面在讲汉代宫城的政治空间时已经谈到。但是这种沟通，就完全碰运气了。运气好的，当场得到皇帝的处理，如缇萦上书；运气差的，“积六七岁不省”，像这位宁阳主簿。

无论是向“父母官”、顶头上司奏请，还是越级上书，甚至直接“诣阙上书”，都可能引发相应层级的集议。

第三，奏请的内容。

奏请的内容，有仅仅摆出问题请求裁决的，如：

正月，有司言曰：“蚤建太子，所以尊宗庙。请立太子。”（《史记》卷一〇《孝文本纪》）

有给出具体建议，请求批准的，如：

冬，谒者刘珍上言曰：“窃见永平初虎贲中郎将梁松言‘皇太后宜入庙与陛下交献，以彰至孝之心’。孝明皇帝务遵经典，使公卿、博士议，时太傅邓禹奏宜如松言，光烈皇后于是入庙。惟皇太后圣德通灵，与神合契，宜入宗庙如光烈皇后故事，率礼复古，垂示万代。”事下公卿，佥曰：“宜如珍言。”（《后汉纪·孝安皇帝纪上》）

前一种，需要通过集议来解决问题；后一种，则需要通过集议来表决该建议，这种上奏，就是史书所谓的“奏议”。君主在“奏议”之后写上

---

[1] 严耕望撰：《中国地方行政制度史——秦汉地方行政制度》，上海古籍出版社 2007 年版，序言第 4 页。

[2] 安作璋、熊铁基著：《秦汉官制史稿》，齐鲁书社 2007 年版，第 546 页。

“制曰可”，就可以直接执行了。有些奏议，不仅提出了明确的建议，还主动请求君主启动集议来讨论，如：

豫章太守廖奏言：“……海昏侯贺死，上当为后者子充国；充国死，复上弟奉亲；奉亲复死，是天绝之也。陛下圣仁，于贺甚厚，虽舜于象无以加也。宜以礼绝贺，以奉天意。愿下有司议。”（《汉书》卷六三《武五子传》）

“奏请”是汉代日常行政中，引发集议的最主要事由。这从前面的“图九”中可以看得很清楚：基层政府启动集议，解决不了的问题，上奏给上一级政府，从而启动了上一级的集议；层层上奏，层层集议，直到最高统治者。但是，奏请未必引发集议，这也是需要注意的。有时候，君主直接予以“圣裁”，那就无须集议了。例如：

是时，方事匈奴，兴功利，言便宜者甚众。齐人延年上书言：“……可案图书，观地形，令水工准高下，开大河上领，出之胡中，东注之海。……此功一成，万世大利。”书奏，上壮之，报曰：“延年计议甚深。然河乃大禹之所道也，圣人作事，为万世功，通于神明，恐难改更。”（《汉书》卷二九《沟洫志》）

所以说，“奏请”能否引发集议，关键还是看集议启动者的意志。

（三）集议启动者的意志

集议启动者，一般来讲就是该单位的首长。从全国来看，当然就是君主。君权有缺陷的时候，则是太后或权臣。

一事件发生，集议与否，全凭君主判断。如前引京师发大水的谣言，君主便亲御前殿，召开集议。臣下、吏民上奏，集议与否，也全凭君主判断。如前引缇萦上书，文帝就令丞相、御史议；齐人延年上书请治河，武帝就否决其议。甚至没有任何事情发生，君主只要高兴，也可以启动集议，如：

帝曾欲置常平仓，公卿议者多以为便。（《后汉书》卷三九《刘般传》）

永平十五年，上始欲征匈奴，与窦固等议出兵调度，皆以为塞外草美，

可不须谷马。(《太平御览》卷八三七《百谷部·谷》引《东观汉记》)

欲置常平仓、欲征匈奴，都是出于君主的个人意志。可以说，集议启动者的意志是启动集议的关键因素，“事件”和“奏请”都必须通过这项因素起作用。但是有一种情况是例外——法定程序。

（四）法定程序

所谓法定程序，就是制度上规定的工作流程。例如，从奏谳制度来看，地方政府把疑难案件报到廷尉府，廷尉府就自动进入集议程序，不必由某人开启。在朝廷来讲，定期的“朝”(“常朝”)就是法定程序。

所谓“朝”，在汉代分为典礼性质的大朝和处理日常行政的常朝。关于“朝”的规定，后文再讲。在常朝时，朝臣可以上奏相应事务，君主也可以询问朝臣，这样就自然而然发生了朝议。例如：

太后称制，议欲立诸吕为王，问右丞相王陵。王陵曰:“高帝刑白马盟曰‘非刘氏而王，天下共击之’。今王吕氏，非约也。”太后不说。问左丞相陈平、绛侯周勃。勃等对曰:“高帝定天下，王子弟，今太后称制，王昆弟诸吕，无所不可。”太后喜，罢朝。(《史记》卷九《吕太后本纪》)

总之，因为某种启动的事由，牵动了集议启动者的意志，从而一次集议就此开始。

二、集议与上奏（Ⅰ）：地方·有司

虽然传世文献所见最多的集议，都是最高层级——朝廷的集议，但实际上与今天一样，更多的集议发生于地方和有司的日常行政之中，而为史书所失载。所以，我们的复原就从这里开始。

因为某个事件的发生，或者吏民的上书，可以引发地方的集议。例如前引发生在会稽郡的孙并讼孙常案，就引发了郡内的“掾史议”，并且在郡里就得到了审结。又如韩延寿为东郡太守时，“延寿尝出，临上车，骑吏一人后至，敕功曹议罚白”[1]。这种行政处罚类案件，也由郡内长官集议处理。汉简中也可见一些此类集议的断章残片：

☑□卿少吏庄□□☑

方议部候长罚□☑（《合校》43.29）[2]

十一月邮书留迟不中程，各如牒。晏等知邮书数留迟，为府职，不身拘校，而委/任小吏，忘（妄）为中程，甚毋（无）状。方议罚。檄到，各相与邸（抵）校，定吏当坐者言，/须行法，毋忽，如律令。会月十六日。（《合校》55.11，137.6，224.3/55.13，224.14，224.15/55.23）[3]

校趣具鞍马，会正月十日。不具，议罚复白。　十二月壬辰白。（《敦煌汉简》615）[4]

第一条简文，是议对某部候长的处罚；第二条，是追究未把邮书寄到的责任，对主要责任人府吏晏等议罚；第三条大概是一条通知，知会被通知单位准备鞍马等物，在正月十日集会，如果没能准备齐全，将议罚。这些都是地方集议的具体例子。有些涉及本地风俗、制度的事情，比较开明的郡守还会召集地方上的长老共同商议，如：

延寿……乃历召郡中长老为乡里所信向者数十人，……人人问以谣俗，民所疾苦，为陈和睦亲爱、销除怨咎之路。长老皆以为便，可施行，因与议定嫁娶、丧祭仪品，略依古礼，不得过法。（《汉书》卷七六《韩延寿传》）

汉代郡守本有自设条教的权力，韩延寿与颍川郡长老共同议定嫁娶、

---

[1] 《汉书》卷七六《韩延寿传》。

[2] 谢桂华、李均明、朱国炤编：《居延汉简释文合校》，文物出版社1987年版，第76页。

[3] 谢桂华、李均明、朱国炤编：《居延汉简释文合校》，文物出版社1987年版，第97、98页。陈梦家在《汉简考述》认为55.11等与55.13文字相接，见氏著：《汉简缀述》，中华书局1980年版，第31页；裘锡圭《〈居延汉简甲乙编〉释文商榷（续四）》提出55.13与55.23文字也相接，三简可系联（《人文杂志》1983年第1期）。此处标点参考裘锡圭文。

[4] 甘肃省文物考古研究所编：《敦煌汉简》，中华书局1991年版，释文第242页。按：吴礽骧、李永良、马建华释校《敦煌汉简释文》“议罚复白”作“议罚复曰”（甘肃人民出版社1991年版，第62页）。比对图版，《释文》误。

丧祭的仪品，则更能减小推行的阻力。有时中央派下特使，主持若干州郡共同操持某项事务，也可以在职权范围内召集集议，如东汉安帝时讨伐海贼张伯路之事：

会赦诏到，贼犹以军甲未解，不敢归降。于是王宗召刺史太守共议，皆以为当遂击之。雄曰："不然。……及有赦令，可且罢兵，以慰诱其心，势必解散，然后图之，可不战而定也。"宗善其言，即罢兵。贼闻大喜，乃还所略人。(《后汉书》卷三八《法雄传》)

王宗是御史中丞，受中央委派下来主持讨伐工作，所以有权召集刺史太守共议对策。地方集议的议题，如果有权决策，可以当场拍板，无须上奏；如果对该事项没有决策的权限，或者碰上了疑难问题，则通过上奏的形式请示上级。这个上级，可以是分管某方面事务的中央某个"卿"如廷尉、太常等等，如前面提到的疑案奏谳制度；也可以是公府，这在前汉主要指两府，这在《二年律令·津关令》里有集中的体现，兹选其中编号"廿二"的一条令文为例：

廿二、丞相上鲁御史书言，鲁侯居长安，请得买马关中。

·丞相、御史以闻，制曰：可。[1]

鲁国御史大夫把请求买马关中的文书上奏丞相，丞相、御史大夫上奏君主，得到批准。在后汉，则地方的奏请主要通过尚书台上奏君主。如《史晨碑》的首尾，说：

建宁二年三月癸卯朔七日己酉，鲁相臣晨、长史臣谦顿首死罪上尚书，……臣晨诚惶诚【恐】，顿首顿首，死罪死罪，上尚书　时副言太傅、太尉、司徒、司空、大司农府治所部从事。[2]

清人武亿说："案《无极山碑》载太常臣耽、丞敏顿首上尚书，后载尚书令忠奏雒阳宫，是臣耽位太常，亦同郡国矣。汉制群臣奏事，多诣尚书

---

[1] 彭浩、陈伟、[日] 工藤元男主编：《二年律令与奏谳书》，上海古籍出版社 2007 年版，第 323 页。

[2] [宋] 洪适撰：《隶释》卷一《鲁相史晨祠孔庙奏铭》，中华书局 1986 年版，第 23 页。标点参考高文著：《汉碑集释》(河南大学出版社 1997 年版，第 324—326 页) 而有所更改。

上闻，亦不尽限以内外之制。”[1] 如果把“汉制”改为“后汉制”，就更加精确了。值得注意的是，这份上奏文书最后除了上奏尚书外，还抄送四府和大司农。

地方的上奏，自然启动了更高层级的集议——如果上公府、尚书台，则由公府、尚书台初步集议后，提交君主批准，也许君主还会召集最高层级的集议也未可知，这个留待后面讨论；如果上有司，则有司举行本部门的内部集议。这里值得把前面两个廷尉内部集议的案例再提出来讨论一下。首先是《奏谳书》案例二一，在罗列了一堆与本案相关的法条后，开始陈述案情及集议情况：

例 1：今杜滹女子甲夫公士丁疾死，丧棺在堂上，未葬，与丁母素夜丧，环棺而哭。甲与男子丙偕之棺后内中和奸。明旦，素告甲吏，吏捕得甲，疑甲罪。

廷尉毂、正始、监弘、廷史武等卅人议当，皆曰：“……甲当完为舂。”告杜论甲。

·今廷史申繇（徭）使而后来，非廷尉当，议曰：“当非是。律曰：‘不孝弃市。’有生父而弗食三日，吏且何以论子？”廷尉毂等曰：“不当论。”有（又）曰：“有死父，不祠其冢三日，子当何论？”廷尉毂等曰：“当弃市。”……曰：“廷尉、史议皆以欺死父罪轻于侵欺生父，侵生夫罪重于侵欺死夫，今甲夫死□□□夫，与男子奸棺丧旁，捕者弗案校上，独完为舂，不亦重虖（乎）？”毂等曰：“诚失之。”[2]

案例二一与奏谳书的其他案例有很大的区别，关于这一点学者多有论列。最明显的一个区别是，其他案例多是以公文书的形式呈现，更像奏谳的原始档案；而本案例则以对话形式出现，像是一种文学描写。这里还可以找到另一个带有文学描写色彩的廷尉府内部集议的例子：

例 2：时张汤为廷尉，廷尉府尽用文史法律之吏，而宽以儒生在其间，

---

[1] ［清］武亿撰：《授堂金石文字续跋》卷一《鲁相史晨祠孔庙奏铭》，道光癸卯年重刊授堂藏版《授堂遗书》本。

[2] 彭浩、陈伟、［日］工藤元男主编：《二年律令与奏谳书》，上海古籍出版社 2007 年版，第 374 页。

见谓不习事，不署曹，除为从史，之北地视畜数年。还至府，上畜簿，会廷尉时有疑奏，已再见却矣，掾史莫知所为。宽为言其意，掾史因使宽为奏。奏成，读之皆服，以白廷尉汤。汤大惊，召宽与语，乃奇其材，以为掾。上宽所作奏，即时得可。异日，汤见上。问曰："前奏非俗吏所及，谁为之者？"汤言兒宽。上曰："吾固闻之久矣。"汤由是乡学，以宽为奏谳掾，以古法义决疑狱，甚重之。(《汉书》卷五八《兒宽传》)

两个案例，同样是廷尉府内部集议，同样是一群长官得出错误结论（或得不出结论），同样是某廷尉府低级官员（廷史或从史）在外归来，解决问题，满座皆服。这两个案例之间有没有故事流传上的渊源关系，不得而知。但廷尉府内部集议的神秘面纱，可借此揭开一角。

从例 1 来看，廷尉府接到上奏的疑难案件，由全体官员（包括廷尉、廷尉正、廷尉监、廷尉史）举行集议，达成共识，准备对上奏单位下达指示，如例 1 中的"告杜论甲"。但从例 2 的情况来看，则此种集议不一定有廷尉的参加，而是由掾史讨论之后，再呈交给廷尉过目。廷尉通过之后，呈交君主批准。这两种不同，可能是因时代之不同造成的（例 1 在秦代或汉吕后二年以前，例 2 在武帝时），也可能是不同的工作流程所致，材料不足，难以深考。从廷尉的情况，可以推知其余。

除了地方、有司以外，前线军中也可以随时举行集议，如前举赵充国的例子。又如：

及马援卒于师，军士多温湿疾病，死者太半。均虑军遂不反，乃与诸将议曰："今道远士病，不可以战，欲权承制降之何如？"诸将皆伏地莫敢应。均曰："夫忠臣出竟（境），有可以安国家，专之可也。"乃矫制调伏波司马吕种守沅陵长，命种奉诏书入虏营，告以恩信，因勒兵随其后。蛮夷震怖，即共斩其大帅而降，于是入贼营，散其众，遣归本郡，为置长吏而还。均未至，先自劾矫制之罪。光武嘉其功，迎赐以金帛，令过家上冢。其后每有四方异议，数访问焉。(《后汉书》卷四一《宋均传》)

主帅马援病死，监军谒者宋均召诸将集议，矫制降服了蛮夷，这已经超出其决策的权限，所以回来以后立刻自劾矫制之罪。但因为结果是好的，所以光武帝没有怪罪。类似的情况还有前汉陈汤、甘延寿讨匈奴事：

建昭三年，汤与延寿出西域。……既领外国，与延寿谋曰：“……如发屯田吏士，驱从乌孙众兵，直指其城下，……千载之功可一朝而成也。”延寿亦以为然，欲奏请之，汤曰：“国家与公卿议，大策非凡所见，事必不从。”延寿犹与不听。……汤怒，按剑叱延寿曰：“大众已集会，竖子欲沮众邪？”延寿遂从之，……延寿、汤上疏自劾奏矫制，陈言兵状。

陈汤、甘延寿没有发屯田吏士之权，需奏请朝廷，由“国家与公卿议”。但陈汤嫌这样太慢，贻误军机，所以矫制发兵。

地方、有司、军队集议所无法解决的问题，进一步上奏，这就启动了公府、尚书台的集议。

三、集议与上奏（Ⅱ）：公府·尚书台

（一）公府

《唐六典》说：“秦变周法，天下之事皆决丞相府。……汉初因之。”这说的是秦和汉初的情况。地方、有司乃至个人的上书，都汇总到丞相府，丞相府展开集议，给出初步的意见。如：

盎告归，……乃之丞相舍上谒，求见丞相。丞相良久而见之。盎因跪曰：“愿请间。”丞相曰：“使君所言公事，之曹与长史掾议，吾且奏之；即私邪，吾不受私语。”（《史记》卷一〇一《袁盎晁错列传》）

袁盎是吴国相，请假回长安，想找丞相申屠嘉谋议。申屠嘉一副公事公办的口吻，向他表明了上奏的流程：先到丞相府下设的列曹，找长史和掾集议，有了结果交给丞相过目，丞相觉得没问题，就在朝议之时上奏君主。上奏的文书一般包括两个部分，一是原上奏文书，二是丞相府附上的初步处理意见，前引《津关令》“丞相上鲁御史书”即是一证，又如：

十六、相国上长沙丞相书言，长沙地卑湿，不宜马，置缺不备一驷，未有传马，请得买马十，给置传，以为恒。

·相国、御史以闻，请许给置马。

·制曰：可。[1]

这条令文分为三部分，由两个分隔符分开。第一部分是长沙国丞相呈交给相国的奏请内容，应该即是长沙国内集议的结果；第二部分是二府（相国、御史）将奏请递交给君主，并且附上了处理意见，这个处理意见应该也是相国府掾史集议，并得到相国认可的结果，可参照上引袁盎事；第三部分是君主的批准。

丞相也可以自己提出建议，实际上这是对丞相的基本要求。所以《史记·张丞相列传》说申屠嘉以后至武帝朝的历任丞相“为丞相备员而已，无所能发明功名有著于当世者”，正是对其不履行此项职权的批评。丞相自己提出建议，事先往往也先经过相府的集议。如：

时，京兆尹张敞舍鹖雀飞集丞相府，霸以为神雀，议欲以闻。敞奏霸曰：“窃见丞相请与中二千石博士杂问郡国上计长吏、守丞……长吏、守丞对时，臣敞舍有鹖雀飞止丞相府屋上，丞相以下见者数百人。边吏多知鹖雀者，问之，皆阳（佯）不知。丞相图议上奏曰：‘臣问上计长吏、守丞以兴化条，皇天报下神雀。’后知从臣敞舍来，乃止。……”（《汉书》卷八九《循吏传》）

张敞的劾奏，描绘了一次胎死腹中的丞相府集议。当时丞相黄霸“图议上奏”一次神雀祥瑞，后来知道所谓“神雀”是从隔壁飞来的鹖雀，只好作罢。如果丞相被蒙在鼓里，那史书上将多一条丞相上奏祥瑞的记载。集议通过后上奏君主的例子，则有：

☑议，禁民毋得私买马以出扜关、郧关、函谷【关】、武关及诸河塞津关……

·御史以闻，制曰：可。[2]

[1] 彭浩、陈伟、[日] 工藤元男主编：《二年律令与奏谳书》，上海古籍出版社2007年版，第321页。

[2] 彭浩、陈伟、[日] 工藤元男主编：《二年律令与奏谳书》，上海古籍出版社2007年版，第316、317页。

简首残断的部分，似应补为“十一、相国议”[1]。另有一个保存完整的令文：

十二、相国议，关外郡买计献马者，守各以匹数告买所内史、郡守，内史、郡守谨籍马职（识）物、齿、高，移其守，及为致告津关，津关案阅，出，它如律令。

御史以闻，请许，及诸乘私马出，马当复入而死亡，自言在县官，县官诊及狱讯审死亡，皆【告】津关。

制曰：可。[2]

这一条明明白白写道“相国议”。值得注意的是，“御史以闻”之后也给出了“请许”等补充和处理意见，也应该是御史府内集议后的结论。

后汉尚书台兴起以后，仍有上奏公府的例子，最典型的当属《孔庙置百石卒史碑》，今引录并略加分析如下：[3]

A. 司徒臣雄，司空臣戒，稽首言：

B. 鲁前相瑛书言：……庙有礼器，无常人掌领，请置百石卒史一人，典主守庙，春秋飨礼，财出王家钱给犬酒直，须报。

C. 谨问大常祠曹掾冯牟、史郭玄，辞对：故事辟雍礼未行，祠先圣师。侍祠者，孔子子孙，大宰、大祝令各一人，皆备爵。大常丞监祠，河南尹给牛羊豕鸡□□各一，大司农给米祠。

D. 臣愚以为如瑛言，……可许臣请，鲁相为孔子庙置百石卒史一人，掌领礼器，出王家钱给犬酒直，他如故事。

---

[1] 杨建著《〈津关令〉简释》（订补）认为“或可补为‘□，相国议’”，载氏著：《西汉初期津关制度研究》附录，上海古籍出版社2010年，第194页。王子今、刘华祝《说张家山汉简〈二年律令·津关令〉所见五关》认为应补为“十一、□□议”。（载《中国历史文物》2003年第1期）

[2] 彭浩、陈伟、[日] 工藤元男主编：《二年律令与奏谳书》，上海古籍出版社2007年版，第318—319页。按：此条“津关案阅”以上为509号简，“出它如律令”以下为508号简。《张家山汉墓竹简（释文修订本）》509号以下原续以510、511号简（文物出版社2006年版，第86页），今从杨建《〈津关令〉简释》（订补）的意见系联，载氏著：《西汉初期津关制度研究》附录，上海古籍出版社2010年版，第194页。

[3] [宋] 洪适撰：《隶释》卷一《孔庙置守庙百石孔龢碑》，第17—18页。标点参考高文著：《汉碑集释》，河南大学出版社1997年版，第166—167页。

E. 臣雄、臣戒愚戆，诚惶诚恐，顿首顿首，死罪死罪，臣稽首以闻。

F. 制曰：可。

A、F两部分，是公文套话，不管。B是引用的鲁相乙瑛上奏文书，建议为孔庙置一名百石卒史，还涉及相应开销的申请。司徒、司空接到上奏后，找专门负责这一块的官员——太常祠曹掾、史询问现在孔庙的管理情况，掾史以“故事”为依据作出答复，这是C部分。D部分，司徒、司空以太常祠曹掾史所告知的“故事”为参考，结合乙瑛的上奏，拟出处理意见——“可许臣请，……他如故事”，上奏君主。F是君主的批准。

其中，C、D两部分即是司徒、司空的活动，主要包括询问有关部门和拟制处理意见，前者本身就可以视为一种集议；而汉代公府遇事，在上奏之前往往先行集议，所以后者也当是在两府集议的基础上达成的共识。如：

侍谒者福为望之道延寿在东郡时放散官钱千余万。望之与丞相丙吉议，吉以为更大赦，不须考。(《汉书》卷七六《韩延寿传》)

御史大夫萧望之得到情报，反映左冯翊韩延寿以前在东郡太守任上时的经济问题，就找丞相丙吉议，丞相的意见是这件事反正是大赦之前的陈年往事了，不必追究。由此可见，在上奏之前，诸公之间须先通过集议达成共识，才能给君主决策作参考。

最后，还有一条关于丞相上奏的史料，可以反映出一些问题：

每朝会议，开陈其端，令人主自择，不肯面折庭争。……弘奏事，有不可，不庭辩之。尝与主爵都尉汲黯请间，汲黯先发之，弘推其后，天子常说，所言皆听，以此日益亲贵。尝与公卿约议，至上前，皆倍（背）其约以顺上旨。汲黯庭诘弘曰：“齐人多诈而无情实，始与臣等建此议，今皆倍（背）之，不忠。”上问弘。弘谢曰：“夫知臣者以臣为忠，不知臣者以臣为不忠。”上然弘言。(《史记》卷一一二《平津侯主父列传》)

这讲的是丞相公孙弘的情况。所谓“每朝会议，开陈其端，令人主自择”，是指只把问题或他人的上奏原原本本陈述出来，让君主自行决定，而不给出任何初步的意见。如前所说，丞相接到上奏后，有两种情形，一种是直接递交上去，如《津关令》的“丞相上鲁御史书”；一种是附上自己的意见后递交上去，如“相国上长沙丞相书”和《乙瑛碑》的情况。虽然丞相给出的处理意见并不是最后的决策，但“丞相的意见，天子亦特加重视，很少不予采纳”[1]。而公孙弘这种“开陈其端，令人主自择”的做法，实际上是选择了第一种办法，放弃了自己参议的权力。他的几位后任“娖娖廉谨，为丞相备员而已，无所能发明功名有著于当世者”，正是这种风气的进一步扩张。久而久之，由人事而影响制度，相权的削弱也就成为大势所趋了。

（二）尚书台

西汉武帝起，被公孙弘之流放弃的权力，逐渐归拢到尚书机构。但是此时尚书还没有集议的权力，这项工作往往由一些中朝官来完成。如：

汉武帝时，左右曹诸吏分平尚书奏事，知枢要者始领尚书事。（《通典》卷二二《职官四·尚书上·录尚书》）

有左右曹、给事中之类加官的中朝官，就可以“平尚书奏事”——尚书只有上传下达的职责，尚书奏上来的文书，由中朝官来处理。霍光专权时的杜延年就是一个例子：

吏民上书言便宜，有异，辄下延年平处复奏。（颜注：先平处其可否，然后奏言。）言可官试者，至为县令，或丞相、御史除用，满岁以状闻，或抵其罪法，常与两府及廷尉分章。（《汉书》卷六〇《杜周传》）

当时杜延年的职务是“太仆、右曹、给事中”，太仆不过九卿之一，没有与两府分章的权力。所以这种权力是“右曹、给事中”两顶帽子带来的。成帝时，尚书机构有所扩大，权力加强，慢慢地就有对臣下上奏发表意见的资格了：

初，廷尉梁相与丞相长史、御史中丞及五二千石杂治东平王云狱，时冬月未尽二旬，而相心疑云冤，狱有饰辞，奏欲传之长安，更下公卿复治。

[1] 周道济著：《汉唐宰相制度》，大化书局1978年版，第73页。

尚书令鞠谭、仆射宗伯凤以为可许。(《汉书》卷八六《王嘉传》)

治东平王狱的廷尉上奏请求重新审理，尚书令、仆射给出初步意见——“以为可许”，这是汉哀帝时的事情。从中朝官到尚书台，可见在君主与丞相之间，一个新的集议层级正在慢慢成型。后汉，尚书台正式成为一个集议层级，臣下章奏先上尚书台，尚书台拟定初步意见后呈交君主，以作为决策参考。《续汉书・礼仪志》刘昭注引用了一份东汉人蔡质保存的尚书集体署名的公文书，内容是讨论“立宋皇后仪”，可窥当时的制度：

尚书令臣嚣、仆射臣鼎、尚书臣旭、臣乘、臣滂、臣谟、臣诣稽首言：“伏惟陛下履乾则坤，动合阴阳。群臣大小咸以长秋宫未定，遵旧依典，章表仍闻，历时乃听。令月吉日，以宋贵人为皇后，应期正位，群生兆庶莫不式舞。《易》称‘受兹介祉’，《诗》云‘干禄百福，子孙千亿’，万方幸甚。今吉日以定，臣请太傅、太尉、司徒、司空、太常条列礼仪正处上，群臣妾无得上寿，如故事。臣嚣、臣鼎、臣旭、臣乘、臣滂、臣谟、臣诣愚闇（暗）不达大义，诚惶诚恐，顿首死罪，稽首再拜以闻。”

制曰：“可。”[1]

“制曰可”之后，应该就是“下太傅、太尉、司徒、司空、太常议具礼仪”，也就是举行外朝议了。可见有些时候是否举行更大范围的集议（如外朝议），亦须先经尚书台表决，唯此种表决并无效力，仅附在奏议之后上呈，供君主参考而已。

后汉权归尚书台，地方、有司上奏也往往直接通过尚书台递交君主，而很少通过三公了。前引《史晨碑》即是一例，又如《无极山碑》，碑首云：“光和四年□月辛卯朔廿二日壬子，太常臣耽丞敏顿首上尚书”，末云：“□月十七日丁丑，尚书令忠奏雒阳宫”[2]。相似的还有《弘农太守樊毅复华下民租碑》[3]，不赘。

公府、尚书台继续上奏，文书就传递到了最高决策者——君主的手中。

---

[1] 前面说后汉尚书有“六曹”或“五曹六人”，此处除令、丞外仅五人，或即五曹各出一人，待考。

[2] [宋] 洪适撰：《隶释》卷三《无极山碑》，中华书局 1986 年版，第 44—45 页。

[3] [宋] 洪适撰：《隶释》卷二《弘农太守樊毅复华下民租碑》，中华书局 1986 年版，第 28 页。

四、启动：君主

奏请来到君主手中，不外乎批准、否决、搁置和启动集议四种结果。前面几种前文已经讨论过，现在看第四种。

张春海《论隋唐时期的司法集议》一文提出，司法集议的发动有三种情况：指定集议、法定集议、申请集议。[1]这种分类以现代法律制度的概念为工具，清晰明确，虽然其探讨对象是隋唐司法集议，但是为汉代集议启动方式的探讨提供了有益的借鉴。

根据对汉代集议实例的归纳，我认为汉代集议可以依启动方式的不同分为朝议、召议、下议三种。第一种，是定期的奏事议政制度，相当于“法定集议”；后两种，相当于指定集议，即由君主指定集议参与者，两者的区别在于君主是否亲临现场。召议，是君主召集群臣集议，地点一般在朝堂或内朝（端门以内）；下议，是君主委托群臣集议，地点一般在朝堂或外朝（路门以外）。至于“申请集议”，也就是我们这里所说的奏请，只能构成启动集议的一个事由，不能成为一种独立的启动形式。奏请之后是否启动集议，仍取决于君主批准与否。

君主下议，一般采取制诏的形式。例如前引《天子所服第八》：“大谒者臣章受诏长乐宫，曰：‘令群臣议天子所服，以安治天下。’”《后汉书·范升传》：“时尚书令韩歆上疏，欲为《费氏易》《左氏春秋》立博士，诏下其议。”这是诏书。又如《三王世家》：“三月乙亥，御史臣光守尚书令奏未央宫。制曰：‘下御史。’”《淮南衡山列传》：“制曰：“朕不忍致法于王，其与列侯二千石议。”这是制书。历来学者认为两者的区别尚不太清楚，蔡邕《独断》里面有一些关于制、诏的描述，也纠缠交错，并没有十分明晰的标准。实际上，制、诏之间的区别主要体现在形式而非内容上，后文将作集中的探讨。

一般来讲，中央层级集议必须由君主启动，否则即是违法行为。这从

[1] 张春海：《论隋唐时期的司法集议》，载《南开学报》（哲学社会科学版）2011年第1期。

前引田千秋擅召中二千石议一案中可以得到证明。但在君权有缺陷时，集议的启动权可以由太后或辅政大臣行使。太后可以“临朝称制”即参与朝议，也可以下议。召议的情况好像没有见过；有，也只限于太后与掌权外戚、身边阉宦之间的谋议，还不能上升为制度上的集议。从范晔在《后汉书·宦者列传序》中发的一段议论，可以了解大概情形和此中缘由：

邓后以女主临政，而万机殷远，朝臣国议，无由参断帷幄，称制下令，不出房闱之间，不得不委用刑人，寄之国命。

邓后如此，其他太后亦不例外。至于辅政大臣，则似乎只能召议，而不能主持朝议或下议。召议的结果，也往往要提交申请，经过太后在形式上的批准。例如霍光废立昌邑王刘贺：

光以其书视丞相敞等，擢郎为九江太守，即日承皇太后诏，遣行大鸿胪事少府乐成、宗正德、光禄大夫吉、中郎将利汉迎昌邑王贺。(《汉书》卷六八《霍光传》)

王受皇帝玺绶，袭尊号。即位二十七日，行淫乱。大将军光与群臣议，白孝昭皇后，废贺归故国，赐汤沐邑二千户，故王家财物皆与贺。(《汉书》卷六三《武五子传》)

如果连太后也不在了，那就要提请宗室中某一位王太后来参与集议和批准。陈平等立代王刘恒的集议中，排名第一的是一位“阴安侯顷王后”，大概就是起这个作用的。

随着君主制诏的发布，最高层级的集议就此启动。

五、集议：朝议·召议·下议

（一）朝议

朝议，是在朝会上发生的集议。所谓朝会，即朝臣定期朝见君主的一种制度。朝会，可以分为大朝和常朝，[1] 前者更多是一种政治性的礼仪，如

[1] 大朝和常朝的区分，在唐以后更为明显，这个区分也是符合汉代的情况的。参见周良霄著：《皇帝与皇权》，上海古籍出版社 1999 年版，第 67—80 页。

最典型的每年正月初一的“元会仪”，与朝议无关；[1] 而后者才是君臣处理政务的朝会。

先要解决一个问题：汉代有没有常朝制度？也就是说，汉代制度上有没有规定臣下必须定期朝见君主奏事议政？这一点，可以从谢承《后汉书》的一段佚文中得到确证：

陈禁字子雅，拜尚书。公卿朝，日晏无诏。禁问台上：“故事何时可罢？”对言：“已食辄有诏罢，今已晏。”禁曰：“宁可白耶！”尚书郎以上方宴乐，不敢白，禁使罢。(《御览》卷二一二《职官部·总叙尚书》引谢承《后汉书》)

公卿们按时上朝，而君主却因为“宴乐”而迟迟没有出现。尚书陈禁询问尚书台官员：按照“故事”，什么时候可以罢朝？由此说明，汉代不仅有常朝制度的存在，且关于这项制度还有一系列可供查询的成文“故事”存放在尚书台。

汉代常朝的具体情况，史阙有间。《三国志·王朗传》追述：

“及汉之初，依拟前代，公卿皆亲以事升朝。故高祖躬追反走之周昌，武帝遥可奉奏之汲黯，宣帝使公卿五日一朝，成帝始置尚书五人。自是陵迟，朝礼遂阙。”

这段话可以读出这样几个信息：第一，汉代的常朝，从汉初就开始了，并且“依拟前代”。这是符合史实的。秦代的常朝，虽然历史上没有记载，但从《史记·秦始皇本纪》可以依稀窥见其制：

赵高说二世曰：“先帝临制天下久，故群臣不敢为非进邪说。今陛下富于春秋，初即位，奈何与公卿廷决事？事即有误，示群臣短也。天子称朕，固不闻声。”于是二世常居禁中，与高决诸事，其后公卿希得朝见。

由此可见，秦始皇经常“与公卿廷决事”，《史记·货殖列传》更明确地说：“秦始皇帝令倮比封君，以时与列臣朝请。”这当是秦的常朝之制。

[1] 关于大朝和元会仪的研究，可参见渡边信一郎：《元会的建构——中国古代帝国的朝政与礼仪》，载沟口雄三、小岛毅主编：《中国的思维世界》，江苏人民出版社2006年版，第363—409页。

第二，汉宣帝“使公卿五日一朝”。这也是符合历史的。《汉书·循吏传》就说宣帝“自霍光薨后始躬万机，厉精为治，五日一听事，自丞相已下各奉职而进”。宣帝是自行创设此制，还是恢复霍光专权之前的制度？应该是后者。宣帝以前的制度虽然无从考察，但可以从当时的朝太上皇、太后礼得到旁证：

上归栎阳，五日一朝太公。太公家令说太公曰：“天亡二日，土亡二王。皇帝虽子，人主也；太公虽父，人臣也。奈何令人主拜人臣！如此，则威重不行。”（《汉书》卷一《高帝纪》）

时夜出夕还，后赍五日粮，会朝长信宫（颜注：“五日一朝长信宫，故赍五日粮也。长信，太后之宫也。”），上大驩（欢）乐之。（《汉书》卷六五《东方朔传》）

初，许后起微贱，登至尊日浅，从官车服甚节俭，五日一朝皇太后于长乐宫，亲奉案上食，以妇道共（供）养。（《汉书》卷九七《外戚传》）

太上皇、皇太后尚且五日一朝，朝见皇帝的频率当不低于此。又，刘邦朝见太公时，王朝草创，叔孙通所制的朝仪也还没有正式推行，则“五日一朝”当是沿袭秦代朝见君主之礼，这从太公家令的话语中也可以揣摩出来：“皇帝虽子，人主也；太公虽父，人臣也。奈何令人主拜人臣！”则当时刘邦朝太公，当与群臣朝天子之礼相同，而宣帝不过“中兴”其礼而已。

总之，自宣帝实行五日一朝后，这一制度就成为常制，不仅为汉代所遵用，也为后世所奉行。《旧唐书·哀帝纪》因此而说：“汉宣帝中兴，五日一听朝，历代通规，永为常式。”当然，这种制度实行的好坏，也因君主的勤惰而有所不同。如前面王肃提到“成帝始置尚书五人。自是陵迟，朝礼遂阙”，即是实行得比较差的时候；而汉光武帝时“每旦视朝，日昃乃罢”，则是实行得比较好的时候。在汉至唐的近千年间，制度被遵守的情况姑且不论，但“并没有新的常朝制度产生”[1]，所以可以认为《哀帝纪》说的“历代通规，永为常式”是符合历史的。

---

[1] 李俊方：《汉代常朝制度考析》，载《信阳师范学院学报》（哲学社会科学版）2008年第2期。

常朝的地点，只能是在前殿，也就是后汉所谓“朝堂”，这在前面讲“治朝”的时候已经说过了。杨鸿勋认为“日朝，或曰常朝，则在中间体量做大（引者按：原文如此）的殿堂里（引者按：指宣室殿）举行”，“（宣室）其中央大堂，仍然作为视朝之用，而且是相当重要的朝堂——内朝（日朝、常朝）场所”，却没有给出任何依据。而且杨氏这段论述，把“常朝”称为“日朝”，并不妥帖；又把“常朝”与“内朝”混为一谈。杨氏又说：“皇帝平时多在（前殿）‘东厢’的堂中上朝听政”，前后矛盾如此，不足信据。[1] 史书有时候记载君主会在前殿之外的地方“朝”，如“四年正月，朝公卿、大夫、博士，见于云台”。[2] 臣下拜见君主，都可称“朝”，这并非制度意义上的“常朝”，而类似于下文要讲的“召议”，不可不辨。

常朝的参与者，主要是君主和朝臣。非朝臣，必须得到召见，才能参与，如前引郭躬“以明法律，特预朝议”即是其例。常朝的主要内容，是臣下奏事：

五岁，代桃侯舍为丞相，朝奏事如职所奏。（《汉书》卷四六《卫绾传》）

公孙弘起徒步，数年至丞相，开东阁，延贤人与谋议，朝觐奏事，因言国家便宜。（《汉书》卷四六《严助传》）

唯明主躬万机，选同姓，举贤材，以为腹心，与参政谋，令公卿大臣朝见奏事，明陈其职，以考功能。（《汉书》卷七八《萧望之传》）

从地方层层上奏到公府、有司的问题，这时都可以提交君主裁决。朝臣有自己想提的建议也可以事先写好奏请，等朝会时上奏，如：

嘉闻错穿宗庙垣，为奏请诛错。客有语错，错恐，夜入宫上谒，自归上。至朝，嘉请诛内史错。上曰：“……错无罪。”罢朝，嘉谓长史曰：“吾悔不先斩错乃请之，为错所卖！”（《汉书》卷四二《申屠嘉传》）

丞相申屠嘉写了个奏本，想要等朝会时弹劾晁错，没想到消息走漏，

---

[1] 杨鸿勋：《西汉未央宫前殿与椒房殿复原初探》，载氏著：《杨鸿勋建筑考古学论文集》（增订版），清华大学出版社 2008 年版，第 241 页。

[2] 《后汉书》卷三六《范升传》。

晁错连夜找景帝求救。申屠嘉被晁错打了个时间差，老老实实等到朝会时再上奏，如意算盘自然就打不响了。常朝奏事的情况，《独断》有一段描写：

少帝即位，太后即代摄政，临前殿，朝群臣。太后东面，少帝西面。群臣奏事上书，皆为两通，一诣后，一诣少帝。(《后汉书》卷一〇《皇后纪》注引蔡邕《独断》)

这说的虽是太后临朝听政的情况，但平时的奏事也可以想见。无非就是君主南面而已：

更始即帝位，南面立，朝群臣。(《后汉书》卷一一《刘玄传》)

王莽居摄时，也是“南面朝群臣，听政事。……平决朝事”[1]。雄才大略的君主，朝议时往往会发表见解，如汉武帝：

天子方招文学儒者，上曰吾欲云云，黯对曰：“陛下内多欲而外施仁义，奈何欲效唐虞之治乎！”上默然，怒，变色而罢朝。公卿皆为黯惧。上退，谓左右曰：“甚矣，汲黯之戆也！”(《史记》卷一二〇《汲郑列传》)

守成的君主，则往往“临朝渊嘿，尊严若神”[2]，这恐怕也是君主临朝的常态。从上引《独断》可见，朝臣奏事，一般采用书面形式。君主对于朝臣的上奏，可以当场裁决，如前引申屠嘉弹劾晁错，景帝回答说“错无罪”。又如：

会人有盗发孝文园瘗钱，丞相青翟朝，与汤约俱谢，至前，汤念独丞相以四时行园，当谢，汤无与也，不谢。丞相谢，上使御史案其事。(《汉书》卷五九《张汤传》)

河南尹李膺，皆以忤旨，为之抵罪。蕃因朝会，固理膺等，请加原宥，升之爵任。言及反复，诚辞恳切。帝不听，因流涕而起。(《后汉书》卷六六《陈蕃传》)

丞相庄青翟和廷尉张汤约好了在朝会上自责，结果张汤放了丞相的

[1]《汉书》卷九九《王莽传》。

[2]《汉书》卷一〇《成帝纪》。

鸽子，汉武帝当场作出裁决，“使御史案其事”；陈蕃借朝会为李膺平反，“帝不听”。地方的上奏，通过公卿在朝议上提出，往往会当场进行讨论，这就是朝议。如：

顺帝永和（九）【元】年，交趾太守周敞求立为州，朝议不许，即拜敞为交趾刺史。(《晋书》卷一五《地理志下》)

君主也可以借常朝主动询问群臣，如：

居顷之，上益明习国家事，朝而问右丞相勃曰：“天下一岁决狱几何？”勃谢不知。问：“天下钱谷一岁出入几何？”勃又谢不知。汗出洽背，愧不能对。上亦问左丞相平。平曰：“各有主者。”上曰：“主者为谁乎？”平曰：“陛下即问决狱，责廷尉；问钱谷，责治粟内史。”上曰：“苟各有主者，而君所主何事也？”平谢曰：“主臣！……”上称善。(《汉书》卷四〇《陈平传》)

而君主的询问，也往往会引起朝议，如：

太后朝，因问大臣。大臣请立吕产为吕王。(《史记》卷五一《荆燕世家》)

此事详细的经过是：

太后称制，议欲立诸吕为王，问右丞相王陵。王陵曰：“高帝刑白马盟曰‘非刘氏而王，天下共击之’。今王吕氏，非约也。”太后不说。问左丞相陈平、绛侯周勃。勃等对曰：“高帝定天下，王子弟，今太后称制，王昆弟诸吕，无所不可。”太后喜，罢朝。(《史记》卷九《吕太后本纪》)

有些或经尚书台交到君主手中的上奏，君主难以决策，也可以拿到朝会上让朝臣集议。如桓帝时北军中候史弼奏劾勃海王悝，就说：

乞露臣奏，宣示百僚，使议于朝，明言其失。然后诏公卿平处其法，法决罪定，乃下不忍之诏，臣下固执，然后少有所许。(《后汉纪·孝桓皇帝纪下》)

史弼建议桓帝将他的奏请在朝会上公布，让公卿集议。这个请求被桓帝否决了，但可以说明当时这一程序的存在。这里还可以提供一个例子：

初元四年，遣使奉献，因求侍子，愿为内附。汉议遣卫司马谷吉送之。御史大夫贡禹、博士匡衡以为《春秋》之义“许夷狄者不一而足”，今郅支单于乡（向）化未醇，所在绝远，宜令使者送其子至塞而还。吉上书言："……愿送至庭。"上以示朝者，禹复争，以为吉往必为国取悔生事，不可许。右将军冯奉世以为可遣，上许焉。(《汉书》卷七〇《陈汤传》)

郅支单于请求内附，交换条件是把他之前送作人质的儿子还给他。关于要不要送其子出塞的问题，争议很大。使者谷吉上书表示愿意不避艰难，直送到单于老巢。汉元帝把这个上书"以示朝者"，引发朝议，御史大夫贡禹和右将军冯奉世发表了相左的意见。元帝当场裁决，通过了谷吉的奏议。

总的来讲，朝议最大的特点有两个：第一，定期召开；第二，君臣共议。平时除了中朝官、近侍以外，其他人是没有机会见到君主的。朝议的定期召开，可以使君臣之间零距离沟通，从而避免有人从中作梗、上下其手。西晋谚语云："一朝不朝，其间容刀"，[1] 生动地说明了这个道理。但朝议也有其弊端，最大的问题是君主在场，朝臣不敢畅所欲言。正如章帝时侍御史寒朗所说：

又公卿朝会，陛下问以得失，皆长跪言，旧制大罪祸及九族，陛下大恩，裁止于身，天下幸甚。及其归舍，口虽不言，而仰屋窃叹，莫不知其多冤，无敢牾陛下者。(《后汉书》卷四一《寒朗传》)

这应该是汉代朝议的通病，毕竟像汲黯这样敢在朝会上讽刺君主"内多欲而外施仁义"的戆臣，还是少之又少。

（二）召议

召议，是君主因事临时召集群臣进行集议。君权有缺陷时，此项大权也可以由太后或辅政大臣行使。与朝议相比，召议的特点是不定期；与下议相比，召议的特点是君主亲自参与。

召议的场所，一般在内朝，即汉代所谓"省中"或"禁中"，具体位置在《周礼》所谓的"路门"以内，包括君主日常办公和起居的"路寝"（宣

[1] 《晋书》卷四八《阎缵传》。汉代《毛传》就已经解《采葛》"一日不见，如三秋兮"曰："一日不见于君，忧惧于谗矣。"详细的讨论，参见钱钟书著：《管锥编》"采葛"条，生活·读书·新知三联书店2001年版，第204—206页。

室）和“燕寝”（温室），如：

后岁余，文帝思谊，征之。至，入见，上方受厘，坐宣室。上因感鬼神事，而问鬼神之本。谊具道所以然之故。至夜半，文帝前席。（《汉书》卷四八《贾谊传》）

丞相王商、大将军王凤及百僚议数日不决。凤言“汤多筹策，习外国事，可问”。上召汤见宣室。（《汉书》卷七〇《陈汤传》）

诏使房作其事，房奏考功课吏法。上令公卿朝臣与房会议温室，皆以房言烦碎，令上下相司，不可许。上意乡（向）之。（《汉书》卷七五《京房传》）

有时候也会在太后的“东朝”，见前引窦婴、田蚡东朝廷辩的例子。除了指明具体地点外，更多的时候则泛称在“省阁”“禁中”集议。如：

上于是召丞相翟方进、御史大夫光、右将军廉褒、后将军朱博，皆引入禁中，议中山、定陶王谁宜为嗣者。（《汉书》卷八一《孔光传》）

中平元年，黄巾贼起，赐被召会议诣省阁，切谏忤旨，因以寇贼免。（《后汉书》卷五四《杨赐传》）

还有时候，则直接用“入”“入议”字样，也表示召入省中集议，如：

初，吴、楚反书闻，兵未发，窦婴言故吴相爰盎。召入见，上问以吴、楚之计，盎对曰：“……方今计独斩错，发使赦七国，复其故地，则兵可毋血刃而俱罢。”上从其议，遂斩错。（《汉书》卷三五《荆燕吴传》）

永光二年秋，陇西羌乡姐旁种反，诏召丞相韦玄成、御史大夫郑弘、大司马车骑将军王接、左将军许嘉、右将军奉世入议。（《汉书》卷七九《冯奉世传》）

召议的地点，有时候会向外扩及前殿（朝堂），而与朝议的地点重合。例如《汉书·王商传》京城谣言发大水，“天子亲御前殿，召公卿议”；又如：

时匈奴数犯塞，帝患之，乃召百僚廷议。宪以为天下疲敝，不宜动众。谏争不合，乃伏地称眩瞀，不复言。帝令两郎扶下殿，宪亦不拜。（《后汉书》卷八二《方术列传》）

这里提到“廷议”“扶下殿”，则集议地点大概是在平时朝会的前殿。召议的地点有时候还会进一步扩张，如石渠阁、云台、白虎观三大会议，君主皆亲临现场。再如君主如果外出巡游，则有时也会把臣下召入集议。不过君主的这种临时居所，也可以“省中”目之。[1]

召议的参与者主要是中朝官，即有资格出入省中的官员，但并不拘于此。如京房被召见时，不过是个地位低下的郎。召议的规模一般都不大，少至一二人，多至十余人，比较带有私密的性质。但召议地点如果选在朝堂，那么一般是公卿百官集议，规模就比较大，和朝议相当。

由于召议是临时举行，不像朝议一样定期召开，官员无法事先起草奏章；召议又有君主亲自参与，不必像下议那样事后递交集议的书面结论。所以召议的形式，只能是口头议。例如窦婴、田蚡东朝廷辩，都是进行口头陈述，群臣也是口头发表意见。又如《汉书・韩安国传》保存了一段“马邑之谋”前口头集议的现场记录：

明年，雁门马邑豪聂壹因大行王恢言：“匈奴初和亲，亲信边，可诱以利致之，伏兵袭击，必破之道也。”上乃召问公卿曰：“……今欲举兵攻之，何如？”

大行恢对曰：“陛下虽未言，臣固愿效之。……臣窃以为击之便。”

御史大夫安国曰：“不然。……臣窃以为勿击便。”

恢曰：“不然。……臣故曰‘击之便’。”

安国曰：“不然。……臣故曰‘勿击便’。”

恢曰：“不然。……臣故曰‘击之便’。”

安国曰：“不然。……臣故曰‘勿击便’。”

恢曰：“不然。……吾势已定，或营其左，或营其右，或当其前，或绝其后，单于可禽，百全必取。”

上曰：“善。”乃从恢议，阴使聂壹为间，亡入匈奴，谓单于曰：“吾能斩马邑令丞，以城降，财物可尽得。”

这段文字绝不类寻常叙事之笔。赵翼就说：“《汉书・韩安国传》，下半

---

[1] 参见杨鸿年著：《汉魏制度丛考》，武汉大学出版社 2005 年版，第 4—6 页。

篇全载王恢与韩安国辩论击匈奴事，一难一答，至十余番，不下断语，亦一奇格。”[1] 这是从写史的角度来评论的。从集议的角度来看，正可说这一段记载忠实地反映了召议的特点。

召议，一般先由君主下诏召开集议，并且应该在诏书中指定参与人员和集议地点。例如前引《冯奉世传》，即是“诏召丞相韦玄成、御史大夫郑弘、大司马车骑将军王接、左将军许嘉、右将军奉世入议”。参与者到齐之后，由君主提出问题，参与者给出各自的意见，意见相左，可以当场辩论。最后由君主定夺。这些情形，在上引《韩安国传》里都体现出来了。

最后概括一下召议的性质。一般来讲，“召议”之所以会发生，是临时产生了某个启动事由，君主决定集议解决。那么为什么不等到朝议提出？或者为什么不下群臣集议？

如果说下议是群臣的主场，朝议更多体现君臣共议的性质，那么召议就是君主的主场。君主之所以采取“召议”的形式，可能是出于这样一些考虑或原因：

第一，君主企图对集议结果施加更多的影响。

如元帝之所以召集群臣在温室集议京房的考功法，正是“上意乡（向）之”；章帝想依曹褒之奏改作礼乐，怕群臣非议，所以“诏召玄武司马班固，问改定礼制之宜”。一来，召议的规模普遍比较小，便利于君主控制；而一旦随随便便下议，君主不在现场，或者提到朝议上去，难免有骨鲠之臣唱反调，君主的心思就要落空。二来，召议的地点一般是在君主起居之处，暗示意味比较浓厚，而且参与者在决议之前有保密的义务，“泄露省中言”是犯罪行为。召议的这些特点，都便利于君主对集议结果施加更大的影响力。

第二，议题的私密性较强。

有相当一部分议题，之所以采取召议的形式，乃是涉及君主的家务事，

[1] ［清］赵翼著：《廿二史劄记校证》（订补本），王树民校证，卷一“史记变体”条，中华书局1984年版，第11页。

私密性较强。例如东朝廷辩双方，一个是太皇太后的侄子，一个是皇太后的弟弟，所以汉武帝说："俱外家，故廷辨之。不然，此一狱吏所决耳。"又如汉成帝之所以把一干人等"皆引入禁中"，是为了讨论后嗣的问题。这些问题不方便在朝廷之上公事公办，所以采取"召议"的形式。

第三，体现君主对集议的重视，且召议效率较高。

地点选在前殿（朝堂）的集议，完全可以采取朝议或下议的形式。之所以用召议而不用朝议，是召议效率更高，可以随时召开；之所以不用下议，是体现君主对集议的重视。最典型的如京城谣言发大水，"天子亲御前殿"，就是这个原因。又如汉初丞相权重之时，集议往往在丞相府百官朝会殿举行，而"国每有大议，天子车驾亲幸其殿"，外朝议而君主亲临，当然是表示对此事的重视。

最后需要说一句，召议的结果，效力位阶比较低。召议更多是为君主提供参谋的意思，除了在朝堂举行的比较大规模的召议之外，召议之后往往还会进一步通过朝议或下议来决策。

（三）下议

下议，是君主临时召开并委托群臣进行的集议。与朝议、召议相比，下议的最大特点是君主不亲临现场，只扮演事先启动、事后决策的角色。

下议的地点，一般在《周礼》所谓的"路门"以外，不太可能在君主的内寝。但"下中朝官议"的地点在哪里，史料不足无从考证。路门之外，包括有司的官署，如：

诏与丞相、御史、大将军、右将军史各一人杂候上林清台，课诸历疏密，凡十一家。(《汉书》卷二一《律历志》)

恂、整、诚各复上书，恂言不当施诚术，整言不当复恂术。为洪议所侵，事下永安台覆实，皆不如恂、诚等言。(《续汉书·律历志》)

这两例的议题都是律历，而且涉及实地观测问题，所以分别在前后汉的天文观测机构——上林清台和永安台进行集议。如果是下尚书议，则集议地点自然是尚书台。下廷尉议，则集议地点是廷尉府。下太学议，则集议地点是太学。这些例子前面都已举过，不赘。如果下议涉及多个部门参与，则一般是由公府领衔，会议地点往往是在丞相府（司徒府）百官朝会殿。这是典型的外朝。

往里的话，下议的地点一般是在前殿。在这一点上，又和朝议、召议有所重合，从中也可以看出前殿在汉代人政治生活中所扮演的重要角色。朝堂集议的例子前面举了很多，《后汉书·陈球传》说："诏公卿大会朝堂，令中常侍赵忠监议。"可见下公卿议朝堂的时候，君主并不在场。

下议的参与者，可以是任何人。君主想让谁议，就让谁议。但是参与者的组合有一定的规律，前面已经讲过。相比起朝议的参与者一般是朝臣，召议的对象一般是中朝官或君主想见的个别人，下议的参与者变化更多，组合更丰富。这里需要特别提出讨论的是，下议的不同组合之间的层级关系。换句话说，下议可以指定不同的组合进行很多轮不同级别的集议，那么哪些集议之后还可以举行其他集议？哪一轮集议又是最高层级的集议呢？讨论这个问题的时候，我们不妨把朝议、召议一并纳入视野来加以考量。

接到臣下的上奏以后，君主首先可以采取最灵活的方式——召议，随便找几个人聊聊，心中大体有个判断。例如：

会有上书言古者以龟贝为货，今以钱易之，民以故贫，宜可改币。上以问丹，丹对言可改。章下有司议，皆以为行钱以来久，难卒变易。丹老人，忘其前语，后从公卿议。（《汉书》卷八六《师丹传》）

哀帝在接到改革币值的提案后，首先召大司空师丹商量，然后才下（包括师丹在内的）公卿议。而师丹年纪大了，记性差，所以两次给出的意见居然不同，这成为他后来被弹劾的一项罪名。这个事例，佐证了上面的程序。

召议之后，可以下议。而下议的层级，离君主最近、效力也较低的，无过于前汉武帝朝以后的中朝官议，和活跃于前汉后期至后汉的尚书议。这里可以各举一个例子：

事下将军中朝者，光禄大夫孔光、左将军公孙禄、右将军王安、光禄勋马宫、光禄大夫龚胜劾嘉迷国罔上不道，请与廷尉杂治。胜独以为嘉备宰相，诸事并废，咎由嘉生；嘉坐荐相等，微薄，以应迷国罔上不道，恐不可以示天下。遂可光等奏。(《汉书》卷八六《王嘉传》)

是时谷贵，县官经用不足，朝廷忧之。尚书张林上言："……"于是诏诸尚书通议。(《后汉书》卷四三《朱晖传》)

中朝议或尚书议之后，可以进一步交付外廷集议。中朝官议之后交付外廷集议的例子如：

上知傅太后素常怨喜，疑博、玄承指，即召玄诣尚书问状。玄辞服，有诏左将军彭宣与中朝者杂问。宣等劾奏："……臣请诏谒者召博、玄、晏诣廷尉诏狱。"制曰："将军、中二千石、二千石、诸大夫、博士、议郎议。"(《汉书》卷八三《朱博传》)

事下将军中朝者，光禄大夫孔光、左将军公孙禄、右将军王安、光禄勋马宫、光禄大夫龚胜劾嘉迷国罔上不道，请与廷尉杂治。……遂可光等奏。光等请谒者召嘉诣廷尉诏狱，制曰："票（骠）骑将军、御史大夫、中二千石、二千石、诸大夫、博士、议郎议。"(《汉书》卷八六《王嘉传》)

这两例，都是先经将军中朝者议之后，再交付公卿集议的。尚书议之后再下公卿议的程序，见《汉书·王嘉传》："奏欲传之长安，更下公卿复治。尚书令鞫谭、仆射宗伯凤以为可许"，可见尚书议之后还可以下公卿复治；《续汉书·礼仪志》注引立宋皇后仪，"尚书令臣嚣"等五名尚书台官员集议之后"请太傅、太尉、司徒、司空、太常条列礼仪正处上"，也是一证。

外朝集议，一般来讲公府议、有司议之后还可以进行公卿集议。例如：

中平二年，汉阳贼边章、韩遂与羌胡为寇，……北军中候邹靖上言："乌桓众弱，宜开募鲜卑。"事下四府，大将军掾韩卓议，以为"……"。劭驳之曰："……"韩卓复与劭相难反复。于是诏百官大会朝堂，皆从劭议。(《后汉书》卷四八《应劭传》)

灵帝时讨论要不要开募鲜卑的问题，先下四府议，大将军掾和太尉属表达了相左的意见，于是"诏百官大会朝堂"进一步集议，结果应劭的意见得以通过。也就是说，公卿集议及其扩大会议，一般来讲就是汉代最高层级的集议，效力不但远在君主的私旨之上，且高于中朝议和外朝的公府议、有司议。这个意思，汉代人自己就已经讲得很清楚了：

例1：是时，侍中董贤爱幸于上，……顷之，欲封贤等，上心惮嘉，乃先使皇后父孔乡侯傅晏持诏书视丞相御史。于是嘉与御史大夫贾延上封事言："……陛下仁恩于贤等不已，宜暴贤等本奏语言，延问公卿、大夫、博士、议郎，考合古今，明正其义，然后乃加爵土；不然，恐大失众心，海内引领而议。暴平其事，必有言当封者，在陛下所从；天下虽不说，咎有所分，不独在陛下。前定陵侯淳于长初封，其事亦议。大司农谷永以长当封，众人归咎于永，先帝不独蒙其讥。……"上感其言，止。(《汉书》卷八六《王嘉传》)

例2：是时勃海王悝骄慢僭侈，不奉法度。见上无子，阴有嗣汉之望。北军中候史弼上疏曰："……乞露臣奏，宣示百僚，使议于朝，明言其失。然后诏公卿平处其法，法决罪定，乃下不忍之诏，臣下固执，然后少有所许。如是则圣主无伤亲之议，勃海长有享国之祚。不然惧大狱将兴，使者相望于道矣。"上以至亲，不问其事。(《后汉纪·孝桓皇帝纪下》)

例1是前汉的例子。汉哀帝宠爱董贤，想要封侯。丞相、御史大夫上封事，不是劝谏，而是教哀帝如何照程序办事以减小舆论压力。他们说：应该把封侯的事情下公卿、大夫、博士、议郎集议，否则将“大失众心，海内引领而议”；这些集议的参与者中，肯定有人会顺从陛下您的心意，那你只要首肯此人的建议即可，这样一来，“天下虽不悦，咎有所分，不独在陛下”，不必君主独自承担决策错误的责任，而可以找个垫背的。例2是后汉的例子，北军中候上书劾奏勃海王，也是教君主“宣示百僚，使议于朝”，等“法决罪定”之后，再“下不忍之诏”进行特赦；如果“臣下固执”，那就双方各退一步，多少给点处罚。这两个例子非常清楚地表明：在当时人的观念中，经公卿百官集议之后的决策效力是最高的。

下议的方式，是现场进行口头集议，集议的结果以书面形式奏上，请君主定夺，如前引中常侍赵忠监议，要求陈球操笔下议的例子。如果是公卿集议，一般由前汉的两府或后汉的三府领衔上奏集议结果。从丞相或三府到君主的手中，还要经过一个交接。这个工作，在汉初是由大谒者来完成，后来逐渐演变为御史府的职责，最后则固定为尚书之职。到了后汉，由于女主临朝的情况比较多，尚书与太后接触也显得不方便了，则由中常侍、小黄门之流来做这个交接工作。也有时，下议并不要求各参与者到某处会合集议，而是分头写奏议，直接交到君主手中，如前引“事下四府群僚及太学能言之士”，太学生刘陶上议的例子。

因为君主不亲临现场，所以下议的集议现场，气氛往往非常激烈，甚至会出现互相进行人身攻击的情况。例如：

元和二年，武威太守孟云上书：“北虏既已和亲，……宜还其生口，以安慰之。”诏百官议朝堂。公卿皆言……不可开许。安独曰：“……”司徒桓虞改议从安。太尉郑弘、司空第五伦皆恨之。弘因大言激励虞曰：“诸言当还生口者，皆为不忠。”虞廷叱之，伦及大鸿胪韦彪各作色变容，司隶校尉举奏，安等皆上印绶谢。(《后汉书》卷四五《袁安传》)

司徒崔烈以为宜弃凉州。诏会公卿百官，烈坚执先议。燮厉言曰：“斩司徒，天下乃安。”尚书郎杨赞奏燮廷辱大臣。(《后汉书》卷五八《傅燮传》)

第一例的“大言激励”“廷叱”“作色变容”，第二例的“厉言”“廷辱大臣”，都是这种火药味十足的集议场面的生动注脚。正因为下议很容易引发语言和肢体冲突，所以需要有维持秩序的人存在。前引中常侍赵忠“监议”即是其例，又如东汉以来的惯例，御史中丞、司隶校尉、尚书令朝会时与其他人绝席而坐，号称“三独坐”[1]。这一称号，不能简单理解为这三个官员职权高于其他一切官员，而必须纳入朝会时履行监察义务这个视角下来理解。[2]

---

[1] 《后汉书》卷二七《宣秉传》：“光武特诏御史中丞与司隶校尉、尚书令会同并专席而坐，故京师号曰‘三独坐’。”

[2] 参见黎虎：《汉代的“三独坐”与朝会监察》，载《贵州社会科学》2010年第11期。这里还可以补充一条材料，《续汉书·百官志》“司隶校尉”条注：“司隶诣台廷议，处九卿上，朝贺处公卿下陪卿上。”朝贺处公卿下陪卿上，是司隶校尉的实际地位；诣台廷议处九卿上，这是司隶校尉集议时履行监察职责的特殊地位。

总之，下议由于君主不在现场，从而体现出了相当大的独立性。而后汉以来，太后临朝的情况比较多，反映君主意志的“召议”就越来越少，“朝臣国议，无由参断帷幄；称制下令，不出房闱之间”，一方面造成了外戚、宦官专权的恶果，另一方面也促成了士大夫作为一个独立群体的生成与发展。在集议制度上，“东汉朝堂是以公卿为中心的官僚会议场所”，如果搁置关于朝堂具体位置的争议，渡边氏的这一论断是很敏锐的，而这也正促成了他所谓的两晋以后“正殿一朝堂”集议空间结构的诞生；[1]在更加宏观的历史视野之下，所谓“士大夫政治”在东汉之定型，[2]所谓“清流浊流”之区分，都可以从这一变化中窥其消息。

六、复议·中止·裁决：君主

集议本身不自带决策功能，所以集议的结果还要君主最后定夺。君主的决策，包括复议、中止、裁决（含通过与否决）三种，以下分次论之。

（一）复议及集议的时间问题

君主对集议结果不满意，或虽然内心欢喜但表面上还要谦让一番，则可以下令复议。前一种情况如文帝除收律、相坐法：

【启动】孝文二年，又诏丞相、太尉、御史：“……今犯法者已论，而使无罪之父、母、妻、子、同产坐之及收，朕甚弗取。其议。”[3]

【集议】左、右丞相周勃、陈平奏言：“……臣之愚计，以为如其故便。”

【令复议】文帝复曰：“……朕未见其便，宜熟计之。”

---

[1] 转引自王德权：《东京与京都之外——渡边信一郎的中国古代史研究》，收于渡边信一郎著：《中国古代的王权与天下秩序——从日中比较史的视角出发》附录，徐冲译，中华书局2008年版，第185页。

[2] 参见阎步克著：《士大夫政治演生史稿》，北京大学出版社1996年版，412—463页。

[3] 《史记》卷一〇《孝文本纪》系此事于孝文元年。按：周勃元年罢丞相，陈平卒于二年初，《汉书》误，当从《史记》。

【复议】平、勃乃曰：“……臣等谨奉诏，尽除收律、相坐法。”（《汉书》卷二三《刑法志》）

后一种情况如有司请文帝立太子事：

【启动】正月，有司言曰：“蚤建太子，所以尊宗庙。请立太子。”

【令复议】上曰：“朕既不德，……而曰豫建太子，是重吾不德也。谓天下何？其安之。”

【复议】有司曰：“豫建太子，所以重宗庙社稷，不忘天下也。”

【令复议】上曰：“……今不选举焉，而曰必子，人其以朕为忘贤有德者而专于子，非所以忧天下也。朕甚不取也。”

【复议】有司皆固请曰：“……更议不宜。子某最长，纯厚慈仁，请建以为太子。”

【裁决】上乃许之。（《史记》卷一〇《孝文本纪》）

复议可以反复进行多次，如宣帝主持公卿与前线将领赵充国议，文书往复多次；[1]复议的参与者可以不变，如上引文帝诏丞相、御史大夫、太尉集议废收律相坐法的例子；也可以发生改变，例如集议立武帝子三人为王，第一次集议的参与者是丞相、御史大夫、中二千石、二千石，第二、三次集议的参与者中增加了列侯、谏大夫、博士，第四次集议的参与者中又增加了若干位列侯。

复议的时间跨度长短不一，有当天解决的，有“日晏时移，议无所定”的，[2]有“日暮议者罢，明旦复会”的，[3]甚至还有“公卿旦入暮出，议论连年不决”的。[4]这里可以参考《史记·三王世家》原始文书的记载，了解复议的一般时间跨度。

---

[1]《汉书》卷六九《赵充国传》。

[2]［汉］王符撰，［清］汪继培笺：《潜夫论笺校正》，彭铎校正卷五《救边》，中华书局 1985 年版，第 263 页。

[3]《汉书》卷七二《龚胜传》。

[4]《汉书》卷九九《王莽传》。

表七 《史记·三王世家》集议程序一览表 [1]

序号	程序	时间（干支）	时间（月日）	人物	事情
1	奏请			大司马	上疏请定皇子位
2	奏	三月乙亥	三月二十八日	御史	奏未央宫
3	启动（下议）		同上	君主	制曰：下御史
4	下	三月乙亥	三月二十八日	御史、丞	下御史
5	集议 1			丞相、御史、中二千石、二千石等	集议
6	奏	三月丙子	三月二十九日	（御史）	奏未央宫
7	令复议		（同上）	君主	制曰：更议
8	（下）		（同上）	（御史）	（下群臣）
9	（复议·集议 2）			丞相、御史、列侯、中二千石、二千石、谏大夫、博士等	集议
10	奏	四月戊寅	四月一日	（御史）	奏未央宫
11	决（？）		（同上）	君主	制曰：家以列侯可
12	（下）		（同上）	（御史）	（下群臣）
13	（奏请·集议 3）			丞相、御史、列侯、二千石、谏大夫、博士等	集议

[1] 干支月日的换算，《三王世家》“元狩六年四月戊寅朔”的记载是正确的，陈垣《二十史朔闰表》、饶尚宽《春秋战国秦汉朔闰表》皆以“四月丁丑朔”，误。具体论证参见李忠林：《秦至汉初（前246—前104）历法研究——以出土历简为中心》，载《中国史研究》2012 年第 2 期。

续表

序号	程序	时间（干支）	时间（月日）	人物	事情
14	奏	四月癸未	四月六日	（御史）	奏未央宫
15	寑			君主	留中不下
16	（奏请·集议 4）			丞相、御史、中二千石、二千石、谏大夫、博士等	集议
17	奏	四月丙申	四月十九日	（御史）	奏未央宫
18	决		（同上）	君主	制曰：可
19	（下）		（同上）	（御史）	（下群臣）
20	奏请		（四月二十日）	太仆行御史大夫事	奏舆地图，请所立国名
21	奏	四月丁酉	四月二十日	（御史）	奏未央宫
22	决		（同上）	君主	制立三王
23	反馈	四月癸卯	四月二十六日	御史大夫	下丞相，丞相下中二千石、二千石，下郡太守诸侯相
24	执行	四月乙巳	四月二十八日	皇帝使御史大夫	策立三王

按：括号内是原文没有记载，而靠情理推测补足的部分。《史记·三王世家》的时间，有一个很令人头疼的问题：全篇出现了七处“某月某日奏未央宫”的句子，其中至少六处隶属不明。关于这个问题的初步探讨，可以参考大庭脩的有关研究，[1] 我完全赞同他的结论，但还可以作进一步材料的补充和原因的揭示，[2] 此处不赘。表中呈现的就是研究的结果，在这里，我们先关心集议和复议的时间问题。

---

[1] ［日］大庭脩著：《秦汉法制史研究》，林剑鸣等译，上海人民出版社 1991 年版，第 250—251 页。

[2] 关于这一问题，我拟从简牍文书学的视角，另撰文解读《史记·三王世家》。

第一次集议（序号 1—6），从大司马霍去病的上疏奏未央宫，到第一次集议结果奏未央宫，时间跨度为两天。这是一个标准的集议过程。

第二次集议（序号 7—11），从汉武帝令复议，到第二次集议结果奏未央宫、汉武帝裁决，时间跨度差不多仍为两天。

第三次集议（序号 12—14），从上一次汉武帝的制诏颁下，到第三次集议结果奏未央宫，却花了五六天的时间。原因恐怕在于这不是一次标准的集议，因为标准的集议应该由君主启动，而这里则是君主已经以扭扭捏捏的姿态表示“家以列侯可”，其实算是一个决策了。群臣集议是要对君主这一决策提出反对意见，则难免要花掉一点反应的时间，所以比上两次慢。

第四次集议（序号 15—19），从武帝把上次的奏请“留中不下”，到第四次集议结果奏未央宫、武帝裁决、御史颁下，时间更长，花了十三天。原因就在武帝“留中不下”，也就是中止了集议，群臣等待无果，只好再次组织集议。可见这也不是集议的常态。

如果不考虑作为黄道吉日的四月乙巳和提前两天的颁布制诏，则整个集议过程长达二十三天。其中经历了四次阶段性集议和一次御史大夫奏舆地图的奏、决。

从以上分析来看，一次标准的单一的下议，时间跨度大概是两天。而召议和朝议，如果能够当场裁决的话，当天就能解决问题。由此可以一窥汉代人的行政效率。

复议的结果，可能群臣转而顺从君主的意见从而得到通过，如上引文帝令有司议废收律、相坐法；可能群臣固执己见而迫使君主改变心意，如上引有司请文帝早建太子和《三王世家》的例子；也有可能君臣各退一步，达成妥协，如文帝处理淮南王长的案子：

六年，有司言淮南王长废先帝法，……欲以危宗庙社稷。群臣议，皆曰“长当弃市”。帝不忍致法于王，赦其罪，废勿王。群臣请处王蜀严道、邛都，帝许之。（《史记》卷一〇《孝文本纪》）

这可能是汉代君主处理宗室犯罪问题的惯用手法吧，所以前引史弼才会说“诏公卿平处其法，法决罪定，乃下不忍之诏，臣下固执，然后少有所许”，把这个妥协的过程一语道破。

总之，不论复议进行多少次，复议总不是最后的结果，还是要走到“中止”和“裁决”那里去。

（二）中止

集议的进程由主持者控制，在某些情况下主持者可以中止集议，这些情况包括下列几种：

第一，集议已经得出了主持者想要的结果。

例如吕后欲立诸吕为王，问左右丞相，陈平、周勃都表示赞同，“太后喜，罢朝”。[1] 又如：

冀得书，乃召三公、中二千石、列侯大议所立。……明日重会公卿，冀意气凶凶，而言辞激切。自胡广、赵戒以下，莫不慑惮之。皆曰：“惟大将军令。”而固独与杜乔坚守本议。冀厉声曰：“罢会。”（《后汉书》卷六三《李固传》）

第二，集议中出现了不利于主持者的情况。

例如：

会越巂郡上黄龙游江中，太师孔光、大司徒马宫等咸称莽功德比周公，宜告祠宗庙。宝曰：“周公上圣，召公大贤，尚犹有不相说，著于经典，两不相损。今风雨未时，百姓不足，每有一事，群臣同声，得无非其美者。”时，大臣皆失色，侍中奉车都尉甄邯即时承制罢议者。（《汉书》卷七七《孙宝传》）

及卓至，果陵虐朝廷，乃大会百官于朝堂，议欲废立。群僚无敢言，植独抗议不同。卓怒罢会，将诛植，语在《卓传》。（《后汉书》卷六四《卢植传》）

第三，集议分歧过大，难以达成共识。

例如：

上然之，赐婴食，曰：“东朝廷辩之。”……上问朝臣：“两人孰是？”

---

[1]《史记》卷九《吕太后本纪》。

御史大夫韩安国曰：“……魏其言是。……丞相信亦是。唯明主裁之。”主爵都尉汲黯是魏其。内史郑当时是魏其，后不坚。余皆莫敢对。上怒内史曰：“公平生数言魏其、武安长短，今日廷论，局趣效辕下驹，吾并斩若属矣！”即罢起入，上食太后。(《汉书》卷五二《窦婴传》)

书奏，上引见躬，召公卿将军大议。左将军公孙禄以为“……”躬掎禄曰：“……臣与禄异议，未可同日语也。”上曰：“善。”乃罢群臣，独与躬议。(《汉书》卷四五《息夫躬传》)

第四，集议时间过长。

例如《汉书·龚胜传》记载群臣集议丞相王嘉的罪过，争议过大，“日暮议者罢，明旦复会”。

另外还有一些不可抗力，也会导致集议中止，例如君主死亡：

元年春正月，诏曰：“前日孝惠皇帝言欲除三族罪、妖言令，议未决而崩。今除之。”(《汉书》卷三《高后纪》)

中止之后，有些集议就彻底停止、不复讨论了，例如上引甄邯即时承制罢议者的例子。有些集议仍然要继续，例如“日暮议者罢，明旦复会”的例子。有些集议是因某项提案而召开的，那么集议的中止就等同于该项提案的否决，比如以下两个例子：

单于尝为书嫚吕太后，太后怒，召诸将议之。上将军樊哙曰：“臣愿得十万众，横行匈奴中。”诸将皆阿吕太后，以哙言为然。布曰：“樊哙可斩也！……”是时，殿上皆恐，太后罢朝，遂不复议击匈奴事。(《汉书》卷三七《季布传》)

及魏国建，陈纪子群时为御史中丞，魏武帝下令又欲复之，使群申其父论。群深陈其便。时钟繇为相国，亦赞成之，而奉常王脩不同其议。魏武帝亦难以藩国改汉朝之制，遂寝不行。(《晋书》卷三〇《刑法志》)

（三）裁决

所谓裁决，指对集议的结论予以认可，从而赋予法律效力的行为。裁决的大权，由君主掌握。这里需要重点讨论的问题是：裁决的结果与集议的结论之间，有何关系？

第一，集议的结论可能被通过。

君主往往以“制曰可”的形式，对奏上的集议结论予以认可。群臣集议的上奏文书，配上顶格书写的“制曰可”这支简，经过尚书的誊清，就成为反馈和执行的范本。由于君主本人兴趣、精力和知识的局限，绝大多数集议结论都会得到通过，所以集议结论与裁决结果之间，存在大概率的正相关关系。

第二，集议的结论可能被否决。

集议的结果，经过君主的裁量，可能遭到否决。例如景帝欲侯匈奴降人，丞相周亚夫反对，景帝说：“丞相议不可用。”予以否决。但是一般来讲，汉代的集议，尤其是公卿议及其扩大会议，结论被否决的情况很罕见。否决较多地见于处理君主的家务事，包括治诸侯王狱的时候。如果君主想要否决公卿的集议结论，一般会采取两种办法：其一，下令复议；其二，如果集议结论有分歧，则选择其中符合自己心意的意见予以通过。这从下面这个例子中可以看得很明白：

列侯毕已受封，奏位次，皆曰：“平阳侯曹参身被七十创，攻城略地，功最多，宜第一。”上已桡功臣多封何，至位次未有以复难之，然心欲何第一。关内侯鄂秋时为谒者，进曰：“郡臣议皆误。……萧何当第一，曹参次之。”上曰：“善。”（《汉书》卷三九《萧何传》）

刘邦想封萧何第一，但群臣集议的口径如此一致，所以刘邦难以开口；好在关内侯鄂秋机灵，及时提议，刘邦就坡下驴，得逞所愿。

第三，集议的结论可能被修正。

例如武帝治淮南王事：

公卿治者曰：“淮南王安雍阏求奋击匈奴者雷被等，格明诏，当弃市。”诏不许。请废勿王，上不许。请削五县，可二县。（《汉书》卷四四《淮南王传》）

弃市、废王的“不许”，是否决；从“请削五县”到“可二县”，是修正。

第四，当集议结论本身有分歧时，君主可能选择其中一个予以通过。

集议的结论未必是统一的，往往会分成两派或多派意见。这时候，就需要君主运用裁决的大权来一锤定音了。例如汉元帝时贾捐之请弃珠厓：

对奏，上以问丞相御史。御史大夫陈万年以为当击；丞相于定国以为：“……捐之议是。”上乃从之。(《汉书》卷六四《贾捐之传》)

又如安帝时议居延都尉范邠犯臧罪案的法律适用问题：

安帝初，清河相叔孙光坐臧抵罪，遂增锢二世，衅及其子。是时居延都尉范邠复犯臧罪，诏下三公、廷尉议。司徒杨震、司空陈褒、廷尉张皓议依光比。恺独以为“《春秋》之义，‘善善及子孙，恶恶止其身’，所以进人于善也。《尚书》曰：‘上刑挟轻，下刑挟重。’如今使臧吏禁锢子孙，以轻从重，惧及善人，非先王详刑之意也”。有诏：“太尉议是。”(《后汉书》卷三九《刘恺传》)

君主在裁决的时候，当然要顾虑多数人的意见，例如曹操想恢复肉刑，但是“以军事未罢，顾众议，故且寝”[1]。但是从史料来看，君主也常常力排众议，选择少数派的意见通过，并且事实证明是正确的选择。所以对君主独享裁决权的这一事实不应简单否定，而应该看到在当时历史条件下，有着提高决策效率和决策质量的正面意义。

裁决到这里还不算完全结束。有时候，群臣集议的结论只是一个大方向，还不能直接执行，而必须再敲定一些细节。所以君主在裁决通过之后，还会继续委托有关部门制定具体实施方案。例如前引《三王世家》，在明确表示要封三王后，还要“令史官择吉日，具礼仪上，御史奏舆地图”。这些扫尾工作完成之后，才正式进入下一个阶段。

七、反馈·执行：从中枢到终端

反馈与执行，是指将已经得到君主认可从而具有法律效力的集议决议

[1]《三国志》卷二二《陈群传》。

层层下发到有关部门，并且予以执行的过程。

反馈的情况，可以结合在居延出土、并经大庭脩复原的元康五年诏书册来讨论，以下先录复原后的简文，并略加分段和标点：[1]

A. 御史大夫吉昧死言：丞相相上太常昌书言太史丞定言，元康五年五月二日壬子日夏至，宜寝兵，太官抒井，更水火，进鸣鸡。谒以闻，布当用者。臣谨案：比原宗御者，水衡抒太官御井，中二千石、二千石令官各抒别火。（10.27）

官先夏至一日以除燧取火，授中二千石，二千石官在长安、云阳者。其民皆受以日至易其故火。庚戌寝兵，不听事，尽甲寅五日。臣请布，臣昧死以闻。（5.10）

B. 制曰：可。（332.26）

C. 元康五年二月癸丑朔癸亥，御史大夫吉下丞相，承书从事下当用者如诏书。（10.33）

D. 二月丁卯，丞相相下车骑将军、将军、中二千石、二千石、郡太守、诸侯相，承书从事下当用者如诏书。/少史庆、令史宜、王始长（10.30）

E. 三月丙午，张掖长史延行太守事，肩水仓长汤兼行丞事。下属国、农部都尉、小府、县官，承书从事下当用者如诏书。/守属宗助、府佐定（10.32）

F. 闰月丁巳，张掖肩水城尉谊以近次兼行都尉事，下候、城尉，承书从事下当用者如诏书。/守卒史义（10.29）

G. 闰月庚申，肩水士吏横以私印行候事，下尉、候长，承书从事下当用者如诏书。/令史得（10.31）

这份诏书册，一共由八支简构成。其中第一、二支构成 A 部分，即御史大夫吉上奏给君主的奏请，以及御史大夫的初步意见。B 是君主予以认可。重新下发到御史大夫手里的，即 A+B 两部分。C 是御史府加上的执行

[1] [日] 大庭脩著：《秦汉法制史研究》，林剑鸣等译，上海人民出版社 1991 年版，第 200—201 页。

命令，下发给丞相府。每次下发，都要将原件保留，并抄录复件下发。

从D到G，都是各级部门下发时增加的执行命令，其中D是丞相府所加，E是张掖郡守府所加，F是肩水都尉府所加，G则来自肩水候官。

也就是说：第一，君主一御史大夫一丞相府一郡国一都尉府一候官，这份诏书册以几何级数地被大量复制；第二，每级政府（部分）往下发送时都要追加执行命令。“可以说，一枚枚追加上来的简如实反映了皇帝的命令如潮水浸透漫延一般一直传达到西北边境的末端”。[1] 这是一份通用全国的诏书的下达过程。那么如果是定点反馈，又是什么情况呢?

鲁国请求为孔庙置百石卒史，得到“制曰可”后，“元嘉三年三月丙子朔廿七日壬寅，司徒雄、司空武下鲁相，承书从事下当用者，选其年卌以上，经通一艺，杂试通利，能奉弘先圣之礼，为宗所归者，如诏书，书到言”。[2] 也就是说，司徒、司空直接下发鲁相。从报书的时间看是“永兴元年六月甲辰朔十八日辛酉”，则从反馈到执行完毕上报，一共花了两个多月的时间。

执行，并不是一件机械的事情。如何将诏书的指示具体落实，有时候也需要进行集议，这里举两个例子。第一个例子是前引讨伐海贼张伯路时的一次集议：

会赦诏到，贼犹以军甲未解，不敢归降。于是王宗召刺史太守共议，皆以为当遂击之。雄曰：“不然。……及有赦令，可且罢兵，以慰诱其心，势必解散，然后图之，可不战而定也。”宗善其言，即罢兵。贼闻大喜，乃还所略人。(《后汉书》卷三八《法雄传》)

赦诏虽然已经下发，但是贼军持观望态度，不肯缴械投降。要不要执行赦诏，成了问题。所以王宗召刺史太守集议，以解决执行问题。第二个例子来自1983年凉山彝族自治州在进行文物调查时发现的一块东汉灵帝光

[1] [日] 冨谷至著：《木简竹简述说的古代中国——书写材料的文化史》，刘恒武译，黄留珠校，人民出版社2007年版，第81页。本书关于《元康五年诏书册》下发的分析，参考该书第77至82页。

[2] [宋] 洪适撰：《隶释》卷一《孔庙置守庙百石孔龢碑》，中华书局1986年版，第18页。

和四年石表：[1]

领方郡户曹史张湛白：前换苏示有秩冯佑转为安斯有秩，庚子诏书听转，示部，为安斯乡有秩，如书。与五官掾司马芳议，请属功曹，定入应书时簿，下督邮李仁，邛都奉行，言到日，见草。○行丞事常如掾。○主簿司马追省、府君教诺。○正月十二日乙巳，书佐昌延写。○光和四年正月甲午朔十三日丙午，越嶲太守张勃、知丞事大张□、使者益州治所下。三年十一月六日庚子。○长常叩头死罪敢言之。

这是地方上关于一名乡官调职的申请，得到“庚子诏书”的认可，反馈到郡府。郡里组织“五官掾司马芳”等集议，商量有关手续问题的办理。如果一切办妥，则还要给上级发一份“报书”，汇报反馈、执行的有关情况，供上级登记备案。如果没有其他意外，则一个完整的集议过程就结束了。

八、小结

下面对第一、二章作一个小结。

集议制度，是汉代的一项基本制度。在中央，集议制是决策的中枢；在有司与地方，集议也是汉王朝最日常的行政活动之一。从传世文献和出土材料来看，汉代的法律制度非常庞杂，几乎规定了国家生活的方方面面，经过战国和秦代的演化，律令制度已经初见端倪。但是这些法律制度如何诞生？写在简牍上的立法如何应对丰富多变的生活？立法的矛盾与空白如何解决？这些问题，都不得不仰赖“法”之外“人”的因素，通过集议制灵活地加以处理。

---

[1] 碑文录自吉木布初、关荣华：《四川昭觉县发现东汉石表和石阙残石》，载《考古》1987 年第 5 期，并参考凉山彝族自治州博物馆、昭觉县文管所《四川凉山州昭觉县好谷乡发现的东汉石表》（载《四川文物》2007 年第 5 期）的录文、胡顺利《昭觉县东汉石表考释的几点辨正》（载《四川文物》1988 年第 3 期）的意见有所更改。标点参考永田英正编：《汉代石刻集成》（图版・释文篇），同朋舍 1994 年版，第 228 页。

但是历来关于汉代典章制度的记载，以设官分职的官制居多。集议制作为一代基本制度，并没有集中的记载，只好到史料中去搜罗爬梳，通过集议的实例来考察制度的概貌。第一、二章对集议制本身进行了两个方面的初步考证：

第一，基本要素的考察。

场所、参与者、议题和议的方式，是构成集议制的基本要素。其中尤以场所最为重要，场所很大程度上规定着集议制的其他要素，这是以往的研究中所不曾措意的。以考古材料为依据，通过对西汉长安城未央宫前殿的复原，结合《周礼》的“三朝”，我提出了汉代集议制的空间结构——“三朝”模式说。根据这一观点，汉代政治的空间结构包括燕朝、治朝和外朝。汉代政治史上著名的中外朝之分，即分别是以燕朝为中心的官僚团体，和散居外朝不得擅自踏足燕朝的官僚团体。治朝，则是君臣、中外朝合议的场所。

从集议制的参与者来看，大体可以区分为四类人：君主、官僚系统、诸侯宗室系统、专家顾问及吏民。君主是集议的启动者、主持者和决策者，官僚系统和诸侯宗室系统则分别是帝国“公”和“私”的一方面代表。官僚系统是集议制的绝对主角。诸侯王参与集议，在汉初往往是处理“汉廷”之外涉及整个“天下”的事务，“公”的属性较之官僚系统更进一步，但在异姓诸侯王被铲除殆尽之后，刘姓诸侯王参与集议则更多是处理宗室内部事务。专家、顾问、吏民，是集议制的补充，是汉代专家治国、老人治国和广开言路的体现。

从集议制参与者的组合来看，常见的有中朝议、公府议、公卿议及其扩大会议、有司议、诸侯议、专家议、专题会议等形式。其中二府议在前汉、尚书台议和三府议在后汉，分别是处理日常政务的集议组合。而公卿议及其扩大会议，则是汉代最高层级的集议。

以上即是构成集议制的最基本要素，此外本部分还顺带讨论了议题和议的方式。

第二，动态程序的复原。

集议制的程序构造并不复杂，甚至可以说非常单一，仅仅包括“启动一集议一决策一执行”几个基本环节而已。但是如果把遍布在汉代各地方和机构的一个个集议终端，以一封封上奏和反馈文书联结起来，构成一张铺天盖地的集议网络，情况就变得复杂得多了。在这里，我尝试着抓住集议制的几个大关节，利用实例对集议制的程序进行了复原。这种复原后的程序，并不一定会发生在每一次集议之中，事实上汉代发生的绝大多数的集议事例都采用的是较之更为简化的程序；但是如果说这一程序反映了汉代集议制较标准、典型的理想型，应该是没有太大问题的吧？至于在集议制中扮演着血管作用的文书，以及最后作为成果发布的律令、诏书，则留待后文讨论。

综合静态要素和动态程序，还可以提出的一个问题是：如何对集议制提出符合汉代实际的分类？往昔的研究，往往按照参与者或皇帝亲临与否进行分类，已经被证明有着难以克服的缺陷。而直接照搬史籍中“朝议”“廷议”之类词语进行的分类，则因该词语本身涵义不明而问题更大。本书尝试把汉代（中央层级的）集议分为三类：

朝议，指定期召开、君臣共同参与的集议；

召议，指临时因事召开，并由君主亲自主持的集议；

下议，指临时因事召开，并完全委托群臣参与、君主不亲自参加的集议。

以我所搜集到的两汉五百多个集议实例来检查，这样的分类方法应该是行之有效的，也是比较符合汉代实际情况的。

第三章

汉代集议制的功能（上）：立法建制

汉代并没有西方“三权分立”意义上的立法，中国古代的“立法”是以结果论的。所以我这里使用传统话语中的“立法建制”一词作为汉代集议制的功能，以避免使用带有过多理论预设的术语可能造成的误解。本书谈到的“立法”都是在“立法建制”意义上使用的，下一章的“司法”和“司法决事”同样如此。

第一节 汉代立法程序新探

一、“汉代立法”研究的问题

关于汉代立法的问题，学界的讨论很多。对这些讨论本身进行一个观察，是很有意思的事情。

汉代立法，剖析开来看，包括“立法程序”和“立法成果”两个问题。无论传世文献还是出土材料，都没有给我们提供足够的关于立法程序的史料。所以学界对后者的探讨，要远远多于前者。[1] 这是第一个畸轻畸重。

汉代的立法成果，或者说法律形式、法律载体，主要有律、令、科、比等等。其中，律、科、比是如何被制定出来的，讨论也很少。而反观汉令，则是汉代立法研究的关注焦点。[2] 这是第二个畸轻畸重。

就汉令本身的研究而言，也存在畸轻畸重的问题。汉代的令，是如何被制定出来的，似乎学界投注的注意力也并不多。[3] 相反，学界的兴趣在于：汉令以何种途径进行编纂？又以何种形态存在？这方面的研究，可以说连篇累牍。

我之所以进行以上观察，并非对当前的研究有微词，而是想提出下面这个问题：为什么汉代立法研究会出现以上畸轻畸重的情形？易言之，为什么汉代立法研究的重点对象是汉令的形态和编纂问题？

因为就目前的史料为我们所呈现的汉代法律形式来看，汉令的情况最复杂。

首先是出土汉令的形态，迥异于我们“传统观念中的汉令形式”。传世文献所见的汉律令佚文，往往是“经过史家的加工整理之后”的，是“单纯的律条形式”[4]。而出土汉令，则大量呈现出更加原始的诏书体，甚至于

---

[1] 关于秦汉立法问题的研究情况，参见徐世虹：《秦汉法律研究百年（一）》，载中国政法大学法律古籍整理研究所编：《中国古代法律文献研究》第五辑，社会科学文献出版社 2012 年版，第 1—22 页；徐世虹：《秦汉法律研究百年（二）》，徐世虹、支强：《秦汉法律研究百年（三）》，载中国政法大学法律古籍整理研究所编：《中国古代法律文献研究》第六辑，社会科学文献出版社 2013 年版，第 75—170 页。

[2] 关于秦汉令的研究情况，参见徐世虹：《百年回顾：出土法律文献与秦汉令研究》，载《上海师范大学学报》（哲学社会科学版）2011 年第 5 期。

[3] 主要的研究成果，大概即是大庭脩的《秦汉法制史研究》第三篇第一节《汉代制诏的形态》，人民出版社 1991 年版，第 165—192 页。

[4] 张伯元：《〈二年律令·津关令〉与汉令之关系考》，载氏著：《出土法律文献研究》，商务印书馆 2005 年版，第 54 页。

还有制诏与案例混杂的变体，如《王杖诏书》。当然，“单纯的律条形式”的秦汉令也见于出土文献。[1]这样一来，问题就变得更趋复杂了。与之相对照，汉律并不存在这样的情况。

其次是汉令的名目和类别。经过长期的研究，汉令的名目已大体被名之曰干支令、事项令和挈令三类。但这三种名称的确定，与其说是研究成果，不如说是为便利研究而权且使用的工具而已。以甲令、乙令、丙令等干支命名的原因何在？分类依据是什么？挈令之“挈”的本意是什么？田令、功令等所谓事项令，究竟是约定俗成的叫法，还是法定的名称？这些都是困扰学界数十年的大问题。名称之外，汉令还有相应的干支或数字编号，这也似乎是汉律等其他法律形式所没有的情况。

汉令的来源，目前并没有大的分歧：从出土汉令的诏书体来判断，汉令应该是经由制诏加工而成的。制诏的情况相对简单明了，没有太大问题。所以学界研究的重心，自然而然集中到了这样一个问题上：制诏与汉令的关系如何？皇帝的制诏，是如何被编纂成形式各异的汉令的？

这个思路，方向是对的，但广度略嫌不够。

首先，汉律的制定，真的已经没有问题了吗？如果说汉令的原始形态是制诏，那么汉律呢？是直接作为完整的法典或单行的法律来制作的吗？汉律和汉令的制定、编纂程序有区别吗？如果有，为什么会有这样的区别呢？

其次，汉代的法律形式，相较于后世而言，应该说是最复杂的。除了律、令之外，仅仅从《历代刑法考·律令二》罗列的来看，就有施行诏书、章程、律令故事、辞讼比、决事比、法比都目、律说、律本章句、尚书旧事、廷尉决事、名臣奏事、南台奏事等等，不一而足。这些法律形式，制定和编纂的程序如何？相互间的关系是并列的吗？还是某些法律形式是在其他法律形式的基础上“加工”而来的？

---

[1] 如岳麓书院藏秦简所见的《卒令》即是其例，见陈松长：《岳麓书院藏秦简中的行书律令初论》，载《中国史研究》2009年第3期。

如果把以上问题综合起来考虑，也许可以为汉令的研究开辟一个新的思路，即汉代是否存在一套适用于一切法律形式的、一以贯之的立法程序？汉代林林总总、名目各异的法律形式，是在这套立法程序行进到哪个阶段的时候被制造出来的？

为了研究的方便起见，我将汉代的立法程序区分为两个大的步骤：创制与编纂。前者表示一个法律文件内容和形式两方面的从无到有，后者意味着在其他法律文件的内容基础上进行形式上的加工，从而产生新的法律文件。至于在不同环节制定出来的立法成果，依照产生的先后，我将分别称之为第一形态、第二形态……

这样一来，我们就可以很清楚地看到，汉代各个法律形式的来源是什么，造成不同形式的原因是什么，以及产生的次第与程序之间的关系，最重要的是，汉代立法的基本原理何在。

以下的研究，将循着这个思路展开。

二、创制：法的第一形态

（一）律令与制诏的关系

令与制诏的关系相对明确，前已提到，从出土汉令的诏书体来看，令是经由制诏进行某种技术性处理加工而成的。那么，律和制诏的关系如何呢？这里将从一些不那么有争议的外围开始，步步深入两者关系的核心。

首先，君主可以用制诏对律进行损益，这种情况下，制诏可以入律。

关于这一点，最典型的例子是汉文帝除肉刑：

书奏天子，天子怜悲其意，遂下令曰："制诏御史：……其除肉刑，有以易之；及令罪人各以轻重，不亡逃，有年而免。具为令。"丞相张仓、御史大夫冯敬奏言："……臣谨议请定律曰：诸当完者，完为城旦舂；当黥者，髡钳为城旦舂；当劓者，笞三百；当斩左止（趾）者，笞五百；当斩右止（趾），及杀人先自告，及吏坐受赇枉法，守县官财物而即盗之，已论命复有笞罪者，皆弃市。罪人狱已决，完为城旦舂，满三岁为鬼薪、白粲。

鬼薪、白粲一岁，为隶臣妾。隶臣妾一岁，免为庶人。隶臣妾满二岁，为司寇。司寇一岁，及作如司寇二岁，皆免为庶人。其亡逃及有罪耐以上，不用此令。前令之刑城旦舂岁而非禁锢者，完为城旦舂岁数以免。臣昧死请。”制曰：“可。”（《汉书》卷二三《刑法志》）

从丞相、御史的上奏文“臣谨请定律”可知，此句以下至“臣昧死请”以上的内容，都将被制作成律条，增补进当时的律中。原先律中的相应内容，则将因为这道制诏的出台而失效，并从律中移除。这一点，可以从《论衡》的如下一段问答得到验证：

问曰：“《九章》，谁所作也？”

……

或曰：“萧何也。”

诘曰：“萧何，高祖时也，孝文之时，齐太仓令淳于意有罪，征诣长安，其女缇萦为父上书，言肉刑一施，不得改悔。文帝痛其言，乃改肉刑。案今《九章》象刑，非肉刑也。文帝在萧何后，知时肉刑也。萧何所造，反具象刑也？而云《九章》萧何所造乎？”（《论衡》卷一二《谢短篇》）

这段问答明确表明，东汉中期所见《九章律》已经没有肉刑的规定，正是上引制诏入律的明证。

也就是说，君主在出台制诏之时，可以明确提出本制诏对律文进行修补。这样的制诏颁布之后，当然可以即时入律。关于这一点，《汉书·宣帝纪》颜注引“文颖曰”有很好的说明：“天子诏所增损，不在律上者为令。”这句话是对“令”的界定，说明了汉令相对于汉律的补充法性质。但是反过来理解，“天子诏所增损，在律上者”呢？当然应该入律，文帝废肉刑诏即是其证。再举几个例子：

景帝元年，下诏曰：“加笞与重罪无异，幸而不死，不可为人。其定律：笞五百曰三百，笞三百曰二百。”（《汉书》卷二三《刑法志》）

景帝对刑制进一步改革的这份诏书，也一定是著录于律的。又如汉代武帝以后，律令庞杂，所以屡屡有删定律令的诏书：

至元帝初立，乃下诏曰：“……其议律、令可蠲除轻减者，条奏，唯在

便安万姓而已。”（《汉书》卷二三《刑法志》）

至成帝河平中，复下诏曰：“……其与中二千石、二千石、博士及明习律、令者议减死刑及可蠲除约省者，令较然易知，条奏。……”（《汉书》卷二三《刑法志》）

根据前面已经说明的集议程序，可想而知，群臣“条奏”议定结果之后，君主将用制诏的形式一一批复。得到通过的，则将被定著于律。

其次，君主的某些带有普遍效力的制诏，也会被编纂入律。

以上探讨的，是君主明令定律的制诏。还有这样一些制诏，也许是经史家删略，也许是原本如此，并没有明确出现“定律”的字样，但也会被编纂入律。张家山汉律很难得地为我们提供了这样一份珍贵的史料。《具律》简82、83：

上造、上造妻以上，及内公孙、外公孙、内公耳玄孙有罪，其当刑及当为城旦舂者，耐以为鬼薪白粲。（简82）

公士、公士妻及□□行年七十以上，若年不盈十七岁，有罪当刑者，皆完之。（简83）

这两条律文，与汉惠帝即位之初所下制诏在文字和内容上有着高度相似。以下节引这份诏书，并以着重号标出相似部分：

十二年四月，高祖崩。五月丙寅，太子即皇帝位，尊皇后曰皇太后。赐民爵一级。……上造以上及内外公孙、耳孙有罪当刑及当为城旦舂者，皆耐为鬼薪、白粲；民年七十以上若不满十岁有罪当刑者，皆完之。又曰：“吏所以治民也，……”（《汉书》卷二《惠帝纪》）

虽然《惠帝纪》所载内容已经过史家的节略，但是从行文可以推知这是以诏书而非律的形式颁布的。这道诏书中，也没有看到“定律”之类字样。根据杨振红的考证，情况类似的还有《贼律》简1、2。[1] 这样的制诏，是如何被消除诏书格式，从而入律的？是在诏书颁下之后立刻或不久入律，

[1] 杨振红：《从〈二年律令〉的性质看汉代法典的编纂修订与律令关系》，载《中国史研究》2005年第4期。

还是在后任君主时入律？这些都还不清楚。但杜周所谓"前主所是著为律，后主所是疏为令"，似乎可以让我们对当时的情况猜想出一二分来。

再次，汉律的创制，也往往是通过君主的制诏逐条批准颁布的。[1]

以上所举都是以制诏的形式对律的补充、修订，这里要进一步探讨律的创制过程。汉代的第一部律，据说是所谓《九章律》，也就是萧何所造的一批律。萧何造律的详情如何？是制订出一部首尾完具的律典供刘邦过目后颁布吗？还是分批次制订，随成随颁呢？关于这个问题，可征的史料很少。其中比较可靠的，属《史记·萧相国世家》的这样一条记载：

> 汉二年，汉王与诸侯击楚，何守关中，侍太子，治栎阳。为法令约束，立宗庙社稷宫室县邑，辄奏上，可，许以从事；即不及奏上，辄以便宜施行，上来以闻。

所谓"为法令约束"，应该即是《太史公自序》所谓"萧何次律令"的立法活动。《汲郑列传》说"张汤方以更定律令为廷尉，黯数质责汤于上前，曰：'……何乃取高皇帝约束纷更之为？公以此无种矣。'"所谓"高皇帝约束"即萧何所制律令，可证"法令约束"与"律令"是同义语。这条记载明确说明了萧何制律，是随时奏上请刘邦批准的。也就是说，最早的一批汉律并非整体制订、整体颁布，而是逐条（或若干条）制订、逐条颁布的。由此来看滋贺秀三在20世纪50年代作出的如下论断就显得格外有预见性："我认为这说明《九章律》的诞生并未联系到什么显著的事件，而是一个渐成的产物。"[2]

除萧何所作律外，张家山出土《二年律令》当亦是如此。以《具律》为例，其律条的制定时间并不一致。前引《具律》简82、83，不晚于高十二年。而《具律》简85有"吕宣王"字样。吕后元年，追封其父为吕宣王，故这条律文大概即制定于其时，两者相去起码七年以上。由此可见，

---

[1] 此观点及后文的论证，得到广濑薰雄《秦汉时代律令辨》的启发，载中国政法大学法律古籍整理研究所编：《中国古代法律文献研究》第7辑，社会科学文献出版社2013年版。

[2] ［日］滋贺秀三：《关于曹魏〈新律〉十八篇篇目》，载杨一凡总主编：《中国法制史考证》丙编第二卷，中国社会科学出版社2003年版，第266页。

《具律》亦是"一个渐成的产物"。

对汉律有了以上理解之后，不难得出结论：

第一，汉律、令的来源是一样的，都来自于汉代君主的制诏。

杜周所谓"三尺安出哉？前主所是著为律，后主所是疏为令，当时为是，何古之法乎"，是对这一观点的最佳注脚。杜周面对"不循三尺法，专以人主意指为狱"的指责，明确提出了"三尺法"也就是律令的来源，正是"前主、后主所是"的制诏。

第二，汉律较之汉令，在编纂时要多一道消除诏书体的手续。

同样以文帝废除肉刑诏为例，这道诏书除对律文构成修正之外，也被编纂入令甲，这从宣帝地节四年九月诏中可以得到佐证："令甲：'死者不可生，刑者不可息。'此先帝之所重，而吏未称。"[1] 这里所引用的令文，应该是来自于缇萦的上奏文："妾伤夫死者不可复生，刑者不可复属"。[2] 这样的非规范性内容，不可能被书写进律中，但是作为保留诏书体的汉令，则予收录。由此观之，律、令形式上的区别至为明显：令几乎是对制诏的原样保留，而律则是对制诏中规范性内容的"拔萃"书写。[3]

其实，律之消除诏书体，也是法制发展的结果。睡虎地秦简《为吏之道》中保留了两条战国晚期的魏律。如其中的《魏户律》：

·廿五年闰再十二月丙午朔辛亥，〇告相邦：民或弃邑居壄（野），入人孤寡，徼人妇女，非邦之故也。自今以来，叚（假）门逆旅，赘壻（婿）后父，勿令为户，勿鼠（予）田宇。三枼（世）之后，欲士（仕）士（仕）之，乃（仍）署其籍曰：故某虑赘壻（婿）某叟之乃（仍）孙。魏户律[4]

这条《魏户律》仍然保留了诏书体，另一条《魏奔命律》亦是如此。这从历史渊源证明了律与制诏的血脉相通。至于秦汉，律虽然已经从形式

[1] 《汉书》卷八《宣帝纪》。

[2] 《汉书》卷二三《刑法志》。

[3] 徐世虹评介广濑薰雄研究成果时的用语，见氏作：《百年回顾：出土法律文献与秦汉令研究》，载《上海师范大学学报》（哲学社会科学版）2011 年第 5 期。

[4] 睡虎地秦墓竹简整理小组编：《睡虎地秦墓竹简》，文物出版社 1990 年版，第 174 页。

上脱离了制诏，但是其来源仍然是制诏。令的发展，其实也将循着同样的道路，只不过比律慢一拍，到魏晋时代才摆脱了诏书体。

汉律的以上特性，与魏晋律相比，才能看得更清楚。如上所述，汉律的内容往往来自于制诏的正文，是对制诏的形式消除诏书体、对制诏的规范性内容“拔萃”书写的结果。而魏晋律，则是作为制诏的附件颁布的：

于是令贾充定法律，……凡律令合二千九百二十六条，十二万六千三百言，六十卷，故事三十卷。泰始三年，事毕，表上。……四年正月，大赦天下，乃班新律。(《晋书》卷三〇《刑法志》)

四年正月大赦天下、颁布新律，一定是通过制诏的形式。而新律全文作为这道制诏的内容是难以想象的，所以应该是作为附件颁布的。那么汉律的制定和颁布，有没有这种情况呢？也就是说，汉律是否存在这样的情况：第一，律的制定，是整部（以“某某律”为单位）而非逐条完成的；第二，律的颁布，是整部作为制诏的附件而非正文发布的。

目前的材料，似乎不足以提供这样的强证。但是旁证倒有这样两个：

旁证一，来自于《晋书·刑法志》的记载：张汤制定《越宫律》二十七篇、赵禹制定《朝律》六篇。但是这两部律的名称和篇数不见于《晋书·刑法志》之前的史料，而《晋志》所载《九章律》的记载已经遭到出土文献的有力冲击和学界普遍质疑，[1] 所以这条旁证同样需要存疑。事实上，赵禹制《朝律》六篇的记载也已经遭到了出土文献的有力挑战，张家山 336 号墓出土有《朝律》一种，时代不晚于文帝前元十三年，[2] 远在所谓赵禹制《朝律》之前。所以张汤、赵禹当时所从事的，正如《史记》记载，是一种“更定律令”的法律整理活动，而非创制法律。

---

[1] 国内的主要质疑，见胡银康：《萧何作律九章的质疑》，载《学术月刊》1984 年第 7 期；孟彦弘：《秦汉法典体系的演变》，载《历史研究》2005 年第 3 期；李振宏：《萧何“作律九章”说质疑》，载《历史研究》2005 年第 3 期。目前的讨论虽然还没有结果，但是有一点是肯定的，即不能对《晋书·刑法志》关于《九章律》的记载全盘接受。

[2] 彭浩：《湖北江陵出土西汉简牍概说》，载《汉律研究的展望与现状》，大阪关西大学出版部 1993 年版，第 166—173 页。

旁证二，是曹褒制定《汉礼》的情况。《后汉书·曹褒传》记载：

章和元年正月，乃召褒诣嘉德门，令小黄门持班固所上叔孙通《汉仪》十二篇，敕褒曰："此制散略，多不合经，今宜依礼条正，使可施行。于南宫、东观尽心集作。"褒既受命，及次序礼事，依准旧典，杂以《五经》谶记之文，撰次天子至于庶人冠婚吉凶终始制度，以为百五十篇，写以二尺四寸简。其年十二月奏上。帝以众论难一，故但纳之，不复令有司平奏。

曹褒制定《汉礼》的活动虽然最后因反对声过于强烈而胎死腹中，但非常值得关注。首先，曹褒制定《汉礼》在汉人的观念中，与叔孙通制定《汉仪》是同一性质的行为，而叔孙通所制《汉仪》具有律的性质。[1]所以曹褒所制《汉礼》，也应该近似于一种立法活动。曹褒制定《汉礼》，一百五十篇制定完成之后同时奏上，如果君主想要施行，则一定是作为制诏的附件颁布的。从形式上看，这已经与晋律无异了。所以，汉律如果想要像晋律一样制定、颁布，起码到东汉时期，从技术手段和立法观念上来讲已经没有什么障碍了。但是苦于没有直接证据和其他佐证，只好暂时存疑。

尽管也许会存在例外，但以上得出的结论大体还是成立的：制诏是汉令的直接来源，也应当是汉律的主要来源。所以，制诏是汉代法律的第一形态，国家制定层面的法律主要是以制诏为质料加工而成的。以下，将集中笔墨探讨作为法律第一形态的制诏，是经由何种程序制作而成的。而对律、令等其他法律形态的立法程序之探讨，将是第二步的工作。

（二）大庭脩"制诏三形式"说补论

目前对制诏制作程序和模式的研究，以大庭脩在《汉代制诏的形态》中提出的"制诏三形式"说最为经典。[2]任何后续的研究，都无法对之回

---

[1]《晋书·刑法志》："叔孙通益律所不及，傍章十八篇。"《汉书·礼仪志》："今叔孙通所撰礼仪，与律令同录，臧于理官。"《后汉书·应劭传》："又删定律令为《汉仪》。"皆为其证。又曹褒制《汉礼》写以二尺四寸简，与律令同制，又是一证。

[2]［日］大庭脩著：《秦汉法制史研究》，林剑鸣等译，上海人民出版社1991年版，第165—192页。

避。因此，这里先对大庭氏的研究作一些评介和补充。

大庭脩认为，汉代的制诏可以分为三种形式，各有其特点和识别标志。为方便讨论，根据文意结表如下：

表八　大庭脩“汉代制诏三形式说”一览表

序号	内涵	标志性用语
第一形式	皇帝凭自己的意志下达命令	制诏、布告天下使明知朕意、以称朕意、著为令
第二形式	官僚提议，皇帝加以认可，作为皇帝的命令发布	
第三形式	皇帝针对特定官僚下达立法指示，官僚提交方案，皇帝认可后作为皇帝的命令发布	议为令、具为令

正如大庭脩所说，传世文献所见制诏往往已经经过史家的节略，尤其是对我们研究最有帮助的格式用语，节略最甚。所以对制诏三形式的判断，与其依据某些标志性用语，不如依据制诏的结构。

今天对制诏的一般性认识，最可依赖的是蔡邕的《独断》。《独断》记载，汉代天子的命令有四种：策书、制书、诏书、戒书。其中可能涉及立法的，是制书和诏书。制、诏的区分，向来是一个难点。过去人们往往着眼于从文书的内容来区分，其实这是一个误区。[1]《独断》说得很明白：

制书者，帝者制度之命也。其文曰制诏三公，赦令、赎令之属是也……

诏书者，诏诰也，有三品：其文曰告某官某，如故事，是为诏书。群臣有所奏请，尚书令奏之。下有司曰制，天子答之曰可，若下某官云云，

[1] 如李均明认为“制书是皇室处理涉及制度法规等向三公公布的指令，包括赦令、赎令，又解决刺史、太守、王侯相诉讼案及任免九卿时使用的文书形式”，诏书“用于处理常规行政事务”，两者的区别并不明晰。而在此界定之下，有多处误将制书当作诏书的失误。见氏著：《秦汉简牍文书分类辑解》，文物出版社 2009 年版，第 24—36 页。

亦曰诏书。群臣有所奏请，无尚书令奏制之字，则答曰已奏，如书，本官下所当至，亦曰诏。

两者一对比，区别就出来了。制、诏的区别，不在于文书中说“制曰”还是“诏曰”抑或“制诏”。从诏书的第二品来看，“下有司曰制，天子答之曰可，若下某官云云，亦曰诏书”，则有“制曰可”字样的，非但不是制书，反而应该是诏书。那么两者究竟如何区分呢？很简单，看结构。

最简单来讲，所谓“制”，就是天子单方面发出的命令。从这个意义上来讲，诏书中的“制下某官”“制曰可”，逻辑上也属于“制”。但是，制书是单方面发出，且无须回应，只需要执行的。而诏书，则是君主的“制”与群臣上奏的混合体。以前引元康五年诏书册为例：

御史大夫吉昧死言：丞相相上太常昌书言太史丞定言，元康五年五月二日壬子日夏至，宜寝兵，太官抒井，更水火，进鸣鸡。谒以闻，布当用者。臣谨案：比原宗御者水衡抒太官御井，中二千石、二千石令官各抒别火。（10.27）

官先夏至一日以除燧取火，授中二千石，二千石官在长安、云阳者。其民皆受以日至易其故火。庚戌寝兵，不听事，尽甲寅五日。臣请布，臣昧死以闻。（5.10）

制曰：可。（332.26）

元康五年二月癸丑朔癸亥，御史大夫吉下丞相，承书从事下当用者如诏书。（10.33）

10.33 简有“如诏书”字样，这一整份册书属诏书无疑。其中，10.27 简、5.10 简，是御史大夫提交的臣下上奏文，332.26 简是君主的批复“制曰可”，两者加在一起，就是“诏书”。所以判断制、诏最简捷有效的办法，就是保证该文书没有经过结构性节略的前提下，看是否是君主的“制”和臣下的“奏”的混合体。

唯一的例外，是《独断》所谓的诏书第一品：“其文曰告某官某，如故事”，似乎也是君主单方面发出的命令。如何区别这种诏书与制书呢？也很简单，看起首文辞。如果文书的结构是单一的君主命令，则看起首文辞是

“制诏”还是“告”，前者是制书，后者是诏书。

以此来看大庭脩的制诏三形式，结构是很清楚的——

第一形式：制

第二形式：奏 + 制

第三形式：制 + 奏 + 制

但是大庭脩的有些具体论点，还需要进一步商榷。

第一，诏书起首“制诏”字样能否作为判断制书、诏书的标准。

大庭脩在文中提到，由于汉代制诏在传世文献中“几乎都是经过节略才被记载的，首尾完整者极为罕见”，所以不能因为没有某些标志性用语而轻易判定其性质，这个见解是谨慎的。但是他又提出，如果有某些标志性用语，则可以认定属于某类文书，如起首有“制诏”字样，可以判定为制书，这是以《独断》为依据的。并且举出一个例子：

春，诏问公卿曰：“朕饰子女以配单于，金币文绣赂之甚厚，单于待命加嫚（慢），侵盗亡（无）已。边境被害，朕甚闵（悯）之。今欲举兵攻之，何如？”（《汉书》卷六《武帝纪》）

这道制诏，在《文馆词林》也有记载，作：

制诏：朕饰子女，以配单于，金币文绣，赂之甚厚。单于待命加嫚，侵盗无已，边境被害，朕甚闵之。今欲奉兵攻之，何如！[1]

两者的起首，一是史家叙事用语“诏曰”，一可能是引用制诏原文“制诏”。大庭脩发表议论：“这时，如果采用与《独断》中所载制书‘其文曰制诏三公’的基准，决定这是不是制书，那么，仅仅利用《汉书》，则当得出否定的结论。”揣测他的意思，则以为《文馆词林》较之《汉书》保存了该文书之旧，应当认定为制书。实际上，该文书是以“何如”之疑问句结尾的，不符合可以直接执行的制书体。《汉书・武帝纪》在此制书之后还有下文：“大行王恢建议宜击。”此事在《汉书・韩安国传》记载更明白，武

[1] [唐] 许敬宗编：《日藏弘文本书馆词林校证》，罗国威整理，卷六六二《汉武帝欲伐匈奴诏一首》，中华书局 2001 年版，第 218 页。按：大庭氏说《文馆词林》写作“制诏公卿曰”，未详何本。

帝发问之后，王恢与韩安国往复问难数个回合，最后“上曰：‘善。’乃从恢议”。这俨然一次完整的集议，相对来讲更符合大庭脩所提出的制诏的第三种形式，也就是说，这是一份诏书中的“制”部分，不应该认定为纯粹的制书。以此来看，以是否有“制诏”字样来判断是否制书，是危险的。这里可以再提供一个强证：

孝景皇帝元年十月，制诏御史：“……其与丞相、列侯、中二千石、礼官具为礼仪奏。”

丞相臣嘉等言：“……臣谨议：世功莫大于高皇帝，德莫盛于孝文皇帝，高皇庙宜为帝者太祖之庙，孝文皇帝庙宜为帝者太宗之庙。天子宜世世献祖宗之庙。郡国诸侯宜各为孝文皇帝立太宗之庙。诸侯王列侯使者侍祠天子，岁献祖宗之庙。请著之竹帛，宣布天下。”

制曰：“可。”（《史记》卷一〇《孝文本纪》）

这也是一个典型的“制＋奏＋制”的形式，但是起首的“制”也用了“制诏御史”的字样。同样的情况，还有张家山汉简《津关令》中的一条：

□、制诏相国、御史，诸不幸死家在关外者，关发索之，不宜，其令勿索，具为令。

相国、御史请关外人宦为吏若徭使，有事关中，不幸死，县道若属所官谨视收敛，毋禁物，以令若丞印封椟槥，以印章告关，关完封出，勿索。椟槥中有禁物，视收敛及封者，与出同罪。

·制曰：可。[1]

这也是一个典型的第三形式，而起首同样使用了“制诏相国御史”。由此益可证明，以标志性用语来识别制、诏，是不可靠的，文书结构才是判断的关键要素。

第二，第一形式的制书有多大的立法功能？

第一形式的制书，是大庭脩所谓以皇帝单方面意志发出的命令。所以探讨这个问题，实质是讨论：君主有多大的立法权限？从理论上讲，君主

[1] 彭浩、陈伟、［日］工藤元男主编：《二年律令与奏谳书》，上海古籍出版社 2007 年版，第 313 页。

的权力可以是无限的，中国古代也从来没有对君主权力作出刚性制约的法条。但是在实际运作中，却可以形成一套行政惯例。这里要讨论的，就是在汉代的行政惯例中，君主有多大的独立立法权。

还是先来看汉代人自己的记述。根据《独断》的记载，制书的功能主要有二：一，颁布赦令、赎令；二，任免九卿或京师近臣。这个归纳是不完全的。汪桂海根据文献又归纳出几个制书的功能：列侯的除封、郡守的任免、向某官员下达具体的命令或要求、遗诏。[1] 其中，任免、除封之类，不涉及立法；赦令、赎令，基本都是一次性的法律文件，不可以反复适用；向某官员下达的具体命令，一般也是针对具体事务，顶多作为先例使用。遗诏似乎可以有较大的权力，但一般也是行赏的恩泽诏书而已，涉及立法事宜很少。而如果赏赐过滥，即便遗诏也会受到臣下的抵制。例如：

会祖母傅太后薨，上因托傅太后遗诏，令成帝母王太后下丞相、御史，益封贤二千户，及赐孔乡侯、汝昌侯、阳新侯国。嘉封还诏书，因奏封事谏上及太后曰：“臣闻爵禄土地，天之有也。……王者代天爵人，尤宜慎之。……臣谨封上诏书，不敢露见，非爱死而不自法，恐天下闻之，故不敢自劾。愚戆数犯忌讳，唯陛下省察。”（《汉书》卷八六《王嘉传》）

益封二千户的遗诏尚且被封还，如果是涉及损益祖宗之制，恐怕不是君主单方面意志可以决定的。下面来看一些具体的例子。

大庭脩在文中举出第一形式的诏书，大多不涉及立法活动。其中有所谓“和帝章和二年‘罢盐铁之禁’的诏”，察原文则是诏中说“先帝恨之，故遗戒郡国罢盐铁之禁，纵民煮铸，入税县官如故事”，属于先帝遗诏，此处以制诏的形式再行申敕而已。另外，大庭脩还提到《王杖十简》中的一份“制诏御史曰”，并且认为这是“首尾完整”的制诏，“从中国古文书学和中国法制史两个角度来看，这都是重要的资料”。实际上，对出土文献也不可迷信。这份制诏是经过传抄的，讹误和节略情况都非常严重，下文将专门讨论。在此前提下，仅仅凭借起首的“制诏御史”四字将之判定为制

---

[1] 汪桂海著：《汉代官文书制度》，广西教育出版社 1999 年版，第 30—32 页。

书，其不可靠性已如上文所述。

但是《津关令》中有两条表现为第一形式的令文，如下：

二、制诏御史，其令扜关、郧关、武关、函谷【关】、临晋关，及诸其塞之河津，禁毋出黄金、诸奠黄金器及铜，有犯令

□、制诏御史，其令诸关，禁毋出私金器、铁。其以金器入者，关谨籍书。出，复以阅，出之。籍器、饰及所服者不用此令。[1]

这两条令有没有经过节略？会不会其完整形式如上引《津关令》"制诏相国御史"？不得而知。总之，利用大庭脩的"三形式"说来考察汉代制诏，最难认定的即是第一形式的制诏——第二、第三形式，由于有臣下上奏文的部分，所以较好判断；第一形式没有，则是原本没有，还是经过了删节，就很难判断了。譬如《汉书·高后纪》有这样一道制诏：

元年春正月，诏曰："前日孝惠皇帝言欲除三族罪、妖言令，议未决而崩。今除之。"

诏书明确告诉我们，"除三族罪、妖言令"的先行程序是集议，但是"议未决"惠帝就驾崩了。如果没有驾崩这一事实，则惠帝除三族罪、妖言令的记载，很有可能以如下面目出现：

夏四月，除盗铸钱令。(《汉书》卷四《文帝纪》)

冬十月壬午，诏除奴婢射伤人弃市律。(《后汉书》卷一《光武帝纪》)

而这样的记载，很容易让人误判为出自君主单方面的意志。总之这个问题如果没有一份格式完整的制书出土，恐怕还只能存疑。起码在认定制书的时候，还需慎之又慎。

回到立法的问题上来。大庭脩说："我的所谓第三形式的制诏，大多用于制定并改正律令的场合。"从史料来看，尽管也存在疑似用第一形式的制书来制定律令的情况，但这个结论仍是正确的。又或者改为如下表述会更严谨些："制定并改正律令的场合，大多采用第三形式的制诏。"

[1] 彭浩、陈伟、[日] 工藤元男主编：《二年律令与奏谳书》，上海古籍出版社 2007 年版，第 307—310 页。

第三，制诏三形式与集议制的关系。

大庭脩的制诏三形式，着眼点在于文书，而省略了他视之为人事的“集议”部分。其实，作为制度的集议，正是催生这三种制诏出台的幕后力量。这在第二、三形式的制诏中，体现尤为明显。例如前引《津关令》“制诏相国御史”条，属于制诏的第三形式，就是一个典型的“二府议”。而元康五年诏书册属于制诏的第二形式，则是有司议之后奏请的实例。难点在于第一形式的制诏与集议的关系。下面先来看一份《后汉书·光武帝纪》记载的制诏：

五月丁丑，诏曰：“昔契作司徒，禹作司空，皆无‘大’名，其令二府去‘大’。”

仅从《后汉书》判断，这似乎是君主单方面意志的体现，是第一形式的制诏。但是《后汉书·朱祐传》载明了这道制诏背后的原委：

十五年，朝京师，上大将军印绶，因留奉朝请。祐奏古者人臣受封，不加王爵，可改诸王为公，帝即施行。又奏宜令三公并去“大”名，以法经典。后遂从其议。

可见这道制诏仍是集议的结果。又如《后汉书·南匈奴列传》：

冬，孟云上言：“北虏以前既和亲，而南部复往钞（抄）掠，北单于谓汉欺之，谋欲犯塞，谓宜还南所掠生口，以慰安其意。”肃宗从太仆袁安议，许之。乃下诏曰：“昔猃狁、獯粥之敌中国，其所由来尚矣。……其来度辽及领中郎将庞奋倍雇南部所得生口，以还北虏。其南部斩首获生，计功受赏如常科。”

制诏出台之前的集议情况，在《袁安传》记载得更明确：

元和二年，武威太守孟云上书：“北虏既已和亲，而南部复往抄掠，北单于谓汉欺之，谋欲犯边。宜还其生口，以安慰之。”诏百官议朝堂。公卿皆言夷狄谲诈，……不可开许。安独曰：“……诚便。”司徒桓虞改议从安。太尉郑弘、司空第五伦皆恨之。弘因大言激励虞曰：“诸言当还生口者，皆为不忠。”虞廷叱之，伦及大鸿胪韦彪各作色变容，司隶校尉举奏，安等皆上印绶谢。……帝竟从安议。

如果割裂来看，《南匈奴列传》所载的这份制诏，是一份不折不扣的第一形式的制书。而实际上，其背后隐藏着一整套集议的程序。这套集议程序再配上最后的“制书”，则几乎相当于第三形式的制诏了：

（奏）—武威太守孟云上书

制—诏百官议朝堂

（议）—公卿集议

奏

制—乃下诏曰云云

完全是一个典型的“制＋奏＋制”的形式。再看一个典型的例子：

尚书令臣嚣、仆射臣鼎、尚书臣旭、臣乘、臣滂、臣谟、臣诣稽首言：“……今吉日以定，臣请太傅、太尉、司徒、司空、太常条列礼仪正处上，群臣妾无得上寿，如故事。臣嚣、臣鼎、臣旭、臣乘、臣滂、臣谟、臣诣愚闇（暗）不达大义，诚惶诚恐，顿首死罪，稽首再拜以闻。”

制曰：“可。”

维建宁四年七月乙未，制诏：“皇后之尊，与帝齐体，供奉天地，祗承宗庙，母临天下。……今使太尉袭使持节奉玺绶，宗正祖为副，立贵人为皇后。后其往践尔位，敬宗礼典，肃慎中馈，无替朕命，永终天禄。”（《续汉书·礼仪志》注引蔡质所记立宋皇后仪）

“维建宁四年七月乙未制诏”以下，也是一份“制书”的格式。当然，这里是策命皇后，从《独断》来看应当是策书。而这份策书的出台背景，也是一次尚书台集议，外加虽然省略了但可以推想得知的四府议。甚至于“制书”本身的草稿，可能都是集议的产物，如：

二十八年，北匈奴复遣使诣阙，贡马及裘，更乞和亲，并请音乐，又求率西域诸国胡客与俱献见。帝下三府议酬答之宜。司徒掾班彪奏曰：“……报答之辞，令必有适。今立槁草并上，曰：‘单于不忘汉恩，追念先祖旧约，欲修和亲，以辅身安国，计议甚高，为单于嘉之。往者，……朕不爱小物于单于，便宜所欲，遣驿以闻。’”帝悉纳从之。（《后汉书》卷八九《南匈奴列传》）

“今立槁草并上，曰”以下，即是班彪代君主所拟发给单于的制诏。“帝系纳从之”，可见最后是以班彪这份草稿为底本写的制诏。单于拿到这份制诏，断然也料想不到这背后的集议程序，而会判断这是第一形式的制诏。

大庭脩讨论第一形式的制诏时并非没有注意到这些背景问题，但是他说：“当皇帝决定意志时是否有特定的官僚的助言，或者因为皇帝幼少、病弱，事实上意志决定是由幕后者执行的，这样的个别的特殊情形是政治史的问题，这里没有必要加以考虑。”的确，如果是个别的、特殊的助言，自然没有必要纳入制度史的范围来考量。但是集议本身已经形成了一种制度，大庭脩所探讨的第二、三形式，其实已经不自觉地将之纳入考虑了，在探讨第一形式时，当然也不应当回避这一问题。

这样一来，对前面一个问题，即“制书的立法权限”可以有一个更深广的思考空间：也许有些从文书形式来看属于“制书”的文书，乃是集议的结果，也就是说，是另一个第二、第三形式制诏运作的结果。这种集议制的幕后运作，并不属于政治史的范畴，而应当纳入制度史的眼界之内。这样一来，对大庭脩的“制诏三形式”说可以获得一个更加灵活而非绝对化的理解，“第一形式的制诏”，即便从制度上来讲，是否仅仅体现君主单方面的意志，也值得重新考量了。

（三）制诏立法的一般程序

汉代制诏的制作步骤，汪桂海已经从古文书学的角度做了比较细致的研究，[1] 这里不拟重复这一工作。我想讨论的是，从法制史的角度来看，制诏立法有哪些不可或缺的程序？主要有四个环节：

第一，提案。即提出问题与解决方案。

第二，审议。审议的工作主要有二，一是审核提案是否大体可行；二是将之细化，使可操作。审议须由君主启动。

---

[1] 汪桂海著：《汉代官文书制度》，广西教育出版社 1999 年版，第 112—143 页。

第三，制作细案。将提案或审议结果制作成书面的可操作的命令。

第四，赋予效力。君主对草案进行最后的审核，如果没有问题，则予批准，以制诏的形式颁布。

值得特别说明的是，这是从功能的角度对立法程序进行的细分。如果其中某一环节直接具备了其他环节的功能，则其他环节可以省略。以下试举例略作说明，并在这个分析框架之下重新审视大庭脩的“制诏三形式”。

第一种情况：如果君主以制诏的形式提案，提案内容具有可执行性无须细化，且君主不启动审议程序，那么这就是第一形式的制诏。例如：

景帝元年，下诏曰：“加笞与重罪无异，幸而不死，不可为人。其定律：笞五百曰三百，笞三百曰二百。”（《汉书》卷二三《刑法志》）

诏文“其定律”之后的内容切实可行，无须再制作细案；由于是君主的制诏，所以“赋予效力”环节也可以省略，直接颁布执行。

第二种情况：如果臣下上奏文中已经提出了具体的实施方案无须细化，且君主不启动审议程序，直接制曰可，那么这就是第二形式的制诏。例如元康五年诏书册，太史丞的提案是：

元康五年五月二日壬子日夏至，宜寝兵，太官抒井，更水火，进鸣鸡。谒以闻，布当用者。

御史大夫在转呈这份提案之前，已经先行审议并提出了更细化的方案如下：

臣谨案：比原宗御者，水衡抒太官御井，中二千石、二千石令官各抒别火。官先夏至一日以除燧取火，授中二千石，二千石官在长安、云阳者。其民皆受以日至易其故火。庚戌寝兵，不听事，尽甲寅五日。

君主“制曰可”，是赋予效力，然后就可以直接颁布执行了，无须重新制作细案，也没有启动进一步的审议。《津关令》里的多数条文也都是采取的这种模式，例如第一条：

一、御史言：越塞阑关，论未有令。

·请阑出入塞之津关，黥为城旦舂；越塞，斩左止（趾）为城旦；吏卒主者弗得，赎耐；令、丞、令史罚金四两。智（知）其请（情）而出入之，及假予人符传，令以阑出入者，与同罪。非其所□为□而擅为传出入津关，以□传令、阑令论，及所为传者。县邑传塞，及备塞都尉、关吏、官属、军吏卒乘塞者，禁（？）其□弩、马、牛出，田波（陂）、苑（？）牧，缮治塞，邮、门亭行书者得以符出入。

·制曰：可。[1]

“越塞阑关，论未有令”，是提出问题；第一个间隔符之后到第二个间隔符之间，是提出的具体解决方案。这样一来，提案、制作细案就合一了。君主没有选择启动审议程序，而是直接“制曰可”，赋予效力，颁布执行。

第三种情况： 如果臣下上奏文中已经提出了具体的实施方案无须细化，但君主启动审议程序，那么这就是第二形式制诏的变形。例如：

京兆尹张敞上书言：“……愿令诸有罪，非盗受财杀人及犯法不得赦者，皆得以差入谷此八郡赎罪。务益致谷以豫备百姓之急。”事下有司，望之与少府李强议，以为：“……今议开利路以伤既成之化，臣窃痛之。”

于是天子复下其议两府，丞相、御史以难问张敞。敞曰：“……敞幸得备列卿，以辅两府为职，不敢不尽愚。”

望之、强复对曰：“……愚以为此使死罪赎之败也，故曰不便。”时，丞相魏相、御史大夫丙吉亦以为羌虏且破，转输略足相给，遂不施敞议。（《汉书》卷七八《萧望之传》）

文中加着重号部分，是张敞在上奏中提出的具体方案，基本可以直接执行。君主对如何决策拿不准，所以先下有司议，后下二府议，最终对张敞的提案予以否决。这种情况，比第二种情况多了“审议”环节。

第四种情况： 如果臣下的提案没有给出具体方案，君主启动审议程序，则审议中既须审核该提案的大方向有没有问题，还须制作细案，最后提交君主赋予效力。这是制诏第二形式与第三形式的复合。例如：

哀帝即位，师丹辅政，建言：“古之圣王莫不设井田，然后治乃可

---

[1] 彭浩、陈伟、[日]工藤元男主编：《二年律令与奏谳书》，上海古籍出版社2007年版，第305页。

平。……宜略为限。”

天子下其议。

丞相孔光、大司空何武奏请：“诸侯王、列侯皆得名田国中。列侯在长安，公主名田县道，及关内侯、吏、民名田，皆毋过三十顷。请侯王奴婢二百人，列侯、公主百人，关内侯、吏、民三十人。期尽三年，犯者没入官。”……

诏书：“且须后”，遂寝不行。（《汉书》卷二四《食货志》）

师丹针对当时贫富悬殊的问题，提出对富人的田宅奴婢“宜略为限”的提案，但没有给出具体实施办法。君主开启审议程序，丞相、大司空等赞同师丹的提案，并给出了实施细则，提交君主决策，遭到否决。从“师丹上奏＋诏书：且须后”来看，属于第二形式；从“（制）下其议＋丞相、大司空奏请＋诏书：且须后”来看，属于第三形式。

第五种情况：如果君主提案，指示群臣审议并制作细案，然后赋予效力，属于典型的第三形式的制诏。群臣的审议，既可以对君主的提案提出异议，也可以在通过的情况下制作细案。例如：

孝文二年，又诏丞相、太尉、御史：“……今犯法者已论，而使无罪之父、母、妻、子、同产坐之及收，朕甚弗取。其议。”

左、右丞相周勃、陈平奏言：“……臣之愚计，以为如其故便。”

文帝复曰：“……朕未见其便，宜熟计之。”

平、勃乃曰：“……臣等谨奉诏，尽除收律、相坐法。”（《汉书》卷二三《刑法志》）

这是关于废除收律、相坐法的一次集议。文帝提案废除连坐制度，并启动审议程序；群臣审议后，反对文帝的提案；文帝进行说理后再次提交审议，群臣这才审议通过。这段叙事的最后，省略了文帝的“制曰可”，即赋予效力的环节。至于审议通过并制作细案的情况，君主在提案的制诏中往往会使用“具为令”“议为令”的字样，大庭脩对此已经有很好的讨论，[1] 兹不赘述。

以上只是列举一些比较典型的情况，事实上这四个环节的互相组合，在汉代的实际行政中完全可以有更丰富的变化。而且从时间上来讲，细案的制作与效力的赋予，一般是前后紧密相续的过程，但偶尔也会出现较大的时间差。例如：

案官所施漏法《令甲》第六《常符漏品》，孝宣皇帝三年十二月乙酉下，建武十年二月壬午诏书施行。(《续汉书·律历志》)

《常符漏品》的制作和颁布时间应该是西汉宣帝时代，可能因为王莽之乱而失效，到东汉光武帝时代重新被赋予效力。这种情况，也不过是上述四环节组合的一个变格。制诏立法结束之后，应该还存在一个存档的手续，这在史籍中可以找到许多蛛丝马迹，例如窦婴之死：

孝景时，魏其常受遗诏，曰“事有不便，以便宜论上”。……书奏上，而案尚书大行无遗诏。诏书独藏魏其家，家丞封。乃劾魏其矫先帝诏，罪当弃市。(《史记》卷一〇七《魏其武安侯列传》)

窦婴受景帝遗诏，一份藏在家中，副本留在尚书，可证这种制度的存在。关于制诏的立卷存档，因与立法关系不大，这里不再详谈，可以参考汪桂海的有关研究。[2]

总之，通过以上研究可以得知，制诏是汉代法律的第一形态。我的所谓第一形态，是指在“赋予效力”环节结束后，就即时成立的法律形态。汉代的律、令，还要在制诏的基础上经过“著律”“著令”的著录环节，详下文。汉律是否可以不从制诏中逐条提取、而整部作为制诏的附件发布？如果可以，则律的草案被赋予效力之际，也就成为独立的法律形式，可以目之为第一形态的法律了。但是这方面的材料还没有见到，姑且存疑。第一形态的法律，即制诏立法的程序如下图所示：

[1] ［日］大庭脩著：《秦汉法制史研究》，林剑鸣等译，上海人民出版社 1991 年版，第 185—189 页。

[2] 汪桂海著：《汉代官文书制度》，广西教育出版社 1999 年版，第 204—232 页。

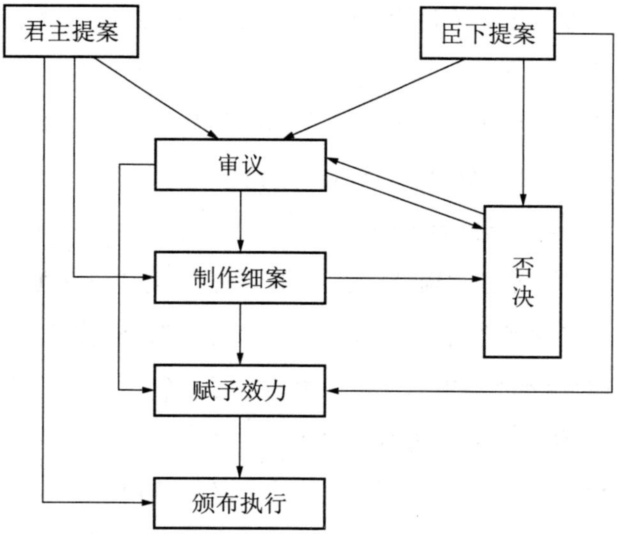

图十　汉代制诏立法程序示意图

三、编纂：法的其他形态

（一）著录与更定：律、令

所谓“著录”，指从君主颁布的大量制诏中选择符合相应标准的部分，加入具有更高法律效力的法令集中去。如果从“典”字的本意和引申义出发，则这种法令集完全可以称之为“法典”。[1] 但由于近代法律术语逐译的过程中，法典一词已经具有了某些特定的标准和含义，[2] 所以本书也尽量避免使用该词。另外需要解决的一个前提问题是，即便不称之为“律典”或“令典”，究竟汉代是否存在由中央向地方统一颁布的法令集？21 世纪以来，许多学者基于各自对“法典”的理解，对这一前提提出了挑战。[3] 关

[1] 《说文》：“典，五帝之书也。从册在丌上，尊阁之也。”完全符合汉代律令的地位和保存情况。

[2] 例如滋贺秀三在《关于曹魏〈新律〉十八篇篇目》一文中提出了法典的两条特征，并据此认为中国的律典以曹魏《新律》为起点，而令典则成立于晋令以后（见杨一凡总主编：《中国法制史考证》丙编第二卷，中第 263—264 页）。在“法典”一词的近代法学意义上，我认同这一判断。

[3] 具体学说的介绍，详见下一节。

于这个问题，留待下一节讨论。这里姑且把讨论的结果作为前提来使用：我认为不但汉律，而且汉令，尽管也许是以制诏的形式逐条颁布的，但都存在着全国统一使用的版本。而从逐条颁布到统一使用，正是通过“著录”这一手续实现的。以下分两个问题依次讨论。

1. 哪些制诏会被著录为律、令？

这里涉及一个是否“预设立法”的问题。所谓“预设立法”，指某制诏本身包含有将被著录为律令的指令，主要指“著令用语”。中田薰指出：“在将来应长期遵行的具有永久性效力的重要诏令中，不能忽略在文中或结尾特别附加的‘定令’‘著令’‘具为令’‘著于令’‘定著令’‘定著于令’‘著以为令’等著令用语（暂称）。”[1] 附有这类用语的制诏，被明确要求著录为令。此外，有些制诏也明确包含有著录为律的指令，如前文所讨论的带有“其定律”字样的制诏。带有“定律”“著令”字样的制诏，一定会被著录为律、令，这应该是没有疑问的。

那么没有“预设立法”的制诏呢？也就是说，君主颁布某制诏时，并没有同时发出明确要求著录为律令的指令，这类制诏是否会被著录为律令呢？根据目前掌握的材料来看，这类制诏中有一部分仍会被著录为律令。如前文提到的惠帝初即位时所下恩泽诏书，由于包含了若干可反复适用的刑罚减免原则，而被著录入《具律》；又如张家山汉简《津关令》中的绝大多数令文，都没有“著令用语”，而被著录入《津关令》。紧随而来的一个问题是：没有预设立法的制诏，哪些被著录为律令，哪些不著录为律令？去取别择的标准何在？

应该说，答案尚不明确。学界一种普遍的看法是：皇帝死后，其后任将对先帝时代的制诏做统一的整理，择要著录为律令。[2] 所谓“皇帝死后”的说法，并不能得到史料的支持，也许是出于对杜周“前主”“后主”的误解。所以这种所谓“前帝的著令诏在其死后‘编诸令甲’的惯例”可能并

[1] ［日］中田薰：《汉律令》，载中国政法大学法律古籍整理研究所编：《中国古代法律文献研究》第3辑，中国政法大学出版社2007年版，第107页。

[2] 如前引中田薰《汉律令》。

不存在。更有可能的一种情况是，汉代常常可见的“更定律令”的法律整理编纂，才是将制诏著录为律令的活动。例如景帝初晁错更定法令三十章，武帝时张汤、赵禹更定律令，宣帝时廷尉于定国“集诸法律”[1]，“删定律令科条”[2]。至于后汉，律令的整理活动更多，不赘。[3]汉代更定律令的细节已无从得知，这里可以引曹魏的情况作参考。《魏律序》曰：

汉氏施行有小愆乏，及不如令，辄劾以不承用诏书乏军要斩，又减以《丁酉诏书》，《丁酉诏书》，汉文所下，不宜复以为法，故别为之《留律》。（《晋书》卷三〇《刑法志》）

曹魏制定《新律》，对过去的各种法律形式进行了总清算，取其可用者入律。这一段提到对汉文所下《丁酉诏书》及汉氏施行的整理情况。汉代“更定律令”，想来也应当对诏书进行总的清理，即制诏的著录工作。冨谷至提出：“以上提及的律令删定、更定活动，意味着将零散的而且具有一次性特征的‘令’整理、分类为恒常的、系统的‘律’。”考虑到冨谷氏所谓“令”就是本书所谓“制诏”，他的这段话很适合引来作为以上探讨的初步结论。

2. 制诏被著录为律、令，要经历何种手续？

大体来讲，著录的手续可以细分为以下五个步骤：拔萃、缮写、补注、加入、目录。以下依次解释。

（1）拔萃

如前所说，汉代律、令的格式不同，令带有诏书体，而律则无。“拔萃”指将汉律消除诏书体的步骤，即将制诏中的规范性内容提取出来，书写成法条的形式。这个前面已经讲过了，这里解决一个新的问题：汉令是否存在拔萃书写的情况？

程树德《汉律考》辑汉令佚文四十六条，几乎都是以法条的形式出现

---

[1]《魏书》卷一一一《刑罚志》。

[2]《唐六典》卷六《尚书·刑部》注。

[3] 参见徐世虹主编：《中国法制通史》第二卷《战国秦汉》第十一章下“令的整理厘定”一节，法律出版社 1999 年版，第 272—278 页。

的。[1] 无独有偶，出土简牍也有这样的情况出现，如大庭脩所援引的一组“功令第卌五”[2]：

·功令第卌五候长士吏皆试射射去埻　弩力如发弩发十二矢中　矢六为程过六矢赐劳十五日（45.23）

·功令第卌五候长士吏隧长皆试射射去埻（45.21）

·功令第卌五士吏候长蓬隧长常以令秋试射以六为程过六赐劳矢十五日（285.17）

大庭脩经过比对后认为，以上三组简都标有“功令第卌五”，令文的文字表述大不相同，但是基本内容完全一致。从大庭脩的观察，应该可以引申出这样的结论：以上三组简文都是节抄，抄自于同一个母本；三组简文具体表达的差异，不过是抄写者信手为之的结果。抄写者抄写以上令文，应该是出于实用的目的。那么从这一目的出发，最有可能被省略的，当然就是没有实用价值而又重复繁冗的诏书格式。值得一提的是，汉代的律令书写时，律令名称往往在条文之后，而此处“功令”之名在前，也是摘抄的一个旁证。

但是，岳麓秦简公布了一组题为“卒令”的秦令，同样没有出现诏书体：[3]

1173：·恒、署书皆以邮行。·卒令丙二

1162：·令曰：书当以邮行，为检令高，可以旁见印章，坚约之，书检上应署令□，负以疾走。不从令，赀一甲。·卒

1169：令丙三

1805：·令曰：邮一行书留半日，赀一盾；一日，赀一甲；二日，赀二甲；三日，赎耐；三日以上，耐。·卒令丙五

这组秦令是否摘抄自具备诏书体的原本？抑或秦汉令也存在拔萃书写

[1] 程树德著：《九朝律考》，中华书局 2006 年版，第 85—92 页。

[2] [日] 大庭脩著：《秦汉法制史研究》，林剑鸣等译，上海人民出版社 1991 年版，第 77 页。具体文字根据《居延汉简释文合校》修订。

[3] 陈松长：《岳麓书院藏秦简中的行书律令初论》，载《中国史研究》2009 年第 3 期。

的情形？还需要等待新材料的公布。

（2）缮写

所谓缮写，就是将制诏中可以成为律令的内容，抄写到新的简牍上去。这里存在两个问题：

第一，缮写时是否会改变制诏原文？

汉律既然存在拔萃书写的情况，那么改变（删节）原文势在必行。汉令也许也存在对原文润色、修改的情况，如前引宣帝诏书中提到“令甲：‘死者不可生，刑者不可息’”，应该就是来自缇萦上书的“妾伤夫死者不可复生，刑者不可复属”。这也许说明了从制诏到律令，文字内容有所变更是不足为奇的。

第二，抄写到何种简牍上去？

汉代的制诏，书写在一尺一寸的简牍上；[1]汉代的律、令，书写在三尺（或汉尺的二尺四寸）的简牍上。[2]简牍形制的不同，一定程度上规定着制诏与律令性质的不同。所以缮写环节不仅仅是为了留副本、修改原文，更重要的是进行形式上的区分。

（3）补注

所谓补注，指将制诏的相应内容缮写到三尺简牍上以后，补充注明一些格式性的内容。汉律令的著录过程中，主要补注的内容有所属律令的名称，令的编号、颁布日期、字数等。

根据出土秦汉律的情况来看，每条律文之后往往附有所属律名，这应该是在缮写工作完成之后附加上去的。令的情况则要复杂得多，举个例子：

·令丙第九

丞相言：请令西成、成固、南郑献枇杷各十，至不足，令相补（？）不足，尽所得。先告过所县用人数，以邮、亭次传。人少者财助献。起所为檄，及界，邮吏皆各署起过日时，日夜走，诣行在所司马门，司马门更

[1] 关于汉代制诏书写在一尺一寸简牍上的最新研究，参见［日］冨谷至著：《文书行政的汉帝国》,，刘恒武、孔李波译，江苏人民出版社2013年版，第25—32页。

[2] 如《史记·酷吏列传》《集解》引《汉书音义》：“以三尺竹简书法律也。”

诣大（太）官，大（太）官上檄御史。御史课县留穉（迟）者。御史奏，请许。

制曰：可。孝文皇帝十年六月甲申下。[1]

这是一则罕见的“令丙第九”全文，加下划线部分属于补注的内容。汉代有所谓干支令，如果“令丙”属于干支令，那么可以看作令名。“第九”属于本条令文的编号，即在令丙中的位置。“孝文皇帝十年六月甲申下”，是补注颁布日期。有学者判断这条令文“编入《令丙》的时间应在墓葬年代下限前，即不会晚于汉武帝元光二年（公元前133年），准确年代则不能确定”，[2] 则很有可能是在文帝死后某次更定律令时被著录进《令丙》的。居延汉简亦有一支断简的尾部：

☐符令。制曰可。孝文皇帝三年十月庚辰下，凡六十六字。（332.9，179.5）[3]

不难判断，这是一道诏书的结尾，“符令”之上的文字可以补为“请著符令”或“请定符令”之类，所以这道诏书属于预设立法，颁布不久就被编入《符令》。这里又附注了令文的字数。之所以要附注字数，恐怕是为了防止在传抄过程中出现错误。到此为止，一份新的律令简就算制作完毕，下一步是把它们加入已有的律令中去。

（4）加入

如何把新制定的律令简加入已有的律令？这也许要视新律令简的性质和数量多少而定。

汉代的竹木简，一般是编卷收藏，这从出土律令简的情况可以得到印证。目前出土最长的汉代简册，是由七十七枚简编联而成的《永元器

[1] 释文录自胡平生：《松柏汉简“令丙九”释解》，复旦大学出土文献与古文字研究中心网2009年4月5日首发（http://www.gwz.fudan.edu.cn/srcshow.asp?src_id=743）。

[2] 彭浩：《读松柏出土的西汉木牍（一）》，武汉大学简帛网2009年3月31日首发（http://www.bsm.org.cn/show_article.php?id=1009）。

[3] 谢桂华、李均明、朱国炤编：《居延汉简释文合校》，文物出版社1987年版，第521页。标点为笔者所加。

物簿》。邢义田在对史语所藏居延汉简进行实际测量的基础上得出结论："简册编联理论上虽可以无限延长，但为了使用的方便，一般应不会太长吧""顶多不过百简左右"[1]。这是我们考虑律令简加入方式的第一个前提。

富谷至的研究表明，汉代简牍中的书籍简和文档简，收卷方式是不同的。书籍简的编绳是从末端简向开端简系联，收卷方式也是从末端向开端收起，标题往往写在开端简的背面；而文档简恰恰相反，编绳从开端简向末端简系联，收卷方式从开端向末端收起，标题往往写在末端简的背面。从这种编联方式可以推测：书籍简一定是在全部简牍书写完毕之后才用编绳系联（或者事先编联好空白简，然后书写），而文档简则应该是随写随编，呈现出一种可以"不断添加的卷宗化簿籍的装帧方式"[2]。这是以下讨论的第二个前提。

所以讨论新的律令简如何加入已有律令，要看两点：第一，新律令简是对已有部分的添加还是替换；第二，新加律令简的分量大小。如果新加律令简数量较多，已经可以单独成册，那么直接收卷，挨着已有律令摆放在"几阁""栈阁"之类的地方就可以了。[3]如果新加律令简数量较少，而且是新增内容，那应该是在亦有律令简册的基础上继续编联，直到一册编完，就可以单独收卷保存了。

问题是，如果新增律令简是对原有部分的替换呢？我认为，应该是将已经失效的部分从简册上拆除，换上新增部分。而不是采取像今天修正案的形式，对原有简册则原封不动；也不会像魏晋或隋唐一样将原有简册整体废除、重新缮写。证据有这样几个：

第一，前引《论衡》对《九章律》的论述已经说明，东汉中期所见

[1] 邢义田：《汉代简牍的体积、重量和使用——以中研院史语所藏居延汉简为例》，载氏著：《地不爱宝：汉代的简牍》，中华书局2011年版，第23页。

[2] ［日］冨谷至著：《木简竹简述说的古代中国——书写材料的文化史》，刘恒武译，黄留珠校，人民出版社2007年版，第45—50页。

[3] 《盐铁论·刑德》："律令尘蠹于栈阁，吏不能遍睹，而况于愚民乎！"《汉书·刑法志》："文书盈于几阁，典者不能遍睹。"邢义田推测，"几阁""栈阁"的解释可能是类似于书架或矮桌之类设施。见前引书，第16页。

《九章律》已非萧何之旧，而呈现出文帝修改过的形态，完全找不到汉初关于肉刑的规定了。以此可证，新增律令简将替换原有部分。

第二，史籍多见汉代有“蠲除律令”的记载。蠲除律令，当然是废除不适用的律令，而废除的方法，应该就是将失效部分剔除出去。《晋书·刑法志》记载，汉成、哀之际，“丞相王嘉等猥以数年之间，亏除先帝旧约，穿令断律，凡百余事”，所谓“穿令断律”，形象地反映了从简册上拆除失效部分的过程。又，《后汉书·桓谭传》：“今可令通义理明习法律者，校定科比，一其法度，班下郡国，蠲除故条。”“蠲除故条”，正说明被替换者仅仅是“故条”，而不必把所有条文重新抄写一遍。[1]

（5）目录

最后一道工序，应该是给已有的律令编写目录，包括篇章的目录和条文的目录，这在传统汉律辑佚工作中被称之为“律目”。[2] 目录的编制，是为了方便查找。传世文献没有这方面的记载，但是可以从这样一个现象推知一二：诸书往往“不约而同”地采用相同的字眼来表述某种犯罪，如“恐猲”“欺谩”“矫制”等。这些词汇，在沈家本、程树德做汉律的辑佚工作时被视为“律目”。如果汉代没有编制“律目”的话，传世文献记载会不会如此高度一致，是需要打上问号的。“律目”的存在，得到了出土材料的印证。

张家界古人堤出土了的 29、33、34 号木牍正面，都分栏书写有汉代

[1] 参见杨振红：《从〈二年律令〉的性质看汉代法典的编纂修订与律令关系》，载《中国史研究》2005 年第 4 期。

[2] 张伯元指出：“律目，指法律律文的篇目或条目名称”，其中后者即“律目下属的律条名称则称律小目”（见氏著：《法律文献学》，浙江人民出版社 1999 年版，第 48—51 页）。徐世虹则认为，“律目”是清末以来汉律辑佚的工具性概念，“最早将此概念用于旧律复原的为沈家本。沈氏……考证了历代法律的篇目及其沿革，此‘律目’可视为‘篇目’。……于律篇下系连相关条目，称为某律之‘目’。……实际是律条略称，而非篇的下一级目录，以此为目下系律文，未必妥当”。（见徐氏作：《秦汉法律研究百年（一）》，载《中国古代法律文献研究》第 5 辑，第 7—8 页）律目（尤其是所谓律小目）究竟是官方编制的律条目录，是汉代律学的成果，是约定俗成的叫法，还是后世辑佚的工具？还有待考证。本书倾向于第一种可能，但未必作为“篇的下一级目录”编制到律中去。

《贼律》《盗律》的目录，如“盗出故（?）物”“揄封”“贼杀人”等，[1]这是汉律目录存在的证明。

汉令也有目录。居延新简出土的甲2551号札，长67.5厘米，与传世文献“三尺律令”之说吻合。陈梦家考订为“西汉施行诏书目录”中的第二支，并推测为令甲目录。[2]这一说法得到了大庭脩的赞同。[3]该令目内容为：

县置三老二 行水兼兴船十二 置孝弟力田廿二 征吏二千石以符卌二 郡国调列侯兵卌二 年八十及孕朱需颂系五十二（5.3，10.1，13.8，126.12）[4]

参考陈梦家的考证可知，“县置三老”之类令目都是从原制诏或曰令文的内容中节取的字眼。这种节取原文作为律目、令目的做法，在睡虎地秦简、张家山汉简中也可以看到，如：

一、御史言，越塞阑关，论未有令，请阑出入塞之津关，黥为城旦舂；……制曰：可。

……出入盈五日不返，伍人弗言将吏，将吏弗劾，皆以越塞令论之。

廿三、丞相上备塞都尉书，请为夹溪河置关，……·阑出入、越之，及吏卒主者，皆比越塞阑关令。丞相、御史以闻，制曰：可。[5]

以上分别为《津关令》的第一、四、廿三号令。其中四号令中所谓“越塞令”、廿三号令中所谓“越塞阑关令”，应该就是一号令的简称。而这种简称，很有可能通过编制目录来统一。

经过以上步骤，律、令的著录就完成了。在这一环节形成的法律形式，我称之为汉代法律的第二形态，即直接从单行制诏（第一形态）中挑选出

[1] 湖南文物考古研究所、中国文物研究所：《湖南张家界古人堤简牍释文与简注》，载《中国历史文物》2003年第2期。

[2] 参见陈梦家：《西汉施行诏书目录》，载氏著：《汉简缀述》，中华书局1980年版，第275—284页。

[3] 参见［日］大庭脩：《居延出土的令甲目录》，载氏著：《汉简研究》，广西师范大学出版社2003年版，第150—157页。

[4] 谢桂华、李均明、朱国炤编：《居延汉简释文合校》，文物出版社1987年版，第7页。

[5] 彭浩、陈伟、［日］工藤元男主编：《二年律令与奏谳书》，上海古籍出版社2007年版，第305、310、324页。

具有规范内容的部分，纳入已有律令编纂物，从而成为新的律令。这一活动的实施主体是朝廷而非某官署，这是第二、三形态法律区分的关键。因此，汉令中的挈令必须归入下一法律形态。另外需要特别强调的一点是，只有第一形态的法（制诏）是创制出来的，后续的法律形态都是以第一形态或其他位序较高的法为质料编纂而成的。

（二）选编（Ⅰ）：官署法令集

制诏、律、令（干支令、事项令）形成以后，层层下发。中央各官署（也许还包括郡政府）在这些法令的基础上各取所需，编选本单位的法令集，这就形成了汉代法律的第三形态——官署法令集。属于这一形态的典型例证是所谓“挈令”。

学界关于“挈令”的讨论很多，[1] 目前比较能令人信服的结论是由李均明、刘军作出的：“挈令之实质当为中央有关机构根据需要从国家法令中提起与自己有关的部分，以地域命名的挈令则是根据地域需要提起。国家法令是以皇帝的名义制诏签发的，各部门仅是编录而已，故云‘挈令’。”[2] 大庭脩进一步指出，挈令是“为适应需要而二次以上被编录”，并不是“最初

---

[1] 参见徐世虹：《百年回顾：出土法律文献与秦汉令研究》，载《上海师范大学学报》（哲学社会科学版）2011 年第 5 期。

[2] 李均明、刘军：《武威旱滩坡出土汉简考述——兼论“挈令”》，载《文物》1993 年第 10 期。与李、刘观点相左的主要有籾山明和凡国栋的观点。籾山明的观点留待后文讨论。凡国栋根据岳麓秦简所见“共令”的名称提出：“挈令”是与“共令”相对而言的，如果挈令是“仅适应于一个官署、一个地区的特令”，则“共令”是适用于多个官署的共同遵循的令。所以“挈”的含义不是李、刘所谓的“提起、摘起”，而应该是“特也”（见氏作：《“挈令”新探》，《简帛》第 5 辑，上海古籍出版社 2010 年版，第 464 页）。这一观点得到了广濑薰雄的赞同。按：岳麓秦简所见“共令”有“内史郡二千石官共令”“内史官共令”“食官共令”“给共令”等。仅从名称（尤其是后二种的名称）来看，“共”有可能是“供”字之假，不必急于得出“挈”“共”相对的结论。又，从现有挈令名称的例子来看，“内史令”如果被称为“内史挈令”，从逻辑上是完全讲得通的。所以这里的“内史官共令”到底是什么意思，还值得推敲。拙作《秦律中的“官”释义》认为，“官”在秦代法律文献中往往表示“职能部门”的意思，所以“内史官共令”也许表示内史下辖各“官”所共之令也未可知。

立法”的产物。[1] 由此可见，挈令的特点是：

A. 从国家法令中编选，而非原创的，这也意味着其内容应该被两份以上的法令集同时收录；

B. 适用于某单位或地域，而非全国。

以上是凭借史料和前贤成果不难得到的结论。下面要解决两个问题：

第一，除了挈令而外，还有哪些第三形态的法律？从史料来看，还有这样一些法律形式也许也可以归为此类：

丞相常用。武威旱滩坡汉简《武》7 简：“坐臧为盗，在公令第十九，丞相常用第三。”[2]“坐臧为盗”这一法条，为“公令”和“丞相常用”同时收录，编号分别为第十九和第三（？）。“公令”是汉令名，见于《汉书·何并传》如淳注，应该属于事项令，是国家立法的产物。“丞相常用”，顾名思义，应该是丞相府常用法令集。大庭脩判断“其作为公令而被立法，随之被编入丞相常用之中，因此恐怕不能认为最初是作为丞相常用而被立法的”[3]，这个判断是有见地的。因此“丞相常用”也可以归入第三形态，也许就是一种挈令。

辞讼比、决事都目。《后汉书·陈宠传》：“宠为昱撰《辞讼比》七卷，决事科条，皆以事类相从。昱奏上之，其后公府奉以为法。”《后汉书·鲍昱传》注引《东观汉记》：“昱奏定《辞讼》七卷，《决事都目》八卷，以齐同法令，息遏人讼也。”《辞讼比》《决事都目》也都不是鲍昱、陈宠原创的，而是把以前的“决事科条”都“以事类相从”，整理编纂而成。这里的“决事”，主要指君主判案的制诏，所谓“汉时决事，集为《令甲》以下三百余篇”；“科条”，则主要指律令。由此可证，《辞讼比》和《决事都目》也都是从第一、二形态的法律中选编而成的。

---

[1] ［日］大庭脩著：《武威旱滩坡出土的王杖简》，载《简帛研究译丛》第 1 辑，徐世虹、郗仲平译，湖南出版社 1996 年版，第 303 页。

[2] 李均明、刘军：《武威旱滩坡出土汉简考述——兼论“挈令”》，载《文物》1993 年第 10 期。

[3] ［日］大庭脩著：《武威旱滩坡出土的王杖简》，载《简帛研究译丛》第 1 辑，徐世虹、郗仲平译，湖南出版社 1996 年版，第 303 页。

决事比。《后汉书·陈忠传》：“忠略依宠意，奏上二十三条，为《决事比》，以省请谳之敝。”陈宠曾请求“宜令三公、廷尉平定律令”，以使“应经合义”。这里陈忠奏上的二十三条决事比，应该也是从之前判例、律令中选编而成的，属于第三形态。另外，张家山汉简《奏谳书》有“判例集”的性质，是“司法当局从已经生效的判决中找出一些典型的具有示范意义的案例，予以公布，并作为日后处理案件的依据”[1]。奏谳书的判例，多来自于廷尉府的审判，有些明确记载“廷以闻”，经过了君主的批准。对这些判例的编选，也应该属于第三形态。

第二，第三形态的法律是否必须经过君主批准？

由于第三形态的法律是以第一、二形态的法律为质料选编而成，而这些法律当初成立时已经过君主批准，所以第三形态的法律应该是无须经过君主二次批准的。举个例子：

奏谳疑事，必豫先为上分别其原，上所是，受而著谳决法廷尉絜令，扬主之明。(《史记》卷一二二《酷吏列传》)

张汤担任廷尉期间，将奏谳的疑难案件附上处理意见，提交君主判决。回头再把君主的判决著录到“谳决法廷尉挈令”中去。这一著录过程，似乎无须再得到汉武帝的批准。又如前引陈宠撰《辞讼比》，也并非君主的授意，而是出于实用的目的。这类法令集的编纂，因为只是对现行法律的整理，所以并不必须得到君主的批准。至于鲍昱“奏上之”，是为了让“其后公府奉以为法”，成为一种更具强制性的规范。

总之，第三形态的法律是以第一、二形态为质料选编而成，带有编纂立法的性质，适用范围则局限于本单位、本地域或本系统内部。汉代官方的立法活动到此为止，下面所说的选编属于私人行为，由于墓葬出土的法律文献多属此类，所以特加阐述。

---

[1] 李均明：《张家山汉简〈奏谳书〉是一部判例集》，载氏著：《简牍法制论稿》，广西师范大学出版社2011年版，第251页。

（三）选编（Ⅱ）：公务抄本与私抄本

汉代还有一类法律文本，是官吏、学者或百姓出于个人需要，从官方统一发布的法令中选择自己需要的部分加以抄录。其中，出于公务行政需要的，我称之为公务抄本；供研习或其他需要的，称之为私抄本。

公务抄本的例子，在传世文献中也可看到。例如《后汉书·陈宠传》提到宠曾祖父陈咸遭遇王莽之乱，“于是乃收敛其家律令书文，皆壁藏之”。汉代律令皆藏官府，此处所谓“其家律令书文”，当是陈咸抄录的公务抄本。这类公务抄本藏于家中，“是律令能为家学的重要条件”[1]。

公务抄本更直接的物证，是20世纪以来各地墓葬出土的律令文书类简牍。睡虎地秦简有秦律十八种、秦律杂抄、《效律》三种秦律，与其他出土秦律对比可知，睡虎地秦律并非秦律的全貌；将秦律十八种中的《效律》与单行《效律》比较可知，每种秦律都只是原律的摘抄；再根据秦律十八种之《效律》、同墓所出单行《效律》和王家台秦简《效律》的比勘可知（详下），睡虎地秦律不应该是政府统一颁布的版本，而是墓主人的公务抄本。张家山汉简《二年律令》的性质，同样应该这样理解[2]。

公务抄本，并非对原本的简单照抄。以睡虎地和王家台出土的三份《效律》为例，可以清楚地看到这一点。王家台《效律》“自始至终接连书写”，每条目之间以钩校符隔开。[3]而睡虎地的两份《效律》，则都通过换行的方式清楚体现律条之间的分隔。其中，《秦律十八种》的简168—176，与单篇《效律》简27—37内容、文字基本相同，但有趣的是，《秦律十八种》的这部分内容被分成三个法条，而单篇《效律》中的相应内容则被分为两个法条。有学者认为，这种律条之间的分合书写，形成不同的意义单位，反映了抄录者的不同理解，而这正是“律章句”的起源。[4]另外，睡虎地秦律中有较多的“分隔符”，日本学者佐佐木研太据此研究认为，这些

[1] 邢义田：《秦汉的律令学——兼论曹魏律博士的出现》，载氏著：《治国安邦：法制、行政与军事》，中华书局2011年版，第45页。

[2] 张忠炜著：《秦汉律令法系研究初编》，社会科学文献出版社2012年版，第21—23页。

[3] 王明钦：《王家台秦墓竹简概述》，载艾兰、邢文编：《新出简帛研究》，文物出版社2004年版，第39页。

[4] 张忠炜著：《秦汉律令法系研究初编》，社会科学文献出版社2012年版，第154—161页。

分隔符“以下的内容是对律文所作的补充，或作为职务手册以备忘的形式附加到了‘秦律十八种’上”[1]。分章断句的不同，注释的出现，是“律章句学”诞生的标志。

秦汉律学的一大特点是“以吏为师”，所以公务抄本中不同的分章断句和注释，应该即是汉代官吏研习律令最初的不同教本。其中一些较为经典的、为较多研习者所师法的教本，造就了不同的律学流派，例如“大杜律”和“小杜律”，最早可能分别是廷尉杜周及其子杜延年的公务抄本。[2]

律学的进一步繁盛，逐渐成为儒家学者竞相研习的学术，用于律令研习之用的私抄本遂出现。到了汉末，已经是“后人生意，各为章句，叔孙宣、郭令卿、马融、郑玄诸儒章句十有余家，家数十万言”而成为一门显学了。

除了供律学研习之用的律令私抄本外，还有一种类似于今天“学者拟制稿”的私抄本。这从《晋书·刑法志》中可以看得很清楚：

又删定律令为《汉仪》，建安元年乃奏之。曰：“……臣累世受恩，荣祚丰衍，窃不自揆，贪少云补，辄撰具《律本章句》、《尚书旧事》、《廷尉板令》、《决事比例》、《司徒都目》、《五曹诏书》及《春秋断狱》凡二百五十篇。蠲去复重，为之节文。又集驳议三十篇，以类相从，凡八十二事。其见《汉书》二十五，《汉纪》四，皆删叙润色，以全本体。其二十六，博采古今瑰玮之士，文章焕炳，德义可观。其二十七，臣所创造。……”

应劭所撰的《汉仪》，主要都是对《律本章句》等七种现有法律文献的选编和整理，只有“驳议三十篇”中有二十七事是他原创的。而《律本章句》等七种法律文献，近似第三形态的法律，或为公务抄本经君主赋予效力后的产物。

除此之外，还有民间用于其他目的的私抄本。例如20世纪出土的三种《王杖诏书》简，应该是“在民间被重复抄写的、作为‘护身符’的法律文书”[3]。再如墓葬律令简，有学者认为是“镇墓辟邪”之用的随葬

[1] [日] 佐佐木研太：《出土秦律书写形态之异同》，载《清华大学学报》（哲学社会科学版）2004年第4期。

[2] 参见邢义田：《秦汉的律令学——兼论曹魏律博士的出现》，载氏著：《治国安邦：法制、行政与军事》，第43—44页。

[3] [日] 仲山茂：《王杖简の資料的性格についての一考察》，转引自徐世虹：《百年回顾：出土法律文献与秦汉令研究》，载《上海师范大学学报》（哲学社会科学版）2011年第5期。关于王杖简性质的分析，详下文。

品，[1]也可备一说。这些抄本，即是我所谓的汉代法律的第四形态。如果将这些公务抄本和私抄本认为是秦汉法律的原貌，恐怕会将研究导入误区。

最后说明一下，第三、四形态的法律文本，如果上奏君主得到认可，被赋予强制效力，则将转化为第一、二形态的法律。前者的例子，如司徒鲍昱奏定的《辞讼比》《决事都目》；后者的例子，则有诸律章句，尤其是郑氏章句在曹魏被明令遵用，从而成为国家制定法。

第二节　关于汉令的两个问题

如前所述，汉代法律形式中，令是最复杂的一种。现在就汉令的两个问题，对以上论点作一个补充。

一、汉令的形态与编纂

（一）汉代有无“令典”的讨论

汉代有没有令典？这是学术界一个众说纷纭的问题。要探讨这个问题，首先要明确何谓“法典”。在这一点上，我基本赞同滋贺秀三的标准，具引如下：

（一）法规根据刑罚、非刑罚的观点分类编纂；

（二）全部律或者令，作为单一不可分的法典（律典、令典）编纂施行。

以此作为标准来衡量，汉代无疑是不存在令典的。但当今学界对汉代存在“令典”的否定，并非全部站在这一定义之上进行的，所以有必要对相关学说略作介绍。

“对汉代重要诏敕整理而独立出来的文书法典——令典，究竟存在与否的怀疑，其滥觞即2000年冨谷至的研究。”[2]冨谷至《通往晋泰始律令之路

[1] 冨谷至说，见徐世虹：《百年回顾：出土法律文献与秦汉令研究》，载《上海师范大学学报》（哲学社会科学版）2011年第5期。

[2] ［日］宫宅洁著：《近50年日本的秦汉时代法制史研究》，田旭东译，载黄留珠、魏全瑞主编：《周秦汉唐文化研究》第3辑，三秦出版社2004年版，第270页。

（Ⅰ）：秦汉的律与令》认为：“诏敕包括具有持续效力的规范和暂时性、一次性的命令。所谓令是指前者”。那么如何判别两种诏书呢？他认为关键在于著令用语：“如果诏的末尾附有‘作为令而明确化、彻底周知——著为令’这样的常用语，那么诏就具有了令的执行样态”[1]。但是在新近的著作中，他修正了这一观点，转而认为“汉令在形式上并不是由皇帝诏书直接加工、编纂而成的，而是在朝臣奏书简札的最后加上一支写有表示皇帝批示的‘制曰可’三字的简札而成。汉令的确定，关键不在于‘具为令’‘著为令’等所谓‘著令文言’的有无，而在于‘制曰可’三字，更确切地讲，在于抬头的‘制’字”，并认为书写汉令的简札和诏书一样是一尺一寸。[2]他这里所谓的“令”，等同于我们前面讨论的狭义上的“诏书”。滋贺秀三也反对“令典”的存在，但认为存在“令的编纂物”[3]。

继之明确反对令典存在的有日本学者广濑薰雄。他认为在秦汉时代“‘令’就是‘诏’”，并说前此中田薰和大庭脩的观点中“只是认为皇帝的‘诏’不一定都编入‘令典’，这一点有问题而已”[4]。就结论而言，与冨谷至完全一致。但相比冨谷至的模糊其辞，主张更显明确和彻底。

从这里可以看出，虽然同样反对汉代“令典”的存在，但冨谷至和广濑薰雄的观点与滋贺秀三完全不同。滋贺秀三仍然是在前引“法典”的定义基础上展开的讨论，因此他虽然反对令典在汉代的成立，但认为有各种随意的令的编纂物。而冨谷至与广濑薰雄则是根本否认“令”的存在，而认为“令”与“诏”同实异名。其中，冨谷至前后的观点又略有不同，前

[1] ［日］冨谷至著：《通往晋泰始律令之路（Ⅰ）：秦汉的律和令》，朱腾译，徐世虹校译，载中国政法大学法律史学研究院编：《日本学者中国法论著选译》（上册），中国政法大学出版社2003年版，第159—160页。

[2] ［日］冨谷至著：《文书行政的汉帝国》，刘恒武、孔李波译，江苏人民生版社2013年版，第32—33页。

[3] 转引自［日］宫宅洁著：《近50年日本的秦汉时代法制史研究》，田旭东译，载黄留珠、魏全瑞主编：《周秦汉唐文化研究》第3辑，三秦出版社2004年版，第270页。

[4] ［日］广濑薰雄：《秦汉时代律令辨》，载中国政法大学法律古籍整理研究所编《中国古代法律文献研究》第7辑，社会科学文献出版社2013年版，第114页。

期尚认为诏书中具有持续性规范的那部分才是令。

冨谷至与广濑薰雄的观点冲击了本书的前提。以下，我将先针对他们的观点作出回应。

（二）汉代诏、令关系辨析

冨谷至与广濑薰雄认为，在秦汉，“诏”等于“令”。所以，辨析诏、令关系是探讨汉令形态的核心问题。下面，我把这个核心问题拆成三个分问题进行讨论。

1. 诏等于令吗

广濑薰雄根据《史记·秦始皇本纪》中“命为制，令为诏”及里耶秦简“以王令曰以皇帝诏”一语，并引述冨谷至的观点认为：“‘令’就是‘诏’，这本是秦制，汉代只是继承了这个制度而已。”就现有的材料而言，不足以得出这个结论。

首先，“命为制，令为诏”的改名之后，秦汉仍有称之为“令”的法律形式。

汉令名称的存在不必多说。就秦令而言，岳麓秦简有《律令杂抄》一种，其中有大量的秦令名，如“内史官共令”“卒令”等，并且有“内史郡二千石官共令 第甲”“廷卒甲二”之类令名及编号。《律令杂抄》中有一条《田律》，有“黔首居田舍者”字样，而同样内容在睡虎地《田律》中作“百姓居田舍者”。整理者认为“一般说来，黔首是秦始皇统一六国后对百姓的一种专称”[1]，所以《律令杂抄》的时代当在秦朝建立以后，也当在里耶秦简反映的改名运动以后。既然当时已经规定“令为诏”，那为何不将上述令名改称“内史官共诏”“卒诏”呢？更何况，即便以上推断《律令杂抄》的时代有误，还有大量汉令名的存在，同样是难以解释的现象。

其次，不仅诏书，制书也可以是“令”。

根据前文的论证和汪桂海的研究，制书、诏书区别的关键在于文书的

[1] 陈松长：《岳麓书院所藏秦简综述》，载《文物》2009年第3期。

结构。制书是君主单方面发出的指令，诏书除《独断》所谓第一种形式外，都包括两部分，即“奏 + 制”[1]。从“命为制，令为诏”来看，这里的“制”显然不应该是“诏”，更不能等同于或属于“令”。但是实际情况则不然。前引《津关令》492、493 简就是两条以“制诏御史”开头的令文，属于大庭脩所谓第一形式的诏书，即“制书”。制书可以成为令，那么“命为制，令为诏”显然不能作为法律形式区分的标准，而只能在改变行政措辞的层面上来理解。同时，冨谷至以形式上有没有“‘制曰可’三字的简札”作为判断是否“汉令”的标准，也不能成立。

2. 所有的制、诏都是令吗？

皇帝颁布的所有制诏，是否都是令？这一点是理解汉令的关键。如果是，那么制诏就等于令，两者只是同实异名而已；如果不是，那么制诏和令之间显然还有区别。在这个问题上，冨谷至表现出了暧昧的态度。如上所述，他早期的观点认为含有持续性规范的诏书才是令，而这种诏书带有“著令用语”；新近的观点则认为含有“制曰可”（或“抬头的‘制’字”）才是确定汉令的关键。同时以此标准来观照，举汉文帝写给匈奴单于的一封“尺一牍”为例，认为“这毕竟是皇帝的书简，并非写有‘制曰可’的令”，并以此推论“令以外的皇帝诏书一般是 1 尺 1 寸”。[2] 这似乎显示，广濑薰雄对冨谷至论点的理解有所偏差。

广濑薰雄的主张更加彻底。他评价中田薰和大庭脩的话语暗示，广濑薰雄认为“皇帝‘诏’一定都编入‘令典’”（考虑到广濑薰雄不认可汉代有“令典”，也许应该说成是“皇帝‘诏’一定都是‘令’”）。那么，只要找到一条不是令的皇帝诏书，这个论点就站不住脚了。以下举出一个有力的反例：

建初中，有人侮辱人父者，而其子杀之，肃宗贳其死刑而降宥之，自后因以为比。是时遂定其议，以为轻侮法。敏驳议曰：“夫轻侮之法，先帝一切之恩，不有成科班之律令也。……建初诏书，有改于古者，可下三公、

[1] 参见汪桂海著：《汉代官文书制度》，广西教育出版社 1999 年版，第 30—34 页。

[2] ［日］冨谷至著：《文书行政的汉帝国》，刘恒武、孔李波译，江苏人民出版社 2013 年版，第 32 页。

廷尉蠲除其敝。”议寝不省。（《后汉书》卷四四《张敏传》）

建初中的这个案例，由汉章帝“贳其死刑而降宥之”，当然是通过制诏的形式发布的判决。但是这份制诏只是“先帝一切之恩”，所以“不有成科班之律令也”，并没有著录为律令，属于以上所谓第一形态的法，没有进入第二形态。直到汉和帝时，才有人旧事重提，“遂定其议，以为轻侮法”，遭到张敏的驳议。章帝的制诏既然没有“班之律令”，可见作为“一切之恩”的制诏，和作为“定法”的律令，有着明确的界限，不能混为一谈。

这里还可以补充一个旁证。

滋贺秀三在他第二条关于“法典”的标准中提出了两个分标准，其中一个说：“其数量，在律典、令典编纂之际，可以通过总计几篇、几百几十条的方式正确地数出。”如果把汉代律、令的随时编纂也看作“编纂之际”的话，那么汉律令是符合这个标准的。汉朝武帝以后，几乎每个感慨律令繁多的批评家，都可以轻而易举地列出律令的总数量，如：

律令凡三百五十九章，大辟四百九条，千八百八十二事，死罪决事比万三千四百七十二事。（《汉书》卷二三《刑法志》）

今大辟之刑千有余条，律令烦多，百有余万言，奇请它比，日以益滋，自明习者不知所由，欲以晓喻众庶，不亦难乎！（《汉书》卷二三《刑法志》）

今律令死刑六百一十，耐罪千六百九十八，赎罪以下二千六百八十一，溢于《甫刑》者千九百八十九，其四百一十大辟，千五百耐罪，七十九赎罪。（《后汉书》卷四六《陈宠传》）

汉承秦制，……又汉时决事，集为《令甲》以下三百余篇，及司徒鲍公撰嫁娶辞讼决为《法比都目》，凡九百六卷。……后人生意，各为章句。叔孙宣、郭令卿、马融、郑玄诸儒章句十有余家，家数十万言。凡断罪所当由用者，合二万六千二百七十二条，七百七十三万二千二百余言，言数益繁，览者益难。（《晋书》卷三〇《刑法志》）

宣帝时，……于定国为廷尉，集诸法律，凡九百六十卷，大辟四百九十条，千八百八十二事，死罪决事比凡三千四百七十二条，诸断罪当用者，合二万六千二百七十二条。（《魏书》卷一一一《刑罚志》）

这些统计，包含令在内。如果汉代令即是制诏，那么有两点是难以想象的：第一，难以想象数量庞杂的制诏可以随时清点其总篇章数乃至总字数，这必须依靠前述对律令的随时补注字数来实现；第二，难以想象汉代制诏仅有“《令甲》以下三百余篇”。“三百余篇”是什么概念？如果以《津关令》为一篇，近两千字，则三百余篇约六十万字。成帝时律令总计“百有余万言”，则其中令至多不过七八十万字，不过比一部《史记》规模略大。而制诏是君主几乎每天都要下达的行政公文，终两汉一代，不可能仅有三百余篇。又，武帝时已有“律令凡三百五十九章”，其中令近三百章；而献帝时《令甲》以下不过三百余篇，这符合《魏书·刑罚志》“后汉二百年间，律章无大增减”的描述。如果制诏都要入令，或者制诏本身即是令，这种情况是不可能出现的。

3. 著令用语的“著”是什么意思？

如果否认制诏与令之间的区别，那么一个疑问就会浮现出来：君主发布的制诏末尾，出现“著为令”等著令用语，是什么意思呢？如果如沈家本所说，“凡新定之令必先具而后著之，必明书而附于旧令之内”[1]，那么制诏显然与令是不同的。对于反对汉有“令典”者来讲，这是一个必须费工夫解释的问题。

冨谷至花了很大的力气证明“著”与“明”同义，“‘著令’的含义是‘作为令而被明确、令人周知’”。的确，沈家本的理解基于唐代人的训诂，而唐代的律令情况与汉代是大相径庭的。冨谷至的新论，可以使我们注意到这个问题，即解释著令用语必须以汉代人的表达和理解为前提。但是，冨谷至立论的基础相当薄弱。他的理由仅仅是“如果将‘著令’解释为‘附加于令之上’，那么在其他用例中，错误就出现了”。然后便举了《汉书·平帝纪》的“定著令，布告天下，使明知之”和《后汉书·张敏传》的“著为定法”，以及“王杖十简”末尾的“明在兰台石室之中”，作为沈氏说法的反例。但是，即便冨谷至举出的这几个用例，也很难让人看出沈

[1] 沈家本撰：《历代刑法考·律令二》“具令、著令”条，中华书局 1985 年版，第 879 页。

氏的解释代入进去会出现什么错误。至于他接续举出的“明设禁令”“明为禁令”和“明禁令”，则已经不属于著令用语，无须讨论。[1]

富谷至在新近的著作中提出了“视觉简牍”的概念，他认为汉代行政文书中的某些格式和惯用语“有着唤起视觉注意的功效”“与其说这个字是个表意文字，不如说它是个符号化了的图像文字或图形文字，能够吸引读者的眼球，引起读者注意”。此类的字眼如“如律令”“急急”等。[2] 也就是说，这类用语的加与不加，其实对内容本身并没有丝毫的影响，只不过试图引起文书接收方的重视而已。以这个观点来反观，其实冨谷至对“著令”的解释已经隐现出“视觉简牍”概念的雏形了。只不过当时冨谷至还认为“著令用语”对内容有实质的影响，即决定该诏书是否是“令”，而后来观点成熟之后遂修正此说法，转而认为有无著令用语不是关键，关键看有没有“抬头的‘制’字”。这样一来，著令用语遂彻底成为“视觉简牍”论之下的一个没有实际意义的格式用语。

这个观点恐怕难以成立。因为沈家本对著令用语的解释，在冨谷至上举用例中并没有遭遇什么困难，但是冨谷至的解释如果代入下面的用例中，恐怕“错误就出现了”。

首先，著令用语与著律用语，恐怕不应该有什么不同。所谓“著律用语”，如杜周所说：“三尺安出哉？前主所是著为律，后主所是疏为令”。“三尺安出哉”，问的是律、令的来源，答案是“前主所是”“后主所是”，即制诏。“疏为令”即“具为令”，指备列其条文。这里的“著为律”“疏为令”，显然无法理解为没有实际意义的“作为律令使明知”，因为从一尺一寸的制诏，到三尺的律令，[3] 必须经过“著录”的过程，“著为律”“疏为

[1] ［日］冨谷至著：《通往晋泰始律令之路（Ⅰ）：秦汉的律和令》，朱腾译，徐世虹校译，载中国政法大学法律史学研究院编：《日本学者中国法论著选译》（上册），中国政法大学出版社2003年版，第147—148页。

[2] ［日］冨谷至著：《文书行政的汉帝国》，刘恒武、孔李波译，江苏人民出版社2013年版，第148—154页。

[3] 从这句话来看，冨谷至认为汉令书写在一尺一寸的简牍上，也应该是有问题的。

令”正是反映了这一过程。又:《后汉书·鲁恭传》:“孝章皇帝深惟古人之道，助三正之微，定律著令”，“定律”与“著令”对举。定律，绝不是“作为律使明知”，而是对原有律文的修订，那么“著令”当亦是如此。《后汉书·章帝纪》记载了章帝的“著令”:“二年春正月乙酉，诏曰:“《令》云‘人有产子者复，勿算三岁’。今诸怀妊者，赐胎养谷人三斛，复其夫，勿算一岁，著以为令。”由此可见，这次“著令”是对旧令的修改，“著以为令”当然只能是如沈氏所云“明书而附于旧令之内”。

其次，悬泉汉简有一句描述汉代地方将新颁诏书著录到已有诏书中去的话，可以作为著录律令的参考:

诏书必明白大书以两行，著故恩泽诏书。无嘉德，书佐方宜以二尺两行与嘉德长短等者以便宜从事，毋令刺史到，不谨办致案，毋忽。（Ⅱ 0114③：404）[1]

这是对郡县官吏的要求。接收到的诏书，必须写在两行简上，加入已有的诏书（著故恩泽诏书）。这里的著，无论如何不能解释为“明”。而这个加入的过程，与前述律令的加入，应该是一样的。

第三，如中田薰所举，著令用语有“定令”“著令”“具为令”“著于令”“定著令”“定著于令”“著以为令”等。其中“著令”“著以为令”也许可以解释为“作为令而被明确、令人周知”，但“著于令”如何解释?“于”有“在……之中”的意思，与冨谷至前举“王杖十简”末尾“明在兰台石室之中”恰好吻合。而“王杖十简”这句话在1981年出土的王杖诏书中又作“明著令”。无论这里的“明”“著”还是“明著”，难道不都应该解释为“明书之于”吗?又，“定著令”和“定著于令”，也是冨谷说难以解释的用语。此外，如果将“著令”解释为“明令”，那么还必须说明“定令”与“著令”的区别，这恐怕也是困难的。换句话讲，著令用语丰富多彩，而冨谷至的问题则在于仅抓住一个“著”字做文章。

再如《三国志·诸夏侯曹传》:“惇既免，太祖闻之，谓浩曰:‘卿此可

---

[1] 胡平生、张德芳编撰:《敦煌悬泉汉简释粹》，上海古籍出版社2001年版，第2页。

为万世法。’乃著令：……”汉代人观念中，“可为万世法”才“著令”，亦可见令与制诏之不同，此处的“著令”也难以用冨谷至的观点来解释。至如《汉书·景帝纪》：“秋七月，诏曰：‘吏受所监临，以饮食免，重；受财物，贱买贵卖，论轻。廷尉与丞相更议著令。’”这里的“著令”也难以“明令”来解释。

总之，把“著令”解释为“明书而附于旧令之内”，在汉代史料中都是说得通的；而解释为“作为令而被明确、令人周知”，则会遭遇到许多实际的困难。所以冨谷说难以成立。

（三）汉令的编纂

不是所有的制诏都是令，制诏要成为令必须经过“著令”的工序。根据以上前提进一步推论，汉代存在选编制诏而形成的令的编纂物，应该是没有问题的。

汉代的令是以何种形式编纂的呢？汉代“令的编纂物”有哪些？学界经过长期讨论，形成了“干支令”“事项令”“挈令”三个概念，我认为到目前为止仍是行之有效的。以下针对干支令和事项令的有关问题进行讨论，至于挈令则留待下一部分与“王杖诏书”一起探讨。

1. 干支令

为方便讨论，先把现在可以搜集到的干支令按颁布时间先后结表如下：

表九　汉代干支令辑佚表

令名	制作时间	内容	出处
（令甲）第二	高二年（前 205）	县置三老	目录[1]、《汉书·高帝纪》
令甲	高五年二月乙未（前 202）	长沙王忠	《史记·惠景间侯者年表》

[1] 此“目录”指居延汉简甲 2551 号札“西汉施行诏书目录”，下同。

续表

令名	制作时间	内容	出处
高皇帝所述书天子所服第八	高十一年（前196）	天子所服	《汉书·魏相传》
（令甲）第十二	惠？	行水兼兴船	目录
（令甲）第廿二	吕后元年（前187）	置孝弟力田	目录、《汉书·高后纪》
（令甲）第卅二	文二年九月（前178）	征吏二千石以上以符	目录、《汉书·文帝纪》
符令	文二年七月庚辰（前178）	符令	地湾汉简
令丙第九	文十年六月甲申（前170）	献枇杷	松柏汉简
令甲	文十三年五月（前167）	除肉刑	《汉书·宣帝纪》《刑法志》
乙令	文以前？	犯跸	《汉书·张释之传》注引如淳曰
（令甲）第卌二	吕文景？	郡国调列侯兵	目录
令丙	景中元六年（前144）	箠令	《后汉书·章帝纪》《汉书·景帝纪》
甲令	景后元三年（前141）	务劝农桑	《汉书·叙传》《景帝纪》
（令甲）第五十二	景后元三年（前141）	年八十及孕侏儒颂系	目录、《汉书·刑法志》
乙令	武以前？	行驰道没车马入官	《汉书·江充传》注引如淳曰

续表

令名	制作时间	内容	出处
漏法令甲第六	宣三年十二月乙酉（前71）	常符漏品	《续汉书·律历志》
令甲	?	诸侯名田	《汉书·哀帝纪》注引如淳曰
令甲	?	顾山	《汉书·平帝纪》注引如淳曰
令乙	?	呵人受钱	《晋书·刑法志》引魏律序
令丙	?	诈自复免	《晋书·刑法志》引魏律序
乙第廿三	?	民作原蚕	武威旱滩坡东汉简

另，《后汉书·皇后纪》："向使因设外戚之禁，编著《甲令》，改正后妃之制，贻厥方来，岂不休哉！"许多研究者都将之列入。按："向使"乃假设之辞，这是范晔的感慨评论，并非实有其事。

关于干支令，有两个问题可以研究：

第一，是不是所有汉令都归属于某个干支令？

中田薰似乎倾向于肯定的回答，并认为事项令和挈令是在干支令数量庞杂不便检索的情况下"分类编集于别册"的"特别令书"。[1] 冨谷至则明确提出"作为汉令而公布出来的诏应当全部为干支令所收录"。[2] 对此，我不能苟同。

前面提到，居延汉简甲 2551 号简被考订为《令甲》目录。如果这一

[1] ［日］中田薰：《汉律令》，载中国政法大学法律古籍整理研究所编：《中国古代法律文献研究》，第3辑，中国政法大学出版社 2007 年版，第 109—110 页。

[2] ［日］冨谷至著：《通往晋泰始律令之路（Ⅰ）：秦汉的律和令》，朱腾译，徐世虹校译，载中国政法大学法律史学研究院编：《日本学者中国法论著选译》（上册），中国政法大学出版社 2003 年版，第 160 页。

考订无误，那么从高帝元年（前206）到景帝后元三年（前141）整整六十多年才收录了五十二个令。又，文帝十年（前170）才编到《令丙》第九，可见《令丙》的数量更少。《令乙》当介于二者之间。数量如此稀少的干支令，当然不可能收录全部汉令，最起码二十多条《津关令》应该是不可能被干支令全数收录的。

即便《令甲》目录考订有误，松柏汉简《令丙第九》也不是干支令，那么杨振红对冨谷至的下列批评也是有道理的：“但是，假如是这样的话，就无法理解武威旱滩坡出土的汉简为何会将‘田律’‘令在乙’‘公令’‘御史挈令’‘卫尉挈令’‘尉令’并列在一起。假如挈令是从干支令中抽取出来的，那么，只要标出‘公令’‘御史挈令’‘卫尉挈令’‘尉令’所在的干支令就可以了，否则，利用起来岂不是更不方便和混乱？”[1]

第二，干支令是依据何种标准划分、收录的？

这是汉令研究中的一个难点，目前的材料也尚未成熟到足以解决这个问题的程度。但是，我们可以采取排除法来去除那些明显有误的假说。历来关于干支令分集和排序的说法，有这样几种：[2]

甲．时间顺序说

即令甲编完后颁布令乙，令乙编完后出台令丙。这种说法已经可以否定，因为根据前列表，文帝十年有令丙第九，而文帝十三年又颁布了一条令甲；景帝中元六年有令丙的出台，三年后又有两条令甲颁布。可见甲、乙、丙按时间排序的假说可以否定。

时间顺序说还有一种观点，即在令甲内部的排序是按时间顺序。这一说法是陈梦家在考订所谓“《令甲》目录”时的前提，但是这个前提遭到了大庭脩的质疑。[3] 举其中一例：前列表中有“《令甲》第六《常符漏

[1] 杨振红著：《出土简牍与秦汉社会》，广西师范大学出版社2009年版，第79—80页。

[2] 此处假说之罗列，参考徐世虹：《汉代法律载体考述》，载杨一凡总主编：《中国法制史考证》甲编第三卷，中国社会科学出版社2003年版，第153—155页。

[3] ［日］大庭脩：《居延出土的令甲目录》，载氏著：《汉简研究》，广西师范大学出版社2003年版，第153—156页。

品》”，《续汉书·律历志》明文记载是“孝宣皇帝三年十二月乙酉下”，而陈梦家为了牵就其按时间顺序排列的前提，提出这是张苍所定章程，并无依据。由此来看，“莫如说按时间顺序排列的假说是有问题的”。

乙．诸令各有甲、乙、丙说

这是由沈家本提出的假说：“则所云《令甲》《令乙》者，诸令皆在甲篇、乙篇中乎？抑各令各有甲篇、乙篇乎？”例如传世文献有《金布令甲》，出土有“卒令丙二”等。但是这种说法遭遇到两个困难：其一，为何每令仅排到丙？例如岳麓秦简《律令杂抄》的《内史郡二千石官共令》，从“第甲”排到“第庚”，而传世文献干支令仅见甲乙丙。其二，无论传世文献还是出土材料，都有干支令与事项令的并列，如果甲乙丙是事项令的编号，则这种并列殊为不类。所以基本也可以排除这种假说。

丙．按事项的类别划分说

这种说法最早由陈梦家提出，[1] 南玉泉作了更进一步的研究，他认为“《令甲》的内容为国家行政管理制度与刑制规范，《令乙》的内容主要是对官吏行为的规范，《令丙》的内容包括讯系程序和对平民这类主体违法行为的规范”[2]。但是后来出土的《令丙第九》，动摇了这个假说立论的基础。而武威汉简“民作原蚕，罚金二两，在乙第廿三”这条，也是南玉泉写论文时感到难以处理的不利证据。根据现在所掌握的干支令材料，我们完全观察不出按事项划分的规律。起码《令丙》的三条分别是关于刑具、诈骗罪和献枇杷的规定，不可能属于同一类事项，所以这种假说也可以排除。

丁．按事项的重要程度划分说

徐世虹在对各家学说研究的基础上，认为甲、乙、丙的划分有两重标准，一是“按年代顺序列为第一、第二、第三……”，一是“取其重要

[1] 陈梦家：《西汉施行诏书目录》，载氏著：《汉简缀述》，中华书局1980年版，第281页。

[2] 南玉泉：《论秦汉的律与令》，载《内蒙古大学学报》（人文社会科学版）2004年5月。

程度”分为甲、乙、丙三集。[1]根据上文的讨论，前一个标准已经可以否定，而后一个标准则目前仍然可以成立并得到史料的支撑。《汉书》如淳注：“令有先后，有《令甲》《令乙》《令丙》。”《汉书》注引文颖曰：“《令甲》者，前帝第一令也。”如果“先后”不是时间上的先后，那就只能是重要程度的先后。《周易》王弼注：“甲者，创制之令也。”孔疏：“故汉时谓令之重者，谓之《甲令》。”董仲舒书“令百七十篇，莫善于甲令”[2]，或许也是在强调其重要。此外，徐世虹依据史料特别指出“汉时，甲乙丙不仅用于篇次序列，也表示等次之分”，也是一个旁证。所以从目前的材料和研究看来，中田薰最早提出的甲乙丙令是“依事之轻重，按干支顺序分别记载的”，仍然未能推翻。(“甲者创制之令”者。甲为十日之首，创造之令为在后诸令之首，故以创造之令谓之为甲。故汉时谓令之重者谓之“甲令”，则此义也。)

2. 事项令

事项令，即按照事项类别来划分的令。冨谷至否认汉代有事项令的存在，而今天所见反映事项的令名如“功令”“田令”之类，都只是约定俗成的叫法。他的论证方法是，证明“胎养令”“马复令”“养老令”的名称都只是因方便而附加的名称，从而推测“沈家本、程树德所列的其他数种汉令的事项名称，也可以说与上述三令相同”[3]。

冨谷至当时所见事项令名仍限于沈家本、程树德的辑佚和有限的几种出土材料，而其中对他的结论构成威胁的有两个问题，其一是涉及事项令名的著令用语，如《史记·儒林列传》提到的“请著功令”，这一点他是通过前述把“著功令”理解为“作为功令而被明确、彻底周知”的办法来解

---

[1] 徐世虹：《汉代法律载体考述》，载杨一凡总主编：《中国法制史考证》甲编第三卷，中国社会科学出版社 2003 年版，第 151—158 页。

[2] 《令集解·官位令》，转引自中田薰：《汉律令》，载中国政法大学法律古籍整理研究所编：《中国古代法律文献研究》第 3 辑，中国政法大学出版社 2007 年版，第 106 页。

[3] [日] 冨谷至著：《通往晋泰始律令之路（Ⅰ）：秦汉的律和令》，朱腾译，徐世虹校译，载中国政法大学法律史学研究院编：《日本学者中国法论著选译》（上册），中国政法大学出版社 2003 年版，第 154—163 页。

决的；其二是出土文献中的“功令第卌五”“公令第十九”字样，这是令冨谷至感到棘手的反面证据。

如果所谓“因方便而附加的名称”居然附有官方的编号，那么这一结论显然要予以反思。因此冨谷至提出的解决办法是，猜测“‘功令第卌五’也不是指被称为功令的令以第一至第四十五的顺序存在，而是意指一个挈令中的第四十五令为有关功的令吧。至少，这里所见到的功令的编号仅仅是指第‘四十五’而已”。他用同一思路对“公令第十九”进行了解释。换言之，如果出现功令“以第一至第四十五的顺序存在”，那么冨谷至的结论将被推翻。这类证据，在冨谷至此文写出以后大量涌现，如《津关令》，有第一至第廿三的编号；岳麓秦简《律令杂抄》中的《内史郡二千石官共令》有第甲至第庚的编号，《卒令》有丙二、丙三、丙五的编号。通过这些编号来反推，事项令在汉代显然是存在的，并且从“请著功令”来看，是可以作为预设立法进行的。所以以上探讨汉代立法程序时，将之归入第二形态的法律。

但是冨谷至的研究也提醒我们，不能将“某某令”一概视为事项令，其中有些不过是某个令条的简称而已。但是这种简称是否出于方便或约定俗成？我认为未必如此。例如前引“官所施漏法《令甲》第六《常符漏品》”这样的名称表明，《常符漏品》是《令甲》第六条的简称，而这个简称应该是对《令甲》统一编制目录的结果。再如前列表中可见《令甲》第三十二条也许简称“符令”，而《令丙》中某条简称“箠令”。这种目录的出土物证，就是被判定为西汉施行诏书目录的居延汉简甲 2551 号札。

二、汉简“王杖诏书”的性质与形成

汉代的“王杖诏书”简，至今已有三份面世，分别是：1959 年出土的王杖十简（以下简称“王杖十简”）、1981 年发现的王杖诏令册（以下简称“王杖诏令册”）、1989 年出土的武威旱滩坡汉简的王杖诏书部分内容。汉简“王杖诏书”究竟是什么性质的文本？自 1960 年以来，学界就众说纷纭，“然而这一课题尚未进入‘结项’阶段”[1]。由于汉简“王杖诏书”涉及汉代的挈令、令的形态、律令的私抄本等众多问题，故以下作一个专题探讨。[2]

（一）关于“王杖诏书”的研究轨迹

“王杖诏书”的研究迄今已历时半个世纪。察其所以然，盖因“王杖诏书”所呈现的法令形态，不仅迥异于传世文献给我们的印象，且迥异于其他出土法律文献的样貌，甚至于目前发现的三份王杖诏书彼此间也大相径庭。简单来讲，目前所见汉代法律文献，很少有如王杖诏书般将制诏、案例与其他类型的文书交错编纂的。因此，解释“何以王杖简中制诏与案例交错”的原因，从而对王杖简的性质作出判断，是半个世纪以来研究的核心问题。

回顾学界对王杖木简性质的判断，可以大体划分为两个阶段：

前一个阶段，是发生于王杖十简刚公布后的讨论，倾向于认为王杖十简直接反映了汉令或其他汉代法律形式的原貌。例如陈直先生认为王杖十简是附于金布令篇的两份诏书；大庭脩先生认为是以制诏形式反映的“死罪决事比”；滋贺秀三先生则认为“从汉代形成‘令’的法典中抄录的此二诏，附以篇名、条文编号恐怕是其完整形式”。

随着1981年发现的“王杖诏令册”的公布，研究进入后一阶段，即普遍认为这两份王杖简都属于私抄本，并不反映汉代法律形式的原貌。例如胡平生先生认为王杖诏书是受王杖主自己编集成册的，目的在于以此作为护身符；冨谷至先生认为是个人为了将既得利益推及身后而制作的“黄泉文书”；广濑薰雄先生认为是一种律令读本；仲山茂先生则将之定性为

---

[1] 徐世虹：《百年回顾：出土法律文献与秦汉令研究》，载《上海师范大学学报》（哲学社会科学版）2011年第5期。

[2] 本节已以“汉简‘王杖诏书’比勘研究”为题，发表于《中国古代法律文献研究》第10辑，社会科学文献出版社2016年版，请读者移步。在文章修改过程中，承蒙徐世虹老师手把手的指导，谨此致谢！

"在民间被重复抄写的、作为'护身符'的法律文书"，其原本是"流传于民间的法令"，但是这个法令为何物，又是如何流传的，则阙疑。[1]

应该说，虽然关于王杖诏书简性质的研究尚未结项，但是从第一阶段到第二阶段的探讨，体现出了较为一致的趋势，即不再认为王杖简所载内容直接反映了汉代某种法律形式的原貌。但是，籾山明先生的最新研究《王杖木简再考》（以下简称《再考》）为这一趋势带来了新的挑战。他认为，王杖诏书的原本是披露、保存在武威郡官署内的挈令；挈令的本质不在于"选编"，而在于"悬挂""公布"；挈令不是法典，而是"通告"，由此解释了何以王杖简中制诏与案例交错的原因。[2] 易言之，《再考》带来的最大冲击是对前述王杖简研究核心问题的解释，即并非因抄写者的原因，而是因王杖诏书自身性质（属于"挈令"）的原因，使得王杖简呈现出现在的样貌。

籾山明先生的这一研究胜义缤纷：如利用目前对汉代官文书体例的了解，对王杖简的内容进行结构划分，从而作出更加细致的分析；再如对王杖诏令册史料价值的肯定等。他的这一研究不仅将王杖简的性质重新判定为汉令（或较为忠实于汉令样貌的私抄本），并且对挈令的过往研究也提出了挑战，将研究更深入地推进一步。所以，以下将像《再考》所示范的那样，对已经公布的三份王杖简进行结构分析和文句比勘，而后尝试厘清"挈令"的意思。

（二）"王杖十简"与"王杖诏令册"的结构分析

1959 和 1989 年的王杖简都是考古发现所得，而 1981 年发现的王杖诏令册则是考古调查时从当地居民手中所获，所以其可靠程度受到了个别学

[1] 以上关于王杖诏书的研究情况，参见徐世虹先生的《百年回顾：出土法律文献与秦汉令研究》，载《上海师范大学学报》（社会科学版）2011 年第 5 期。

[2] [日] 籾山明著：《王杖木简再考》，庄小霞译，载中国政法大学法律古籍整理研究所编：《中国古代法律文献研究》第 5 辑，社会科学文献出版社 2012 年版，第 23—45 页。本文所引籾山明先生观点皆出自此文，不再出注。

者的质疑。富谷至先生在《王杖十简》的结语部分，针对王杖诏令册的真伪提出了三点疑问，并且表示“对以上疑问，若没有能够诚服的说明，我认为就不能将此新出的《王杖诏令册》和其他经考古发掘而发现的出土文字资料同等看待”[1]。籾山明先生则对三点疑问一一释疑，并且提出了一个最有力的证明：1981年王杖诏令册中的一个案例，不见于1959年王杖十简而见于1989年武威旱滩坡汉简。这个事实完全可以打消对王杖诏令册史料真伪的顾虑。

就文本情况而言，王杖十简仅十简，且排序存在问题，武威旱滩坡汉简的王杖诏书部分多有残断，而王杖诏令册不仅有二十六枚简，且简端书写有从“第一”到“第廿七”（缺“第十五”）的编号，所以下文将以王杖诏令册为底本，比勘以另两份王杖简。下面征引王杖十简，简号以A1、A2……表示；王杖诏令册，以B1、B2……表示。先来分析“王杖诏令册”的结构：[2]

表十　1981年王杖诏令册结构表

结构	简文
BⅠ：制诏1	B1制诏御史：年七十以上，人所尊敬也，非首、杀伤人，毋告劾，它毋所坐。年八十以上，生日久乎？　第一
	B2年六十以上毋子男为鲲，女子年六十以上毋子男为寡，贾市毋租，比山东复。复　第二
	B3人有养谨者扶持，明著令。兰台令第卌二　第三
BⅡ：制诏2	B4·孤、独、盲、珠孺，不属律人，吏毋得擅征召，狱讼毋得系。布告天下，使明知朕意。　第四

[1] 参见［日］冨谷至：《王杖十简》，载杨一凡总主编：《中国法制史考证》丙编第一卷，中国社会科学出版社2002年版，第544—552页。

[2] 释文引自武威县博物馆：《武威新出王杖诏令册》，载甘肃省文物工作队、甘肃省博物馆编：《汉简研究文集》，甘肃人民出版社1984年版，第35—37页。对三份王杖简进行编号及结构的分析，是对籾山明先生研究方法的袭用，编号方式亦同。不过对文书结构的划分，笔者则保持自己的看法。

续表

结构	简文
B Ⅲ：制诏 3	B5 夫妻俱毋子男为独寡，田毋租，市毋赋，与归义同；沽酒醪列肆。尚书令 第五
	B6 臣咸再拜受诏。 建始元年九月甲辰下。 第六
B Ⅳ：案例 1	B7・汝南太守谳廷尉，吏有殴辱受王杖主者，罪名明白。第七
	B8 制曰：谳何，应论弃市……
B Ⅴ：案例 2	B8……云阳白水亭长张熬，坐殴抴受王杖主，使治道，男子王汤 第八
	B9 告之，即弃市……
B Ⅵ：制诏 4	B9……高皇帝以来至本始二年，朕甚哀怜耆老。高年赐王杖，第九
	B10 上有鸠，使百姓望见之，比于节；吏民有敢骂殴詈辱者，逆不道；第十
	B11 得出入官府节第，行驰道中；列肆贾市，毋租，比山东复。第十一
B Ⅶ：案例 3	B12 长安敬上里公乘臣广昧死上书 第十二
	B13 皇帝陛下：臣广知陛下神零，复盖万民，哀怜老小，受王杖、承诏。臣广未 第十三
	B14 常有罪耐司寇以上。广对乡吏趣未辨，广对质，衣疆吏前。乡吏 第十四
	B16 下，不敬重父母所致也，郡国易然。臣广愿归王杖，没入为官奴。 第十六
	B17 臣广昧死再拜以闻 第十七
	B18 皇帝陛下。 第十八
	B19 制曰：问何乡吏，论弃市，毋须时；广受王杖如故。第十九
	B20 元延三年正月壬申下 第廿
B Ⅷ：制诏 5	B21 制诏御史：年七十以上杖王杖，比六百石，入官府不趋，吏民有敢殴辱者，逆不道，第廿一
	B22 弃市。令在兰台第卌三。 第廿二

续表

结构	简文
B Ⅸ：案例 4、5、6、7 及犯罪人数之总计	B23 汝南郡男子王安世，坐桀黠，击鸠杖主，折伤其杖，弃市。南郡亭长 第廿三
	B24 司马护，坐擅召鸠杖主，击留，弃市。长安东乡啬夫田宣，坐系 第廿四
	B25 鸠杖主，男子金里告之，弃市。陇西男子张汤，坐桀黠、殴击王杖主，折伤 第廿五
	B26 其杖，弃市。亭长二人，乡啬二人，白衣民三人，皆坐殴辱王杖功，弃市。 第廿六
B Ⅹ：总题与编号	B27 右王杖诏书令 在兰台第卌三 第廿七

因为王杖简研究的核心问题就是结构的分析，而王杖诏令册的结构尤为复杂，故此处划分较细，一共分为十个部分。从形式上看，其中包括五份未必完整的制诏、七个案例以及一枚标题简。需要说明的是，其中制诏与案例的划分并不绝对，如案例 1 与案例 3，均有“制曰”字样，属于大庭脩先生所谓“第二形式的制诏”[1]。因此，这种结构划分只是出于研究的便利计，并非绝对的判定。下面再对制诏 1、2、3 划分的依据进行说明。B3 结尾有“明著令兰台令第卌二”字样，从汉代诏书及汉令的辞例来看，“明著令”是属于“著令用语”，[2] 往往出现在诏书结尾；“兰台令第卌二”是汉令的类别及编号，不是诏书本身的内容，而是编纂者的补注，一般出现在文首或文末。[3] 因此，B1-3 可以判定为一份形式上起讫相对完整的制诏。也因此，B3 简以下当断为另一份文书。B4 简开端有分隔符，益可证 B3 简

[1] [日]大庭脩著：《秦汉法制史研究》，林剑鸣等译，上海人民出版社 1991 年版，第 170—174 页。

[2] 关于“著令用语”的讨论，较早且具有代表性的可以参见[日]中田薰《汉律令》，载中国政法大学法律古籍整理研究所编：《中国古代法律文献研究》第 3 辑，中国政法大学出版社 2007 年版，第 107 页。

[3] 关于汉代官文书的立卷程序，可参见汪桂海著：《汉代官文书制度》，广西教育出版社 1999 年版，第 204—215 页。

以下当断为另一份文书。又，B4 简末尾有“布告天下使明知朕意”，从汉代诏书的辞例来看，这是典型的结尾用语，故 B4 简记载了一份缺失开头的制诏。B5 简起应断为另一份文书，B5、B6 简有“尚书令臣咸再拜受诏建始元年九月甲辰下”字样，也属于汉代诏书末尾常见的附记之词。汪桂海先生指出，B5、6 简为一份独立的制诏，“这道诏书前段文字缺，估计亦当是‘制诏御史’之类的话，乃抄写者承所抄第一道诏书之后，将‘制诏御史’省略”[1]。可信从。

下面再列表分析王杖十简的结构：[2]

表十一　1959 年王杖十简结构表

结构	简文
A Ⅰ：制诏 1	A1 制诏御史曰：年七十受王杖者，比六百石，入官廷不趋；犯罪耐以上，毋二尺告劾；有敢征召、侵辱
	A2 者，比大逆不道。建始二年九月甲辰下
A Ⅱ：制诏 2	A3 制诏丞相御史：高皇帝以来，至本【始】二年，胜（朕）甚哀【怜】老小，高年受王杖，上有鸠，使百姓望见之，
	A4 比于节；有敢妄骂詈、殴之者，比逆不道；得出入官府郎（节）第，行驰道旁道；市卖，复毋所与，
	A5 如山东复。有旁人养谨者常养扶持，复除之，明在兰台石室之中。王杖不鲜明，
	A6 得更缮治之……
A Ⅲ：河平元年案	A6……河平元年，汝南西陵县昌里先，年七十，受王杖，颏部游徼吴赏使从者
	A7 殴击先，用（因）诉，地大守谳廷尉，报：罪名
	A8 明白，赏当弃市。

[1] 汪桂海著：《汉代官文书制度》，广西教育出版社 1999 年版，第 208 页。

[2] 释文及编号、排序引自考古研究所编辑室：《武威磨咀子汉墓出土王杖十简释文》，载《考古》1960 年第 5 期。个别文字及标点的订正参考陈直：《甘肃武威磨咀子汉墓出土王杖十简通考》，载《考古》1961 年第 3 期；武威县博物馆：《武威新出王杖诏令册》所附王杖十简释文，载甘肃省文物工作队、甘肃省博物馆编：《汉简研究文集》，甘肃人民出版社 1984 年版，第 60—61 页。

续表

结构	简文
A Ⅳ：墓主情况	A9 孝平皇帝元始五年幼伯生，永平十五年受王杖。
A Ⅴ：令名及编号	A10 兰台令第卅三，御史令第卌三，尚书令灭受在金。

王杖十简结构较简单，不再分析。武威旱滩坡汉简的王杖诏书部分残破严重，无法分析其结构。在正式比勘之前，先解决三个异文的问题：

第一，兰台令“第卅三”“第卌二”“第卌三”。

王杖十简中出现了“兰台令第卅三”的令名编号，王杖诏书令中则出现了“兰台第卌二”“兰台第卌三”的字样。《武威新出王杖诏令册》的执笔者党寿山先生认为“卅三”系“卌三”之误，大庭脩先生赞同这一论断。其实，“卌二”也应该系“卌三”之误，论证详后。

第二，“尚书令灭”与“尚书令臣咸”。

党寿山先生推测“尚书令臣咸”可能为陈咸，但史书未载陈咸曾任尚书令，故其说依据不足。按“王杖十简”图版，“灭”写作“滅”，与“減”形近涉误。此类误例古书多有，如《论衡·佚文》：“成帝奇霸之才，赦其辜，亦不減其经。”同样的内容，《论衡·正说》作：“成帝高其才而不诛，亦惜其文而不滅。”前句“減”即为“滅（灭）”之误。[1]而汉时“減”、“咸”往往通用，如汉有酷吏減宣，《史记》、《汉书》或作“減宣”，或作“咸宣”，即为其证。故王杖诏令册中的“尚书令臣咸”即王杖十简的“尚书令滅”。

第三，“建始元年”与“建始二年”。

党寿山先生据二十史朔闰表，建始元年无甲辰日，指出“或‘元年’为‘二年’误，同王杖十简”[2]，可从。

---

[1] 参见黄晖撰：《论衡校释》，中华书局 1990 年版，第 862 页。

[2] 武威县博物馆：《武威新出王杖诏令册》所附王杖十简释文，载甘肃省文物工作队、甘肃省博物馆编：《汉简研究文集》，甘肃人民出版社 1984 年版，第 43 页。

（三）三份王杖简的比勘

细读三份王杖简不难发现，有许多词句是相似乃至雷同的。下面，本文将对三份王杖简进行文字上的比勘，从而推定其结构上的关系。

1. B2、B5、B11 文辞近似

B2：年六十以上毋子男为鲲，女子年六十以上毋子男为寡，贾市毋租，比山东复。

B5：夫妻俱毋子男为独寡，田毋租，市毋赋，与归义同。

B11：列肆贾市，毋租，比山东复。

其中，B2 属 B 制诏 1，B5 属 B 制诏 3，B11 属 B 制诏 4，所以 B 制诏 1 与 B 制诏 3、B 制诏 4 很可能来自同一份制诏。

2. B10 与 B21、B22 文辞近似

B10：……吏民有敢骂殴詈辱者，逆不道。

B21、22：……吏民有敢殴辱者，逆不道，弃市。……

B10 属于 B 制诏 4，B21、22 属于 B 制诏 5，所以 B 制诏 4 与 B 制诏 5 可能抄自同一份制诏。

3. B2、B3 与 A4、A5 文辞近似

B2、B3：……贾市毋租，比山东复。复人有养谨者扶持，明著令。 兰台令第卌二

A4、A5：……市卖，复毋所与，如山东复。有旁人养谨者常养扶持，复除之，明在兰台石室之中……

B2、B3 属于 B 制诏 1，A4、A5 属于 A 制诏 2，所以 B 制诏 1 可能与 A 制诏 2 来自同一份制诏。

4. B5、B6 与 A2、A10 文辞近似

B5、B6：尚书令臣咸再拜受诏。 建始元年九月甲辰下。

A2：建始二年九月甲辰下

A10：……尚书令灭受在金。

前已引党寿山先生之说，建始元年九月无甲辰，故“元”当为“二”。

又尚书令臣咸，当为尚书令灭。B5、B6 属于 B 制诏 3，A2 属于 A 制诏 1，故 B 制诏 3 与 A 制诏 1 可能来自同一份制诏；又 A10 与 A2 可能属于同一份制诏。

5. B9、10、11 与 A3、4、5 文辞近似

B9、10、11：……高皇帝以来至本始二年，朕甚哀怜耆老。高年赐王杖，上有鸠，使百姓望见之，比于节；吏民有敢骂殴詈辱者，逆不道；得出入官府节第，行驰道中；列肆贾市，毋租，比山东复。

A3、4、5：制诏丞相御史：高皇帝以来，至本【始】二年，胜（朕）甚哀【怜】老小，高年受王杖，上有鸠，使百姓望见之，比于节；有敢妄骂詈、殴之者，比逆不道；得出入官府郎（节）第，行驰道旁道；市卖，复毋所与，如山东复……

B9、10、11 属于 B 制诏 4，A3、4、5 属于 A 制诏 2，所以 B 制诏 4 显然与 A 制诏 2 来自同一份制诏。

6. B21 与 A1、2 文辞近似

B21：制诏御史：年七十以上杖王杖，比六百石，入官府不趋，吏民有敢殴辱者，逆不道

A1、2：制诏御史曰：年七十受王杖者，比六百石，入官廷不趋；犯罪耐以上，毋二尺告劾；有敢征召、侵辱者，比大逆不道。

B21 属于 B 制诏 5，A1、2 属于 A 制诏 1，所以 B 制诏 5 显然与 A 制诏 1 来自同一份制诏。

概括以上内容，B 制诏 1=B 制诏 3=B 制诏 4，B 制诏 4=B 制诏 5，B 制诏 1=A 制诏 2，B 制诏 3=A 制诏 1，B 制诏 4=A 制诏 2，B 制诏 5=A 制诏 1，所以王杖十简的两份制诏与王杖诏令册的五份制诏，互相之间都有高度的相似性，由此不难得到这样一个推论：这两份王杖简所包含的七份制诏都不是完整的制诏，而是摘抄自同一份完整的制诏。

以此来看武威旱滩坡出土的王杖诏书，可以发现情况基本一致。武 1 简与 B21、A1 简文字雷同，武 11 简包含的两个案例，与 B 案例 5、6 十分

相似。[1]

如果要进一步推测王杖诏书的颁布时间，亦即两份王杖简所包含的七份制诏共同的母本是什么，那么我的结论是“建始二年九月甲辰诏”。这个结论的得出，首先基于对两份王杖简中出现的所有时间的考察。

两份王杖简一共出现了七个时间点，分别是王杖诏令册的“建始元年（前32）九月甲辰”“（高皇帝以来至）本始二年（前72）”“元延三年（前10）正月壬申”，和王杖十简的“建始二年（前31）九月甲辰”“（高皇帝以来至）本【始】二年（前72）”“河平元年（前28）”“孝平皇帝元始五年（5）”“永平十五年（72）”。其中，“建始元年”系“二年”之误；“孝平皇帝元始五年”“永平十五年”是王杖主幼伯的生年及受王杖时间，与颁布时间无关；“元延三年正月壬申”“河平元年”均属利用王杖诏书来判决案例的时间，而非颁布王杖诏书的时间，且这几个时间均晚于建始二年，可知是诏书颁布后运用于实际司法中的案例。唯一的例外是两份诏书中均出现的宣帝“本始二年”，早于成帝“建始二年”。但严格来讲，在这两份诏书中，“本始二年”并非一个时间点，而是指“高皇帝以来至本始二年”这样一个时段，时段是难以成为颁布诏书的时间点的。而“建始二年九月甲辰下”是汉代诏书常见的行下之词。两相比较，建始二年比本始二年成为本诏书颁布时间的可能性要大得多。总之，七个时间点中，唯有“建始二年九月甲辰”可确信为颁布诏书的时间。因此，王杖诏书的颁布时间当为汉成帝建始二年九月甲辰，是武帝以来法律儒家化至元、成间向纵深发展的结果。[2]

还须略作交代的是王杖简中出现的案例。两份王杖简共出现八个案例，

---

[1] [日]大庭脩著：《武威旱滩坡出土的王杖简》，载《简帛研究译丛》第1辑，徐世虹、郗仲平译，湖南出版社1996年版，第297页。

[2] 朱红林先生的《汉代“七十赐杖”制度及相关问题考辨》（载《东南文化》2006年第4期）认为：汉成帝以前，赐王杖的年限一度提高至八十岁。据此，则汉成帝这道王杖诏书的意义在于：第一，将赐杖年限下调至七十岁；第二，以刑法手段保护王杖主的权利。王杖简所见的案例，意义正在于此。

其中有两则案例内容相对完整，且有明确纪年“元延三年正月壬申”“河平元年”，均晚于“建始二年”。另外六个没有明确纪年的案例，也可以推想时间当迟于“建始二年”，均产生于建始二年九月甲辰诏颁布之后的司法实践。这些案例陆续通过诏书的形式发布，被相关人员抄写入“建始二年九月甲辰诏”的母本之中，层累形成了今天所见王杖诏书的不同版本。

三份王杖简所呈现的文本虽不相同，但都是一份被重复抄写、内容交错的制诏与案例的杂纂，而其中制诏的母本都是“建始二年九月甲辰诏”。那么这份杂纂是无意拼凑的产物还是有意编辑的成果？为什么同一份制诏会被重复抄写？三份制诏的差异如何解释？这要在比勘的基础上，作进一步的推论。

（四）“王杖诏书”的形成及其性质

如前所述，研究王杖简性质的最大难题，在于如何解释制诏与案例交错在一起的问题。对此可以提出种种假说，但是根据以上比勘的结论，王杖简中出现的制诏（不包括裁决案例的制诏）都来自同一个母本，即“建始二年九月甲辰诏”。由此又涉及以下三个问题：

第一，王杖诏书的传播路径。

建始二年九月甲辰诏制作完成以后，由于其受益对象是全国的高龄老人，所以自然应顺沿帝国的行政系统逐级下发。冨谷至先生认为：“行政文书被下发的最低一级官署是乡，而且报送上行文书的最低级别的机关也是乡。”[1] 但是汉代乡之下还有里，许多关涉民生的法令还希望为百姓进一步周知。那么从乡到里再到百姓，法令的传播是如何实现的呢？先来看几条史料：

时，上垂意于治，数下恩泽诏书，吏不奉宣。太守霸为选择良吏，分部宣布诏令，令民咸知上意，……（《汉书》卷八九《黄霸传》）

---

[1] 参见［日］冨谷至著：《文书行政的汉帝国》，刘恒武、孔李波译，江苏人民出版社2013年版，第109—113页。

臣闻山东吏布诏令，民虽老羸癃疾，扶杖而往听之，……（《汉书》卷五一《贾山传》）

各明白大扁书市里官所寺舍门亭燧候中，令吏卒民尽讼知之。[1]

由此可知，汉代行政文书下达到乡以后，由吏员制作成布告牌悬挂在公共场所，或直接书写在公共场所的墙壁、门上，供百姓阅读。这一形式被称为“扁书”[2]。但在汉代识字率不高的情况下，未必有多少百姓能够读懂布告牌，所以还需要“讽诵”“宣布”，即集中宣读法令。建始二年九月甲辰诏应该也经过了这样的传播路径，从而被民间好事者抄录、传诵。

第二，王杖简的抄写者和流传情况。

出土的三份王杖简，尤其是王杖十简和王杖诏令册，推测是民间传抄的版本，抄写者不具有官吏的身份，只具有基本的书写能力。这一推断的依据，是“王杖十简”的版面安排。冨谷至先生指出：王杖十简的简 7、8 之间存在尚有空白就不顾语义的换简书写，即“换行”的情况，由此可见“十简的笔者并不存在根据内容、语义换行的意识”[3]。不顾语义而换行书写，这不应该是一名经验老到的行政机关的书手所为。另外，“王杖诏令册”中“制诏”二字抬头，冨谷至先生曾根据汉代公文书中仅“制”一字抬头的格式例提出质疑。籾山明先生对此的释疑当然也有道理，但如果从抄写者的民间身份来看，这也是情理之中的事情。

三份王杖简中所出现的时间，除去十简关于王杖主幼伯的记载，最早的是汉宣帝本始二年（前 72），最晚的是汉成帝元延三年（前 10），大体时间是在西汉中后期。但是三份王杖简，至少有两份出自武威的东汉墓。[4]

---

[1] 李均明、何双全编：《散见简牍合辑》，文物出版社 1990 年版，第 20 页。

[2] 徐燕斌在辑录汉简扁书十九则的基础上认为，扁书是“将政令、法律书之于木板之上，悬于高处的一种法律公布形式”，见《汉简扁书辑考——兼论汉代法律传播的路径》，载《华东政法大学学报》2013 年第 2 期。

[3] [日] 冨谷至：《王杖十简》，载杨一凡总主编：《中国法制史考证》丙编第一卷，中国社会科学出版社 2002 年版，第 526—527 页。

[4] 据前引《武威新出王杖诏令册》介绍，王杖诏令册与王杖十简一样，也出自磨咀子汉墓群。唯因采集所得，已难确定是西汉墓或东汉墓。

其中王杖十简时间不可能早于简文中出现的“永平十五年”（72），武威旱滩坡汉简所在“墓葬的年代应为东汉中晚期”。[1] 也就是说，这两份王杖简抄写的年代距离所抄诏书发布的年代至少已有八十年，甚至上百年之久。在这百年左右的时间里，原本已不知被辗转传抄多少次，从而形成了今天看到的王杖简。在此传抄的过程中，案例的增删、制诏的断裂、错简的存在，都在情理之中。而不同王杖诏书之间的版本系统早已不可考，所以也并不能据其中一份来对另一份进行校订，因为这三份王杖简任何一份都不是其他两份的祖本，而不如目为三个分别层累形成的，故而面目各异的版本。从这一点来看，仲山茂先生对王杖简的判断——“在民间被重复抄写的、作为‘护身符’的法律文书”是最符合事实的。[2]

第三，目前所见王杖简是出于有意的编辑，还是无意的杂抄？目的是什么？

起码王杖诏令册是有意编辑的成果。首先，册书篇题在最后一简。其次，B26 有对全册出现案例的一个统计：“亭长二人，乡啬二人，白衣民三人，皆坐殴辱王杖功，弃市。”统计全册被弃市的犯罪嫌疑人，有汝南吏、云阳白水亭长张熬、长安乡吏、汝南郡男子王安世、南郡亭长司马护、长安东乡啬夫田宣、陕西男子张汤，正好七人。其中亭长二人，乡啬夫、乡吏二人，白衣民二人，另有汝南吏一人，也许计入白衣民，则与上述统计一致，所以王杖简是有意编辑的成果。那么编辑和抄写王杖简的目的是什么？我认为“护身符”说和“黄泉文书”说并行不悖。B26 简对殴辱王杖主而弃市七人的统计，带有明显的威吓意味。反复引用制诏，甚至有意把一份制诏拆成数份抄写，也许也是为了增强王杖简的权威色彩。这样的简册，生前可以作为护身符，死后随葬则是希冀把生前的福祉与特权带入地下世界。所以这份王杖简，可能是在武威地方上的老年人（尤其是初受王杖的老年人）之间热衷传抄的“经文”吧。

---

[1] 武威地区博物馆：《甘肃武威旱滩坡东汉墓》，载《文物》1993 年第 10 期。

[2] 转引自徐世虹：《百年回顾：出土法律文献与秦汉令研究》，载《上海师范大学学报》（哲学社会科学版）2011 年第 5 期。

现再以今见“王杖诏书”简为例，总结一下其文本增益与传播的情况：

表十二　今见“王杖诏书”形成与流传纪事年表

时间	传播情况	文本增益	备注
建始二年九月甲辰（前31）	汉成帝颁布王杖诏书	自“制诏御史”至“布告天下，使明知朕意”，是为诏书原文	“明著令”与“明在兰台石室之中”亦系诏尾用词，当属传抄异文
	尚书令咸受诏	增“尚书令臣咸再拜受诏，建始元年九月甲辰下”	据《史记·三王世家》，补注下书日期当系尚书令工作
	藏于御史府、兰台	增“兰台令第卌三，御史令第卌三”	兰台、御史府所藏令，后即散佚毁灭，今日未见
建始二年九月后不久（前31）	御史府下丞相府下武威郡下某县某乡，公布	或增行下之词，不见于今本王杖简	此过程可参大庭脩、冨谷至对《元康五年诏书册》文本与发布程序的复原研究
	为当地百姓所传抄	民间私抄本出现	
河平元年（前28）	吴赏殴击先案判决诏书颁布	民间好事者抄入王杖简私抄本	
元延三年正月壬申（前10）	乡吏殴广案判决诏书颁布	民间好事者抄入王杖简私抄本	
不明	用王杖诏书判决之案例、诏书先后颁布	民间好事者抄入王杖简私抄本	至此，武威民间已形成大量夹杂王杖诏书与案例的私抄本，1981年王杖诏令册即其中之一
不明	某民间好事者抄录一份二十七简王杖诏书，并入葬	增“第一”至“第廿七”编号，或增“亭长二人，……弃市”	此处增益文字，或早已增益，此本不过转抄而已

续表

时间	传播情况	文本增益	备注
元始五年(5)	幼伯生		
永平十五年(72)	幼伯受王杖，并抄录一份“王杖诏书”私抄本	增“孝平皇帝元始五年幼伯生，永平十五年受王杖”	此即今见“王杖十简”，又该本之抄录或系幼伯卒年事
永平十五年后某年	幼伯卒，王杖十简陪葬		
1959 年	王杖十简出土		
1981 年	王杖诏令册发现		
1989 年	武威旱滩坡汉简王杖残简出土		

总之，今天所见“王杖诏书”简都是以建始二年九月甲辰诏为母本，夹杂以后续公布的案例，进行再编纂和传抄的产物，应该并不直接反映汉代某种法律形式的原貌。

以前述汉代法律文本“四形态”的分析框架来看，“建始二年九月甲辰诏”属于第一形态，挈令是第三形态，而出土所得的三份王杖简则是典型的第四形态的私抄本。

第三节　汉代集议之立法成果考述

一、两点先行说明

在明了上述汉代立法程序之后，可以对集议所产生的立法成果进行一个考述。以下以法律形式为区分，大体分为律和令、比和故事、礼仪立法、律历章程、其他立法成果五大类。需要特别说明的问题有两点：

第一，何谓汉代的“立法成果”？

早期中国法制史的研究者如沈家本、程树德等，往往把眼界专注于律令，这是以“法律载体”或曰“法律形式”为判断标准。后之研究者往往认为这种断限过于狭隘，所以举凡关于狱讼、职官、选举、食货等等制度和惯例，都纳为研究对象。这是以法律载体所承载之内容为判断依据，事实上是以今天“法制”的观念来反推古代，研究领域固然扩大，但未免有泛滥之嫌。

其实，以“律令”为对象的法制史研究，在汉代来讲是比较合适的。章太炎曾考证汉律中有官制，有驿传法式，有度数章程，这些后来都得到了出土文献的证明。最后他得出结论：“汉律之所包络，国典官令无所不具，非独刑法而已也。……汉世乃一切著之于律。”[1]也就是说，汉代的制定法，基本不外乎律令，以律令为研究对象问题不大。但是传统的律令研究，往往以出现“律”“令”字样为准，则有所不足。大庭脩就指出，沈家本其实已经意识到某些修改律令的诏书也应该纳入律令的范围，“可惜这种高明的识见不一定在《汉律摭遗》全篇中始终贯彻”[2]。今天我们有更多的出土律令作参照，则许多在后世不应该入律的内容，在汉代也不妨认为属于立法成果而予以保留。这将在第二个问题中作进一步的举例说明。

第二，五类立法成果存在交叉。

例如所谓“礼仪立法”，在汉代其实也多属律令。《后汉书·安帝纪》：“丙戌，初听大臣、二千石、刺史行三年丧。”初看，这属于礼仪，与律令无涉。翻看《后汉书·刘恺传》：“元初中，邓太后诏长吏以下不为亲行服者，不得典城选举。”这与《安帝纪》所载系同一事。《汉书·扬雄传》注引应劭曰：“汉律以不为亲行三年服不得选举。”可见安帝时邓太后的这份

[1] 章太炎：《检论》卷三《原法》附《汉律考》，载《章太炎全集》（三），上海人民出版社 1984 年版，第 438 页。

[2] ［日］大庭脩著：《秦汉法制史研究》，林剑鸣等译，上海人民出版社 1991 年版，第 183—184 页。

诏书，在汉末应劭的时代已经入律。所以，《后汉书·赵岐传》所载“永兴二年，辟司空掾，议二千石得去官为亲行服，朝廷从之”，也同样属于对汉律修订。

再如“律历章程”，修订历法似乎与律令无关，其实也不然。如汉和帝时期关于漏刻问题的讨论，太史令诸人就引“官所施漏法《令甲》第六《常符漏品》”[1]为说，可见漏刻问题也属于律令的调整对象。

又如顺帝时关于增武陵蛮夷租赋的集议，看似属于食货问题，其实可能是对《蛮夷律》的修改。[2]

所以，以下所考述的立法成果中可以明确考定为律令者，归入律令类；其余则各随其类。属于职官、选举、食货、军法等类的，一律入“其他立法成果”类。另外，广义上的立法当包括对法律文件的草拟、制定、修改、废除，以及对已失效的法律文件重新赋予效力等。这种立法活动的性质，也将反映在列表中。列表中的“时间”，先标明该君主的谥号（吕后时期称“吕”，新莽时期称“新”），再列公元纪年，公元纪年不明者不书。

二、汉代集议产生的律、令

关于律令，前面已经谈得很多。律令立法的过程，史书多语焉不详，偶有记载，则大致分为三类情况。第一种，是君主直接出台命令，要求“著为令”。这种情况前面已经谈过，是否存在史料的节略尚未可知，所以要谨慎看待。第二种，也是最常见的，即通过集议立法。在汉代，无论是创制一项新规定，还是对祖宗之法的修改和废弃，往往都要经过集议，由君主指示大纲或提出问题，而臣下起草细案。第三种情况，就是前文提到的大规模的法律文件整理活动，如武帝时张汤、赵禹更定律令、宣帝时于定国删定律令等。即便汉初萧何定律，也未尝不是对秦律的系统整理和编

[1] 《续汉书·律历志》。

[2] 参见曾代伟、王平原：《〈蛮夷律〉考略——从一桩疑案说起》，载《民族研究》2004年第3期。

纂。这种活动中，肯定也包含着大量“议”的环节，只是史料不足征，今天已经无从得知其细节了。

下表所呈现的，就是史料所见汉代集议产生的律令。史料中明书为律令者收之；可以考订为律令者也收之，考订依据详备注；关于罪、刑的立法，历代都载于律，故虽未明言律令亦收之。

表十三　汉代集议产生的律令列表

立法成果	时间	性质	出处	备注
高皇帝所述书天子所服第八	高前196	创制	《汉书》卷74《魏相传》	如淳注：第八，天子衣服之制也，于施行诏书第八。陈梦家认为即令甲第八。
除三族罪、妖言令	吕前187	废除	《汉书》卷3《高后纪》	
养老令	文前179	创制	《汉书》卷4《文帝纪》	
除收律、相坐法	文前179	废除	《史记》卷10《孝文本纪》、《汉书》卷23《刑法志》	
礼乐制度仪法、诸律令	文	建议	《史记》卷23《礼书》、84《屈原贾生列传》、《汉书》卷22《礼乐志》	
律·废肉刑	文前167	修改	《汉书》卷23《刑法志》	
吏受所监临等令	景前156	修改	《汉书》卷5《景帝纪》	

续表

立法成果	时间	性质	出处	备注
以谪罚侵削诸侯诸法令	景前 155		《史记》卷 96《张丞相列传》	
令三十章	景前 155		《汉书》卷 5《景帝纪》	
律·不举孝廉者罪	武前 128	创制	《汉书》卷 6《武帝纪》	
功令	武前 124	创制	《汉书》卷 6《武帝纪》、88《儒林传》	
令·武功爵	武前 123	创制	《史记》卷 30《平准书》、《汉书》卷 6《武帝纪》	《史记·平准书》集解引臣瓒曰“茂陵中书有武功爵”。据考证，茂陵书为历史上首次出土的简牍文书。[1]
律·禁民挟弓矢	武	建议	《汉书》卷 64《吾丘寿王传》	
减内史稻田租挈	武前 111	修改	《汉书》卷 29《沟洫志》	师古注：租挈，收田租之约令也。
令诸有罪得入谷边郡赎罪	宣前 61	创制	《汉书》卷 78《萧望之传》	
议律令可蠲除轻减者	元前 48	废除	《汉书》卷 23《刑法志》	
罢采珠玉金银铸钱之官、除贩卖租铢之律、议除赎罪之法、重选举不以实及臧罪	元前 44	废除、修改	《汉书》卷 24《食货志》、72《贡禹传》	未尽从。

[1] 辛德勇：《谈历史上首次出土的简牍文献——〈茂陵书〉》，载《文史哲》2012 年第 4 期。

续表

立法成果	时间	性质	出处	备注
令民产子七岁出口钱	元前 44	修改	《汉书》卷 72《贡禹传》	
议减死刑及可蠲除约省者	成前 28	废除	《汉书》卷 23《刑法志》	
田宅奴婢限列；除任子令及诽谤诋欺法等	哀前 7	创制、废除	《汉书》卷 11《哀帝纪》、卷 24《食货志》	
复汙池刑	新 6	创制	《汉书》卷 99《王莽传》	
省刑法	光 26	废除	《后汉书》卷 1《光武帝纪》	
议重刑罚	光 38	建议	《后汉书》卷 27《杜林传》、34《梁统传》及注引《东观记》	
刑辟顺时气诏	明 57	创制	《后汉书》卷 2《显宗孝明帝纪》、卷 32《樊鯈传》	
律・断狱尽冬月	章 85	修改	《后汉书》卷 46《陈宠传》	
轻侮法	和	创制	《后汉书》卷 44《张敏传》	
废轻侮法	和	废除	《后汉书》卷 44《张敏传》	
平定律令	和 94	建议	《后汉书》卷 46《陈宠传》	
律・尽冬月断狱	安	修改	《后汉书》卷 25《鲁恭传》	

续表

立法成果	时间	性质	出处	备注
律·不为亲行三年服不得选举	安116	创制	《后汉书》卷5《孝安帝纪》、39《刘恺传》	《汉书·扬雄传》注引应劭曰：汉律以不为亲行三年服不得选举。
令·复建武故事绝告宁之典	安121	修改	《后汉书》卷46《陈忠传》	
二千石得去官为亲行服	桓154	修改	《后汉书》卷64《赵岐传》	
议复肉刑	献	建议	《后汉书》卷70《孔融传》	
议复肉刑	献213	建议	《三国志》卷11《王修传》、13《钟繇传》、22《陈群传》、《晋书》卷30《刑法志》、《艺文类聚》卷54《刑法部·刑法》	

三、汉代集议产生的比、故事

所谓比，即司法判例。故事的意义比较复杂，这里主要指行政、礼仪方面的惯例，是一种不成文法，具有一定的法律约束力。汉代经过集议的某次决策，具有较高的效力，所以尽管只是针对一时一事，却往往沿为决事比或故事。当然也有集议之后当时就被君主明令著为故事以作为参考的，例如《后汉书·郑弘传》：“弘前后所陈有补益王政者，皆著之南宫，以为故事。”

表十四　汉代集议产生的比、故事列表

立法成果	时间	性质	出处
封赏之科	景前 147	创制	《汉书》卷 17《景武昭宣元成功臣表》
除上书副封故事	宣前 68	废除	《汉书》卷 74《魏相传》
中书不用宦者	元前 48	建议	《汉书》卷 78《萧望之传》
郡守不宜频更	光 30	修改	《后汉书》卷 33《朱浮传》
光烈皇后故事	明 58	创制	《后汉纪·孝安皇帝纪上》
南宫尚书郎补千石令故事	章	创制	《后汉书》卷 33《郑弘传》

四、汉代集议产生的礼仪立法

礼仪本身能否算法律史的研究对象，值得讨论。但是在汉代，这一争议也许是不必要的。前文已经说明，汉律中包含着大量关于礼仪的立法规定。另外，《晋书·刑法志》："叔孙通益律所不及，傍章十八篇。"《汉书·礼仪志》："今叔孙通所撰礼仪，与律令同录，臧于理官。"《后汉书·应劭传》："又删定律令为《汉仪》。"皆为其证。又曹褒制《汉礼》写以二尺四寸简，与律令同制，又是一证。张家山 336 号汉墓出土有《朝律》一种，[1] 从已公布的少量内容来看，与后世所谓礼仪无异。所以自西晋以后礼、律分典的情况，在汉代应该是不存在的。汉代的礼仪，可能多数通过律令来规定。

[1] 张家山 M336 有《朝律》一种，见彭浩：《湖北江陵出土西汉简牍概说》，载大庭脩编：《汉简研究の现状と展望》，大阪关西大学出版部 1993 年版，第 174 页；同书所载胡平生《中国湖北江陵张家山汉墓出土竹简概述》释读了若干《朝律》的简文（第 271—273 页）。刘海宇发现日本出版的《简牍名迹选 5·湖北篇三》收有若干支标曰"二年律令"的简牍，实为《朝律》简，并据此作出了较胡氏更为准确的释文，见氏作：《介绍一枚张家山三三六号汉墓〈朝律〉简的清晰图版》：复旦大学出土文献与古文字研究中心网 2013 年 8 月 21 日首发（http://www.gwz.fudan.edu.cn/SrcShow.asp?Src_ID=2102）。

表十五　汉代集议产生的礼仪立法列表

立法成果	时间	性质	出处
列侯位次之制	高前 202	创制	《史记》卷 52《萧相国世家》、《汉书》卷 39《萧何传》
列侯朝位之制	吕前 186	创制	《汉书》卷 3《高后纪》
孝文庙礼仪制度	景前 156	创制	《史记》卷 10《孝文本纪》、《汉书》卷 5《景帝纪》
礼乐制度	武前 140	草拟	《史记》卷 12《孝武本纪》、121《儒林列传》、《汉书》卷 6《武帝纪》、22《礼乐志》、25《郊祀志》、《初学记》13《礼部上・明堂》
封禅仪	武前 113	草拟	《史记》卷 12《孝武本纪》、《汉书》卷 25《郊祀志》
巡狩封禅仪	武前 111	创制	《史记》卷 12《孝武本纪》、《汉书》卷 58《兒宽传》
戾太子园邑之制	宣前 73	创制	《汉书》卷 8《宣帝纪》、63《武五子传》
世宗庙制	宣前 72	修改	《汉书》卷 8《宣帝纪》、75《夏侯胜传》、89《循吏传》
罢郡国庙	元前 40—前 39	废除	《汉书》卷 25《郊祀志》、73《韦贤传》
南北郊礼	成前 32	创制	《汉书》卷 25《郊祀志》
太上皇寝庙园之制	成前 28	恢复	《汉书》卷 71《平当传》
汉宗庙之礼	成前 14	恢复	《汉书》卷 25《郊祀志》
兴辟雍、设庠序、陈礼乐	成前 8	创制	《汉书》卷 22《礼乐志》
修复河间古乐	成	建议	《汉书》卷 22《礼乐志》
议毁孝武庙	哀前 7	建议	《汉书》卷 73《韦贤传》

续表

立法成果	时间	性质	出处
复孝惠、孝景庙	哀前 2	恢复	《汉书》卷 72《龚胜传》
九锡之法	平 4、5	创制	《汉书》卷 99《王莽传》
复南北郊之制	平 5	恢复	《汉书》卷 25《郊祀志》
长安旁诸庙兆畤之制	平 5	创制	《汉书》卷 25《郊祀志》
罢皇考庙	平 5	废除	《汉书》卷 73《韦贤传》
议郊尧礼	光 31	修改	《续汉书·祭祀志》及注引《东观书》、《后汉书》卷 27《杜林传》及注引《东观书》
禘祫之祭制	光 50	创制	《后汉书》卷 35《张纯传》
立辟雍、明堂	光 51	创制	《后汉书》卷 35《张纯传》
七郊、三雍、大射、养老礼仪	光 56	创制	《后汉书》卷 35《曹褒传》
尊三老礼	明 59	创制	《续汉书·礼仪志》注
世祖庙乐	明 60	修改	《续汉书·祭祀志》注引《东观书》、《后汉书》卷 42《光武十王列传》
明帝庙礼	章 75	创制	《续汉书·祭祀志》注引《东观书》、《后汉书》卷 3《肃宗孝章帝纪》
增修群祀	章 85	修改	《后汉书》卷 2《肃宗孝章帝纪》
汉礼	章 85	建议	《后汉书》卷 35《曹褒传》
汉礼百五十篇	章 86	创制	《后汉书》卷 35《曹褒传》
制作礼乐	章 85—87	建议	《后汉书》卷 35《张纯传》
礼乐异议三事	和 101	建议	《后汉书》卷 35《张纯传》
复祭六宗礼	安 119	恢复	《续汉书·祭祀志》注引《李氏家书》
冠一梁礼	安 120	建议	《续汉书·舆服志》

续表

立法成果	时间	性质	出处
崇梁冀礼	桓 151	创制	《后汉书》卷 34《梁冀传》、61《黄琼传》
毁和帝以下宗	献 190	废除	《续汉书·祭祀志》注引袁山松书、《后汉书》卷 9《孝献帝纪》、《蔡中郎集·宗庙迭毁议》
散斋乐制	献	建议	《通典》卷 147《乐七·散斋不废乐议》
异姓为后	献 213	创制	《通典》卷 69《礼二十九·沿革二十九·嘉礼十四·异姓为后议》

五、汉代集议产生的律历章程

《汉书·高帝纪》如淳注："章，历数之章术也。程者，权衡丈尺斗斛之平法也。"师古曰："程，法式也。"中田薰据此认为"'章程'是历法及度量衡法"[1]，是准确的。《汉书·张苍传》又载："吹律调乐，入之音声，及以比定律令若百工天下作程品。"师古曰："言吹律调音以定法令，及百工程品，皆取则也。"由此亦可看出律历章程与律令之关系。闫晓君对传世与出土文献中的"程"进行研究认为："秦汉时期的所谓章程是律令中的一种定量性法规，并不像沈家本先生所认为的'章程非律令书'"[2]，这一结论是可靠的。前文所考证的律历与律令的关系，也可作为一个佐证。

[1] [日] 中田薰：《汉律令》，载中国政法大学法律古籍整理研究所编：《中国古代法律文献研究》第 3 辑，中国政法大学出版社 2007 年版，第 123 页。

[2] 闫晓君：《说"程"——秦汉时期的计量性法规》，载氏著：《秦汉法律研究》，法律出版社 2012 年版，第 34—47 页。

表十六　汉代集议产生的律历章程列表

立法成果	时间	性质	出处
汉历	武前 104	创制	《汉书》卷 21《律历志》
汉历	章 85	修改	《续汉书·律历志》
昬景漏刻四十八箭	和 102	修改	《续汉书·律历志》
九道法	安 123	建议	《续汉书·律历志》
如甲寅诏书故事	顺 143	修改	《续汉书·律历志》
甲寅元	灵 175	建议	《续汉书·律历志》
月食注	灵 179	建议	《续汉书·律历志》
宗诚历术	灵 180	修改	《续汉书·律历志》

六、汉代集议产生的其他立法成果

这里所收录的，是没有明确依据载入律令类的立法成果。其实仔细考察，许多法规都应当是律令之一种，除前所举《蛮夷律》的例子外，还可以举例。比如关于钱币的规定，汉代有《金布律》《钱律》。根据《二年律令·钱律》的内容，本表所载大量关于币制的规定应当属于律令的范围。另外，《汉书·贡禹传》所载议罢角抵之事又见于《刑法志》关于兵制的论述，可能是汉代军法的内容。《韩延寿传》所见颍川郡议撰嫁娶丧祭仪品之事，则可能是汉代地方条教之一种。

需要顺带一提的是，许多法律史教材和著作，都列有“科”“品”一类名目。其实，科、品并非独立的法律形式，而应当属于汉令之一种。例如前举《常符漏品》，属于《令甲》第六。《后汉书·安帝纪》也说：“旧令制度，各有科品。”从出土的《购偿科别》《大司农罪人得入钱赎品》等科品实例来看，科品可能更多是律令的细则，是一种附属法规，与“章程”有相通之处。[1]

表十七　汉代集议产生的其他立法成果列表

立法成果	时间	性质	出处	备注
白金三品、皮币之制	武前 120	创制	《史记》卷 30《平准书》、《汉书》卷 24《食货志》	
官仪·大司马名	武前 117	修改	《续汉书·百官志》注引《汉官仪》	
罢榷酤之制	昭前 81	废除	《汉书》卷 7《昭帝纪》、24《食货志》、60《杜周传》、66《田千秋传》及赞语	
嫁娶丧祭仪品	宣前 72	创制	《汉书》卷 76《韩延寿传》	地方立法
籴谷助京师、增海租三倍	宣前 56	创制	《汉书》卷 24《食货志》、78《萧望之传》	
罢角抵	元前 48	废除	《汉书》卷 23《刑法志》、72《贡禹传》	军法
罢盐、铁官及北假田官、常平仓	元前 44	废除	《汉书》卷 24《食货志》	
考功课吏法	元前 37	创制	《汉书》卷 75《京房传》	

[1] 参见徐世虹：《汉代法律载体考述》，载杨一凡总主编：《中国法制史考证》甲编第三卷，中国社会科学出版社 2003 年版，第 167—175 页。按：徐世虹认为科“在形式上是独立的，不依附律令”，证据尚嫌不足。在汉代，科应与品性质类似，是律令的“附属法规，不具有独立品格”，其由附庸而蔚为大观，应该是汉末以来的事情。参见拙作《汉末三国名法之治源流考论》，西南政法大学 2011 年硕士学位论文。

续表

立法成果	时间	性质	出处	备注
备三公官	成前 8	修改	《续汉书·百官志》注引应劭《汉官仪》、《汉书》卷 83《朱博传》、《唐六典》卷一《三公·司空》注	
一切增赋、卖酒醪	成前 7	修改、废除	《汉书》卷 84《翟方进传》	
议改币	哀前 5	建议	《汉书》卷 86《师丹传》	
三公名号	哀前 1	修改	《续汉书·百官志》注引《汉官仪》	
令郡国学官教授王莽书	平 3	创制	《汉书》卷 99《王莽传》	
令司隶校尉督察三公	光 31	创制	《后汉书》卷 36《陈元传》	
复五铢钱	光	恢复	《后汉书》卷 24《马援传》	
去二府官名“大”字	光 51	修改	《后汉书》卷 1《光武帝纪》、《后汉书》卷 22《朱祐传》	
议置常平仓	明 68	建议	《后汉书》卷 39《刘般传》	
复盐铁官	章 81	恢复	《后汉书》卷 36《郑众传》、《书钞》卷 54《设官部·大司农》引华峤《后汉书》	
一取布帛为租、复盐官、复均输	章 86	建议	《后汉书》卷 43《朱晖传》	
举孝廉员数科品	和 92	修改	《后汉书》卷 37《丁鸿传》	

续表

立法成果	时间	性质	出处	备注
博士及甲乙策试从其家章句	和 102	修改	《后汉书》卷 44《徐防传》	
察举之制	顺 132	修改	《后汉书》卷 44《胡广传》	
增蛮夷租赋	顺 136	修改	《后汉书》卷 86《南蛮西南夷列传》	盖即《蛮夷律》
改铸大钱	桓 157	修改	《后汉书》卷 57《刘陶传》	
两互法	桓	创制	《后汉书》卷 60《蔡邕传》	
置州牧之制	灵 188	创制	《后汉书》卷 75《刘焉传》	

第四章

汉代集议制的功能（下）：司法决事

正如前章所云，汉代同样没有“司法”的概念。汉代集议制的此项功能，从广义来讲就是“决事”，即裁决事务。如果处理的是带有普遍性的事务，则“决事”形成的制诏经过编纂就成为“令”，这从“汉时决事，集为《令甲》以下三百余篇”不难解读出来。所以集议制的此项功能，在汉代的制度背景下，与“法制”仍是瓜葛相连的。“司法决事”从狭义而言，即裁决狱讼，这也是本章讨论的重心。

第一节　汉代郡县司法与“集议”

这里要讨论的是，在汉代的一般诉讼程序中，集议处于一个什么样的位置。在汉代，能够提交到皇帝面前解决的案件，通常都带有较大的特殊性，而这类大案要案也是传世文献津津乐道的对象。汉代一般诉讼程序，更多体现于郡、县到廷尉一级的司法活动。好在出土文献尤其是张家山汉简《奏谳书》和岳麓秦简《为狱等状四种》的面世，为我们了解秦汉的诉讼程序提供了丰富的素材。因此，以下将更多援引这类出土文献及相关研究为依据。

一、出土奏谳类文书结构分析

首先选录《奏谳书》[1]和《为狱等状四种》[2]中的两则比较完整的典型案例，来分析秦汉时代的诉讼程序。因文字较长，仅节取其中反映诉讼环节的标志性段落和文字进行分析。

表十八　秦汉奏谳文书结构分析表

	《为狱等状四种》案例二	《奏谳书》案例三
奏谳开头词	廿五年五月丁亥朔壬寅，州陵守绾、丞越敢谳之	十年七月辛卯朔癸巳，胡状、丞憙敢谳之
告劾	乃二月甲戌，走马达告曰：……	劾曰：……
逮捕	略	略
讯问	治等曰：……阆等曰：……它如尸等	今阑曰：……南言如劾及阑。诘阑：……阑曰：……诘阑：……阑曰：……
覆验	诊问如告辞	问，如辞
律、令、比	律曰：……又曰：……	人婢清助赵邯郸城，已即亡从兄赵地，以亡之诸侯论

[1] 彭浩、陈伟、[日]工藤元男主编：《二年律令与奏谳书》，上海古籍出版社2007年版，第338—339页。

[2] 朱汉民、陈松长主编：《岳麓书院藏秦简》（三），上海辞书出版社2013年版，第113—117页。本表结构分析，参考该书附录一“文书层次表”，第253—255页。

续表

	《为狱等状四种》案例二	《奏谳书》案例三
鞫	鞫之：……皆审	鞫：……审
请示	疑尸等购，它县论	疑阑罪，系，它县论
奏谳结尾词	敢谳之	敢谳之
议、当	吏议：……或曰：……	吏议：……或曰：……
报	廿五年六月丙辰朔己卯，南郡假守贾报州陵守绾、丞越：子谳：……谳固有审矣。……它有律令	十年八月庚申朔癸亥，太仆不害行廷尉事，谓胡啬夫谳狱史阑，谳固有审，廷以闻，阑当黥为城旦

秦《为狱等状四种》包含了十五个案例，汉《奏谳书》有二十二个案例。其中有些残缺严重，有些明显经过缩写，有些属于秦以前的案例，有些仅反映了诉讼中某一环节如集议、乞鞫、录囚等，有的没有“报书”部分，还有如《为狱等状》第一个案例结构较为复杂。所以以上选取的两个案例，都结构完整、较具典型性，可以作为两份奏谳文书集三十七个案例的代表。而且对两份文书对比可知，秦汉的诉讼程序大体一样，所以以秦简作为史料来推知汉初的情形，应该是可靠的。

对以上两个典型案例分析可知，秦汉奏谳文书大体可以分为以下三个部分：

第一，文书格式用语。

如奏谳开头词和奏谳结尾词。开头词包括请谳时间、请谳人、请谳用语“敢谳之”；结尾词则一般以“敢谳之”结束。在开头词和结尾词之间的部分，是郡县的请谳文书，阐述了奏谳案件发生和调查的经过、事实认定以及疑难所在。结尾词之后的部分主要是“报书”，即廷尉府或郡府对请谳文书的批复。但是，结尾词和报书之间往往会出现“吏议”或“吏当”部分。这部分应该属于郡或县请谳文书的附录、郡移交县请谳文书时的附语，还是廷尉府吏在最终批复之间的参考意见？这是研究秦汉诉讼程序的一个难点，详下文。

第二，请谳机关的诉讼过程。

这部分位于奏谳开头词和结尾词之间，从中可以了解到秦汉的一般诉讼程序。但与最简单的诉讼程序相比，这类诉讼程序还多了奏谳的环节。因此，不妨认为请谳机关的诉讼程序尚处于审判的未完成状态。

第三，谳决机关的批复。

这部分也以文书格式用语开头，包括批复时间、批复人，标志性用语是“报”“谓”等文书下行用语。批复中有时会复述案情，而主要内容则是对案件的判决意见。这是奏谳案件审判的终结。

通过以上对奏谳文书结构的分析可以了解到秦汉诉讼的一般程序，以及“集议”在其中的位置。为了更好地理解后一点，我们有必要先对前一点做一番考述的工作。

二、汉代郡县诉讼程序与诉讼术语考述

当前关于汉代诉讼程序的研究已经很多，[1] 虽然各家的意见还有一些细节上的分歧，但是大体的诉讼环节已经为我们所知。根据诸家研究的结论，结合最新公布的《为狱等状四种》，将秦汉诉讼程序与诉讼用语考述如下。

1. 诉讼的发生

诉讼的发生有两个条件，一是犯罪事实的发觉和嫌疑人的捕获，一是

[1] 本书主要参考徐世虹主编：《中国法制通史》卷二《秦汉》的“秦朝的司法制度”和“两汉时期的诉讼程序”部分；[日] 宫宅洁：《秦汉时期的审判制度——张家山汉简〈奏谳书〉所见》，载杨一凡总主编：《中国法制史考证》丙编第一卷，中国社会科学出版社 2002 年版，第 287—322 页；高恒：《汉代诉讼制度论考》，载氏著：《秦汉简牍中法制文书辑考》，社会科学文献出版社 2008 年版，第 408—468 页；[日] 籾山明：《中国古代诉讼制度研究》第二章《秦汉时代的刑事诉讼》，上海古籍出版社 2009 年版，第 47—109 页；李均明：《简牍所反映的汉代诉讼关系》，载氏著：《简牍法制论稿》，广西师范大学出版社 2011 年版，第 51—79 页；闫晓君：《秦汉时期的诉讼审判制度》，载氏著：《秦汉法律研究》，法律出版社 2012 年版，第 77—92 页；程政举著：《汉代诉讼制度研究》，法律出版社 2010 年版。

控告。前一个为诉讼发生提供了可能性，后一个则是程序上的必要要件。

觉、得、自告、自出、逮捕、诣：觉，犯罪事实被发觉。《为狱等状》案例三《猩、敞知盗分赃案》：“敞买及受分，觉，亡。得。”[1] 自告、自出，相当于自首；得，与自首相对而言，表示官方或第三者捕获。《法律答问》：“把其叚（假）以亡，得及自出，当为盗不当？自出，以亡论。其得，坐臧（赃）为盗；盗罪轻于亡，以亡论。”逮捕，即得。诣，将犯人押送官府。《封诊式》：“某里士伍甲缚诣男子丙，告曰：……”以上是对犯罪事实的发现，或对人犯的获得，并不立刻启动诉讼程序，而必须经过告劾的环节。

告、劾：告劾是对犯罪行为的控告，“告”一般是非职务行为，“劾”则是官员以职权告发、检举官员的不合法行为。这是诉讼发生的必要要件。《二年律令·具律》：“治狱者，各以其告劾治之。敢放讯杜雅，求其它罪，及人毋告劾而擅覆治之，皆以鞫狱故不直论。”[2] 所以《为狱等状四种》案例一《癸、琐相移谋购案》中，校长癸等“诣男子治等八人、女子二人”之后，还要“告群盗盗杀人”，才启动诉讼。而州陵守绾对这一案件的审理，遭到了监御史康的“劾”，从而引发了另一起诉讼。[3]

2. 事实的调查与认定

从奏谳文书反映的情况来看，秦汉的审判程序分为两个部分，第一部分是对事实的调查和认定，第二部分是对已认定的事实适用法律。其划分的标志在于是否涉及法律适用。

讯、听、诘、考掠：“讯”即讯狱，指事实调查的全过程，包括听、诘、考掠等环节。“听”即听取当事人的口供；“诘”指针对供述进行追问；“考掠”又称“笞掠”“治”等，即刑讯。《封诊式·讯狱》对这一过程有完整的描述：

凡讯狱，必先尽听其言而书之，各展其辞，虽知其訑，勿庸辄诘。其辞已尽书而毋解，乃以诘者诘之。诘之又尽听书其解辞，又视它毋解者以

[1] 朱汉民、陈松长主编：《岳麓书院藏秦简》（三），上海辞书出版社 2013 年版，第 123—124 页。

[2] 彭浩、陈伟、[日] 工藤元男主编：《二年律令与奏谳书》，上海古籍出版社 2007 年版，第 138 页。

[3] 朱汉民、陈松长主编：《岳麓书院藏秦简》（三），上海辞书出版社 2013 年版，第 95—104 页。

复诘之。诘之极而数訑，更言不服，其律当笞掠者，乃笞掠。笞掠之必书曰：爰书：以某数更言，毋解辞，笞讯某。

前表中所引《奏谳书》案例三，吏曾两次诘问犯人阑，而阑都表示“罪，毋解”，认罪态度较好，从而避免了刑讯。经过“讯狱”的阶段，得到了初步的事实。

诊、问、验、覆讯：“覆讯”，又称“验”或“验问”，即对犯人口供的核实，主要通过实地调查和函询的方式实现，实地调查称“诊”，函询称“问”。[1] 覆讯还包括另派“覆者”向犯人确认口供，[2] 见《奏谳书》案例十七：

诘毛：毛笱（苟）不与讲盗牛，覆者讯毛，毛何故不蚤（早）言请（情）？毛曰：覆者初讯毛，毛欲言请（情），恐不如前言，即复治（笞），此以不蚤（早）言请（情）。[3]

这是发生在乞鞫即复审阶段的诘问，可见其中所谓“覆者讯毛”应该是初审的一个环节，目的在于看犯人前后口供是否一致。这一过程在《史记·李斯列传》中有更加生动而脍炙人口的描写：

赵高使其客十余辈诈为御史、谒者、侍中，更往覆讯斯。斯更以其实对，辄使人复榜之。后二世使人验斯，斯以为如前，终不敢更言，辞服。

从讯狱到诊问，奏谳文书上都以当事人“供词”的方式表现，提供的是原始证据。这些证据，正是在“鞫”的环节认定法律事实的依据。

最后还可以讨论的一个问题是，以上环节的主体是谁？即由谁来讯狱、谁来覆讯？

讯狱者，应该是“狱吏”，或称“狱史”。岳麓秦简整理者认为，狱史是“县属吏，负责刑事案件的搜查、预审以及其他治安工作”[4]，这一点可

[1] 参见朱汉民、陈松长主编：《岳麓书院藏秦简》（三）案例一注释三十五，上海辞书出版社 2013 年版，第 109—110 页。

[2] 参见程政举著：《汉代诉讼制度研究》，法律出版社 2010 年版，第 106—115 页。

[3] 彭浩、陈伟、［日］工藤元男主编：《二年律令与奏谳书》，上海古籍出版社 2007 年版，第 360 页。

[4] 朱汉民、陈松长主编：《岳麓书院藏秦简》（三）案例三注释十三，上海辞书出版社 2013 年版，第 126 页。

以得到史料的证明。《奏谳书》案例二二、《为狱等状四种》案例九、一〇，都有“狱史能得微难狱，上”的令文，而这三则案例都是由若干狱史通过调查、讯诘侦破的。汉代的情况应该也是如此，如周勃下廷尉被狱吏讯问，不知所措，遂行贿狱吏，得到指点而脱险，出狱后长叹：“吾尝将百万军，安知狱吏之贵也！”[1]又如丞相王嘉狱，哀帝令“将军以下与五二千石杂治”，而真正在第一线审讯王嘉的，则是狱吏：

吏诘问嘉，嘉对曰：“……”狱吏曰：“苟如此，则君何以为罪犹当？有以负国，不空入狱矣。”（《汉书》卷八六《王嘉传》）

覆讯者，应该与讯狱者不同，是另一批人。这是防止冤狱的有效措施。如前引秦李斯狱，无论赵高派来的假覆讯者，还是胡亥派来的真覆讯者，都不是之前审问李斯的狱吏。

3. 判决

秦汉的判决，主要是构建罪行与法条之间的桥梁，实现罪与刑的“当”。具体细分起来，有鞫、议、当、论等步骤。

鞫：奏谳文书的“鞫”之后，是对前面调查结果的复述和整理，属于法律事实的最后认定。查《奏谳书》与《为狱等状四种》，鞫词均不涉及法律适用的问题。由此可知，过去释“读鞫”为宣判，是有问题的。[2]鞫词往往以“审”字结尾，相当于今天所谓“事实清楚、证据确凿”。“鞫”是调查的最终结果，也是“确认法律适用的前提”。[3]

鞫词的制作，只能是由讯狱者完成；而读鞫，则应该由判决承担者即郡县的长官来完成。《周礼·小司寇》郑注：“如今时读鞫已，乃论之。”可见“读鞫”与“论”乃是前后相续的过程，应该由同一人进行。《史记·夏侯婴传》《索隐》案晋灼云：“狱结竟，呼囚鞫语罪状，囚若称枉欲乞鞫者，

---

[1] 《汉书》卷四〇“周勃传”。

[2] 参见陈晓枫：《两汉“鞫狱”正释》，载《法学评论》1987年第5期。

[3] ［日］宫宅洁：《秦汉时期的审判制度——张家山汉简〈奏谳书〉所见》，载杨一凡总主编：《中国法制史考证》丙编第一卷，中国社会科学出版社2003年版，第311页。

许之也。”[1] 这里的“呼囚鞫语罪状”就是“读鞫”，是在“狱结竟”之后的事情。而所谓“狱结竟”，就是调查阶段结束，狱吏将相关证据材料和鞫词移交长官，又称“具狱”。如：

东海有孝妇，……其后姑自经死，姑女告吏：“妇杀我母”。吏捕孝妇，孝妇辞不杀姑。吏验治，孝妇自诬服。具狱上府，……太守竟论杀孝妇。（《汉书》卷七一《于定国传》）

在东海孝妇案中，吏“验治”得到孝妇“自诬服”的口供，“具狱上府”，成为太守“论杀”的依据。“具狱上府”就是“狱结竟”，之后的读鞫，当是由太守进行。由此可见，秦汉时代已经实现了侦查、判决、监察主管人员的分离。

在奏谳文书上，“鞫词”之后往往还会抄录与本案有关的律、令、比，作为判决的依据。

议、当：“议”与“当”在秦汉奏谳文书中大体是一个意思，都指给出判决意见，两者只有微小的差异。“议”字的使用，暗示着判决意见的给出是审判者合议的结果。佐证这一点的依据很多，如秦汉奏谳文书中往往给出两个不同的“吏议”或“吏当”，这是议而不决的结果。又如《奏谳书》案例二一描写了廷尉府集议的详细情况。再如东海孝妇案：

其父于公为县狱吏、郡决曹，决狱平，……具狱上府，于公以为此妇养姑十余年，以孝闻，必不杀也。太守不听，于公争之，弗能得，乃抱其具狱，哭于府上，因辞疾去。太守竟论杀孝妇。（《汉书》卷七一《于定国传》）

于公身为郡决曹，在“具狱”之后、“论杀”之前，给出了自己的判决意见，并且与太守苦苦相争。这正是“议”环节的生动再现。“当”字强调的是已认定的罪行与法条之间的“对应”关系。下面附图说明“当”的步骤：[2]

[1] 此句中华书局标点本作“案：《晋令》云”。按：《史记》三家注引“晋灼云”五十多处，其中“案晋灼云”八处，而引《晋令》仅此一处，疑误。百衲本《史记》即作“案晋灼云”。沈家本引此条云：“索隐引晋令，汉法当亦如是。”（《历代刑法考·汉律摭遗》，第1493页）误。

[2] 该图引自欧扬：《〈奏谳书〉司法文书考论》，华东政法大学2013年博士学位论文。

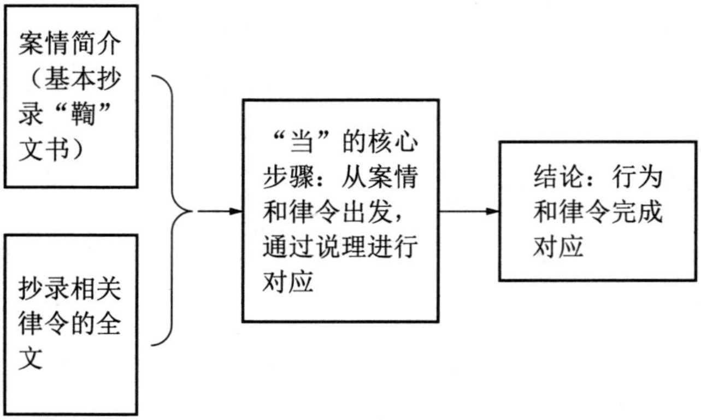

图十一　“当”步骤简要示意图

论、决：“论”，又称“决”，即判决，具有法律效力。“论”一般是合议达成的共识，或在多个“当”中择取最为合理的一个，通过宣判使之生效。文献中的“论”或“决”，有时也包括刑罚的执行。

由以上考述可知，“集议”一般发生在案件的调查之后、判决之前，即合议的环节。如果该案件是重审，或存在奏谳的情况，则在重审、谳决的相应环节也会存在合议。例如：

奏谳疑事，必豫先为上分别其原，上所是，受而著谳决法廷尉絜令，扬主之明。奏事即谴，汤应谢，乡上意所便，必引正、监、掾史贤者，曰：“固为臣议，如上责臣，臣弗用，愚抵于此。”罪常释。间即奏事，上善之，曰：“臣非知为此奏，乃正、监、掾史某为之。”（《史记》卷一二二《酷吏列传》）

这是层层提交到廷尉府，最后需要皇帝决策的奏谳案例。从张汤的话中可以看出，遇到“疑事”，奏谳文书中会写明不同的“吏议”供君主决策之参考（必豫先为上分别其原）；有时则因为合议已达成共识，所以只写一种判决意见。而这种判决意见未必是廷尉本人作出，而是“正、监、掾史”的“议”（臣非知为此奏，乃正、监、掾史某为之）；又或者正确的“议”在廷尉府合议阶段已经被廷尉否决。（固为臣议，如上责臣，臣弗用，愚抵于此）

三、奏谳文书中的“吏议”考

以上明了秦汉诉讼程序中“议”的位置，下面结合《为狱等状四种》和《奏谳书》中的“吏议”来做一些具体的分析。为了便于后续的讨论，先将两份奏谳文书中的“吏议”、“吏当”结表如下：

表十九　秦汉奏谳文书中的“吏议”“吏当”一览表

<table>
<tr><th>文书</th><th>编号</th><th>说理</th><th>定罪</th><th>量刑</th><th>位置</th><th>请示</th></tr>
<tr><td>为狱等状四种</td><td>一</td><td></td><td>吏议曰：癸、琐等论当也；沛、绾等不当论</td><td></td><td>“敢谳之”后，郡报前</td><td>疑癸、琐、绾等罪</td></tr>
<tr><td rowspan="8">为狱等状四种</td><td></td><td></td><td></td><td>或曰：癸、琐等当耐为候，令琐等还癸等钱；绾等【……】</td><td></td><td></td></tr>
<tr><td rowspan="2">二</td><td></td><td>吏议：以捕群盗律购尸等</td><td></td><td rowspan="2">“敢谳之”后，郡报前</td><td rowspan="2">疑尸等购</td></tr>
<tr><td></td><td>或曰：以捕它邦人【……】</td><td></td></tr>
<tr><td rowspan="2">五</td><td></td><td></td><td>吏议曰：除多</td><td rowspan="2">“敢谳之”后，无报</td><td rowspan="2">疑多罪</td></tr>
<tr><td></td><td></td><td>或曰：黥为城旦</td></tr>
<tr><td>六</td><td></td><td></td><td>吏议：赀暨一甲，毋累</td><td>“敢谳之”后，无报</td><td>疑暨不当累论</td></tr>
<tr><td>七</td><td></td><td></td><td>吏议：婉为大夫□妻；赀识二甲</td><td>“敢谳之”后，无报</td><td>疑婉为大夫妻、为庶人及识罪</td></tr>
</table>

续表

<table>
<tr><th>文书</th><th>编号</th><th>说理</th><th>定罪</th><th>量刑</th><th>位置</th><th>请示</th></tr>
<tr><td rowspan="3">为狱等状四种</td><td></td><td></td><td></td><td>或曰：娩为庶人；完识为城旦，缀足输蜀</td><td></td><td></td></tr>
<tr><td rowspan="2">一四</td><td></td><td></td><td>吏议：耐学隶臣</td><td rowspan="2">“敢谳之”后，郡报前</td><td rowspan="2"></td></tr>
<tr><td></td><td></td><td>或【曰】：令赎耐</td></tr>
<tr><td rowspan="10">奏谳书</td><td rowspan="2">一</td><td></td><td></td><td>吏当：毋忧当腰斩</td><td rowspan="2">“敢谳之谒报署狱曹史发”后，廷报前</td><td rowspan="2">疑毋忧罪</td></tr>
<tr><td></td><td></td><td>或曰：不当论</td></tr>
<tr><td rowspan="2">二</td><td></td><td></td><td>吏当：黥媚颜頯，畀䝉</td><td rowspan="2">“敢谳之谒报署中庩发”后，廷报前</td><td rowspan="2">疑媚罪</td></tr>
<tr><td></td><td></td><td>或曰：当为庶人</td></tr>
<tr><td rowspan="2">三</td><td></td><td>吏议：阑与清同类，当以从诸侯来诱论</td><td></td><td>“敢谳之”、人婢清之比后，廷报前</td><td>疑阑罪</td></tr>
<tr><td></td><td>或曰：当以奸及匿黥舂罪论</td><td></td><td></td><td></td></tr>
<tr><td rowspan="2">四</td><td colspan="2">吏议：符有名数明所，明嫁为解妻，解不知其亡，不当论</td><td></td><td rowspan="2">“敢谳之”后，廷报前</td><td rowspan="2">疑解罪</td></tr>
<tr><td colspan="3">或曰：符虽已诈书名数，实亡人也。解虽不知其情，当以娶亡人为妻论，斩左趾为城旦</td></tr>
<tr><td rowspan="2">五</td><td rowspan="2"></td><td rowspan="2"></td><td rowspan="2">吏当：黥武为城旦舂，除视</td><td rowspan="2">“敢谳之谒报署狱西庩发”后，廷报前</td><td rowspan="2">疑武、视罪</td></tr>
<tr></tr>
</table>

就表中情况来观察，各奏谳案例中所见“吏议”“吏当”的情况大体相同，总结规律与特例如下：

第一，“吏议”或“吏当”一般都有两条，《为狱等状四种》案例六和《奏谳书》案例五例外，仅一条。其中《为狱等状四种》案例六的吏议在最后一简，其后是否有脱简未可知；《奏谳书》案例五的吏议后尚有廷报，判决与吏议一致。

第二，“吏议”都位于“敢谳之”后，廷报或郡报前，无报书者例外。《奏谳书》案例三的“敢谳之”后、“吏议”前，尚有关于“人婢清”的一则判例，为吏议所引用。

第三，“吏当”都位于廷报前，在“敢谳之”后、“吏当”前尚有“谒报，署某某发”字样。

第四，“吏议”和“吏当”内容多为定罪量刑的意见，《奏谳书》案例四还给出了判决理由。

关于“吏议”和“吏当”，有这样几点疑问：

第一，“吏议”和“吏当”中的“吏”是谁？

这个疑问来自于“吏议”的尴尬位置，其既不在请谳书之内，又不在廷报、郡报之内。所以“吏议”到底来自请谳机关，还是来自谳决机关？应该说，来自请谳机关更为合理。不可否认，谳决机关内部也存在合议的过程，也会形成多种判决意见。但是这些判决意见要么最后归于一统、达成共识，要么议而不决，须进一步向上级请谳。例如前引廷尉张汤遇到“奏谳疑事”，就将廷尉府内形成的不同判决意见“豫先为上分别其原”，供君主决策之参考。也就是说，请谳机关才有必要将本机关内部形成的不同意见作为奏谳书的附录提交上去，而谳决机关只要下达最后的指导意见即可，没必要将已淘汰的错误意见一并下发混淆视听。

另有一种意见认为，如果请谳机关是县，须先经过郡，再提交廷尉府谳决。所以“吏议”可能来自郡，是郡府司法官员的意见。[1]这一观点，

---

[1] 如周海峰：《〈为狱等状四种〉中的“吏议”与“邦亡”》，第三届“出土文献与法律史研究”学术研讨会会议论文。该文进一步将“吏”坐实为郡都吏。

最起码不可能适用于以上全部“吏议”的例子。例如《为狱等状四种》案例一、二、十四，谳决机关都是郡。作为谳决机关的郡，如上所述，没有必要将内部的错误意见下发到县。所以，虽然目前还无法弄清“吏议”“吏当”之“吏”究竟何所指，但一定是指请谳机关的吏，而不可能是谳决机关的吏。如果郡是请谳机关或移谳机关，那么该“吏当”也有可能来自郡。甚至于如果廷尉遇到难以决策的疑难案件需要提交君主，那么廷尉府的“吏议”应该也会写在上奏文的最后。

《汉书·刑法志》载高祖七年诏曰：“……县道官狱疑者，各谳所属二千石官，二千石官以其罪名当报。所不能决者，皆移廷尉，廷尉亦当报之。廷尉所不能决，谨具为奏，傅所当比律、令以闻。”廷尉提交君主的奏谳书，正文是“谨具为奏”的“奏”，附录是“傅所当比律、令以闻”的律、令。从《奏谳书》案例三来看，还可以附具有参考价值的“比”。而前引张汤奏谳事表明，请谳机关的不同判决意见也应该可以附于奏文之后。这应该就是“吏议”处于请谳书后的原因吧？

第二，“吏议”和“吏当”有没有区别？

从语义上来分析，“议”和“当”并没有本质的区别。《奏谳书》案例二一有廷尉府“卅人议当”的记载，可为其证。但是，陶安根据“吏当”位于“谒报，署某某发”之后这一点，提出“吏当”是郡作为移谳机关作的批示，而“吏议”则来自于请谳机关——县。[1]这个说法很有想象力，目前也没有反对的史料，可备一说。陶安还引用《晋书·刑法志》“又律法断罪，皆当以法律令正文。……所执不同，得为异议”和唐《断狱》律“法官执见不同者，得为异议”的记载，认为汉代奏谳文书中的“吏议”开了晋唐“异议”制度的先河，这里可以再作一点补充。

晋代所谓“异议”，又称“驳议”，如《晋书·刑法志》：“凡为驳议者，若违律令节度，当合经传及前比故事”。“驳议”是《独断》所载汉代四种

[1] [德] 陶安：《张家山汉简〈奏谳书〉吏议札记》，第二届“出土文献与法律史研究”学术研讨会会议论文。

上行公文书体裁之一：

有疑事，公卿百官会议。若台阁有正处而独执异意者，曰驳议，曰某官某甲议以为如是。下言臣愚戆议异。(《御览》卷五九五《文部·议》引《独断》)

《通典》亦称“大事八座连名，而有不合，得建异议”。汉代集议运用之于政事及刑狱，其理相通。所以“驳议”渐转为汉代刑法、决狱的一项重要制度。《隋书·经籍志》的“刑法篇”就收录了汉代的一些驳议，并称“汉律久亡，故事驳议，又多零失。今录其见存可观者，编为刑法篇”。《后汉书·应劭传》保存了一则应劭针对陈忠判案的驳议，虽已非应用文体，但仍可窥见大概。由此可见，汉代本有此一项“驳议”制度。从“集议”的例子来看，如果最后决策失败，当初持异议者可以免除责任。据此，陶安认为如果廷尉“认为该案‘不当谳’，并惩罚县级奏谳机关的话，郡吏恐怕也难免牵连”，而当初持正确异议者可以免除责任。这一说法未必符合汉代的情形。景帝后元年诏曰：“有令谳而后不当，谳者不为失。”已经免除了司法官员的这一后顾之忧。

第二节　汉代中央司法与“集议”

本节所谓的“中央司法”，是指有君主直接参与的司法活动。这类司法之所以需要特别探讨，正在于君主的介入。以下首先考证汉代中央司法的基本特征、诉讼程序，其次考明“集议”在汉代中央司法的诉讼程序中所处位置及功能，最后探讨一下汉代以“集议”为中心发展起来的几项司法制度。

一、汉代中央司法的特征与诉讼程序

汉代中央司法有君主的直接参与，所以较之郡县司法表现出两个显著的特征：

第一，诉讼程序的灵活性。

较之秦汉奏谳文书所体现出来的郡县诉讼程序的模式化，汉代中央司法的诉讼程序带有更大的灵活性。郡县司法，必须严格按照《囚律》等律令按部就班，不能随意增加或减少某个环节。而中央司法，则由于有最高审判者——君主的参与，从制度的法理上而言，可以随时因为君主的意志终结。这种终结可以分两个层面来讲：第一，如果已有罪状与相应的判决意见，君主可以随时宣判；第二，君主可以随时无条件表示不予追究或从轻发落。相关证据详下。

第二，“集议”的随时启动。

另一方面，由于君主个人能力的局限，以及中央司法往往都是大案要案，出于慎重的考虑，君主往往会在诉讼的任一环节随时命令臣下集议，讨论诉讼程序如何进行。当然，集议的决策权仍然由君主掌握，臣下的集议不过提供一种参考而已。

明确了这两个基本特征之后，我们先来考察汉代中央司法的完整诉讼程序，并且重点考察君主在其中的作用。

（一）觉—案验—劾奏

觉：“觉”，前面已经解释过，是对犯罪事实的发现。中央司法中的“觉”，可能是由于犯人的自告、[1]吏民的举报、[2]官员的劾奏、[3]君主本人的发觉[4]等等。犯罪事实（或疑似犯罪事实）发觉之后，如果相应的情况递交到君主的案头，则需由君主决定是否立案调查。君主决定的结果可能有两种：

[1] 如《意林》卷四引《风俗通》：“叔汉诣阙乞纳赙钱，受虚妄罪。灵帝诏将相大夫会议之。”

[2] 如《后汉书》卷四二《光武十王列传》：“十三年，男子燕广告英与渔阳王平、颜忠等造作图书，有逆谋，事下案验。”

[3] 如《汉书》卷七六《韩延寿传》：“延寿劾奏，移殿门禁止望之。……上由是不直延寿，各令穷竟所考。望之卒无事实，而望之遣御史案东郡，具得其事。”

[4] 如《后汉书》卷三九《王望传》：“事毕上言，帝以望不先表请，章示百官，详议其罪。”

第一，决定立案调查。

这一决定，史书中往往用“下……”或“下……治”来表示，如：

（王凤）使人上书言商闺门内事。天子以为暗昧之过，不足以伤大臣，凤固争，下其事司隶。(《汉书》卷八二《王商传》)

广汉即上书告丞相罪。制曰:“下京兆尹治。”(《汉书》卷七六《赵广汉传》)

第二，决定不予立案调查。如：

是时勃海王悝骄慢僭侈，不奉法度。见上无子，阴有嗣汉之望。北军中候史弼上疏曰:“……”上以至亲，不问其事。(《后汉纪·孝桓皇帝纪下》)

案验：正式劾奏之前的调查，史书一般称之为“案验”或“案治”，有时也简称“案”或“治”。例如：

征至长安，既葬，当袭爵，以病狂不应召。大鸿胪奏状，章下丞相、御史案验。(《汉书》卷七三《韦贤传》)

“案验”的方式，有君主派人“问状”，而问状之人有决定劾奏与否的义务，如：

事下弘恭问状，望之对曰:“外戚在位多奢淫，欲以匡正国家，非为邪也。”恭、显奏:“望之、堪、更生朋党相称举，数谮诉大臣，毁离亲戚，欲以专擅权势，为臣不忠，诬上不道，请谒者召致廷尉。”(《汉书》卷七八《萧望之传》)

上知傅太后素常怨喜，疑博、玄承指，即召玄诣尚书问状。玄辞服，有诏左将军彭宣与中朝者杂问。宣等劾奏:“……臣请诏谒者召博、玄、晏诣廷尉诏狱。”(《汉书》卷八三《朱博传》)

也有委托有关部门进行全面的调查，包括对人证、物证的调取，如：

建时佩其父所赐将军印，载天子旗出。积数岁，事发觉，汉遣丞相长史与江都相杂案，索得兵器、玺、绶、节反具，有司请捕诛建。(《汉书》卷五三《景十三王传》)

江都王建谋反案中，“事发觉”之后，君主决定立案调查，“遣丞相长史与江都相杂案”，结果调查发现“兵器、玺、绶、节反具”。此时刘建尚未被逮捕下吏，所以这仍是正式审理之前的调查而已。

“案验”的目的在于决定是否“劾奏”，所以“劾”文书中要载明的内容都是案验的对象。当然，如果案验的结果是没有犯罪事实，也可以决定不予劾奏。例如：

蕃、琬遂为权富郎所见中伤，事下御史中丞王畅、侍御史刁韪。韪、畅素重蕃、琬，不举其事，而左右复陷以朋党。(《后汉书》卷六一《黄琬传》)

劾奏：劾奏，大致相当于今天的起诉，即依据职权提出的控告。控告内容包括经调查掌握的罪状及与之相适应的法律制裁。如前引《汉书·朱博传》的朱博案中，“左将军彭宣与中朝者杂问”的结果是提出如下劾奏：

【博、玄、晏罪状总述】博宰相，玄上卿，晏以外亲封位特进，股肱大臣，上所信任，不思竭诚奉公，务广恩化，为百寮先，皆知喜、武前已蒙恩诏决，事更三赦

【博之罪状】博执正道，亏损上恩，以结信贵戚，背君乡臣，倾乱政治，奸人之雄，附下罔上，为臣不忠

【博之罪名】不道

【玄之罪状】玄知博所言非法，枉义附从

【玄之罪名】大不敬

【晏之罪状】晏与博议免喜

【晏之罪名】失礼不敬

【制裁】臣请诏谒者召博、玄、晏诣廷尉诏狱。

《居延新简》中也保存了几份东汉初年的劾文书原件，择其中一份如下：

建武五年五月乙亥朔丁丑，主官令史谭敢言之，谨移劾状一编敢言之：

甲渠塞百石士吏居延安国里公乘冯匡，年卅二岁，始建国天凤上戊六年三月己亥除署第四部，病欬短气，主亭隧七所呼。七月□□除署除四部，士吏□匡软弱不任吏职，以令斥免。建武五年五月乙亥朔丁丑，主官

令史谭劾移居延狱，以律令从事。

状辞：公乘居延䙺汗里年卌九岁，姓夏侯氏，为甲渠候官斗食令史，署主官以主领吏备盗贼为职。士吏冯匡始建国天凤上戊六年七月壬辰，除署第十部士吏，案匡软弱不任吏职，以令斥免。

五月丁丑，甲渠守候博移居延，写移如律令 / 掾谭（E.P.T68：1-12）[1]

该劾文书内容包括“劾状”与“状词”两部分，基本内容是交代举劾者与被举劾者的身份、被举劾者的罪状、制裁等。“案匡软弱不任吏职”，可见“劾”是在“案”后作出的。这是一起行政处罚，还不太明显。另一份劾文书云：

案褒典主而擅使丹乘用驿马为虏所略得，失亡马，褒不以时燔举，而举埃上一苣火，燔一积薪，燔举不如品约，不忧事边。建武五年十二月辛未朔戊子，令史劾将褒诣居延狱，以律令从事。（E.P.T68：81、82，89-92）[2]

其中有对罪状的控诉，“失亡马”“燔举不如品约”可能是罪名，“将褒诣居延狱，以律令从事”是制裁。而且文中还非常明确地显示出，“劾”是位于“案验”之后、“下吏”之前的一个环节。

劾奏须交由君主决定是否受理，君主的决定有三种：

第一，不予受理。如：

于是左将军丹等奏：“……罪名明白。臣请诏谒者召商诣若卢诏狱。”上素重商，知匡言多险，制曰“勿治”。（《汉书》卷八二《王商传》）

而丞相、御史遂以玄成实不病，劾奏之。有诏勿劾，引拜。（《汉书》卷七三《韦贤传》）

第二，虽承认劾奏属实，但不予追究或减轻处罚。如：

司隶校尉骏、少府忠行廷尉事劾奏“……附下罔上，擅以地附益大臣，皆不道。”于是上可其奏，勿治，丞相免为庶人，终于家。（《汉书》卷八一

[1] 甘肃文物考古研究所等编：《居延新简——甲渠候官与第四隧》，文物出版社 1990 年版，第 456 页。

[2] 甘肃文物考古研究所等编：《居延新简——甲渠候官与第四隧》，文物出版社 1990 年版，第 460 页。

《匡衡传》）

第三，直接准奏，使劾奏成为判决，产生法律效力。这种情况比较罕见，往往是政治斗争的产物。如著名的晁错之死，连“下吏”都省略了，完全是一场缺席审判：

后十余日，丞相青翟、中尉嘉、廷尉欧劾奏错曰：“……亡臣子礼，大逆无道。错当要（腰）斩，父母妻子同产无少长皆弃市。臣请论如法。”制曰：“可。”错殊不知。乃使中尉召错，绐载行市。错衣朝衣，斩东市。（《汉书》卷四九《爰盎传》）

第四，也是正常情况下受理劾奏之后的决定——下吏。

（二）下吏—讯狱

下吏：所谓“下吏”，即下狱，这是君主认可劾奏的表现。下吏的第一步，是逮捕犯人；第二步，是将犯人关押在监。下吏之后，审讯工作将由狱吏进行。讯狱阶段，允许使用刑讯，所以审讯工作往往无所不用其极。西汉路温舒在《尚德缓刑书》中揭露：“臣闻秦有十失，其一尚存，治狱之吏是也。……今治狱吏则不然，上下相驱，以刻为明，深者获公名，平者多后患。故治狱之吏，皆欲人死，非憎人也，自安之道在人之死。”[1]所以很多人选择在“下吏”决定发布之后自杀，如田延年、盖宽饶、金钦等。西汉文帝以后，更是有三公不受狱吏之辱的故事，皇帝召三公入狱，实则就是赐死。

为什么狱吏审讯会无所不用其极？因为在汉代人的观念中，“下吏”等于是一种有罪宣告，狱吏的工作就是坐实其罪，所以路温舒才说狱吏“深者获公名，平者多后患……非憎人也，自安之道在人之死”。例如丞相王嘉入狱之后，狱吏说“不空入狱矣”，即入狱者多少需有罪；又如萧望之案，弘恭、石显利用元帝刚即位，不了解“谒者召致廷尉”就是“下狱”的意思，使萧望之入狱。元帝醒悟后，想放出萧望之，二人说：“既下九卿大夫

[1]《汉书》卷五一《路温舒传》。

狱，宜因决免。”亦是表示不能空入狱、入狱即有罪之意。又周勃入狱之后经多方营救被放出，仍是“使使持节赦绛侯”，用赦免的形式将之放出。之所以如此，是君主接受劾奏，即表示认可其有罪；而如果无罪释放，则表示君主有错。所以治狱之吏宁可误判，再由君主赦免，也不会轻易宣布无罪。

讯狱：讯狱的具体细节和步骤，前文已经讲过，这里不再赘述。值得说明的是，在史书中，讯狱也往往称“案治”“案验”“案理”或“案”“治”。所以须联系前后文中反映的步骤予以准确的认定，不可执着于特定字眼。[1] 例如：

监军使者张敞承宦官旨，奏绲将傅婢二人戎服自随，又辄于江陵刻石纪功，请下吏案理。（《后汉书》卷三八《冯绲传》）

上下公卿治，所连引与淮南王谋反列侯、二千石、豪桀数千人，皆以罪轻重受诛。……赵王彭祖、列侯让等四十三人皆曰：“淮南王安大逆无道，谋反明白，当伏诛。”……丞相弘、廷尉汤等以闻，上使宗正以符节治王。未至，安自刑杀。（《汉书》卷四四《衡山王传》）

淮南王案例中，“上下公卿治”，是劾奏之前的案治；“上使宗正以符节治王”，是赵王等四十三人劾奏之后的下吏案治。所以淮南王安在下吏的命令发出之后自杀了。

为什么在劾奏之前的案治中已经查明了犯罪情况，下吏之后还要案治？一来，劾奏之前的案治往往没有犯人本人的参与，所以下吏之后要得到犯人的口供，即便得不到，也要通过“诘问”的方式让犯人理屈词穷；二来，下吏之后的案治是为了得到更多的罪状。例如：

司直萧望之劾奏：“广汉摧辱大臣，欲以劫持奉公，逆节伤化，不道。”宣帝恶之。下广汉廷尉狱，又坐贼杀不辜，鞠狱故不以实，擅斥除骑士乏

[1] 如程政举认为《史记》《汉书》《后汉书》中的“案验”是“案”和“验”的合称，分别表示讯狱阶段的讯问和覆讯。这种说法可以解释一部分例子，但不能绝对化理解。起码本书前举劾奏之前的“案验”，就不能作此解释。说详氏著：《汉代诉讼制度研究》，法律出版社2010年版，第110—112页。

军兴数罪。天子可其奏。(《汉书》卷七六《赵广汉传》)

下狱之前的劾奏，仅仅是“摧辱大臣”“不道”这一项罪名，下吏案治之后，又查出数罪来。

讯狱的过程，君主一般并不参与，但是君主可以在讯狱阶段用赦免的形式终结此次诉讼，如前引周勃、萧望之例。

（三）议当—奏当—论决

议当：议当，即是前述通过合议给出判决意见的过程。有时议当是由主审法官完成，有时则是君主下令集议。如果是集议，君主只要在众多意见中径取其一作为最终的判决即可。如果是主审法官依职权议当，则因为没有审结权，还需奏当。

奏当：即上奏判决意见，请求君主批准。奏当的内容，一般包括罪状（鞫词）、罪名、适用刑罚等。《史记·淮南衡山列传》保存了一份比较原始的奏当文书：

丞相臣张仓、典客臣冯敬行御史大夫事、宗正臣逸、廷尉臣贺、备盗贼中尉臣福昧死言：

淮南王长废先帝法，不听天子诏，居处无度，为黄屋盖乘舆，出入拟于天子，擅为法令，不用汉法。及所置吏，以其郎中春为丞相，聚收汉诸侯人及有罪亡者，匿与居，为治家室，赐其财物爵禄田宅，爵或至关内侯，奉以二千石，所不当得，欲以有为。大夫但、士五开章等七十人与棘蒲侯太子奇谋反，欲以危宗庙社稷。使开章阴告长，与谋使闽越及匈奴发其兵。开章之淮南见长，长数与坐语饮食，为家室娶妇，以二千石俸奉之。开章使人告但，已言之王。春使使报但等。吏觉知，使长安尉奇等往捕开章。长匿不予，与故中尉蕑忌谋，杀以闭口。为棺椁衣衾，葬之肥陵邑，谩吏曰“不知安在”。又详聚土，树表其上，曰“开章死，埋此下”。及长身自贼杀无罪者一人；令吏论杀无罪者六人；为亡命弃市罪诈捕命者以除罪；擅罪人，罪人无告劾，系治城旦舂以上十四人；赦免罪人，死罪十八人，城旦舂以下五十八人；赐人爵关内侯以下九十四人。前日长病，陛下忧苦之，使使者赐书、枣脯。长不欲受赐，不肯见拜使者。南海民处庐江界中者反，淮南吏卒击之。陛下以淮南民贫苦，遣使者赐长帛五千匹，以赐吏卒劳苦者。长不欲受赐，谩言曰“无劳苦者”。南海民王织上书献璧皇帝，忌擅燔其书，不以闻。吏请召治忌，长不遣，谩言曰“忌病”。春又请长，原入见，长怒曰“女欲离我自附汉”。

长当弃市，臣请论如法。

所述罪状备极详尽。《汉书·淮南王传》在此篇奏当之前有云：“事觉，治之，乃使使召淮南王。王至长安，丞相张苍，典客冯敬行御史大夫事，与宗正、廷尉杂奏：……”前一个“治之”，即劾奏之前的案治，召淮南王至长安之后（也许因特权未下吏），应该进行了进一步的案治才“杂奏”。

值得说明的一点是，奏当也称为“劾”。例如窦婴案：

于是上使御史簿责婴所言灌夫颇不雠，劾系都司空。孝景时，婴尝受遗诏，曰“事有不便，以便宜论上”。及系，灌夫罪至族，事日急，诸公莫敢复明言于上。婴乃使昆弟子上书言之，幸得召见。书奏，案尚书，大行无遗诏。诏书独臧婴家，婴家丞封。乃劾婴矫先帝诏害，罪当弃市。（《汉书》卷五二《窦婴传》）

前一次“劾系都司空”是下吏之前的告劾，“系都司空”即下吏，“劾婴矫先帝诏害，罪当弃市”即奏当之劾。又如：

上乃下更生吏，吏劾更生铸伪黄金，系当死。（《汉书》卷三六《楚元王传》）

臣伏见尚书仆射郅寿坐于台上，与诸尚书论击匈奴，言议过差，及上书请买公田，遂系狱考劾大不敬。（《后汉书》卷二九《郅寿传》）

于是下邕、质于洛阳狱，劾以仇怨奉公，议害大臣，大不敬，弃市。（《后汉书》卷六〇《蔡邕传》）

此三例中的“劾”是在系狱之后，也属于奏当。所以，对于史籍中出现的“劾”，也要细辨上下文，搞清楚处于诉讼的何种环节，方能确定其含义。有学者认为劾相当于起诉,“导致审判秩序的开始”[1]，若从“劾”之狭义上理解，尚无大误；如果不了解劾奏前后“案治”性质之不同，认为有“先劾后案”“先案后劾”之区别，[2]则徒增淆乱矣。

论决：奏当提交之后，由君主行使最终的审判权。君主可能批准，可能发回再议，也可能另下判决。至此，诉讼终结。

从以上过程来看，似乎与郡县司法一样，“集议”只在“议当”环节起作用。其实不然，以上但凡有君主参与的环节，君主均可以启动集议作为决策之参考。而需要臣下决策的环节，臣下也可以通过集议来拿主意。下面，将通过实例全面考察“集议”在汉代中央司法程序中所处的环节与功能。

二、汉代中央司法中的“集议”考

为了方便讨论，先将汉代集议在中央司法中发挥作用的六十二个实例制表如下：

表二十　汉代刑狱类集议一览表

时间	案件	集议环节	理据	出处	结果
文前 174	淮南王长案	议当、奏当一论、论一执行	律令	《史记》卷 118《淮南衡山列传》	轻
景前 154	晁错案	劾奏之前	律令	《汉书》卷四九《爰盎传》	当
前 143	防年杀继母案	奏当一论（驳议）	律	《御览》卷 88《皇王部·孝武皇帝》引《汉武故事》	当

[1] 陈晓枫：《两汉劾制辨正》，载《法学评论》1989 年第 3 期。

[2] 沈家本：《历代刑法考·汉律摭遗》，第 1479 页。

续表

时间	案件	集议环节	理据	出处	结果
武前 132	灌夫窦婴案	案治一劾奏、乞鞫（？）		《史记》卷 107《魏其武安侯列传》、《汉书》卷 52《窦婴传》、50《郑当时传》	当
前 128	燕王定国案	劾奏之前	律	《史记》卷 50《楚元王世家》、《汉书》卷 35《荆燕吴传》	当
前 126—前 124 间	郭解案	奏当一论（驳议）	律令	《史记》卷 124《游侠列传》	重
前 124	淮南王安雍阏雷被案	劾奏之前	诏书	《汉书》卷 44《淮南王传》	轻
前 123	梁平王襄及太后案	讯狱、议当	律令	《汉书》卷 47《文三王传》	轻
前 122	淮南王安案	案治、劾奏一下吏	《春秋》、律	《汉书》卷 44《衡山王传》	当
前 122	衡山王赐案	劾奏一下吏、讯狱、议当	律令	《史记》卷 118《淮南衡山列传》	当
前 121	江都王建案	案治、劾奏一下吏	律令	《汉书》卷 53《景十三王传》	当
前 116	博士徐偃矫制案	案治（问状）一劾奏	《春秋》、《孟子》、律令	《汉书》卷 64《终军传》	当
昭前 82	假冒卫太子案	告一下吏	《春秋》	《汉书》卷 71《隽不疑传》	当

续表

时间	案件	集议环节	理据	出处	结果
前78	侯史吴案	议当	律	《汉书》卷60《杜周传》	当
宣前72	大司农田延年案	案治、议当	律、《春秋》	《汉书》卷90《酷吏传》	自杀
前70	广川王去案	案治一劾奏、奏当一论、议罚	律	《汉书》卷53《景十三王传》	轻
前62	韦玄成以病狂不应召案	案治一劾奏		《汉书》卷73《韦贤传》	轻
前60	司隶校尉盖宽饶案	劾奏之前	律	《汉书》卷77《盖宽饶传》	自杀
前57	左冯翊韩延寿案	劾奏之前、劾奏一论	律	《汉书》卷76《韩延寿传》	当
前57—前54间	菑川王终古案	案治一劾奏	律令	《汉书》卷38《高五王传》	轻
元前47	宗正刘向案	讯狱一奏当	律令	《汉书》卷36《楚元王传》	当
前43	车骑都尉韩昌、光禄大夫张猛擅盟匈奴案	劾奏之前	律令	《汉书》卷94《匈奴传》	轻

续表

时间	案件	集议环节	理据	出处	结果
前 43	贾捐之、杨兴案	讯狱一奏当	律令、《尚书》、《王制》	《汉书》卷 64《贾捐之传》	当
前 36	甘延寿、陈汤矫制案	劾奏一下吏	《诗》、《易》、《春秋》、《司马法》	《汉书》卷 70《陈汤传》	轻
成约前 26	京兆尹王尊案	讼理，请议	古事、《论语》、《尚书》	《汉书》卷 76《王尊传》	未议，轻
前 20—前 17 间	梁王立案	劾奏一论		《汉书》卷 47《文三王传》	当
约前 19	司隶校尉涓勋案	劾奏一论（驳议）	《春秋》、诏书	《汉书》卷 84《翟方进传》	当
前 16	陈汤案	奏当一论（驳议）	律	《汉书》卷 70《陈汤传》	轻
前 16—前 13 间	梁王立案	劾奏一下吏（驳议）	律令、礼、《春秋》、《诗经》	《汉书》卷 47《文三王传》	轻
前 15	右曹侍郎薛况案	议当、奏当一论	律、《礼记》、《春秋》、诏书、《传》	《汉书》卷 83《薛宣传》	轻
前 8	淳于长小妻廼始等六人案	议当	令、《礼记》	《汉书》卷 81《孔光传》	当

续表

时间	案件	集议环节	理据	出处	结果
哀前7	废赵氏侯案	劾奏—论	律令、《春秋》、故事	《汉书》卷97《外戚传》	当
前6	请议辨赵氏无罪案	讼理，请议		《汉书》卷97《外戚传》	未议，轻
前5	大司空师丹案	案治之前、劾奏—论	律令、《易传》	《汉书》卷86《师丹传》	轻
前5	丞相朱博、御史大夫赵玄、孔乡侯傅晏案	案治（问状）、劾奏—下吏	律令、《春秋》	《汉书》卷83《朱博传》	或当或轻
前4	更下公卿复治东平王云案	议请下公卿复治—免		《汉书》卷86《王嘉传》	重
前2	丞相王嘉案	案治（问状）—劾奏、劾奏—下吏、讯狱	律	《汉书》卷72《龚胜传》、86《王嘉传》	当
平3	金钦案	劾奏—下吏	律、《礼记》	《汉书》卷68《金日磾传》	自杀
5	马宫案	自告—论	《论语》	《汉书》卷81《马宫传》	轻
光49	讼马援功罪案	讼理，请议		《后汉书》卷24《马援传》	未议

续表

时间	案件	集议环节	理据	出处	结果
明 73	骑都尉秦彭案	议当	军法、律令、汉制	《后汉书》卷 46《郭躬传》、《御览》卷 646《刑部·斩》引《汉新事》	当
73—75 间	中常侍孙章案	奏当一论（驳议）	法令、《论语》、《诗》	《后汉书》卷 46《郭躬传》、《御览》卷 640《刑法部·决狱》引《续汉书》	当
章 88	青州刺史王望擅出布粟赈灾案	劾奏之前	律令、《春秋》	《后汉书》卷 39《王望传》	轻
和 93	曹褒擅制汉礼案	劾奏之前		《后汉书》卷 34《曹褒传》及论	轻
100	太尉张酺案	劾奏一论	律令、礼仪	《后汉书》卷 45《张酺传》	当
安 118	征西校尉任尚案	议当		《后汉书》卷 39《刘恺传》	轻
121	乐成王苌案	劾奏一论（驳议）	《周礼》、律令	《后汉书》卷 50《孝明八王列传》、《后汉纪·孝安皇帝纪上》	轻
约 122	居延都尉范邠案	议当	比、《春秋》、《尚书》	《后汉书》卷 39《刘恺传》	当
124	讼太子罪案	讼理	法律	《后汉书》卷 15《来历传》、36《郑众传》	重

续表

时间	案件	集议环节	理据	出处	结果
	河间人尹次、颍川人史玉案	议当—论	《尚书》	《后汉书》卷48《陈忠传》	轻
顺131—135间	宁阳主簿上书案	劾奏—论（驳议）	律令、《周礼》	《后汉书》卷58《虞诩传》	轻
桓161	杨秉、韦著案	劾奏—赦		《后汉书》卷54《杨秉传》	轻
163	车骑将军冯绲案	劾奏—下吏	正法	《后汉书》卷38《冯绲传》	轻
164	渤海王悝案	劾奏请议		《后汉书》卷64《史弼传》、《后汉纪·孝桓皇帝纪下》	未议，轻
166	襄楷案	问状、问状—劾奏	律令	《后汉书》卷30《襄楷传》	轻
灵184	故武威太守黄隽案	议当	律令、八议	《后汉书》卷58《盖勋传》	轻
184—185间	雒阳男子龙案	案治（问状）—劾奏	《诗》、《春秋》、汉事	《续汉志·五行五》注引《风俗通》	一重一免
185	豫州刺史王允案	下吏—论		《后汉书》卷66《王允传》	未议，轻
	汝南王叔汉案	自告—论	礼	《意林》卷四引《风俗通》	当

续表

时间	案件	集议环节	理据	出处	结果
献 210	田畴辞爵案	劾奏一论	王法大制、先秦事、孔子言行	《三国志》卷 11《田畴传》及注引《魏书》《魏略》	当
211—213 间	亡士妻白等案	奏当一论（驳议）	《诗》、《书》、《礼记》	《三国志》卷 22《卢毓传》	当
不明	光禄勋刘嘉、廷尉赵世案	劾奏之前		《续汉书·百官志》注引蔡质《汉仪》	当

按:“理据”表示集议时所引用的裁判依据；“集议环节”表示集议在该案中所处的诉讼环节，如“劾奏一下吏”表示在劾奏之后、下吏之前发生集议；“结果”中的轻、重、当，表示最后判决的结果较之依法处置是从轻、从重还是确当，此种判断也是相对而言的。为便于区分，表中“劾奏”一律指告劾，判决意见用“奏当”表示；下吏之前的案治称“案治”，下吏之后称“讯狱”。

（一）集议发生的环节与功能

考察上表所展示的汉代中央司法程序，集议大致存在于如下六个环节：

1. 案治之前的集议

在对犯罪事实的告发之后，君主为了决定是否立案侦查，会启动集议进行商讨。例如：

又丹使吏书奏，吏私写其草，丁、傅子弟闻之，使人上书告丹上封事行道人遍持其书。上以问将军中朝臣，皆对曰:“忠臣不显谏，大臣奏事不宜漏泄，令吏民传写流闻四方。‘臣不密则失身’，宜下廷尉治。”事下廷尉，廷尉劾丹大不敬。(《汉书》卷八六《师丹传》)

师丹案中，告发罪状的告书来到君主案头，哀帝“以问将军中朝臣”，讨论内容即是师丹上封事不秘的行为是否构成犯罪，是否需要立案侦查。议者引用《易传》达成一致，认为存在犯罪事实，并且建议由廷尉管辖。后面的“事下廷尉”，才是案治、劾奏的开始。有时，有劾奏职权的官员发现犯罪行为以后也会集议是否案治、劾奏，例如：

侍谒者福为望之道延寿在东郡时放散官钱千余万。望之与丞相丙吉议，吉以为更大赦，不须考。（《汉书》卷七六《韩延寿传》）

萧望之得到举报，与丞相丙吉商议，丙吉认为韩延寿的犯罪行为在大赦之前，已经无须追究刑事责任，所以“不须考”。“考”即考问，是案治的意思。

2. 案治、劾奏中的集议

案治也往往通过集议的方式进行，主要有两种情况：

其一，问状。君主派某官员（以中朝官或尚书为主）对犯人或证人进行质询，以此明确是否存在犯罪事实，并掌握相关证据。例如：

上知傅太后素常怨喜，疑博、玄承指，即召玄诣尚书问状。玄辞服，有诏左将军彭宣与中朝者杂问。（《汉书》卷八三《朱博传》）

后二十余日，嘉封还益董贤户事，上乃发怒，召嘉诣尚书，责问以：“……大臣举错，恣心自在，迷国罔上，近由君始，将谓远者何！对状。”嘉免冠谢罪。（《汉书》卷八六《王嘉传》）

书上，即召诣尚书问状。楷曰：“……”尚书上其对，诏下有司处正，尚书承旨奏曰：“……请下司隶，正楷罪法，收送洛阳狱。”（《后汉书》卷三〇《襄楷传》）

以上三例都是通过诘问的方式，明确是否存在犯罪事实。被诘问者，要么自我申辩（如襄楷），要么理屈词穷（如赵玄、王嘉）。问状的结果要上奏君主，君主或派人进一步案治（如朱博案“有诏左将军彭宣与中朝者杂问”），或让有关部门集议是否要予劾奏（如襄楷案“诏下有司处正”）。当然也有问状者以其杰出才能，在问状阶段就明确了犯罪事实、解决了法律适用问题，从而直接提出劾奏的，如“博士徐偃矫制案”：

元鼎中，博士徐偃使行风俗。偃矫制，使胶东、鲁国鼓铸盐铁，还，奏事，徙为太常丞。御史大夫张汤劾偃矫制大害，法至死。偃以为《春秋》之义，大夫出疆，有可以安社稷，存万民，颛之可也。汤以致其法，不能诎其义，有诏下军问状，军诘偃曰："……今天下为一，万里同风，故《春秋》'王者无外'。偃巡封域之中，称以出疆何也？……"又诘偃："……今所犯罪重，所就者小，偃自予必死而为之邪？将幸诛不加，欲以采名也？"偃穷诎，服罪当死。军奏"偃矫制颛行，非奉使体，请下御史征偃即罪"。奏可。上善其诘，有诏示御史大夫。(《汉书》卷六四《终军传》)

徐偃矫制令郡县恢复盐铁经营，并引用《春秋》之义为自己辩护，反驳了御史大夫的劾奏。武帝令熟悉儒家经义的终军问状，终军引经据典诘问徐偃，徐偃理屈词穷而服罪。终军进一步提出劾奏，武帝把终军诘问过程的书面记录下发御史大夫作为讯狱、议当的参考。

其二，杂治。君主派若干不同部门的官员会同案治案件，则在这些官员提出劾奏之前，当然要进行集议。例如：

建时佩其父所赐将军印，载天子旗出。积数岁，事发觉，汉遣丞相长史与江都相杂案，索得兵器、玺、绶、节反具，有司请捕诛建。(《汉书》卷五三《景十三王传》)

天子遣大鸿胪、丞相长史、御史丞、廷尉正杂治巨鹿诏狱，奏请逮捕去后昭信。(《汉书》卷五三《景十三王传》)

大鸿胪奏状，章下丞相、御史案验。玄成素有名声，士大夫多疑其欲让爵辟兄者。……而丞相、御史遂以玄成实不病，劾奏之。(《汉书》卷七三《韦贤传》)

江都王建案，丞相长史与江都相"杂案"，掌握了犯罪证据，提出"请捕诛建"的劾奏，一定是两位官员合议的结果；广川王去案，大鸿胪、丞相长史、御史丞、廷尉正"杂治"，提出"奏请逮捕去后昭信"的劾奏，韦玄成逃爵案负责"案验"的丞相、御史提出"实不病"的劾奏，也理当是合议之结果。

总之，案治的目的在于：第一，调查证据，查明罪状；第二，决定是否提出劾奏。前一项，可以通过“问状”（集议之一种形态）与“杂治”来实现；后一项，则应通过杂治者的合议来实现。

有些案件事实比较清楚，无须案治，则君主会直接下议商讨是否需要劾奏。凡上表中标明“集议环节”在“劾奏之前”的，都属于这种情况。例如：

是时，上方用刑法，信任中尚书宦官，宽饶奏封事曰：……书奏，上以宽饶怨谤终不改，下其书中二千石。时，执金吾议，以为宽饶指意欲求禅，大逆不道。（《汉书》卷七七《盖宽饶传》）

盖宽饶所上封事，就是他触犯皇权的犯罪证据，所以君主直接将之下发中二千石集议，果然，执金吾领会了君主的意思，提出“大逆不道”的劾奏。又如章帝时青州刺史王望擅自开仓赈灾，“事毕上言，帝以望不先表请，章示百官，详议其罪”。章帝把王望的奏章下发百官，正是要其讨论是否提出劾奏，结果“公卿皆以为望之专命，法有常条”[1]。劾奏之前的集议，除了决定劾奏与否、讨论劾奏的内容（罪状、罪名、制裁）等，有时也讨论管辖问题。例如东汉中后期有这样一个例子：[2]

正月旦，百官朝贺，光禄勋刘嘉、廷尉赵世各辞不能朝，高赐举奏：“……不谨不敬！请廷尉治嘉罪，河南尹治世罪。”议以世掌廷尉，故转属他官。（《续汉书·百官志》注引蔡质《汉仪》）

高赐在提出劾奏之前，已经“议”过管辖问题：出于回避的考虑，“议以世掌廷尉，故转属他官”，提出“河南尹治世罪”。

3. 劾奏之后的集议

劾奏提出之后，君主出于慎重的考虑，往往会下群臣集议。由于劾奏之后，大案要案的犯人要下吏，一般案件可以直接判决，所以集议在这一环节出现得很多，而且集议规模往往较大，“公卿议”的情况较多。例如前引江都王建案，“有司请捕诛建”后，制曰：“与列侯吏二千石博士议。”又

---

[1] 《后汉书》卷三九《王望传》。

[2] 本案具体发生时间，史书记载不详。按《后汉书·刘虞传》：“祖父嘉，光禄勋。”可知是此处“光禄勋刘嘉”。刘虞是汉末人，则刘嘉当是东汉中后期人。

如前引朱博案，负责案验的左将军彭宣与中朝者提出劾奏："臣请诏谒者召博、玄、晏诣廷尉诏狱。"制曰："将军、中二千石、二千石、诸大夫、博士、议郎议。"结果前后计有五十八人发表意见。[1]

集议的议题，主要是对案治中查明、劾奏中提出的罪状进行复核，对劾奏请求（罪名、制裁）进行审议。如朱博案中，一派意见认为"如宣等言，可许"，即主张批准劾奏；另一派意见则引用《春秋》之义对劾奏进行反驳。又如丞相王嘉案，劾奏者"请谒者召嘉诣廷尉诏狱"，按照西汉惯例就是判处王嘉死刑。制曰："票（骠）骑将军、御史大夫、中二千石、二千石、诸大夫、博士、议郎议。"结果有五十人主张批准劾奏，一人主张免为庶人，十人主张从宽处理。

集议的结果一般有三种：

第一种，批准劾奏，下吏。例如丞相王嘉案，哀帝在集议的三派意见中选择了多数派，"有诏假谒者节，召丞相诣廷尉诏狱"。又如金钦案：

时，甄邯在旁，庭叱钦，因劾奏曰："……进退异言，颇惑众心，乱国大纲，开祸乱原，诬祖不孝，罪莫大焉。尤非大臣所宜，大不敬。秺侯当上母南为太夫人，失礼不敬。"莽白太后，下四辅、公卿、大夫、博士、议郎，皆曰："钦宜以时即罪。"谒者召钦诣诏狱，钦自杀。（《汉书》卷六八《金日磾传》）

甄邯"大不敬"、"失礼不敬"的劾奏，其实就是请求下吏。太后下群臣议，都同意批准劾奏，所以太后准奏下吏，金钦自杀。

第二种，接受驳议，寝而不治。如梁王立禽兽行案：

有司案验，因发淫乱事，奏立禽兽行，请诛。太中大夫谷永上疏曰："臣闻'礼，天子外屏，不欲见外'也。……既已案验举宪，宜及王辞不服，诏廷尉选上德通理之吏，更审考清问，著不然之效，定失误之法，而反命于下吏，以广公族附疏之德，为宗室刷污乱之耻，甚得治亲之谊。"天子由是寝而不治。（《汉书》卷四七《文三王传》）

---

[1] 《汉书》卷八三《朱博传》。

有司案验之后提出“请诛”的劾奏，谷永驳议，请求宽大处理。君主采纳建议，寝而不治。

第三种，直接论处。直接论处的判决，可能来自集议中的某种意见，也可能是君主自己意志的体现。前者如乐成王苌案：

苌骄淫失度，冀州刺史举奏苌罪至不道。尚书侍郎岑宏议以为“……臣闻《周官》议亲，蠢愚见赦，苌不杀无辜，以谴诃为非，无赫赫大恶，可裁削夺，损其租赋，令得改过自新，革心向道。”诏贬苌为临湖侯。（《后汉纪·孝安皇帝纪上》）

冀州刺史以“不道”罪劾奏，君主可能下尚书台议，尚书令黄香、[1]尚书侍郎岑宏引《周官》“议亲”之义建议宽大处理被采纳。

后者例如师丹案：

事下廷尉，廷尉劾丹大不敬。事未决，给事中博士申咸、炔钦上书言：“丹经行无比，自近世大臣能若丹者少。发愤懑，奏封事，不及深思远虑，使主簿书，漏泄之过不在丹。以此贬黜，恐不厌众心。”尚书劾咸、钦：“……”上贬咸、钦秩各二等。遂策免丹曰：“……以君尝托傅位，未忍考于理，已诏有司赦君勿治。其上大司空高乐侯印绶，罢归。”（《汉书》卷八六《师丹传》）

廷尉经过案治，提出“大不敬”的劾奏，两位博士提出驳议为师丹辩护，虽然遭到尚书弹劾而受贬，但哀帝仍出于自己的意志，罢免师丹。所谓“未忍考于理”，即免于下吏，是一种宽大处理。

三种处理之中，后两种都使得诉讼程序终结，只有第一种将开启下一步——下吏。

4. 讯狱、议当中的集议

君主有时会命令诸官员在讯狱阶段“杂治”某案件，而实际上负责讯狱的仍是狱吏。如丞相王嘉案，哀帝“使将军以下与五二千石杂治”，实际

[1] 见《后汉书》卷五〇《孝明八王列传》注：“案《黄香集》，香与宏共奏，此香之辞也。”时黄香官居尚书令。按：《后汉书·文苑传》说黄香卒于延平元年，实为延光元年之误。参见彭斌武：《黄香生平疑点考》，国学网（http://www.guoxue.com/lwtj/content/pengbinwu_hxspydk.htm）。

上仍是“吏诘问嘉”“狱吏曰”“吏问贤、不肖主名”。负责杂治的主审官员，职责更多是负责议“当”。

有时君主会将“议当”环节直接通过集议的方式来实现，如：

用长事发，丞相方进，大司空武议，以为：“令，犯法者各以法时律令论之，明有所讫也，长犯大逆时，廼始等见为长妻，已有当坐之罪，与身犯法无异。后乃弃去，于法无以解。请论。”光议以为：“大逆无道，父母妻子同产无少长皆弃市，欲惩后犯法者也。夫妇之道，有义则合，无义则离。长未自知当坐大逆之法，而弃去廼始等，或更嫁，义已绝，而欲以为长妻论杀之，名不正，不当坐。”有诏“光议是”。(《汉书》卷八一《孔光传》)

是时居延都尉范邠复犯臧罪，诏下三公、廷尉议。(《后汉书》卷三九《刘恺传》)

彭在别屯而辄以法斩人，固奏彭专擅，请诛之。显宗乃引公卿朝臣平其罪科。躬以明法律，召入议。(《后汉书》卷四六《郭躬传》)

以上三例，君主均下议或召议。而且这些案子似乎都属于法律适用存在争议的疑难案件，所以通过集议来集思广益。

5. 奏当之后的集议

如果从讯狱到奏当的过程都由有司负责，那么在有司提交奏当之后，君主往往还会启动集议，进行最后的商讨。奏当之后的集议，一般是对法律适用问题进行讨论，并决定如何判决。例如景帝末年的防年杀继母案：

廷尉上囚防年，继母陈杀父，因杀陈。依律，年杀母大逆论，而帝疑之。诏问太子，太子对曰：“夫继母，如母明其不及母也。缘父之爱，故比之于母耳。今继母无状，手杀其父，则下手之日，母恩绝矣。宜与杀人者同，不宜大逆论。”帝从之。年弃市刑，议者称善。时太子年十四，帝益以奇之。(《御览》卷88《皇王部·孝武皇帝》引《汉武故事》)

防年的继母杀害了他的父亲，防年就杀死继母报仇。按照汉律，杀母大逆，父母、兄弟、同产无少长皆弃市，杀继母比较杀母。所以廷尉严格依律当防年大逆。景帝认为法律适用有问题，诏问太子刘彻。刘彻提出，继母之所以视同母，是父亲的关系；继母杀父之时，母子恩绝。所以防年只应该比照杀害普通人的律条定弃市，得到景帝和议者的赞同。这是一个比较富有传奇色彩、近似小说家言的故事，但反映的制度是无误的。再如大侠郭解案，主审官员奏当郭解无罪，御史大夫公孙弘议：“解布衣为任侠行权，以睚眦杀人，解虽弗知，此罪甚于解杀之。当大逆无道。”于是以大逆无道论处。再如广川王去案：

【告劾】本始三年，相内史奏状，具言赦前所犯。

【案治】天子遣大鸿胪、丞相长史、御史丞、廷尉正杂治巨鹿诏狱

【劾奏】奏请逮捕去后昭信。

【下吏】制曰：“王后昭信、诸姬奴婢证者皆下狱。”

【讯狱】辞服。

【奏当】有司复请诛王。

【下议】制曰：“与列侯、中二千石、二千石、博士议。”

【集议】议者皆以为去悖虐，听后昭信谗言，燔烧亨煮，生割剥人，距师之谏，杀其父子。凡杀无辜十六人，至一家母子三人，逆节绝理。其十五人在赦前，大恶仍重，当伏显戮以示众。

【复议】制曰：“朕不忍致王于法，议其罚。”

【复请】有司请废勿王，与妻子徙上庸。

【论】奏可。(《汉书》卷五三《景十三王传》)

这是一个比较典型的中央司法的刑狱类案件，对各环节的分析如上所示。在有司奏当请诛王之后，君主制下议，就是要列侯、中二千石、二千石、博士审议奏当，以作为最后论决的参考。而尽管议者异口同声赞成奏当，宣帝仍然下了免死的宽大之诏，并让群臣复议具体制裁措施。同样在这一阶段要求复议的案例，还有淮南王长案：

【奏当】丞相臣张仓、典客臣冯敬行御史大夫事、宗正臣逸、廷尉臣贺、备盗贼中尉臣福昧死言：“……长当弃市，臣请论如法。”

【下议】制曰：“朕不忍致法于王，其与列侯二千石议。”

【集议当】臣仓、臣敬、臣逸、臣福、臣贺昧死言：“臣谨与列侯吏

二千石臣婴等四十三人议，皆曰‘长不奉法度，不听天子诏，乃阴聚徒党及谋反者，厚养亡命，欲以有为’。臣等议论如法。”

【当】制曰：“朕不忍致法于王，其赦长死罪，废勿王。”

【集议执行】臣仓等昧死言：“长有大死罪，陛下不忍致法，幸赦，废勿王。臣请处蜀郡严道邛邮，遣其子母从居，县为筑盖家室，皆廪食给薪菜盐豉炊食器席蓐。臣等昧死请，请布告天下。”

【论】制曰：“计食长给肉日五斤，酒二斗。令故美人才人得幸者十人从居。他可。”

群臣奏当之后，文帝命与列侯、二千石复议，复议的结果仍然是坚持原判，文帝只好直接下宽大诏书免死、废王。在这份制诏中，应该还包含要求群臣议“废勿王”的具体执行方式的指令，所以群臣再次集议并奏请，文帝略加修正后首肯。

以上步骤完成后，一次审判就算终结了。但是，集议还并没有结束。

6. 讼理中的集议

讼，有讼冤之意，相当于今天所谓申诉。对判决已经生效的案件，可以通过“讼”的方式请求复议。例如：

尊坐免，吏民多称惜之。湖三老公乘兴等上书讼：“……愿下公卿、大夫、博士、议郎，定尊素行。……唯明主参详，使白黑分别。”书奏，天子复以尊为徐州刺史，迁东郡太守。(《汉书》卷七六《王尊传》)

时议郎耿育上疏言：“……愿下有司议，即如臣言，宜宣布天下，使咸晓知先帝圣意所起。……唯陛下省察！”哀帝为太子，亦颇得赵太后力，遂不竟其事。(《汉书》卷九七《外戚传》)

又前云阳令同郡朱勃诣阙上书曰：“……愿下公卿平援功罪，宜绝宜续，以厌海内之望。……”书奏，报归田里。(《后汉书》卷二四《马援传》)

以上三例，讼者都请求下公卿复议，可见在讼理之后重审的案件中，也可以启动集议。但是这三例都没有看到重新启动集议的记载，前两例，君主直接从轻论处；第三例，君主寝而不治。汉代公卿如果认为某起案件的判决有问题，可以直接通过集议的方式讼冤，例如东汉的讼废太子案：

帝不从，是日遂废太子为济阴王。……历乃要结光禄勋袑讽，宗正刘玮，将作大匠薛皓，侍中闾丘弘、陈光、赵代、施延，太中大夫朱伥、第五颉，中散大夫曹成，谏议大夫李尤，符节令张敬，持书侍御史龚调，羽林右监孔显，城门司马徐崇，卫尉守丞乐闱，长乐、未央厩令郑安世等十余人，俱诣鸿都门证太子无过。龚调据法律明之，以为男、吉犯罪，皇太子不当坐。帝与左右患之，乃使中常侍奉诏胁群臣曰："……若怀迷不反，当显明刑书。"谏者莫不失色。薛皓先顿首曰："固宜如明诏。"历怫然，廷诘皓曰："属通谏何言，而今复背之？大臣乘朝车，处国事，固得辗转若此乎！"乃各稍自引起，历独守阙，连日不肯去。(《后汉书》卷一五《来历传》)

来历等十余人诣鸿都门证太子无过，龚调据法律明之，正是集议讼冤的表现。

（二）汉代中央司法中"集议"的特点与作用

与郡县司法相比，汉代中央司法中的"集议"有两大特点：

第一，几乎任何环节都可以启动集议。郡县司法，集议仅仅存在于"合议"环节。其他环节都有严格的法定程序，不允许擅自议论、更改。而汉代中央司法，因为有君主的参与，所以从行政的机制上来讲，几乎任何环节都可以启动集议。尤其是在那些事关重大的环节，如劾奏之后、奏当之后，君主往往不轻易独断，而是启动集议，群策群力解决问题。

第二，集议的理据呈现出多元化的态势。从出土的秦汉奏谳文书和其他案例来看，郡县司法的裁判理据主要是律令、诏书等，偶尔有决事比。从传世文献来看，郡县司法也偶有引经义决狱的，如：

春正月，美阳女子告假子不孝，曰："儿常以我为妻，妒笞我。"尊闻之，遣吏收捕验问，辞服。尊曰："律无妻母之法，圣人所不忍书，此经所谓造狱者也。"尊于是出坐廷上，取不孝子悬磔著树，使骑吏五人张弓射杀之，吏民惊骇。(《汉书》卷七六《王尊传》)

但这毕竟属于个别现象，正由于其特异性，所以载入史册。而如《奏谳书》等文书中所载的普通案件，在传世文献中极少看到。而上表所列汉代中央司法的六十二个案例，除去理据不明的十二例外，引用儒家经典者达到二十五例，占一半之多，这在郡县司法中是不可想象的。其中还有相当一部分用经破律，得出了更好的判决，如青州刺史王望擅赈灾案：

时公卿皆以为望之专命，法有常条。钟离意独曰："昔华元、子反，楚、宋之良臣，不禀君命，擅平二国，《春秋》之义，以为美谈。今望怀义忘罪，当仁不让，若绳之以法，忽其本情，将乖圣朝爱育之旨。"帝嘉意议，赦而不罪。（《后汉书》卷三九《王望传》）

公卿议者都执着于"法有常条"，希望治王望专命之罪。而钟离意则引《春秋》之义，认为不应该"绳之以法"。他的判决意见得到了章帝的批准。又如前引博士徐偃矫制案，终军以《春秋》"王者无外"之义破徐偃的《春秋》"大夫出疆专之可也"之义，最终将其绳之以法。这一案例中，《春秋》之义并非裁判的最后理据，而是适用哪条法律（找法）的判断依据。找法，在郡县司法中往往是通过逻辑推理来实现的，而在中央司法中，逻辑推理之上还要加之以对经义的理解和辩难。除律令、经义之外，诏书、故事、决事比、礼仪、军法等，也往往成为裁判的理据。关于这一点，下一章将会详细论述。

由此来看集议的作用：

首先，由于汉代中央司法中集议之多，所以对公正司法的监督制约作用非常明显。即便主审官员想要阿法挟私，也难以在众目睽睽之下明目张胆。君主想要在审判中实现自己的意志，也会受到相当大的制约。经过集议的案件，尤其是在"议当"环节经过集议的案件，在汉代人心目中的公正性是很高的。前引丞相王嘉案中，议者就说："明主躬圣德，重大臣刑辟，广延有司议，欲使海内咸服。"正是这一观念的体现。

其次，汉代中央司法中的集议，能集思广益、保证判决的准确性。例如前引防年囚母案，以及法律专家郭躬参与的两次集议，都纠正了原先错误的判决意见，作出更为准确的判决。

第三，汉代中央司法中的集议，有利于慎刑。例如在奏当之后集议，尤其是死刑的奏当之后集议，正是为了防止滥杀无辜。这类集议被制度化之后，就开了后世死刑奏报制度的先河。另外如前所述，汉代中央司法引经义为据的现象较多，而引经义为据往往是为了出罪而非入罪。[1] 这从前列表的“结果”栏也可以看出，经过集议的判决，往往是“当”或从轻。

总而言之，“集议”在汉代中央司法中起到了较为积极的作用。

三、汉代以“集议”为中心的几项司法制度

汉代还有几项颇具特色的司法制度，都以“议”为核心环节，试分论如下：

（一）先请、八议

先请，又称“上请”，指某些案件必须先奏请君主批准。汉代在这方面的规定很多，而且前后变化较大。关于“先请”，已经有一些相关研究，[2] 下面主要解决三个问题：

第一，什么案件先请？

先请的案件，一般涉及两个要素：其一，犯罪者的身份；其二，所犯罪行。这两个要素，有时满足其一即可，有时须同时满足。

甲. 诸侯宗室

诸侯宗室犯罪，在一定条件下须先请。如：

公、列侯嗣子有罪，耐以上先请。（《汉书》卷一二《平帝纪》）

若有犯法当髡以上，先上诸宗正，宗正以闻，乃报决。（《续汉书·百官志》“宗正”条本注）

郑司农云：“若今时宗室有罪，先请是也。”（《周礼·小司寇》“议亲”

---

[1] 参见吕志兴：《“春秋决狱”新探》，载《西南师范大学学报》2000 年第 5 期。

[2] 如程政举著：《汉代诉讼制度研究》，法律出版社 2010 年版，第 76—82 页；孔令杰：《论郑玄〈周礼注〉中的“复”和“有罪先请”》，载《理论学刊》2012 年第 7 期。

条注）

乙酉示章诏书："宗室【蕃】诸侯：五属内，居国界，有罪请；五属外，便以法令治；流客虽五属内，不得行复除。"（甘谷汉简 1、2）[1]

由以上史料来看，诸侯、宗室犯罪先请，有亲疏（五属内）、属地（居国界）、罪行严重程度（罪耐、罪髡）等。

乙．官吏犯罪

官吏犯罪先请，与爵秩、罪行、品行有关：

春，令郎中有罪耐以上，请之。(《汉书》卷一《高帝纪》)

五月，诏曰："……车骑从者不称其官衣服、下吏出入闾巷亡吏体者，二千石上其官属，三辅举不如法令者，皆上丞相御史请之。"(《汉书》卷五《景帝纪》)

夏四月，诏曰："……吏六百石位大夫，有罪先请，秩禄上通，足以效其贤材，自今以来毋得举。"(《汉书》卷八《宣帝纪》)

庚辰，诏曰："吏不满六百石，下至墨绶长、相，有罪先请。(《后汉书》卷一《光武帝纪》)

郑司农云："若今时廉吏有罪，先请是也。"(《周礼·小司寇》"议贤"条注）

郑司农云："若今时吏墨绶有罪，先请是也。"(《周礼·小司寇》"议贵"条注）

汉初规定郎中罪耐以上先请，这是官吏有罪先请的先声。两汉的常态是吏六百石以上有罪先请，光武时期曾经规定"吏不满六百石，下至墨绶长、相，有罪先请"，则将这一范围扩大了，但不知实行了多久。另外，廉吏有罪亦可先请。

丙．死刑案件

汉代死刑案件，须先请后刑。但是这种"先请"究竟请到哪一级，尚

[1] 张学正：《甘谷汉简考释》，载甘肃省文物工作队、甘肃省博物馆编：《汉简研究文集》，甘肃人民出版社 1984 年版，第 87 页。

可存疑。起码可以确定的是，县级政府并没有死刑案件的审结权，这一点可以通过张家山汉律的如下条款得到确证：

县道官所治死罪及过失、戏而杀人，狱已具，勿庸论，上狱属所二千石官。二千石官令毋害都吏复案，问（闻）二千石官，二千石官丞谨掾。[1]当论，乃告县道官以从事。[2]

从这条简文来看，汉初死刑案件的审结权应该掌握在郡廷。东汉明帝时代，似乎已经出现了死刑奏请制度：[3]

永平旧典，诸当重论皆须冬狱，先请后刑，所以重人命也。(《后汉书》卷三〇《襄楷传》)

冬当断狱，秋先请择其轻重也。(《史记》卷一〇六《吴王濞列传》《集解》引应劭曰)

丁．其他

另外，容隐案件、年未满七岁的儿童犯死罪，也可以上请减死：

夏五月，诏曰：“……其父母匿子、夫匿妻、大父母匿孙，罪殊死，皆上请廷尉以闻。”(《汉书》卷八《宣帝纪》)

至成帝鸿嘉元年，定令：“年未满七岁，贼斗杀人及犯殊死者，上请廷尉以闻，得减死。”合于三赦幼弱、老眊之人。(《汉书》卷二三《刑法志》)

第二，先请出现在诉讼程序的哪个环节？

先请主要出现在诉讼程序的劾奏、奏当两个环节，即请求逮捕下吏或请求判决。如：

---

[1] 掾，原释作“掾”。《岳麓书院藏秦简》(三) 案例三《猩、敞知盗分赃案》注释四认为，秦简中的“掾”皆当释作“掾”，作“錄”解，即后世所谓“录囚”之录，“省察”之意。按：王伟此前已考证认为秦汉简中的“掾”作动词用时，皆为审核之意，见氏作：《张家山汉简〈二年律令〉杂考》，简帛网（http://www.bamboosilk.org/Wssf/2003/wangwei01.htm）。此处同。

[2] 彭浩、陈伟、[日] 工藤元男主编：《二年律令与奏谳书》，上海古籍出版社 2007 年版，第 338—339 页。

[3] 鹰取祐司认为西汉武帝时就已经实行死刑奏请制度，可备一说。但他也承认这一制度在司法实践中没有很好贯彻。详见［日］鹰取祐司：《汉代的死刑奏请制度》，李力译，载中国政法大学法律史学研究院编：《日本学者中国法论著选译》(上册)，中国政法大学出版社 2012 年版第 102—123 页。

隆虑主卒，昭平君日骄，醉杀主傅，狱系内官。以公主子，廷尉上请请论。(《汉书》卷六五《东方朔传》)

桓谭《新论》曰：九江太守庞真，案县令高曾受社祭釐，有生牛肉二十斤，劾以主守盗，上请逮捕。诏：釐非赃。(《御览》卷八六三《饮食部·肉》)[1]

前一个案例，是系狱之后请论，则属奏当；后一个案例，是在“案”之后的“劾”，请求逮捕，显然属于“下吏”之前的“劾奏”。明了了这一点，再对“先请”进行研究，就不必斤斤于出现“先请”或“上请”字样的案例，但凡在劾奏、奏当环节“请”君主批准的，都属于“先请”的表现。例如彭越谋反案：

【告劾】梁太仆有罪，亡走汉，告梁王与扈辄谋反。

【下吏】于是上使使掩捕梁王，囚之雒阳。

【讯狱】有司治反形已具

【奏当】请论如法。

【论】上赦以为庶人，徙蜀青衣。(《汉书》卷三四《彭越传》)

以之前归纳出的汉代中央司法的诉讼程序来衡量这个案件，可以清晰地发现省略了“案治”和“劾奏”的环节。之所以如此，乃是刘邦怕打草惊蛇把彭越逼反，所以直接逮捕。这从“掩捕”二字也可以看出逮捕行动的出其不意。这里的“请论如法”就是上请，处于“奏当”环节。再如衡山王谋反案，“有司请逮捕衡山王，上曰：‘诸侯各以其国为本，不当相坐。’”这就是劾奏环节的“上请”。

第三，“先请”与“议”“八议”的关系是什么？

“八议”渊源于《周礼》的“八辟”，在汉代已经逐渐形成制度，史书中每可见到汉代通过“八议”裁判案件的实例。[2]其实，“八议”在汉代形成制度，正是“先请一议”程序规范化、定型化的结果。

---

[1] 个别字句据朱谦之《新辑本桓谭新论》校正（中华书局 2009 年版，第 24 页）。

[2] 参见业师龙大轩先生的《八议成制于汉论考》，载《法学研究》2012 年第 2 期。

首先来看“先请”与“议”的关系。从汉代“先请”的实例来看，君主受理“先请”之后往往有两种表现：一是直接给出回应，或下吏、或判决、或赦免；二是通过集议来决策。例如：

丞相奏事，因言错擅凿庙垣为门，请下廷尉诛。上曰：“此非庙垣，乃壖中垣，不致于法。”丞相谢。罢朝，因怒谓长史曰：“吾当先斩以闻，乃先请，固误。”（《汉书》卷四九《晁错传》）

隆虑主卒，昭平君日骄，醉杀主傅，狱系内官。以公主子，廷尉上请请论。左右人人为言：“前又入赎，陛下许之。”上曰：“吾弟老有是一子，死以属我。”于是为之垂涕叹息良久，……可其奏，哀不能自止，左右尽悲。（《汉书》卷六五《东方朔传》）

晁错案是丞相申屠嘉在朝议时上请的，昭平君案则在廷尉上请之后有“左右人人为言”，可见也曾经过集议。另外如上所述，但凡劾奏、奏当环节上奏君主，都是上请之表现。而劾奏、奏当之后进行集议的案例，前文已经举了很多，不赘。由此可见，“先请”引发“集议”属于常态。

再看“先请”与“八议”的关系。前引《周礼》注引“郑司农曰”已经清楚地表明：《周礼》所谓“八议之辟”，起码有三种（议亲、议贤、议贵）在汉代属于“先请”，或者说要通过“先请”来启动“议”的程序。例如乐成王苌案：

苌骄淫失度，冀州刺史举奏苌罪至不道。尚书侍郎岑宏议以为“……臣闻《周官》议亲，蠢愚见赦，苌不杀无辜，以谴诃为非，无赫赫大恶，可裁削夺，损其租赋，令得改过自新，革心向道。”诏贬苌为临湖侯。（《后汉纪·孝安皇帝纪上》）

前面说过，汉代诸侯宗室犯法须“先请”，所以冀州刺史举奏刘苌，正是先请。此案可能下尚书台议，尚书令黄香、尚书侍郎岑宏引“议亲”之法决之，最后汉安帝在诏书中也说“朕览八辟之议，不忍致之于理”，[1]贬侯了事。由此可见，“先请”乃是“八议”的先行程序。两汉“先请”的名

[1]《后汉书》卷五〇《孝明八王列传》。

目形形色色，已考述如上。但随着儒家经典的深入人心，以汉制比附古制乃至“引礼入法”渐成趋势。所以形形色色的法外之恩，逐渐归并为于经典有据的“八议”。而从“八辟”到“八议”名称的变化，一字之差，正体现出汉代集议风气之盛，也反映出汉代人所“恢复”的古制绝非对经典的照搬，而是打上了汉代制度的鲜明烙印。

最后值得一提的是，如何认识“八议”的制度化？诚然，八议是一部分人享有法律特权的表现。但是从汉代林林总总的“先请”到制度化的“八议”，无疑是将特权的范围法律化、限缩化了。换句话讲，“八议”制度化之前，通过“先请一议”来减免，尚属法外开恩；而“八议”入律之后，通过“八议”减免，已经是合法的了。法律明确规定哪部分人可以“八议”减免，正是对君主司法权力的一种规定和限制。

（二）经义决狱

经义决狱，又称“《春秋》决狱”，是汉代一项特殊的司法机制，表现为引用儒家经典作为理据解决司法中的疑难问题，历来研究很多。之所以要引用经义来断案，往往是法律适用出现问题。这种情况下，有长官独立使用“经义决狱”的（如前引王尊断以母为妻案），但更多的是通过“集议”来引经决狱。即以“经义决狱”肇始者董仲舒决狱而论，《后汉书·应劭传》：“故胶西相董仲舒老病致仕，朝廷每有政议，数遣廷尉张汤亲至陋巷，问其得失。于是作《春秋决狱》二百三十二事，动以经对，言之详矣。”由此可见，董仲舒所作《春秋决狱》，是参与集议的案例整理。又，今天残存的《春秋决狱》佚文也可以窥见当时决狱乃是“集议”活动，例如：

甲夫乙将船，会海盛风，船没，溺流死亡，不得葬。四月，甲母丙即嫁甲。欲当何论？

或曰：“甲夫死未葬，法无许嫁。以私为人妻，当弃市。”

议曰：“臣愚以为，《春秋》之义，言夫人归于齐，言夫死无男，有更嫁之道也。妇人无专制擅恣之行，听从为顺，嫁之者归也。甲又尊者所嫁，

无淫衍之心，非私为人妻也。明于决事，皆无罪名。不当坐。”(《御览》卷六四〇《刑法部·决狱》引《董仲舒决狱》)

其中“或曰”代表的是另一种“议当”的判决意见，而董仲舒的“议曰”也显示出这是在集议中的发言。察《春秋决狱》的其他佚文，也有类似情况。[1] 由此可见，经义决狱亦是以集议为中心的一种司法机制。以下想要讨论几个具体的问题：

第一，经义决狱是经义决事在司法领域的延伸。

汉代经义决狱绝非孤立的现象，而是经义决事在司法领域的自然延伸。赵翼《廿二史劄记》卷二“汉时以经义断事”条就已经注意到了这个现象。[2] 程树德在辑录“春秋决狱”的案例时，曾设“汉论事援引《春秋》”一目，收录若干经义决事的例子。事实上，汉代人有“通经致用”的风气，有“孔子为汉制法”的观念，所以有“以《禹贡》治河，以《洪范》察变，以《春秋》决狱，以三百五篇当谏书”的现象。[3] 例如汉代人在立法建制方面，也热衷于以经义为法律行废之理据，下面举几个例子：

宠又钩校律令条法，溢于《甫刑》者除之。曰：“……故《甫刑》大辟二百,五刑之属三千。……今律令死刑六百一十，耐罪千六百九十八，赎罪以下二千六百八十一，溢于《甫刑》者千九百八十九，其四百一十大辟，千五百耐罪，七十九赎罪。……宜令三公、廷尉平定律令，应经合义者，可使大辟二百，而耐罪、赎罪二千八百，并为三千，悉删除其余令，与礼相应，以易万人视听，以致刑措之美，传之无穷。”(《后汉书》卷四六《陈宠传》)

---

[1] 参见程树德著：《九朝律考》，中华书局 2006 年版，第 164—165 页。

[2] [清] 赵翼撰：《廿二史劄记校证》(订补本)，王树民校证，中华书局 1984 年版，第 43 页。但赵翼说“汉初法制未备，每有大事，朝臣得援经义以折衷是非”，则误。按：经义断事是汉代武帝独尊儒术以后兴起的，而且也绝不是因为“法制未备”。黄源盛经研究认为“春秋决狱”的一大背景就是“律令繁琐”，参见氏著：《汉唐法制与儒家传统》上编《经义折狱与儒家法学》，元照出版公司 2009 年版，第 13—17 页。又：黄源盛将赵翼“法制未备”解释为“法制未臻成熟”，似更恰当。

[3] [清] 皮锡瑞：《经学历史》，中华书局 2004 年版，第 56 页。

敏驳议曰："……孔子曰：'民可使由之，不可使知之。'《春秋》之义，子不报仇，非子也。而法令不为之减者，以相杀之路不可开故也。今托义者得减，妄杀者有差，使执宪之吏得设巧诈，非所以导'在丑不争'之义。……臣闻师言：'救文莫如质。'……"议寝不省。敏复上疏曰："……记曰：'利一害百，人去城郭。'夫春生秋杀，天道之常。春一物枯即为灾，秋一物华即为异。王者承天地，顺四时，法圣人，从经律。愿陛下留意下民，考寻利害，广令平议，天下幸甚。"和帝从之。(《后汉书》卷四四《张敏传》)

前一例，陈宠以《甫刑》"大辟二百，五刑之属三千"之数为标准，对汉代法制进行清理；后一例，张敏引用《论语》《孝经》《公羊传》等儒家经典，要求废除轻侮法，得到了君主的批准。这正是因为"经"在汉代人心目中有着高于一般法的地位，才能与"律"一起成为汉代立法建制、司法决事之基本理据。

第二，经义决狱不仅仅出现在判决阶段。

学界通说认为经义决狱是一种审判机制，这是不准确的。从实例来看，经义决狱尽管主要出现在"议当"环节，但并不局限于此。以下举几个例子：

始元五年，有一男子乘黄犊车，建黄旐，衣黄襜褕，著黄冒（帽），诣北阙，自谓卫太子。公车以闻，诏使公卿、将军、中二千石杂识视。长安中吏民聚观者数万人。右将军勒兵阙下，以备非常。丞相、御史、中二千石至者并莫敢发言。京兆尹不疑后到，叱从吏收缚。或曰："是非未可知，且安之。"不疑曰："诸君何患于卫太子！昔蒯聩违命出奔，辄距而不纳，《春秋》是之。卫太子得罪先帝，亡不即死，今来自诣，此罪人也。"遂送诏狱。(《汉书》卷七一《隽不疑传》)

这是西汉著名的假冒卫太子案。以汉代中央司法的诉讼程序来衡量，"诏使公卿、将军、中二千石杂识视"的目的在于让群臣辨认此人是否卫太子，如果是假冒，则应劾奏，也就是说这里的"杂识视"是劾奏之前的"案治"环节。隽不疑到场，用《春秋》决疑，直接逮捕犯人，并下吏。因为犯罪正在进行，所以无须劾奏，可以直接逮捕。此案例被程树德收入"汉以《春秋》决狱之例"。但事实上，这是在案治环节以《春秋》之义解决是否逮捕的疑问。同样的情况，还有前引博士徐偃矫制案，终军也是在案治环节以《春秋》之义诘问徐偃，最后提出劾奏的。

有司案验，因发淫乱事，奏立禽兽行，请诛。太中大夫谷永上疏曰："……《春秋》为亲者讳。《诗》云'戚戚兄弟，莫远具尔'。今梁王年少，颇有狂病，始以恶言按验，既亡事实，而发闺门之私，非本章所指。……"天子由是寝而不治。(《汉书》卷四七《文三王传》)

此案已经过有司的案治、劾奏，谷永引用《春秋》《诗经》之义请求从轻处理，这是在劾奏之后以经义解决是否下吏的疑问。同样的情况还有朱博案：

宣等劾奏："……臣请诏谒者召博、玄、晏诣廷尉诏狱。"制曰："将军、中二千石、二千石、诸大夫、博士、议郎议。"……谏大夫龚胜等十四人以为："《春秋》之义，奸以事君，常刑不舍。鲁大夫叔孙侨如欲颛公室，谮其族兄季孙行父于晋，晋执囚行父以乱鲁国，《春秋》重而书之。今晏放命圮族，干乱朝政，要大臣以罔上，本造计谋，职为乱阶，宜与博、玄同罪，罪皆不道。"……假谒者节召丞相诣廷尉诏狱。博自杀，国除。(《汉书》卷八三《朱博传》)

这也是在劾奏之后、下吏之前进行的经义决狱。再如下例：

有人诬谞舅宋光于大将军梁商者，以为妄刊章文，坐系洛阳诏狱，掠考困极。谞时年十五，奏记于商曰："……谞闻《春秋》之义，原情定过，赦事诛意，故许止虽弑君而不罪，赵盾以纵贼而见书。此仲尼所以垂王法，汉世所宜遵前修也。……"商高谞才志，即为奏原光罪，由是显名。

这是在讯狱阶段上奏记引《春秋》之义，以此影响议当的例子。还有在奏当之后引经决狱的例子：

又有兄弟共杀人者，而罪未有所归。帝以兄不训弟，故报兄重而减弟死。中常侍孙章宣诏，误言两报重，尚书奏章矫制，罪当腰斩。帝复召躬问之，躬对"章应罚金"。帝曰："章矫诏杀人，何谓罚金？"躬曰："法令有故、误，章传命之谬，于事为误，误者其文则轻。”帝曰：“章与囚同县，疑其故也。”躬曰：“‘周道如砥，其直如矢。’‘君子不逆诈。’君王法天，刑不可以委曲生意。”帝曰：“善。”（《后汉书》卷四六《郭躬传》）

《御览》引《续汉书》记载同一案例，说“狱已断，尚书奏矫制当斩”，可见这里的“尚书奏章矫制”是奏当。明帝出于慎重，召法律专家郭躬议，郭躬先以法令奏当，在明帝的疑问下又引《诗经·小雅》《论语》说明适用该法令的原因。这是在对奏当审议时，引经义解决法律适用的疑难问题。

总之如上所述，在前面已考明的可以发生集议的诉讼环节，都可以引用经义解决疑难。所以经义决狱并不仅仅发生在判决阶段。

第三，经义决狱并非以经义为唯一理据，甚至未必以经义为判决依据。

如第二点所说，经义可以用来解决诉讼过程中的许多疑难，而并非仅仅作为最后判决的依据。例如上引中常侍孙章误宣诏案，郭躬奏当的依据是汉代关于“故”“误”的法令，而不是经义。经义提供的只是“刑不可以委曲生意”（相当于现代刑法的“疑罪从无”）的法律原则，解决的是适用法律的问题，而不是起提供判决依据的作用。再如博士徐偃矫制案，终军的劾奏也是以汉代关于“矫制”的法律为依据的。而他引用《春秋》之义，也是在解决法律适用问题，反驳徐偃以《春秋》之义破律的狡辩。再如前引董仲舒裁判某甲私为人妻案，也是以法律空白为依据（“明于决事，皆无罪名”。按：“决事”即汉令，《晋志》：“汉时决事，集为《令甲》以下三百余篇”可证），从而给出无罪的判决意见。至于所引《春秋》之义，同样是在解决法律适用的问题。

“刑法的解释就是在心中充满正义的前提下，目光不断地往返于刑法规范与生活事实的过程”，“从而发现法律、做出判决”。[1] 在这一点上，古今是一致的。只不过，这一过程被现代法学称之为“自由心证”，法官“自由心证”所依据的是以往习得的法律知识与司法经验，比较个人化，相对难以捉摸。而中国古代“经义决狱”时适用法律的原则（经义），则是由数量

[1] 张明楷著：《刑法分则的解释原理》，中国人民大学出版社 2004 年版，序说Ⅸ、Ⅶ。

有限、人人熟知的几部经书提供的，较之“心证”要明确得多。所以，引用经义解决法律适用问题的经义决狱，绝不是如有些学者所说是“对法制的破坏”，也并非有些支持者所认为的“实现个案的正义”那么简单，这其中有着更为深刻的原理。

汉代引经决狱，引用的一般是“经文”或经典中记载的事例，有时也直接引用经学家归纳的“经义”。那么为什么中国古人没有将这些经义提炼为法律原则呢？这与传统的思维方式有关。不同于西方人从特殊到一般的归纳法和从一般到特殊的演绎法，中国人更多是一种从特殊到特殊的“类象法”。从表面上看，经义决狱是以经文或经典中的事例来决狱，实际上是从经文、事例这些特殊材料中提取出（他们所认为的）万事万物共通之“经义”，并且以之作为法律适用原则寻找适当的律条，从而作出准确的“当”。而且经义决狱往往在“集议”中展开，只是多种判决依据之一而已，所以更能够得到有效的制约而不至于对法制造成破坏。

（三）奏谳

奏谳制度，也是以“集议”为核心的，这从“谳”字之本义就可以了解到。《说文》：“潚，议罪也。”今日出土文献中，“谳”多作“潚”，可见“谳”之本义即是“议罪”。《汉书·景帝纪》颜注亦曰：“谳，平议也。”从如下史料也可以看出“谳”与“议”的瓜葛相连：

谓谳疑辨事，先来诣，乃通之于士也。士，主谓士师也。如今郡国亦时遣主者吏，诣廷尉议者。（《周礼·讶士》注）

顷者，廷尉多墙面而苟充兹位，持书侍御史不复平议谳，当纠纷，岂一事哉！（《御览》卷二二六《职官部·持书侍御史》引《风俗通》）

先王议谳狱以制，原情论意，以救善人，非欲令兼纵恶逆以伤人也。（《潜夫论》卷四《述赦》）

前文已经考察了秦汉奏谳文书中的“吏议”，正是奏谳与集议之联系的表现。其实在秦汉奏谳制度中，“议”是受谳机关的核心工作。从奏谳文书提供的实例来看，受谳机关并不负责对案件的调查工作，而是以请谳文书中所提供的证据与鞫词为依据，考虑法律适用的问题。这从前引《奏谳书》案例二一中可以看得很清楚。又，《汉书·景帝纪》记载了这样一份诏书："诸狱疑，若虽文致于法而于人心不厌者，辄谳之。"也就是说，奏谳有两种情况，第一是遇到法律适用的疑难问题，第二是虽然法律适用没有问题，但是依法办案会"于人心不厌"。第二种情况提交上来的案件，受谳机关就不能仅仅依据法律来判案，而也许要采用经义决狱的办法，这从下面这条史料中可以得到印证：

是时张汤方乡学，以为奏谳掾，以古法议决疑大狱，而爱幸宽。（《史记》卷一二一《儒林列传》）

由此看来，奏谳也是以"集议"为中心的一种司法制度，而其基本原理就在于将"议当"环节提交给更富司法经验和更高司法权的机构来解决。这种更高的司法权既体现在管辖方面，也体现在有权力引用律令之外的理据。

（四）杂治

关于杂治，前面已经讨论得比较多了，这里不再赘述，只说结论：杂治主要发生在诉讼程序的案治和讯狱环节，特点是多部门官员会同调查、审理。由于多部门官员之间一般不具有领导与被领导的关系，所以在合作期间，"集议"一定是工作的核心。

青蓝文库

第五章

汉代集议所引理据考析

在全书的最后，我想探讨的是：汉代人以何种观念和制度为据，进行他们的立法建制和司法决事。更进一步地说，我想讨论的是汉代人的法观念：当时的人在行政和法律活动中遇到疑难问题时，会去哪里寻找作为理据的“法”？汉代人在集议时所引以裁决的理据，为我们展示出一个别样的法律世界。这个世界远远超出了律令的范围，甚至超出国家制定的现行法的范围，直触汉代之“法”最内核、最深潜的底层。

第一节　汉代集议所引理据综论

一、“经典”与“汉制”

汉代行政和法制活动的依据是什么？关于这一点，渡边信一郎和邢义田都作了有益的探讨。邢义田从比较具体的史实与考证出发，认为汉代日常行政的依据主要是律令、故事和经义。[1]渡边信一郎则从比较宏观的层面，认为汉代的“国制”可分两大块，一为“故事”：汉初的律令、军法、章程、礼仪“与其后积累的各种法制、礼仪一起，构成了‘行事’（故事、法制），成为国制运营的主干”；另一则为“古制”：“从汉初开始，儒学‘古礼’‘古典’的发掘与编纂不断进行”，“再加上纬书，就完成了与国制相关的‘古典’思考框架”。[2]

两位前辈的探讨，都足以启思发想。但是诚如邢义田所说，“故事包括律令、仪制、百官的章奏、历朝的注记、行政中不成文的惯例、君臣理事而成的典故、君臣之间誓约或与外族的约束等”，实际上汉代人所称“故事”还包括邢氏认为性质差异较大、“可以单独讨论”的称述先汉事例的“经典故事”。[3]也就是说“故事”实际上可以将律令、经义包括进去，这样难免造成分类上的互相包含而容易混淆，所以以下将更多以渡边氏的分类为参考，但是对渡边氏所谓“古制”与“故事”的名称与内涵还要作一点修正和讨论。

汉代人处理政事、进行法制活动，常引“经典”与“汉制”为据，这

[1] 参见邢义田：《从“如故事”和“便宜从事”看汉代行政中的经常与权变》，载氏著：《治国安邦：法制、行政与军事》，中华书局2010年版，第380—382页。

[2] 参见［日］渡边信一郎著：《中国古代的王权与天下秩序——从日中比较史的视角出发》，徐冲译，中华书局2008年版，第82—84页。

[3] 邢义田：《从“如故事”和“便宜从事”看汉代行政中的经常与权变》，载氏著：《治国安邦：法制、行政与军事》，中华书局2010年版，第383页。

从以下史料可以看得很清楚：

时，中常侍侯览弟参为益州刺史，累有臧罪，暴虐一州。明年，秉劾奏参，槛车征诣廷尉。参惶恐，道自杀。秉因奏览及中常侍具瑗曰：“……若斯之人，非恩所宥，请免官送归本郡。”

书奏，尚书召对秉掾属曰：“公府外职，而奏劾近官，经典、汉制有故事乎？”秉使对曰：“《春秋》赵鞅以晋阳之甲，逐君侧之恶。传曰：‘除君之恶，唯力是视。’邓通懈慢，申屠嘉召通诘责，文帝从而请之。汉世故事，三公之职无所不统。”尚书不能诘。帝不得已，竟免览官，而削瑗国。(《后汉书》卷五四《杨秉传》)

杨秉以三公的身份弹劾宦官，君主使尚书责问：你以外职而劾奏近官，“经典、汉制有故事乎”？杨秉引《春秋》赵鞅事，得出“除君之恶，唯力是视”的结论，这是“经典”之故事；引西汉申屠嘉诘责邓通事，得出“三公之职无所不统”的结论，这是“汉制”之故事。结果君主不得已，只好受理劾奏。本例所谓“经典”，大体相当于渡边氏所谓“古制”；“汉制”，大体相当于“故事”。从这里可以看出，汉代人裁决疑难，处理行政、法制事务时，常常到经典、汉制之中去寻找依据，而这种依据就是当时人观念中的“法”。再引一个比较典型的证据：

顺帝欲立皇后，而贵人有宠者四人，莫知所建，议欲探筹，以神定选。广与尚书郭虔、史敞上疏谏曰：“窃见诏书以立后事大，谦不自专，欲假之筹策，决疑灵神。篇籍所记，祖宗典故，未尝有也。……”帝从之，以梁贵人良家子，定立为皇后。(《后汉书》卷四四《胡广传》)

汉顺帝想要在四个贵人中抽签决定谁做皇后，胡广等人进谏，说这种选皇后的方式“篇籍所记，祖宗典故，未尝有也”。“篇籍所记”，即经典；“祖宗典故”，即汉制。王充《论衡》也记录了当时人的观念：

《五经》题篇，皆以事义别之，至礼与律犹经也，题之，礼言昏礼，律言盗律，何？(《论衡·谢短》)

或曰：“固然，法令，汉家之经，吏议决焉。事定于法，诚为明矣。”

曰：夫《五经》亦汉家之所立，儒生善政大义，皆出其中。董仲舒表

《春秋》之义，稽合于律，无乖异者。然则《春秋》，汉之经，孔子制作，垂遗于汉。……《春秋》《五经》义相关穿，既是《春秋》，不大《五经》，是不通也。(《论衡·程材》)

汉代人观念认为，可以称为“汉家之经”的有“法令”(律)和以《春秋》为代表的五经或礼。其中“法令”即属于“汉制”，“五经”和“礼”即属于“经典”。又，在汉代，经、律都书以三尺之简，正是这一观念的外化。[1]

下面谈一谈“经典”“汉制”的具体所指。

经典，包括经传、谶纬、礼法和古事、古制。

六经自不必说。在汉代，除了经的本书之外，还有大量的传、说、记，也应当属于经典。事实上，史籍中汉代人引用《春秋》《易》《礼》时，往往指的不是经，而是《公羊传》《易传》《礼记》等传记。此外，在西汉后期兴起而极盛于两汉之际、延续至汉末的图谶纬书，也应当作为“经”的附属而侧身其列。[2] 汉代人集议时引用先汉的古事、古制较多，这类事迹实多载《诗》《书》《春秋》等，间或杂出诸子史书，现一并附在经典之下。又：集议时引据的“礼”多属古礼，载今本《礼记》较多，也有见于《仪礼》者。今本《礼记》撰定于西汉中后期，而取材多来自“七十子后学者所记也”[3]，也应当归于经传说记之属。剩下一些找不到来源，有称引“古礼”者，亦多应经合义，可以归在“经典”之下。

汉制，主要指汉代创设的成文法和不成文的先例、惯例。其主体，当然主要是律、令等制度。另外，汉代人在行政、法制活动中的一些做法，被后代引以为比，则成为所谓“故事”，相当于先例、惯例。

总而言之，“经典”相当于汉代人眼中的“传统法”，即汉代人用他

[1] 参见［日］冨谷至著：《文书行政的汉帝国》，刘恒武、孔李波译，江苏人民出版社 2013 年版，第 32—42 页。

[2] 汉人引纬书多称本经，如光武时博士范升上疏有云：“《易》曰：‘天下之动，贞夫一也。’又曰：‘正其本，万事理。’”后一句引文章怀注：“今《易》无此文也。”按：此句出自《易纬》，参见王利器：《谶纬五论》，载张岱年主编：《国学今论》，辽宁教育出版社 1991 年版，第 109—111 页。

[3] 《汉书·艺文志》自注。

们的理论“对已经静止了的、随着时代已成为‘过去’的古代法的一种诠释”[1]。而“汉制”则是汉代的现行法，包括成文法与不成文的先例、惯例。最早的汉制继承自秦制，富含着务实的精神和经验的智慧，但基本性格是稳定与守旧。而经典的奉行者在汉代史上多是以对现实的批判与革新者的形象出现的。引经据典，绝非守旧的表现——恰恰相反，称引愈古，往往愈暗含着一种激进的倾向。例如王莽的托古改制，就是对经典最极端的贯彻，对汉制最彻底的改造。而所谓“法律儒家化”，则是经典对汉制的潜移默化，这才是两汉四百年制度演进的大方向——以近乎照搬秦制的汉制为起点，以经过汉代不同流派诠释的经典为蓝图，逐渐形成了“霸王道杂之”的“汉家制度”。

二、汉代集议引经典、汉制的基本情况

我所搜集到的汉代集议实例中，有 347 例所引理据可考。下面将这 347 个例子所引的理据，按照上文已经介绍过的分类框架列表如下：

表二十一　汉代集议所引理据一览表

	经典				汉制		其他	
	经传	谶纬	礼法	古制古事	律令制度	故事成例	灾异祥瑞	诸子史书
高			1					
惠								
吕						1		
文	2		1	1	1		2	
景					2	2		
武	10		2	8	9	2	2	1

[1] 曾宪义、马小红：《试论古代法与传统法的关系——兼析中西法传统在近现代演变中的差异》，载《中国法学》2005 年第 4 期。

续表

	经典				汉制		其他	
	经传	谶纬	礼法	古制古事	律令制度	故事成例	灾异祥瑞	诸子史书
昭	1				1			
宣	11		3	2	9	2	1	2
元	12		2	1	6	2		2
成	15		1	1	10	1	4	1
哀	7		1	1	5	2	2	
平	11		2	4	1	4	1	1
新莽				2			1	
光	13	7	2	2	4	8	1	
明	5	1	1		5	2		
章	8	2	1		1	5	2	
和	8	1	4		2	4	1	1
殇								
安	10	2			7	7		
顺	5	2		1	1	2	1	
冲	1							
质								
桓	1			1	2	1		
灵	4	2			4	4		
献	9	1	3	1	1	1		
总计	133	18	24	25	71	50	18	8

按：某次集议引某种理据无论多少次，都只记作一次。

从表中可以看出汉代集议所引理据的大体情况。其中称引最多的，是经传、律令、故事，可证邢义田所言不虚。另外，本表所引资料都来自传世文献，以中央集议占绝大多数，所以称引经典的数量要明显多于汉制。至于郡县，则集议理据当以汉制（尤其是成文的律令）为主。除此之外，还可以观察出这样几个大的趋势：

第一，武帝以后引经传为理据，明显增加。

虽然汉初集议材料比较少，数据上有一定缺陷，但是武帝以后征引经传的数量还是增加明显。武帝朝的10次集议引经传为理据，1次在建元元年新政，9次在元光元年董仲舒对“天人三策”以后，都比较清楚地反映出时代的大势。自武帝以后，引经传为理据成为经传在汉代法制中的位置也稳固下来。

第二，光武帝以后，谶纬成为新的理据。

谶纬之起，或早在先秦，但在西汉前中期未能得势。汉光武自认为因谶纬而兴，所以每决事都喜欢引经、谶为据（详后文），谶纬渐渐取得了与经传分庭抗礼的地位。

第三，东汉引故事为理据，远多于西汉。

除谶纬外，两汉所引其他理据大体相当，或西汉要略多于东汉（此因西汉国祚较东汉为长），但东汉集议引故事34次，远多于西汉的16次。从此也可以看出东汉王朝“因循故事”的保守性格。

下面分节对各类理据在汉代集议中的称引情况进行考析。

第二节　汉代集议引经典考

一、汉代集议引经传、谶纬考

表二十二　汉代集议引经传、谶纬一览表

时间	议题	理据	内容	出处	备注
文前167	律令、刑制·废肉刑	《诗》	恺弟君子，民之父母	《汉书》卷23《刑法志》	

续表

时间	议题	理据	内容	出处	备注
文前165	礼法·议巡狩封禅事	六经		《史记》卷28《封禅书》	
武前140	礼法·议立明堂、改服色、兴制度	五经礼乐传记	圣人之教，制作之象，所以法天地，比类阴阳。以之宫室，本之太古；以昭令德，茅屋采椽。土阶素舆，越席皮弁，盖兴于黄帝尧舜之世，是以三代循之也	《初学记》13《礼部上·明堂》引《三辅黄图》	
武前128	律令·议不举孝廉罪	《书·太誓》	夫附下罔上者死，附上罔下者刑；与闻国政而无益于民者斥；在上位而不能进贤者退	《汉书》卷6《武帝纪》	《汉书补注》引沈钦韩曰：《说苑·臣术篇》引《太誓》与此四语同，此今文《太誓》也。
		《论语》	夫十室之邑，必有忠信；三人并行，厥有我师		
		《大戴礼记》	古者，诸侯贡士，壹适谓之好德，再适谓之贤贤，三适谓之有功，乃加九锡；不贡士，壹则黜爵，再则黜地，三而黜爵、地毕矣。		《初学记》卷20《政理部·荐举》引《大戴礼记》

续表

时间	议题	理据	内容	出处	备注
武前122	祥瑞·议获白麟	《诗》	《诗》颂君德	《汉书》卷64《终军传》	《尚书大传》卷三：八百诸侯俱至孟津，白鱼入舟
		《乐》	《乐》舞后功		
		《公羊传》	六鹢退飞		
		《尚书大传》	白鱼登舟		
	刑狱·议淮南王安、衡山王赐罪	《公羊传》	臣毋将，将而诛	《汉书》卷44《衡山王传》	
武前117	封建·议封皇子闳等为三王	《礼记》	支子不祭	《史记》卷60《三王世家》	语出《礼记·曲礼下》
		《诗》	高山仰之，景行向之		语出《诗·小雅》
武前116	刑狱·议博士徐偃矫制罪	《公羊传》	王者无外	《汉书》卷64《终军传》	语出《公羊传·隐公元年》
		《孟子》	“枉尺直寻”，孟子称其不可		语出《孟子·滕文公下》
		《公羊传》	大夫出疆，有可以安社稷，存万民，颛之可也		语出《公羊传·庄公十九年》
武约前115	律令·议禁民毋得挟弓矢	《礼记》	男子生，桑弧蓬矢以举之	《汉书》卷64《吾丘寿王传》	语出《礼记·内则》
		《论语》	吾何执，执射乎？		语出《论语·子罕》
		《诗》	大侯既抗，弓矢斯张，射夫既同，献尔发功		

续表

时间	议题	理据	内容	出处	备注
武前113	礼法·议尊宝鼎	《诗·周颂》	自堂徂基，自羊徂牛；鼐鼎及鼒，不虞不骜，胡考之休	《史记》卷12《孝武本纪》、《汉书》卷25《郊祀志》	
	礼法·议封禅事	《尚书》	群儒采封禅《尚书》、《周官》、《王制》之望祀射牛事	《史记》卷12《孝武本纪》	
		《周官》			
		《王制》			
武约前111	礼法·议巡狩封禅仪	《诗》《书》古文	《史记》卷12《孝武本纪》	《汉书》卷25《郊祀志》	
昭前82	刑狱·议识视自谓卫太子者	《春秋》	昔蒯聩违命出奔，辄距而不纳，《春秋》是之	《汉书》卷71《隽不疑传》	
宣前74	废立·议废昌邑王	《公羊传》	为人后者为之子也	《汉书》卷63《武五子传》、66《杨敞传》、68《霍光传》、90《酷吏传》	语出《公羊传·成公十五年》。又《仪礼》：为人后者，为其父母报
		《诗》	籍曰未知，亦既抱子		语出《诗·大雅》
		《孝经》	五辟之属，莫大不孝		语出《孝经·五刑》
		《春秋》	周襄王不能事母，《春秋》曰"天王出居于郑"，繇不孝出之，绝之于天下也		
		《孝经》	天子有争臣七人，虽亡道不失天下		语出《孝经·谏诤》
	废立·议立刘病已	《礼记》	人道亲亲故尊祖，尊祖故敬宗	《汉书》卷8《宣帝纪》、68《霍光传》	语出《礼记·大传》

续表

时间	议题	理据	内容	出处	备注
宣前73	礼法·议故皇太子谥、置园邑	《公羊传》	为人后者为之子也	《汉书》卷63《武五子传》	
宣前72	刑狱·议大司农田延年罪	《春秋》	《春秋》之义，以功覆过	《汉书》卷90《酷吏传》	《公羊传·僖公十七年》：桓公尝有继绝存亡之功，故君子为之讳也
宣前65	封建·议封冯奉世	《公羊传》	《春秋》之义，大夫出疆，有可以安国家，则颛之可也	《汉书》卷79《冯奉世传》	
宣前64	边事·议击匈奴	《论语》	吾恐季孙之忧不在颛臾而在萧墙之内	《汉书》卷74《魏相传》	语出《论语·季氏》
宣前62—前59间	刑狱·议骑吏罪罚	《孝经》	资于事父以事君，而敬同，故母取其爱，而君取其敬，兼之者父也	《汉书》卷76《韩延寿传》	
宣前61	律令·议令诸有罪得入谷边郡赎罪	《诗》	爰及矜人，哀此鳏寡；雨我公田，遂及我私	《汉书》卷78《萧望之传》	语出《诗·小雅》
		《书·甫刑》	《甫刑》之罚，小过赦，薄罪赎，有金选之品		
宣前56	边事·议因匈奴乱灭之	《公羊传》	《春秋》晋士丐帅师侵齐，闻齐侯卒，引师而还，君子大其不伐丧	《汉书》卷78《萧望之传》	语出《公羊传·襄公十五年》
宣前52	礼法·议呼韩邪单于朝见礼	《诗》	率礼不越，遂视既发；相土烈烈，海外有截	《汉书》78《萧望之传》	语出《诗·商颂》
		《书》	戎狄荒服		语出《书·禹贡》

续表

时间	议题	理据	内容	出处	备注
宣前51	学术·议五经同异	《礼记·曲礼》	孤子当室，冠衣不纯采；父母存，冠衣不纯素，父母殁，冠衣不纯采	《汉书》88《儒林传》、《通典》卷73《礼·嘉礼·继宗子》等	《公羊传·隐公五年》何休注引《鲁诗传》：天子食日举乐，诸侯不释县
		经谊	各以经谊对		
		师说	师傅曰：因殇而见孤也		
		《鲁诗传》	传曰：诸侯不释悬		
		《礼记·王制》	仕于家，出乡不与士齿		
元前48	政制·议罢角抵	《诗》	天难谌斯，不易为王；上帝临女，毋贰尔心	《汉书》卷23《刑法志》、72《贡禹传》	语出《诗·大雅》
		《论语》	当仁不让		语出《论语·卫灵公》
	边事·议罢珠厓郡	《论语》	孔子称尧曰“大哉”，《韶》曰“尽善”，禹曰“无间”	《汉书》卷64《贾捐之传》	
		《诗》	蠢尔蛮荆，大邦为仇		语出《诗·小雅》
		《禹贡》	非冠带之国，《禹贡》所及，《春秋》所治，皆可且无以为		
		《春秋》			
	政制·议中书不用宦者	《礼记》	古不近刑人之义	《汉书》卷78《萧望之传》	《礼记·曲礼》：刑人不在君侧

续表

时间	议题	理据	内容	出处	备注
元前44	人事·议以朱云守御史大夫	《传》	《传》曰：下轻其上爵，贱人图柄臣，则国家摇动而民不静矣	《汉书》卷67《朱云传》	
	封建·议求孔子后绍殷嗣	《礼记》	《礼记》孔子曰：“丘，殷人也。”	《汉书》卷67《梅福传》	
		《春秋》	《春秋》之义，诸侯不能守其社稷者绝		
	边事·议郅支单于求侍子内附事	《公羊传》	《春秋》之义，许夷狄者不一而足	《汉书》卷70《陈汤传》	
元前43	刑狱·议贾捐之、杨兴罪	《书》	谗说殄行，震惊朕师	《汉书》卷64《贾捐之传》	语出今本《书·舜典》
		《礼记·王制》	顺非而泽，不听而诛		
元前40	礼法·议罢郡国庙	《论语》	吾不与祭，如不祭	《汉书》卷73《韦贤传》	语出《论语·八佾》
		《诗》	有来雍雍，至止肃肃，相维辟公，天子穆穆		语出《诗·周颂》
		《春秋》	《春秋》之义，父不祭于支庶之宅，君不祭于臣仆之家，王不祭于下土诸侯		
元前40—39	礼法·议罢郡国庙	《祭义》	王者禘其祖自出，以其祖配之，而立四庙	《汉书》卷25《郊祀志》、73《韦贤传》	在今本《礼记·丧服小记》
			祭不欲数，数则渎，渎则不敬		
		《诗·周颂·清庙》	议者又以为《清庙》之诗言交神之礼无不清静		

续表

时间	议题	理据	内容	出处	备注
元前36	边事·议悬郅支单于首	《月令》	《月令》春"掩骼埋胔"之时，宜勿县	《汉书》卷70《陈汤传》	
		《穀梁传》	春秋夹谷之会，优施笑君，孔子诛之，方盛夏，首足异门而出		事见《穀梁传·定公十年》
	刑狱·议甘延寿、陈汤矫制罪	《诗》	啴啴焞焞，如霆如雷，显允方叔，征伐猃狁，蛮荆来威；吉甫燕喜，既多受祉，来归自镐，我行永久	《汉书》卷70《陈汤传》	语出《诗·小雅》
		《易》	有嘉折首，获匪其丑		语出《易·离卦》
		《公羊传》	昔齐桓公前有尊周之功，后有灭项之罪；君子以功覆过而为之讳行事		
	封建·再议封冯奉世	《春秋》	《春秋》之义亡遂事	《汉书》卷79《冯奉世传》	语出《公羊传·僖公三十年》
成前32	礼法·议甘泉泰畤、河东后土之祠徙置长安	《礼记》	燔柴于太坛，祭天也；瘗薶于大折，祭地也	《汉书》卷25《郊祀志》	语出《礼记·祭法》

续表

时间	议题	理据	内容	出处	备注
成前32	礼法·议甘泉泰畤、河东后土之祠徙置长安	《书》	越三日丁巳，用牲于郊，牛二	《汉书》卷25《郊祀志》	语出《书·召诰》
		《书·洪范》	三人占，则从二人言		
		《书·太誓》	正稽古立功立事，可以永年，丕天之大律		
		《诗》	毋曰高高在上，陟降厥士，日监在兹		语出《诗·周颂》
			乃眷西顾，此维予宅		语出《诗·大雅》
		经艺、经传	其五十人言当徙之义，皆著于经传，……八人不案经艺考古制，而以为不宜……		
成前28	律令·议减死刑及可蠲除约省者	《书·甫刑》	五刑之属三千，大辟之罚其属二百	《汉书》卷23《刑法志》	
		《书》	惟刑之恤哉		语出今本《书·舜典》
	礼法·议复太上皇寝庙园	《论语》	如有王者，必世而后仁	《汉书》卷71《平当传》	语出《论语·子路》
		《孝经》	天地之性人为贵，人之行莫大于孝，孝莫大于严父，严父莫大于配天，则周公其人也		语出《孝经·圣至》
		《书》	克明俊德，以亲九族		语出《书·尧典》
			正稽古建功立事，可以永年，传于亡穷		《太誓》佚文
成前20	人事·议薛宣为御史大夫	《书》	知人则哲，能官人	《汉书》卷83《薛宣传》	

续表

时间	议题	理据	内容	出处	备注
成前20	人事·议薛宣为御史大夫	《论语》	如有所誉，其有所试	《汉书》卷83《薛宣传》	语出《论语·卫灵公》
		《诗·羔羊》	臣恐陛下忽于《羔羊》之诗		出自《国风》
成约前20	政制·议丞相掾史督促司隶	《公羊传》	《春秋》之义，王人微者序乎诸侯之上，尊王命也	《汉书》卷84《翟方进传》	语出《公羊传·僖公八年》
成约前19	刑狱·议司隶校尉涓勋罪	《公羊传》	《春秋》之义，尊上公谓之宰，海内无不统焉	《汉书》卷84《翟方进传》	《公羊传·僖公九年》：宰，犹治也，三公之职号尊名也
成前16—前13间	刑狱·议梁王立罪	《公羊传》	《春秋》为亲者讳	《汉书》卷47《文三王传》	语出《公羊传·闵公元年》
		《诗》	戚戚兄弟，莫远具尔		语出《诗·大雅》
成前15	刑狱·议右曹侍郎薛况罪	《传》	《传》曰：遇人不以义而见疻者，与痏人之罪钧，恶不直也	《汉书》卷83《薛宣传》	
		《春秋》	《春秋》之义，意恶功遂，不免于诛		盖皆公羊义
			《春秋》之义，原心定罪		
		《礼记》	礼，下公门，式路马		语出《礼记·曲礼》
成前14	礼法·议汉宗庙之礼	《易大传》	诬神者殃及三世	《汉书》卷25《郊祀志》	语在今本《大戴礼记·本命》

续表

时间	议题	理据	内容	出处	备注
成前8	礼法·议兴辟雍、设庠序、陈礼乐	《孝经》	导之以礼乐，而民和睦	《汉书》卷22《礼乐志》	语出《孝经·三才》
	废立·议中山、定陶王谁宜为嗣	《礼记》	昆弟之子犹子也	《汉书》卷80《宣元六王传》、81《孔光传》	语出《礼记·檀弓》
	废立·议中山、定陶王谁宜为嗣	《公羊传》	为其后者为之子也	《汉书》卷80《宣元六王传》、81《孔光传》	
		《书·盘庚》	《尚书·盘庚》殷之及王为比		
	刑狱·议淳于长小妻廼始等六人罪	《礼记》	夫妇之道，有义则合，无义则离	《汉书》卷81《孔光传》	语出《礼记·檀弓》
	礼法·议太子谢定陶王否	《公羊传》	《春秋》不以父命废王父命，为人后之礼不得顾私亲	《汉书》卷97《外戚传》	同“为人后者为之子”义
成帝时	礼法·议修复河间古乐	《论语》	人能弘道，非道弘人	《汉书》卷22《礼乐志》	语出《论语·卫灵公》
哀前7	礼法·议毁孝武庙	《诗》	薄伐猃狁，至于太原；啴啴推推，如霆如雷，显允方叔，征伐猃狁，荆蛮来威	《汉书》卷73《韦贤传》	语出《诗·小雅》
			蔽芾甘棠，勿剪勿伐，邵伯所茇		语出《诗·召南》

续表

时间	议题	理据	内容	出处	备注
哀前7		《春秋》	《春秋》纪齐桓南伐楚，北伐山戎		
		《论语》	孔子曰："微管仲，吾其被发左衽矣。"		语出《论语·宪问》
		《礼记·王制》	《礼记·王制》及《春秋穀梁传》，天子七庙，诸侯五，大夫三，士二。天子七日而殡，七月而葬；诸侯五日而殡，五月而葬。此丧事尊卑之序也，与庙数相应。其文曰："天子三昭三穆，与太祖之庙而七；诸侯二昭二穆，与太祖之庙而五。"		
		《穀梁传》			
		《左传》	名位不同，礼亦异数		
		《礼记·祀典》	夫圣王之制祀也，功施于民则祀之，以劳定国则祀之，能救大灾则祀之		见今本《礼记·祭法》
	封建、刑狱·请废赵氏侯，议罪	《春秋》	鲁严公夫人杀世子，齐桓召而诛焉，《春秋》予之	《汉书》卷97《外戚传》	
哀前5	礼法·议定陶傅太后尊号	《礼记》	父为士，子为天子，祭以天子，其尸服以士服	《汉书》卷81《孔光传》、86《师丹传》	语出《礼记·丧服小记》
		《公羊传》	母以子贵		语出《公羊传·隐公元年》
	刑狱·议大司空师丹罪	《易传》	臣不密则失身	《汉书》卷86《师丹传》	语出《易·系辞上》

续表

时间	议题	理据	内容	出处	备注
哀前5	礼法·议改元易号	五经	歆以为不合五经，不可施行	《汉书》卷75《李寻传》	
		《书》	盖闻《尚书》“五曰考终命”		语出《书·洪范》
	刑狱·议丞相朱博、御史大夫赵玄、孔乡侯傅晏罪	《左传》	《春秋》之义，奸以事君，常刑不舍。鲁大夫叔孙侨如欲颛公室，谮其族兄季孙行父于晋，晋执囚行父以乱鲁国，《春秋》重而书之	《汉书》卷83《朱博传》	“奸以事君”出《左传·襄二十六年》；“常刑不赦”出《昭二十五年》；叔孙侨事出《成十六年》
哀前3	边事·议许单于请朝明年	六经	六经之治，贵于未乱	《汉书》卷94《匈奴传》	
哀前2	刑狱·议王嘉罪	《春秋》	圣王断狱，必先原心定罪，探意立情	《汉书》卷86《王嘉传》	盖公羊义
平3	刑狱·议金钦罪	《礼记》	尊祖故敬宗	《汉书》卷68《金日磾传》	语出《礼记·丧服小记》
	废立·议立皇后	五经	考论五经，定取礼，正十二女之义，以广继嗣	《汉书》卷99《王莽传》	
	封建·议以新野田益封王莽	《公羊传》	《春秋》，天子将娶于纪，则褒纪子称侯	《汉书》卷99《王莽传》	语出《公羊传·桓公二年》

续表

时间	议题	理据	内容	出处	备注
平 4	封建·再议封王莽如周公	《左传》	《春秋》列功德之义，太上有立德，其次有立功，其次有立言	《汉书》卷99《王莽传》	语出《左传·襄公二十四年》
	民政·议治河	《书·禹贡》	可略于《禹贡》九河处穿之	《汉书》卷29《沟洫志》	
平 5	礼法·再议九锡礼仪	六艺 《周官》 《礼记》	谨以《六艺》通义，经文所见，《周官》、《礼记》宜于今者，为九命之锡	《汉书》卷99《王莽传》	
	刑狱·议马宫罪	《论语》	自古皆有死	《汉书》卷81《马宫传》	语出《论语·颜渊》
	礼法·议郊祀之处	《礼记》	天子祭天地及山川，岁遍	《汉书》卷25《郊祀志》	语出《礼记·曲礼》
		《穀梁传》	《春秋穀梁传》以十二月下辛卜		
		《孝经》	人之行莫大于孝，孝莫大于严父，严父莫大于配天		语出《孝经·圣治》
	礼法·长安旁诸庙兆畤	《易传》	方以类聚，物以群分		语出《易·系辞上》
		《书》	类于上帝，禋于六宗		见今本《书·舜典》
		欧阳、大小夏侯三家说	欧阳、大、小夏侯三家说六宗，皆曰上不及天，下不及地，旁不及四方，在六者之间，助阴阳变化，实一而名六，名实不相应		

续表

时间	议题	理据	内容	出处	备注
平5	礼法·长安旁诸庙兆畤	《礼记·祀典》	功施于民则祀之	《汉书》卷25《郊祀志》	见今本《礼记·祭义》
		《周官》	兆五帝于四郊		语出《周礼·小宗伯》
	礼法·议罢皇考庙	经义	案义奏亲谥曰“悼”，裁置奉邑，皆应经义	《汉书》卷73《韦贤传》	
		《礼记》	父为士，子为天子，祭以天子		
平8	礼法·议王莽为母服丧之服制	《仪礼》	庶子为后，为其母缌	《汉书》卷99《王莽传》	语出《仪礼·丧服》经、传
		《传》	与尊者为体，不敢服其私亲也		
		《周礼》	王为诸侯缌缞；弁而加环绖		语出《周礼·司服》
光25	礼法·议上尊号	《赤伏符》	刘秀发兵捕不道，四夷云集龙斗野，四七之际火为主	《后汉书》卷1《光武帝纪》	
	人事·议选大司空	《赤伏符》	王梁主卫作玄武	《后汉书》卷22《王梁传》	
光26	封建·议封侯	《易》	利以建侯，取法于雷，强干弱枝，所以为治也	《后汉书》卷1《光武帝纪》	李贤注：《易·屯》卦《震》下《坎》上，《震》为雷，初九曰“利建侯”，又曰“震惊百里”，故封诸侯地方百里，以法雷也
	律令·议省刑法	《论语》	孔子云：刑罚不中，则民无所措手足	《后汉书》卷1《光武帝纪》	语出《论语·子路》

续表

时间	议题	理据	内容	出处	备注
光28	学术·议立费氏易、左氏春秋博士	《论语》	孔子曰：博学约之，弗叛矣夫；颜渊曰：博我以文，约我以礼；攻乎异端，斯害也已	《后汉书》卷36《范升传》、《陈元传》、79《儒林列传》	语出《论语·雍也》《颜渊》《为政》
	学术·议立费氏易、左氏春秋博士	《穀梁传》	闻疑传疑，闻信传信，而尧舜之道存	《后汉书》卷36《范升传》、《陈元传》、79《儒林列传》	语出《穀梁传·桓公五年》
		《易传》	天下之动，贞夫一也		语出《易·系辞下》
		《易纬》	正其本，万事理		李贤注：今《易》无此文也。按《易纬》：正其本而万物理
光30	人事·议郡守不宜频更	《书》	以尧舜之盛，犹加三考	《后汉书》卷33《朱浮传》	李贤注：《尚书·舜典》曰"三载考绩，三考黜陟幽明"也
光31	礼法·议郊尧	《诗》	不愆不忘，率由旧章	《续汉书·祭祀志》及注引《东观书》	语出《诗·大雅》
		《易传》	先天而天不违，后天而奉天时		语出《乾·文言》
	政制·议令司隶校尉督察三公	《论语》	孔子曰：百官总己听于冢宰	《后汉书》卷36《陈元传》	

续表

时间	议题	理据	内容	出处	备注
光38	律令、刑制·议重刑罚	《论语》	仁者必有勇	《后汉书》卷27《杜林传》、34《梁统传》及注引《东观记》	语出《论语·宪问》
			刑罚不衷，则人无所厝手足		语出《论语·子路》
			导之以政，齐之以刑，民免而无耻。导之以德，齐之以礼，有耻且格		语出《论语·为政》
		《易传》	理财正辞，禁民为非曰义		语出《易·系辞下》
		《书》	天讨有罪，五刑五庸哉		语出《书·皋陶谟》
			爰制百姓于刑之衷		语出《书·吕刑》
	律令、刑制·议重刑罚	《左传》	《春秋》之诛，不避亲戚，所以防患救乱，全安众庶	《后汉书》卷27《杜林传》、34《梁统传》及注引《东观记》	李贤注：《左传》曰：“大义灭亲。”又曰：“周公杀管叔，夫岂不爱，王室故也。”
光39	废立·议请封皇子	《诗》	大启尔宇，为周室辅	《后汉书》卷1《光武帝纪》	语出《诗·鲁颂》
	政制·议去二府官名“大”字	《周礼》	又奏宜令三公并去“大”名，以法经典	《后汉书》卷22《朱祐传》	即法《周官》之名
光49	军事·议承制受武陵蛮降	《公羊传》	夫忠臣出竟，有可以安国家，专之可也	《后汉书》卷41《宋均传》	

续表

时间	议题	理据	内容	出处	备注
光 50	礼法・议禘祫之祭	《论语》	三年不为礼，礼必坏；三年不为乐，乐必崩	《后汉书》卷 35《张纯传》	语出《论语・阳货》
	礼法・议禘祫之祭	《礼纬》	礼，三年一祫，五年一禘	《后汉书》卷 35《张纯传》	见《礼记正义》引《礼纬》
		《公羊传》	《春秋传》曰：大祫者何？合祭也		语出《公羊传・文公二年》
光约 51	礼法・议立辟雍、明堂	七经谶 明堂图 河间《古辟雍记》	乃案七经谶、明堂图、河间《古辟雍记》、孝武太山明堂制度，及平帝时议，欲具奏之	《后汉书》卷 35《张纯传》	
光 52	礼法・议酬答北匈奴之宜	《礼记》	礼无不答	《后汉书》卷 89《南匈奴列传》	语出《礼记・燕义》
光 54	礼法・议不祭配林	《礼记》	《记》曰：齐将有事泰山，先有事配林	《续汉书・祭祀志》	语出《礼记・礼器》
光 56	礼法・议请封禅、封禅所施用	《河图会昌符》	赤刘之九，会命岱宗。不慎克用，何益于承。诚善用之，奸伪不萌	《续汉书・祭祀志》及注引《东观书》	

续表

时间	议题	理据	内容	出处	备注
光56	礼法·议请封禅、封禅所施用	《河》、《雒》图记	有司复奏《河》、《雒》图记表章赤汉九世尤著明者，前后凡三十六事	《续汉书·祭祀志》及注引《东观书》	
	事役·议灵台所处	经、谶	帝谓谭曰：“吾欲以谶决之，何如？”谭曰：“臣不读谶。”帝问其故，谭复极言谶之非经	《后汉书》卷28《桓谭传》	
明58	礼法·议光烈皇后宜入庙	经典	孝明皇帝务遵经典，使公卿、博士议	《后汉纪·孝安皇帝纪上》	
明59	礼法·议春南北郊	《论语》	孔子曰：“行夏之时，乘殷之路，服周之冕。”为汉制法	《续汉书·百官志》注引《东观书》	语出《论语·卫灵公》
明60	礼法·议世祖庙登歌八佾舞名	《元命包》	缘天地之所杂乐为之文典	《续汉书·祭祀志》注引《东观书》	
		《旋机钤》	有帝汉出，德洽作乐		
		《叶图征》	大乐必易		
		《诗传》	颂言成也，一章成篇，宜列德，故登歌《清庙》一章也		
明73—75间	刑狱·议中常侍孙章罪	《诗》	周道如砥，其直如矢	《后汉书》卷46《郭躬传》	语出《诗·小雅》
		《论语》	君子不逆诈		语出《论语·宪问》

续表

时间	议题	理据	内容	出处	备注
明帝时	刑狱·议青州刺史王望擅出布粟赈灾罪	《公羊传》	昔华元、子反，楚、宋之良臣，不禀君命，擅平二国，《春秋》之义，以为美谈	《后汉书》卷39《王望传》	事见《公羊传·宣公十五年》
章76	边事·议罢西域边屯	《公羊传》	善善及子孙，恶恶止其身；先祖为之而已毁之，不如勿居而已	《后汉书》卷47《杨终传》	语出《公羊传·昭公二十年》、《文公十六年》
		《春秋》	臣窃按《春秋》水旱之变，皆应暴急，惠不下流		
		《传》	《传》曰：安土重居，谓之众庶		
章79	礼法·议明德皇后在世祖庙坐位	《诗·大雅》	昭哉来御，从其祖武	《御览》卷531《礼仪部·宗庙》引《东观汉记》	
			不愆不忘，率由旧章		
章80	人事·议纠举恶吏	《论语》	孔子曰：刑罚不中，则人无所措手足	《后汉书》卷2《肃宗孝章帝纪》	
章84	人事·议郡国贡举	《孝经纬》	孔子曰：事亲孝故忠可移于君，是以求忠臣必于孝子之门	《后汉书》卷26《韦彪传》	李贤注：《孝经纬》之文也
		《论语》	夫人才行少能相兼，是以孟公绰优于赵、魏老，不可以为滕、薛大夫		语出《论语·宪问》

续表

时间	议题	理据	内容	出处	备注
章 85	律历·议元首十一月当先大	经、谶	章帝复发圣思，考之经谶	《续汉书·律历志》	
		《春秋》	《春秋经》书朔不书晦		
	礼法·议增修群祀宜享祀者	《书》	称秩元祀，咸秩无文	《续汉书·祭祀志》注引《东观书》	语出《书·洛诰》
		《礼记·祭法》	功施于民则祀之，以死勤事则祀之，以劳定国则祀之，能御大灾则祀之。以日月星辰，民所瞻仰也；山林川谷丘陵，民所取财用也。非此族也，不在祀典		
		《左传》	圣王先成民而致力于神		语出《左传·桓六年》、《昭元年》
			山川之神，则水旱疠疫之灾，于是乎禜之。日月星辰之神，则雪霜风雨之不时，于是乎禜之		
		《礼记·王制》	山川神祇有不举者，为不敬		
		《诗》	怀柔百神，及河乔岳		语出《诗·周颂》

续表

时间	议题	理据	内容	出处	备注
章 85	律令·议断狱当尽冬月	《礼记·月令》	诸生荡，安形体；孟冬之月，趣狱刑，无留罪；仲冬之月，身欲宁，事欲静	《后汉书》卷 46《陈宠传》	
		《春秋》	稽《春秋》之文，当《月令》之意		
章 86	边事·议答乌孙使者	《礼记》	《礼》曰：礼有往来	《后汉纪·孝章皇帝纪下》	语出《礼记·曲礼》
		《易》	《易》曰：无往不复		语出《易·泰卦》
和 88	礼法·议章帝谥	《孝经》	天地明察，神明章矣	《御览》卷 562《礼仪部·谥》引崔骃《章帝谥议》	语出《孝经·感应章》
	礼法·议章帝谥	《易传》	先天而天弗违，后天而奉天时	《御览》卷 562《礼仪部·谥》引崔骃《章帝谥议》	语出《乾·文言》
		《诗》	追琢其章，金玉其相。亹亹文王，纲纪四方；倬彼云汉，为章于天		语出《诗·大雅》
		《书》	平章百姓		语出《书·尧典》
和 89	边事·议遣窦宪、耿秉击匈奴	《易》	有孚盈缶，终来有它吉	《后汉书》卷 25《鲁恭传》	语出《易·比卦》

续表

时间	议题	理据	内容	出处	备注
和 89—97 间	律令·议废轻侮法	《论语》	孔子曰：民可使由之，不可使知之	《后汉书》卷 44《张敏传》	语出《论语·泰伯》
		《公羊传》	《春秋》之义，子不报仇，非子也		语出《公羊传·隐十一年》
和 89—97 间	律令·议废轻侮法	《孝经》	在丑不争	《后汉书》卷 44《张敏传》	语出《孝经·纪孝行》
		师说	救文莫如质		
和 90	礼法·议拜大将军称万岁	《易传》	上交不谄，下交不黩	《后汉书》卷 45《韩棱传》	语出《易·系辞下》
和 91	边事·议立北单于	《论语》	言忠信，行笃敬，虽蛮貊行焉	《后汉书》卷 45《袁安传》	语出《论语·卫灵公》
和 94	律令·议请令三公、廷尉平定律令	《礼记》	礼经三百，威仪三千	《后汉书》卷 46《陈宠传》	语出《礼记·礼器》
		《书·甫刑》	《甫刑》大辟二百，五刑之属三千		
		《春秋保乾图》	王者三百年一蠲法		
		经义	宜令三公、廷尉平定律令，应经合义者		
和 97	礼法·追上梁贵人尊号	《公羊传》	《春秋》之义，母以子贵	《后汉书》卷 34《梁竦传》	

续表

时间	议题	理据	内容	出处	备注
和102	学术·议博士及甲乙策试宜从其家章句	《论语》	述而不作；吾犹及史之阙文	《后汉书》卷44《徐防传》	语出《论语·述而》、《卫灵公》
安107—109间	律令·议尽冬月断狱	《礼记·月令》	《月令》，周世所造，而所据皆夏之时也，其变者唯正朔、服色、牺牲、徽号、器械而已	《后汉书》卷25《鲁恭传》	
		《论语》	殷因于夏礼，周因于殷礼，所损益可知也		语出《论语·为政》
		《易》《易传》	潜龙勿用；履霜坚冰，阴始凝也。驯致其道，至坚冰也		语出《易·乾卦》《象传》
安107—109间	律令·议尽冬月断狱	《稽览图》	《易》十一月"君子以议狱缓死"		李贤注:《稽览图·中孚》十一月卦也
安119	礼法·议复祭六宗	《书》	肆类于上帝，禋于六宗	《续汉书·祭祀志》注引《李氏家书》	见今本《书·舜典》
		《尚书》欧阳家说	以《尚书》欧阳家说，谓六宗者，在天地四方之中，为上下四方之宗		
安121	律令·议复建武故事绝告宁之典	《孟子》	老吾老以及人之老，幼吾幼以及人之幼，天下可运于掌	《后汉书》卷46《陈忠传》	
		《孝经》	始于爱亲，终于哀戚。上自天子，下至庶人，尊卑贵贱，其义一也		

续表

时间	议题	理据	内容	出处	备注
安121	律令·议复建武故事绝告宁之典	《公羊传》	《春秋》臣有大丧，君三年不呼其门，闵子虽要绖服事，以赴公难，退而致位，以究私恩，故称“君使之非也，臣行之礼也”	《后汉书》卷46《陈忠传》	李贤注：并《公羊传》之文也
		《诗》	瓶之罄矣，惟罍之耻		语出《诗·小雅》
	刑狱·议乐成王苌罪	《周礼》	臣闻《周官》议亲，蠢愚见赦	《后汉纪·孝安皇帝纪上》	
	礼法·议邓太后谥	《论语》 《毛诗》	《乡党》叙孔子威仪，俯仰无所遗，《彤管》记君王纤微，大小无不举，是以德著图籍，名垂于后	《蔡中郎集·和熹邓后谥议》	《毛诗》：古者后夫人必有女史彤管之法
安约122	刑狱·议居延都尉范邠罪	《公羊传》	《春秋》之义，善善及子孙，恶恶止其身	《后汉书》卷39《刘恺传》	
		《书》	上刑挟轻，下刑挟重		语出《书·吕刑》

续表

时间	议题	理据	内容	出处	备注
安 123	律历·议改历事	图谶	甲寅元与天相应，合图谶，可施行	《续汉书·律历志》	
		《保乾图》	三百岁斗历改宪		
		《韩诗》	昔仲尼顺假马之名，以崇君之义		事见今本《韩诗外传》
	边事·议复通西域以制北虏	《毛诗》	蹙国减土，经有明诫	《后汉书》卷 88《西域传》	李贤注:《毛诗》曰“昔先王受命，有如邵公，且辟国百里，今也日蹙国百里”也
安 124	废立·议废太子	经说	经说，年未满十五，过恶不在其身	《后汉书》卷 15《来历传》	
安帝时	刑狱·议河间人尹次、颍川人史玉罪	《书》	尚书陈忠以罪疑从轻，议活次、玉	《后汉书》卷 48《应劭传》	语出《书·大禹谟》

续表

时间	议题	理据	内容	出处	备注
顺 126	礼法·议停恭陵神道工	《论语》	曾谓泰山不如林放乎	《续汉书·五行志》注	语出《论语·八佾》
		《礼记·月令》	仲冬土事无作，慎无发盖，及起大众，以固而闭。地气上泄，是谓发天地之房，诸蛰则死，民必疾疫，又随以丧		
		《洪范五行传》	六沴作见，若时共御，帝用不差，神则不怒，五福乃降，用章于下		
顺 132	废立·议探筹以立皇后	典经	宜参良家，简求有德，德同以年，年钧以貌，稽之典经，断之圣虑	《后汉书》卷 44《胡广传》	
	政制·议察举限年四十以上试以经学章奏	《书》	《书》载稽疑，谋及卿士	《后汉书》卷 44《胡广传》、61《左雄传》	语出《书·洪范》
		《诗》	《诗》美先人，询于刍荛；天难谌斯，不易惟王		语出《诗·大雅》
		《论语》	四十不惑		语出《论语·为政》
		《礼记》	《礼》称“强仕”		语出《礼记·曲礼》
顺 136	礼法·议尊谥北乡侯	《春秋》	《春秋》王子猛不称崩，鲁子野不书葬	《后汉书》卷 61《周举传》	
顺 142	政制·议遣八使循行天下	《书》	僭恒旸若	《后汉纪·孝顺皇帝纪下》	语出《书·洪范》

续表

时间	议题	理据	内容	出处	备注
顺 143	律历·议改历	《文曜钩》	高辛受命，重黎说文。唐尧即位，羲和立浑。夏后制德，昆吾列神。成周改号，苌弘分官	《续汉书·律历志》	
		《运斗枢》	常占有经，世史所明		
		《洪范五纪论》	民闲亦有黄帝诸历，不如史官记之明也		
冲 144	礼法·议殇帝、顺帝昭穆之序	《左传》	《春秋》鲁闵公无子，庶兄僖公代立，其子文公遂跻僖于闵上。孔子讥之，书曰："有事于太庙，跻僖公。"《传》曰："逆祀也。"及定公正其序，经曰"从祀先公"，为万世法也	《后汉书》卷 61《周举传》	
桓 165	废立·议立皇后	《诗》	宜思《关雎》之所求	《后汉书》卷 48《应奉传》	
		《大戴礼记》	远五禁之所忌		即"五不取"，出《大戴礼》
灵 168	封建·加窦武封爵	《诗》	《书》陈"谋及庶人"，《诗》咏"询于刍荛"	《后汉书》卷 64《卢植传》	
		《书》			
		《左传》	寻《春秋》之义，王后无嗣，择立亲长，年均以德，德均则决之卜筮		语出《左传·昭公二十六年》

续表

时间	议题	理据	内容	出处	备注
灵 175	律历·议用甲寅元	《乾凿度》 《元命苞》 《命历序》	云当满足，则上违《乾凿度》《元命苞》，中使获麟不得在哀公十四年，下不及《命历序》获麟至汉相去四蔀年数，与奏记谱注不相应	《续汉书·律历志》	
	律历·议用甲寅元	《考灵曜》	以今浑天图仪检天文，亦不合于《考灵曜》	《续汉书·律历志》	
灵 179	律历·议王汉所上《月食注》	《考灵曜》	推汉己巳元，则《考灵曜》旃蒙之岁乙卯元也，与光、晃甲寅元相经纬	《续汉书·律历志》	
灵 184	刑狱·议故武威太守黄儁罪	《周礼》	吾以子罪在八议，故为子言	《后汉书》卷 58《盖勋传》注引《续汉书》	
灵 184—185 间	刑狱·议雒阳男子龙罪	《诗》	仪刑文王，万国作孚	《续汉书·五行志》注引《风俗通》	语出《诗·大雅》
灵帝时	礼法·议殴杀指挥使尚可斋祠不	《诗》	唯此文王，小心翼翼，昭事上帝，聿怀多福	《蔡中郎集·答斋议》	语出《诗·大雅》
献 190	事役·议迁都	《石包谶》	案《石包谶》，宜徙都长安，以应天人之意	《后汉书》卷 54《杨彪传》	

续表

时间	议题	理据	内容	出处	备注
献 194	礼法·议加太傅马日䃅丧礼	《春秋》	《春秋》鲁叔孙得臣卒，以不发扬襄仲之罪，贬不书日	《后汉书》卷 70《孔融传》	
献 196—198 间	律令、刑制·议复肉刑	《论语》	上失其道，民散久矣	《后汉书》卷 70《孔融传》	语出《论语·子张》
献 198	礼法·议皇后敬父礼	《公羊传》	虽为天王后，犹曰吾季姜	《通典》卷 67《礼·沿革·嘉礼·皇后敬父母》	语出《公羊传·桓九年》
		《左传》	《春秋》鲁隐公二年，纪裂𦈡来逆女。冬，伯姬归于纪。又桓八年，祭公来，遂逆王后于纪。九年，纪季姜归于京师。或言逆女，或言逆王后，盖义有所见也；《春秋左氏传》曰：纪裂𦈡来逆女		
献 198	礼法·议皇后敬父礼	《孝经》	父子之道，天性也	《通典》卷 67《礼·沿革·嘉礼·皇后敬父母》	
献 208—212 间	礼法·议散斋不废乐	《礼记》	三日斋，一日用之，犹恐不敬。二日伐鼓，何居；君致斋于外，夫人致斋于内	《通典》卷 147《乐·散斋不废乐议》	语出《礼记·郊特牲》、《祭统》

续表

时间	议题	理据	内容	出处	备注
献211—213间	刑狱·议亡士妻白等罪	《诗》	未见君子，我心伤悲；亦既见止，我心则夷	《三国志》卷22《卢毓传》	语出《诗·召南》
		《礼记》	未庙见之妇而死，归葬女氏之党，以未成妇也		语出《礼记·曾子问》
			附从轻		语出《礼记·王制》
		《书》	与其杀不辜，宁失不经		语出《书·大禹谟》
献213	律令、刑制·议复肉刑	《书》	惟敬五刑，以成三德	《三国志》卷22《陈群传》、《艺文类聚》卷54《刑法部·刑法》	语出《书·吕刑》
		《易》	《易》著劓、刖、灭趾之法		
		《书》《诗》	《康哉》之歌兴，《清庙》之颂作		“康哉之歌”出自《书·益稷》：“庶事康哉。”
献约213	礼法·议异姓为后	《家语》	绝嗣而后他人，于理为非	《通典》卷69《礼·沿革·嘉礼·异姓为后议》	
		《左传》	神不歆非类		语出《左传·僖十年》
		《诗》	父兮生我，母兮鞠我		语出《诗·小雅》
献220	礼法·议追尊曹嵩为太王	《易传》	《易》言乾坤，皆曰大德，言大人与天地合	《通典》卷72《礼·沿革·嘉礼·天子追尊祖考妣》	
		《春秋》	按《春秋》之义，五等诸侯卒葬皆称公，乃与王者之后宋公同号，然臣子褒崇其君父		

续表

时间	议题	理据	内容	出处	备注
献帝时	刑狱·议曹操罪	《春秋》	主簿对以《春秋》之义，罚不加于尊	《三国志》卷1《武帝纪》注引《曹瞒传》	

对汉代集议引经传、谶纬为理据的情况，可以进行五点考察：

第一，各经被引的次数。

如果将某经的传记归为该经之属的话，那么各经被引次数由高到低依次为：《春秋》57次，《礼》47次，《诗》37次，《书》33次，《论语》28次，《易》15次，《孝经》10次，《孟子》2次。另外，东汉《谶纬》被引27次。这是总的数量。从时代的流变来看，则除了谶纬以外并没有体现出明显的规律。唯一值得注意的是《礼》，在平帝时代被称引10次之多。当时政权掌握在王莽手中，史称莽"受《礼经》，师事沛郡陈参，勤身博学，被服如儒生。事母及寡嫂，养孤兄子，行甚敕备。又外交英俊，内事诸父，曲有礼意"，[1]且当时正在致力于所谓"制礼作乐"，所以引《礼》较多。

第二，《春秋》三传与三《礼》的消长。

先说《春秋》三传。除去难以明确属于何传的经义及《春秋经》本书之外，三传共计被称引39次，其中《公羊传》26次，《穀梁传》4次，《左传》9次。值得注意的是，《穀梁传》首次被称引是在元帝时期。按宣帝晚年召开石渠阁会议，讲论五经异同，最后立《穀梁传》为博士，这是元帝即位前三年的事情。《左传》首次被称引则是在哀帝时，这与另一学术事件相联系。哀帝时，刘歆请立《左传》于学官，得到哀帝的支持，但应学术保守势力过于强大未果。但从此以后，《左传》亦成为显学。自哀帝而后，《公羊传》被引11次，《左传》被引9次，几乎持平。

再说三《礼》。从称引次数上看，《礼记》占绝对多数，共计35次；

[1]《汉书》卷九九《王莽传》。

《周礼》次之，7次；《仪礼》仅1次。而《礼记》中被引最多的主要是《王制》《祭法》《月令》三篇。另外值得注意的是，《周礼》被大量引用始于平帝时代。而《周礼》正是“在汉平帝年间开始受到王莽重视”，作为改制的依据之一。但是王莽本身并没有太鲜明的古文家立场，改制时“或用今文经传，或用古文经传，或杂用今古文”[1]，所以《礼记》并没有因之被《周礼》压下风头。

第三，各经与所议议题的对应关系。

比较明显的对应关系，可以举出四类。其一，刑狱。议刑狱，引《春秋》最多，计15次；《礼》其次，7次。可见“《春秋》决狱”之称是比较准确的。其二，律令。议律令，各经援引情况相对平均，其中以《书》《论语》最多，各7次；其次为《礼》《诗》，各5次。引《论语》中的话，一般都作“孔子曰”而不直引《论语》，可见“孔子为汉制法”的观念影响之深。《书》则具有政典的性质，其中《吕刑》一篇屡屡作为删定律令、修改刑制时集议所引的基本理据。其三，礼法。议礼法，引《礼》最多，达23次；其次是《春秋》，18次。《礼》自不必说，《春秋》被征引频率如此之高，可见太史公所云“故春秋者，礼义之大宗也”[2]，洵非虚言。其四，律历。议律历，共引经传谶纬13次，其中引谶纬11次之多。谶纬的内容比较庞杂，“有释经的，有讲天文的，有讲历法的，有讲神灵的，有讲地理的，有讲史事的，有讲文字的，有讲典章制度的”[3]，但其中“比重最大的内容是天文资料”，“谶纬天文资料可与古代任何一部天文学著作相媲美”。[4]这就可以理解为何议律历较多称引谶纬了。

第四，引用频率较高的经文、经义。

两汉集议，包括平时的立法、决事，有一些经文、经义引用频率较高，

[1] 参见杜明德：《〈周礼〉与王莽的托古改制》，载《齐鲁文化研究》第十辑。

[2] 《史记》卷一三〇《太史公自序》。

[3] 顾颉刚撰：《秦汉的方士与儒生》，上海古籍出版社1998年版，第111页。

[4] 刘宁：《究天人之际——谶纬天文资料与〈史记·天官书〉关于恒星之比较研究》，山东大学2011年硕士学位论文。

试列举若干并解析如下，以窥当时风尚。

《诗》："不愆不忘，率由旧章。" 这句经文常被引来作为"因循故事"的理据。搜检《史记》，没有引用这句经文的例子；《汉书》仅一次，出现在西汉后期。而到了后汉，集议时便开始频繁引用此句。例如章帝时议明德皇后在世祖庙的座位问题：

建初四年八月，上以公卿所奏明德皇后在世祖庙坐位驳议示东平宪王苍，苍上言："文、武、宣、元祫食高庙，皆以后配，先帝所制，典法设张。《大雅》曰：'昭哉来御，从其祖武。'又曰：'不愆不忘，率由旧章。'明德皇后宜配孝明皇帝。"（《御览》卷五三一《礼仪部·宗庙》引《东观汉记》）

熟悉汉代典章的刘苍，先引文、武、宣、元以来的礼仪故事，然后引"不愆不忘，率由旧章"表明应该继续因循故事。"率由旧章"，在当时被认为是为政者的一种良好品德，倘若违反，则会引发天谴。例如东汉郎顗上书中有"白虹贯日，政变常也"的话，尚书诘问："对云'白虹贯日，政变常也。'朝廷率由旧章，何所变易而言变常？"又如陈蕃推辞太尉一职时说："'不愆不忘，率由旧章'，臣不如太常胡广。"汉光武下诏议是否郊尧的问题，杜林上疏最能说明这个问题："宗庙至重，众心难违，不可卒改。《诗》云'不愆不忘，率由旧章'，明当尊用祖宗之故文章也。宜如旧制，以解天下之惑，……祭可且如元年郊祭故事。"[1] 前汉的制度、故事，是后汉重要的法源，而且具有一种神圣性，被尊为"旧典"，相当于后世所谓"祖宗之法"，[2] 因此"率由旧章"才会在后汉如此有市场，被举国上下奉为典训。

《书·太誓》："夫附下罔上者死，附上罔下者刑。" 这句经文不见于今本《尚书》。《汉书补注》引沈钦韩曰："《说苑·臣术》引《太誓》与此四语同，此今文《太誓》也。"这句经文，前汉引用较多，对此沈家本推测说："惟汉时治狱多有此词，如王尊劾匡衡、张谭曰附下罔上，谓阿附石显

---

[1] 《续汉书·祭祀志》注引《东观书》。

[2] 参见拙作《后汉"旧典"考释》，载中国政法大学法律古籍整理研究所编：《中国古代法律文献研究》第7辑，社会科学文献出版社2013年版，第178—191页。

也。彭宣等劾朱博曰附下罔上，谓结信贵戚也。疑《汉律》中有此文，故尝引之。”[1] 值得注意的有两点：一，“附下罔上”常被引来作为定罪依据，而“附上罔下”则仅仅出现在武帝令集议不举孝廉者罪时；二，前汉引“附下罔上”较多，后汉仅孔融议马日磾葬礼时引之。

《书·太誓》：“正稽古立功立事，可以永年，丕天之大律。”《唐律疏议》卷一《名例律》：“尚书大传曰：‘丕天之大律。’注云：‘奉天之大法。’法亦律也，故谓之为律。”这一条经文之义在汉代的功用，恰好与“率由旧章”相反。“率由旧章”常被引来作为因循“汉制”的理由，而这条经文则强调要“稽古立功立事”，带有托古改制之意，是提倡对“经典”的效仿。如成帝时集议在长安定南北郊的问题：

大司马车骑将军许嘉等八人以为：所以从来久远，宜如故。右将军王商、博士师丹、议郎翟方进等五十人以为：……违俗复古，循圣制，定天位，如礼便。于是衡、谭奏议曰：“……今议者五十八人，其五十人言当徙之义，皆著于经传，同于上世，便于吏民；八人不案经艺考古制，而以为不宜，无法之议，难以定吉凶。《太誓》曰：‘正稽古立功立事，可以永年，丕天之大律。’……宜于长安定南、北郊，为万世基。”天子从之。（《汉书》卷二五《郊祀志》）

集议者五十八人，分为两派：一派是许嘉等八人，认为“宜如故”，这是崇尚因循的汉制派；另一派是王商等五十人，主张“违俗复古”，这是崇尚变革的经典派。而主持集议的匡衡等，斥汉制派“不案经艺考古制”，是“无法之议”；而经典派的理据则“著于经传，同于上世”。最后他们引用《太誓》此语，主张托古改制，得到君主的批准。

《书·甫刑》：“五刑之属三千，大辟之罚其属二百。”汉代自武帝以后，律令繁多，每有蠲除律令之议，而这条经义就是蠲除律令的基本依据。例如成帝时诏：

《甫刑》云“五刑之属三千，大辟之罚其属二百”，今大辟之刑千有余

[1] 沈家本：《历代刑法考·汉律摭遗》，第1438—1439页。

条，律、令烦多，百有余万言，奇请它比，日以益滋，自明习者不知所由，欲以晓喻众庶，不亦难乎！……其与中二千石、二千石、博士及明习律、令者议减死刑及可蠲除约省者，令较然易知，条奏。(《汉书》卷二三《刑法志》)

更加典型的是东汉陈宠请删定律令，要求严格按照《甫刑》的数字对汉代律令进行清理：

宠又钩校律令条法，溢于《甫刑》者除之。曰："……故《甫刑》大辟二百,五刑之属三千。……今律令死刑六百一十，耐罪千六百九十八，赎罪以下二千六百八十一，溢于《甫刑》者千九百八十九，其四百一十大辟，千五百耐罪，七十九赎罪。……宜令三公、廷尉平定律令，应经合义者，可使大辟二百，而耐罪、赎罪二千八百，并为三千，悉删除其余令，……"(《后汉书》卷四六《陈宠传》)

从中亦可看出经典对汉制的影响和改造，进而窥探汉代人的法观念。

《周礼》：八议。汉代常引"八议"断罪，例如：

苌骄淫失度，冀州刺史举奏苌罪至不道。尚书侍郎岑宏议以为"……臣闻《周官》议亲，蠢愚见赦，苌不杀无辜，以谴诃为非，无赫赫大恶，可裁削夺，损其租赋，令得改过自新，革心向道。"诏贬苌为临湖侯。(《后汉纪·孝安皇帝纪》)

中平元年，黄巾贼起，故武威太守酒泉黄隽被征，失期。梁鹄欲奏诛隽，勋为言得免。隽以黄金二十斤谢勋，勋谓隽曰："吾以子罪在八议，故为子言。吾岂卖评哉！"终辞不受。(《后汉书》卷五八《盖勋传》注引《续汉书》)

由前一例来看，似乎安帝时"议亲"尚未入律，只有"先请"之制而已，故须称引《周官》以为说。

《公羊传》："臣毋将，将而诛。"语出《公羊传·庄公三十二年》的"君亲无将，将而诛焉"。普通臣子犯谋反罪，无须援引这条经文，可以直接处死。从两汉援引此义的实例来看，处理的对象都是"亲"，例如武帝时的淮南王案、哀帝时的上舅丁明案、王莽时的皇太孙案、明帝时的广陵王荆案等，所以从某种意义上来看，这条经义是用以反对《周官》“议亲”的。为什么普通臣子可以直接按律处理，而皇亲国戚则须援引此条经义呢？因为儒家有“亲亲”之义，对待普通臣子与对待亲属，不可一视同仁，故《周官》有“议亲”之说，这是从执法者的角度来讲的。但是从犯罪者的角度来看，亲属具有较普通臣子更大的义务，即“无将”“将”即是“反”。所以理当受到更严厉的制裁。下面以广陵王荆案为例，感受这类案件中的国法、经义、人情之纠葛：

其后广陵王荆有罪，帝以至亲悼伤之，诏儵与羽林监南阳任隗杂理其狱。事竟，奏请诛荆。引见宣明殿，帝怒曰：“诸卿以我弟故，欲诛之，即我子，卿等敢尔邪！”儵仰而对曰：“天下高帝天下，非陛下之天下也。《春秋》之义：‘君亲无将，将而诛焉。’是以周公诛弟，季友鸩兄，经传大之。臣等以荆属托母弟，陛下留圣心，加恻隐，故敢请耳。如令陛下子，臣等专诛而已。”帝叹息良久。(《后汉书》卷三二《樊儵传》)

《公羊传》：“大夫出疆，有可以安社稷，存万民，颛之可也。”这条经义对汉律“矫制”罪的适用范围构成制约。除博士徐偃矫制案中引用外，还有：

上甚说，下议封奉世。丞相、将军皆曰：“《春秋》之义，大夫出疆，有可以安国家，则颛之可也。奉世功效尤著，宜加爵士之赏。”少府萧望之独以奉世奉使有指，而擅矫制违命，发诸国兵，虽有功效，不可以为后法。……上善望之议，以奉世为光禄大夫、水衡都尉。(《汉书》卷七九《冯奉世传》)

及马援卒于师，军士多温湿疾病，死者太半。均虑军遂不反，乃与诸将议曰：“今道远士病，不可以战，欲权承制降之何如？”诸将皆伏地莫敢应。均曰：“夫忠臣出竟，有可以安国家，专之可也。”乃矫制调伏波司马吕种守沅陵长，命种奉诏书入虏营，告以恩信，因勒兵随其后。蛮夷震怖，即共斩其大帅而降，于是入贼营，散其众，遣归本郡，为置长吏而还。均未至，先自劾矫制之罪。光武嘉其功，迎赐以金帛，令过家上冢。(《后汉书》卷四一《宋均传》)

以上三例，宋均得嘉功赏赐，冯奉世虽得到君主赞许但未能封侯，徐偃则以矫制罪伏法。由此可见，“矫制”的汉制与“大夫出疆”的经典究竟孰胜孰负，并无一定，而“往往要看便宜处置的成败，朝中有无奥援和天子的态度而定”[1]。

此外，常被援引的经义还有《公羊传》“为人后者为之子”、《春秋》“以功覆过”“原心定罪”“母以子贵”“善善及子孙，恶恶止其身”、《论语》“刑罚不中，则民无所措手足”及所谓师说“救文莫如质”等，不再一一列举。

最后谈一谈谶纬的问题。

东汉光武应谶纬而兴，所以曾“宣布图谶于天下”，[2] 谶纬也就与经传取得了分庭抗礼的地位，得以在集议中屡被援引为决事的理据，如：

是时帝方信谶，多以决定嫌疑。

其后有诏会议灵台所处，帝谓谭曰：“吾欲以谶决之，何如？”谭默然良久，曰：“臣不读谶。”帝问其故，谭复极言谶之非经。帝大怒曰：“桓谭非圣无法，将下斩之。”谭叩头流血，良久乃得解。（《后汉书》卷二八《桓谭传》）

行之未期，章帝复发圣思，考之经谶，使左中郎将贾逵问治历者卫承、李崇、太尉属梁鲔、司徒掾严勖、太子舍人徐震、钜鹿公乘苏统及欣、梵等十人。（《续汉书·律历志》）

由此可见，谶纬是当时君主“决定嫌疑”之基本理据。但察之东汉集议的实例，引谶纬以议礼法、律历最多，各达 7 次；其次为议律令、人事、事役，各 2 次；议学术 1 次。可见谶纬与所议事项的对应关系还是比较明确，其应用范围也相对固定。

---

[1] 邢义田：《从“如故事”和“便宜从事”看汉代行政中的经常与权变》，载氏著：《治国安邦：法制、行政与军事》，中华书局 2010 年版，第 423—424 页。

[2] 《后汉书》卷一《光武帝纪》。

二、汉代集议引礼法考

表二十三　汉代集议引礼法一览表

时间	议题	理据	内容	出处	备注
高前196	礼法·天子所服	礼	春夏秋冬天子所服，当法天地之数，中得人和	《汉书》卷74《魏相传》	
文前165	礼法·议郊祀	古礼	古者天子夏亲郊祀上帝于郊，故曰郊	《汉书》卷25《郊祀志》	
武前111	礼法·议郊祀乐	古礼	古者祀天地皆有乐，而神祇可得而礼	《史记》卷12《孝武本纪》	
武前110	礼法·议巡狩事	古礼	古者先振兵释旅，然后封禅	《汉书》卷25《郊祀志》	
宣前73	礼法·议故皇太子谥、置园邑	谥法	谥者，行之迹也	《汉书》卷63《武五子传》	语出《逸周书·谥法解》
宣前72	礼法·议定嫁娶丧祭仪品	古礼	议定嫁娶、丧祭仪品，略依古礼，不得过法	《汉书》卷76《韩延寿传》	
宣前59	封建·议废海昏侯嗣	礼	宜以礼绝贺	《汉书》卷63《武五子传》	
元前44	礼法·议汉家宗庙祭祀不应古礼	古礼	古者天子七庙，今孝惠、孝景庙皆亲尽，宜毁。及郡国庙不应古礼，宜正定	《汉书》卷25《郊祀志》、73《韦贤传》	

续表

时间	议题	理据	内容	出处	备注
元前40—39	礼法·议罢郡国庙	礼	礼，王者始受命，诸侯始封之君，皆为太祖。以下，五庙而迭毁，毁庙之主臧乎太祖，五年而再殷祭，言一禘祫也。祫祭者，毁庙与未毁庙之主皆合食于太祖，父为昭，子为穆，孙复为昭，古之正礼也	《汉书》卷25《郊祀志》、73《韦贤传》	
元前40—39	礼法·议罢郡国庙	礼	礼，庙在大门之内，不敢远亲也	《汉书》卷25《郊祀志》、73《韦贤传》	
			皇考庙上序于昭穆，非正礼，宜毁		
成前16—前13间	刑狱·议梁王立罪	礼	礼，天子外屏，不欲见外	《汉书》卷47《文三王传》	《荀子·大略》：天子外屏，诸侯内屏，礼也。外屏，不欲见外也
哀前2	礼法·议复孝惠、孝景庙	礼	胜曰："当如礼。"	《汉书》卷72《龚胜传》	
平5	礼法·议罢皇考庙	礼制	此两统贰父，违于礼制	《汉书》卷73《韦贤传》	
	礼法·议平帝葬礼	礼	礼，臣不殇君	《汉书》卷12《平帝纪》	

续表

时间	议题	理据	内容	出处	备注
光 43	礼法·议先帝四庙当代亲庙者及皇考庙事	礼	礼，为人后者则为之子，既事大宗，则降其私亲	《后汉书》卷 35《张纯传》	即“为人后者为之子”
光 50	礼法·议禘祫之祭	礼说	礼说三年一闰，天气小备；五年再闰，天气大备	《后汉书》卷 35《张纯传》	
明 60	礼法·议世祖庙登歌八佾舞名	《汉书》	百官颂所登御者，一章十四句	《续汉书·祭祀志》注引《东观书》	《汉书》盖汉礼书
章 75	礼法·议明帝尊号庙礼	礼	礼，祖有功，宗有德	《续汉书·祭祀志》注引《东观书》	
和 88	礼法·议章帝谥	谥法	号者，功之表；谥者，行之迹	《御览》卷 562《礼仪部·谥》引崔骃《章帝谥议》	
和 90	礼法·议拜大将军称万岁	礼	礼无人臣称万岁之制	《后汉书》卷 45《韩棱传》	
和 97	礼法·议贬太后尊号	礼	礼，臣子无贬尊上之文	《后汉书》卷 10《皇后纪》	
和 100	刑狱·议太尉张酺罪	公门之仪	知公门有仪，不屏气鞠躬以须诏命，反作色大言，怨让使臣	《后汉书》卷 45《张酺传》	

续表

时间	议题	理据	内容	出处	备注
献 189	礼法·议迁太后永安宫	妇姑之礼	董卓又议太后蹴迫永乐宫，至令忧死，逆妇姑之礼，乃迁于永安宫	《后汉书》卷10《皇后纪》	
献 191	礼法·追议邓后谥	礼	礼，大行受大名，小行受小名	《后汉书》卷10《皇后纪》注引《蔡邕集·谥议》	见今《逸周书·谥法》
		谥法	有功安人曰熹		
献约 210	礼法·议元会应避日蚀否	礼	礼，诸侯旅见天子，入门不得终礼者四，日蚀在一	《通典》卷78《礼·沿革·军礼·天子合朔伐鼓》	

以上是汉代集议引礼法的25例。实际上引礼法不止此数，有一部分引某礼而实出自经传的（主要是出自《礼》和《春秋》），已经归入上面去了。引礼法裁决的，绝大多数是礼法本身的问题。此外还有封建1例、刑狱2例。例如奏免太尉张酺案：

会复共谢阙下，酺因责让于称。称辞言不顺，酺怒，遂廷叱之，称乃劾奏酺有怨言。天子以酺先帝师，有诏公卿、博士、朝臣会议。司徒吕盖奏酺位居三司，知公门有仪，不屏气鞠躬以须诏命，反作色大言，怨让使臣，不可以示四远。于是策免。（《后汉书》卷四五《张酺传》）

张酺即因违反公门礼仪被劾奏策免。

礼法类集议，有些其实与今天意义上的立法有关，如高祖时议天子所服，看似礼法问题，实则最后形成的诏书被载入《高皇帝所述书天子所服第八》，可能是汉令的一种。又如颍川太守韩延寿“议定嫁娶、丧祭仪品，略依古礼，不得过法”，其实即是条教，有地方立法的性质。

集议所引礼法，多属所谓“古礼”，是先秦时期产生、经过汉代儒生整理、诠释过的礼仪。这类礼仪因为先汉代而存在，属于古之大经大法，所以较之汉代才产生的律令，理论上更具有对皇权的约束作用。[1]例如，律令中间从来没有见过关于天子应如何行为的规范，但是这类规范在礼中比比皆是，即以表中所引为例：

春夏秋冬天子所服，当法天地之数，中得人和。

古者天子夏亲郊祀上帝于郊，故曰郊。

这是对天子穿着、郊祀的规定。又如：“礼，祖有功，宗有德。”这是对天子驾崩后庙号的规定：有功才能称“祖”，有德才能称“宗”。更典型的是载于《公羊传》中，在汉代乃至帝制中国史上屡屡被称引的一条古礼：“为人后者为之子。”先把引用这条古礼的案例具引如下：

孝昭皇帝早弃天下，亡嗣，臣敞等议，礼曰“为人后者为之子也”，昌邑王宜嗣后，遣宗正、大鸿胪、光禄大夫奉节使征昌邑王典丧。(《汉书》卷六八《霍光传》)

帝初即位，下诏曰：“故皇太子在湖，未有号谥、岁时祠，其议谥，置园邑。”有司奏请；“《礼》‘为人后者，为之子也’，故降其父母不得祭，尊祖之义也。陛下为孝昭帝后，承祖宗之祀，制礼不逾闲。……”(《汉书》卷六三《武五子传》)

月余，天子立楚孝王孙景为定陶王，奉恭王后。太子议欲谢，少傅阎崇以为：“《春秋》不以父命废王父命，为人后之礼不得顾私亲，不当谢。”太傅赵玄以为当谢，太子从之。诏问所以谢状，尚书劾奏玄，左迁少府，以光禄勋师丹为太傅。(《汉书》卷九七《外戚传》)

傅太后大怒，要上欲必称尊号，上于是追尊定陶共王为共皇帝，尊傅太后为共皇太后，丁后为共皇后。……丹议独曰：“……定陶共皇号谥已前定，义不得复改。……为人后者为之子，故为所后服斩衰三年，而降其父母期，明尊本祖而重正统也。……”(《汉书》卷八六《师丹传》)

[1] 参见朱腾：《为礼所缚的汉代皇权——有关礼之规范功能的一个考察》，载《现代法学》2013年第3期。

纯以宗庙未定，昭穆失序，十九年，乃与太仆朱浮共奏言："……礼，为人后者则为之子，既事大宗，则降其私亲。今禘祫高庙，陈序昭穆，而舂陵四世，君臣并列，以卑厕尊，不合礼意。……臣愚谓宜除今亲庙，以则二帝旧典，愿下有司博采其议。"诏下公卿，大司徒戴涉、大司空窦融议："宜以宣、元、成、哀、平五帝四世代今亲庙，……"帝从之。(《后汉书》卷三五《张纯传》)

以上，涉及立昌邑王为帝、为戾太子立庙、尊王太后为皇太后、贬光武私亲庙等问题。所谓"为人后者为之子"，就是当某宗无后，可以收养一名嗣子来继承本宗，这个嗣子即"为人后者"。自过继之后，嗣子应当以养父为父亲，而生父则亲等下降。这一点，《张纯传》"既事大宗，则降其私亲"说得很清楚。细绎其意，这条古礼应用在君主身上，其实带有一种"公天下"的精神。因此哀帝想立祖母为皇太后而屡遭阻挠，光武帝也不得不顺遂臣下之意降低父祖的宗庙品级。中国历史上因为引用这条古礼而闹得更凶的事件，分别是北宋的"濮议"和明朝的"大礼议"。这条古礼本身合理与否姑且不论，礼法对于皇权的制约确是不言而喻的。

三、汉代集议引古制、古事考

表二十四 汉代集议引古制、古事一览表

时间	议题	理据	内容	出处	备注
文前 179	废立·立太子	殷周事	古者殷、周有国，治安皆且千岁，有天下者莫长焉，用此道也	《汉书》卷 4《文帝纪》	
武前 124	政制·议予博士弟子员	三代乡里之教	三代之道，乡里有教，夏曰校，殷曰庠，周曰序	《汉书》卷 6《武帝纪》、88《儒林传》	《孟子·滕文公上》：夏曰校，殷曰庠，周曰序

续表

时间	议题	理据	内容	出处	备注
武前123	律令·议置武功赏官	五帝、三代事	五帝不相复礼，三代不同法	《史记》卷30《平准书》、《汉书》卷6《武帝纪》	
		孔子言行	孔子对定公以徕远，哀公以论臣，景公以节用		
武前120	食货·更造钱币	古币制	古者皮币，诸侯以聘享。金有三等，黄金为上，白金为中，赤金为下	《史记》卷30《平准书》	《书·禹贡》：厥贡惟金三品
武前117	政制·议大司马名	周制	法周制置司马	《续汉书·百官志》注引《汉官仪》	
	封建·议封皇子闳等为三王	周制	周封八百，姬姓并列，或子、男、附庸	《史记》卷60《三王世家》	
武前113	礼法·议尊宝鼎	上古三代事	大帝兴神鼎一，黄帝作宝鼎三，禹收九牧之金，铸九鼎	《史记》卷12《孝武本纪》	
武前111	礼法·议郊祀乐	上古事	泰帝使素女鼓五十弦瑟，悲，帝禁不止，故破其瑟为二十五弦	《史记》卷12《孝武本纪》	
武前95	边事·议开大河防匈奴	上古事	河乃大禹之所道也，圣人作事，为万世功，通于神明，恐难改更	《汉书》卷29《沟洫志》	

续表

时间	议题	理据	内容	出处	备注
宣前 74	废立·议立广陵王胥	周事	周太王废太伯立王季，文王舍伯邑考立武王	《汉书》卷 68《霍光传》	
宣前 59	封建·议废海昏侯嗣	上古事	舜封象于有鼻，死不为置后，以为暴乱之人不宜为太祖	《汉书》卷 63《武五子传》	
元前 48	边事·议罢珠厓郡	上古三代事	武丁、成王，殷、周之大仁也，然地东不过江、黄，西不过氐、羌，南不过蛮荆，北不过朔方	《汉书》卷 64《贾捐之传》	
成前 8	政制·议备三公官、大司空名号	周制	法周制，初置司空	《续汉书·百官志》注引应劭《汉官仪》	
哀约前 3	事役·穿长安城引漕注太仓下以省转输	秦开郑国渠事	秦开郑国渠以富国强兵	《汉书》卷 45《息夫躬传》	
平 2	礼法·议告祠宗庙	周公召公事	周公上圣，召公大贤，尚犹有不相说，著于经典，两不相损	《汉书》卷 77《孙宝传》	

续表

时间	议题	理据	内容	出处	备注
平3	封建·议以新野田益封王莽	古制	古者天子封后父百里，尊而不臣，以重宗庙，孝之至也	《汉书》卷99《王莽传》	
	封建·议封王莽如周公	周公事	宜恢公国，令如周公，建立公子，令如伯禽，所赐之品，亦皆如之。诸子之封，皆如六子	《汉书》卷99《王莽传》	
平4	封建·再议封王莽如周公	周公事	安汉公拜前，二子拜后，如周公故事	《汉书》卷99《王莽传》	
新6	刑制·议复汙（污）池刑	古制	古者畔逆之国，既以诛讨，则猪其宫室以为污池	《汉书》卷99《王莽传》	
新8	礼法·议王莽为母服丧之服制	伊尹、周公事	昔殷成汤既没，而太子蚤夭，其子太甲幼少不明，伊尹放诸桐宫而居摄，以兴殷道。周武王既没，周道未成，成王幼少，周公屏成王而居摄，以成周道	《汉书》卷99《王莽传》	
光26	封建·议封侯	古制	古帝王封诸侯不过百里，故利以建侯，取法于雷，强干弱枝，所以为治也	《后汉书》卷1《光武帝纪》	

续表

时间	议题	理据	内容	出处	备注
光 39	废立·议请封皇子	古制	古者封建诸侯，以籓屏京师。周封八百，同姓诸姬并为建国，夹辅王室，尊事天子，享国永长，为后世法	《后汉书》卷1《光武帝纪》	
顺 136	礼法·议尊谥北乡侯	成王周公事	昔周公摄天子事，及薨，成王欲以公礼葬之，天为动变。及更葬以天子之礼，即有反风之应	《后汉书》卷61《周举传》	
桓 151	礼法·议崇梁冀礼	周公事	咸称冀之勋德，其制度赉赏，以宜比周公，锡之山川、土田、附庸	《后汉书》卷61《黄琼传》	
献 189	废立·议废少帝立陈留王	伊尹、霍光故事	今欲依伊尹、霍光故事，更立陈留王	《后汉书》卷72《董卓传》	

汉代集议引古事、古制情况如上表所见。在汉代集议所引理据之中，古事、古制应该是位阶最低的。如果律令、经传、故事成例有依据可引，则一般不会直接援引古事、古制。所以，汉代集议引古事、古制一般是下面两种情况：

第一，为新创设制度寻找历史渊源。

例如汉武帝时议予博士弟子员、置武功赏官、设白金三品，成帝时备三公官，新莽时复汙池刑等。这些做法不但在两汉史上无故事可循，即便经典之中也没有相关论述，所以只好上引古事、古制为证，以作为新创设制度的历史渊源，表示古已有之、托古改制。

第二，为破例寻找依据。

还有一类情况，是利用汉代人的崇古心理，为打破现行之制寻找依据。而且需要引古事、古制的破例，往往不是普通的破例，而是破天荒的破例。例如两汉引用最多的先秦故事，是“周公故事”系列，包括相类似的“伊尹故事”。这种古事为霍光、董卓废立天子、王莽居摄、梁冀享受无上礼遇都提供了借口。所以，在这种情况下的援引古事往往是对汉代法制和秩序的严重破坏。

以上分析了汉代集议引经典的几种情况。汉代人在集议时援引经传、谶纬、礼法、古事、古制，一般来讲都是为了弥补汉制之不足、打破汉制之束缚，甚至于制约皇权与强权。经典在汉代历史上的作用是复杂的。一方面，经典中的许多思想被吸纳为汉代的官方哲学、创设为汉制，为皇权的稳固起到了巨大的作用；另一方面，当经典为汉制提供了合法性来源之后，独立于汉制之外的经典反而成为了汉制的“太上皇”“帝王师”，可以对汉制构成有效的制约，对君主形成有力的掣肘。所以汉代君主，尤其是独裁之主，对于经典的情感也是比较复杂的。总的来讲，经典不仅为汉制提供了思想资源，其本身也是带有强制效力的一种规范。并且相较于汉制而言，经典代表了汉王朝以复古之名革新的一面。

第三节　汉代集议引汉制考

一、汉代集议引律令、制度考

表二十五　汉代集议引律令、制度一览表

时间	议题	理据	内容	出处	备注
文前 174	刑狱·议淮南王长罪	律令		《史记》卷 118《淮南衡山列传》	

续表

时间	议题	理据	内容	出处	备注
景前 154	刑狱·议晁错罪	律	大逆无道，要斩，父母妻子同产无少长皆弃市	《汉书》卷 49《爰盎传》	
景前 143	刑狱·议囚防年罪	律	杀母大逆论，杀常人弃市	《御览》卷 88《皇王部·孝武皇帝》引《汉武故事》	
武前 128	律令·议不举孝廉罪	律令	不奉诏，当以不敬论。不胜任，当免	《汉书》卷 6《武帝纪》	
	刑狱·议燕王定国罪	律	禽兽行，当诛	《汉书》卷三五《荆燕吴传》	
武前 126—前 124 间	刑狱·议郭解罪	律	大逆无道，族	《史记》卷 124《游侠列传》	
武前 124	刑狱·议淮南王安罪	律令	格明诏，当弃市	《汉书》卷 44《淮南王传》	
武前 123	刑狱·议梁平王襄及太后罪	律令	不孝，当诛	《汉书》卷 47《文三王传》	
武前 122	刑狱·议淮南王安、衡山王赐罪	律	大逆无道，谋反明白，当伏诛	《汉书》卷 44《衡山王传》	

续表

时间	议题	理据	内容	出处	备注
武前 121	刑狱·议江都王建罪	律	当以谋反法诛	《汉书》卷 53《景十三王传》	
武前 117	封建·议封皇子闳等为三王	汉封建制	高皇帝拨乱世反诸正，昭至德，定海内，封建诸侯，爵位二等	《史记》卷 60《三王世家》	
武前 116	刑狱·议博士徐偃矫制罪	律	矫制大害，法至死	《汉书》卷 64《终军传》	
昭前 78	刑狱·议侯史吴罪	律	不道	《汉书》卷 60《杜周传》	
宣前 72	礼法·议定嫁娶丧祭仪品	法	议定嫁娶、丧祭仪品，略依古礼，不得过法	《汉书》卷 76《韩延寿传》	
	刑狱·议大司农田延年罪	律	主守盗三千万，不道	《汉书》卷 90《酷吏传》	
宣前 70	刑狱·议广川王去罪	律	凡杀无辜十六人，至一家母子三人，逆节绝理，当伏显戮以示众	《汉书》卷 53《景十三王传》	

续表

时间	议题	理据	内容	出处	备注
宣前 65	封建·议封冯奉世	律	擅矫制违命，发诸国兵	《汉书》卷 79《冯奉世传》	
宣前 61	律令·议令诸有罪得入谷边郡赎罪	《金布令甲》	边郡数被兵，离饥寒，夭绝天年，父子相失，令天下共给其费	《汉书》卷 78《萧望之传》	
宣前 60	刑狱·议司隶校尉盖宽饶罪	律	大逆不道	《汉书》卷 77《盖宽饶传》	
宣前 57	刑狱·议左冯翊韩延寿罪	律	狡猾不道，弃市	《汉书》卷 76《韩延寿传》	
宣前 57—前 54 间	刑狱·议菑川王终古罪	律	禽兽行	《汉书》卷 38《高五王传》	
宣前 56	刑狱·议御史大夫萧望之罪	律令	御史有令不得擅使；受所监臧二百五十以上	《汉书》卷 78《萧望之传》	
元前 48	政制·议中书不用宦者	旧制	中书政本，宜以贤明之选，自武帝游宴后庭，故用宦者，非国旧制	《汉书》卷 78《萧望之传》	

续表

时间	议题	理据	内容	出处	备注
元前47	刑狱·议宗正刘向罪	律令	教令人言变事，诬罔不道	《汉书》卷36《楚元王传》	
元前43	刑狱·议车骑都尉韩昌、光禄大夫张猛擅盟匈奴罪	律令	奉使无状，罪至不道	《汉书》卷94《匈奴传》	
	刑狱·议贾捐之、杨兴罪	律令	漏泄省中语，罔上不道	《汉书》卷64《贾捐之传》	
元前36	封建·议封甘延寿、陈汤	军法捕斩单于令	议者皆以为宜如军法捕斩单于令	《汉书》卷70《陈汤传》	
	封建·再议封冯奉世	律令	汉家之法有矫制	《汉书》卷79《冯奉世传》	
成前24—前21间	刑狱·议高陵令杨湛罪	律	主守盗、十金法重	《汉书》卷83《薛宣传》	孟康曰：法有主守盗，断官钱自入己也；师古曰：依当时律条，臧直十金，则至重罪

续表

时间	议题	理据	内容	出处	备注
成前 20	人事·议薛宣为御史大夫	考绩用人之法	考绩用人之法，薛宣政事已试	《汉书》卷 72《王吉传》	
成前 16	刑狱·议陈汤罪	律	惑众，不道；非所宜言，大不敬	《汉书》卷 70《陈汤传》	
成前 16—前 13 间	刑狱·议梁王立罪	律	禽兽行	《汉书》卷 47《文三王传》	
成前 15	灾异·议归咎张放	律令	为臣不忠首	《汉书》卷 59《张汤传》	
	刑狱·议右曹侍郎薛况罪	律	斗以刃伤人，完为城旦，其贼加罪一等，与谋者同罪	《汉书》卷 83《薛宣传》	
		诏书	诏书无以诋欺成罪		
成前 14	礼法·议汉宗庙之礼	令	汉宗庙之礼，不得擅议，皆祖宗之君与贤臣所共定	《汉书》卷 25《郊祀志》	《汉书·韦贤传》：高后时患臣下妄非议先帝宗庙寝园官，故定著令，敢有擅议者弃市

续表

时间	议题	理据	内容	出处	备注
成前 12	封建·议封淳于长	封爵之科	当又以为长虽有善言，不应封爵之科	《汉书》卷 71《平当传》	
成前 8	刑狱·议淳于长小妻迺始等六人罪	令	令，犯法者各以法时律令论之	《汉书》卷 81《孔光传》	
		律	大逆无道，父母妻子同产无少长皆弃市		
哀前 7	礼法·议毁孝武庙	制书	永光五年制书，高皇帝为汉太祖，孝文皇帝为太宗。建昭五年制书，孝武皇帝为世宗	《汉书》卷 73《韦贤传》	
	封建、刑狱·请废赵氏侯，议罪	正法	请事穷竟，丞相以下议正法	《汉书》卷 97《外戚传》	
哀前 5	刑狱·议大司空师丹罪	律令	漏泄省中语	《汉书》卷 86《师丹传》	
	刑狱·议丞相朱博、御史大夫赵玄、孔乡侯傅晏罪	律令	附下罔上，为臣不忠不道；知所言非法，枉义附从，大不敬；失礼不敬	《汉书》卷 83《朱博传》	

续表

时间	议题	理据	内容	出处	备注
哀前 2	刑狱·议王嘉罪	律	迷国罔上，不道	《汉书》卷 86《王嘉传》	
平 3	刑狱·议金钦罪	律	诬祖不孝，罪莫大焉，尤非大臣所宜，大不敬；失礼不敬	《汉书》卷 68《金日磾传》	
光 31	礼法·议郊尧	旧制	汉起不因缘尧，与殷周异宜，而旧制以高帝配	《续汉书·祭祀志》	
光 38	律令、刑制·议重刑罚	旧制	臣愚以为宜如旧制，不合翻移	《后汉书》卷 27《杜林传》	
光约 51	礼法·议立辟雍、明堂	孝武太山明堂制度	乃案七经谶、明堂图、河间《古辟雍记》、孝武太山明堂制度，及平帝时议，欲具奏之	《后汉书》卷 35《张纯传》	
光 52	礼法·议酬答北匈奴之宜	孝宣皇帝敕	匈奴大国，多变诈。交接得其情，则却敌折冲；应对入其数，则反为轻欺	《后汉书》卷 89《南匈奴列传》	

续表

时间	议题	理据	内容	出处	备注
明 60	礼法·议世祖庙登歌八佾舞名	汉制旧典	汉制旧典，宗庙各奏其乐，不皆相袭，以明功德	《续汉书·祭祀志》注引《东观书》	
明 73	刑狱·议骑都尉秦彭罪	汉制	汉制：假棨戟以当斧钺	《后汉书》卷46《郭躬传》、《御览》卷646《刑部·斩》引《汉新事》	
		军法	督将授斧钺称令，得擅行法		
		律令	不由督率贼煞人		
明 73—75 间	刑狱·议中常侍孙章罪	法令	法令有故、误，章传命之谬，于事为误，误者其文则轻	《后汉书》卷46《郭躬传》	
		律	矫制，罪当腰斩		
明帝时	刑狱·议青州刺史王望擅出布粟赈灾罪	律令	时公卿皆以为望之专命，法有常条	《后汉书》卷39《王望传》	
章 85	礼法·议增修群祀宜享祀者	孝文十二年令	比年五谷不登，欲有以增诸神之祀	《续汉书·祭祀志》注引《东观书》	

续表

时间	议题	理据	内容	出处	备注
和 89—97 间	律令·议废轻侮法	律	王者承天地，顺四时，法圣人，从经律	《后汉书》卷44《张敏传》	
和 102	律历·议改用夏历	官所施漏法《令甲》第六《常符漏品》	案官所施漏法《令甲》第六《常符漏品》，孝宣皇帝三年十二月乙酉下，建武十年二月壬午诏书施行	《续汉书·律历志》	
安 107—109 间	律令·议尽冬月断狱	律令	令疑罪使详其法，大辟之科，尽冬月乃断	《后汉书》卷25《鲁恭传》	
安 116	礼法、律令·议牧守行三年丧	元初诏书	诏书所以为制服之科者，盖崇化厉俗，以弘孝道也	《后汉书》39《刘恺传》	
安 120	礼法·议冠一梁	先帝旧制	门大夫职如谏大夫，洗马职如谒者，故皆服其服，先帝之旧也	《续汉书·舆服志》	

续表

时间	议题	理据	内容	出处	备注
安 121	律令·议复建武故事绝告宁之典	宁告之科	高祖受命，萧何创制，大臣有宁告之科，合于致忧之义	《后汉书》卷46《陈忠传》	
		孝宣皇帝旧令	人从军屯及给事县官者，大父母死未满三月，皆勿徭，令得葬送		
	刑狱·议乐成王苌罪	律	不道	《后汉书》卷50《孝明八王列传》	
安 124	刑狱·议太子罪	法律	龚调据法律明之，以为男、吉犯罪，皇太子不当坐	《后汉书》卷15《来历传》	
顺 136	食货·议增蛮夷租赋	先帝旧典	先帝旧典，贡税多少，所由来久矣	《后汉书》卷86《南蛮西南夷列传》	
桓 163	刑狱·议车骑将军冯绲罪	正法	罪无正法，不合致纠	《后汉书》卷38《冯绲传》	
桓 166	刑狱·议襄楷罪	律令	析言破律，违背经蓺（艺），假借星宿，伪托神灵，造合私意，诬上罔事	《后汉书》卷30《襄楷传》	

续表

时间	议题	理据	内容	出处	备注
灵 175	律历·议用甲寅元	甲寅制书	……史官用太初邓平术，冬至之日，日在斗二十一度，而历以为牵牛中星，先立春一日，则四分数之立春也，而以折狱断大刑，于气已迕，用望平和，盖亦远矣。今改行《四分》，以遵于尧，以顺孔圣奉天之文	《续汉书·律历志》	
灵 180	律历·议宗诚、张恂历术优劣	注记	覆校注记，平议难问	《续汉书·律历志》	
		甲辰、丙申诏书	然协历正纪，钦若昊天，宜率旧章，如甲辰、丙申诏书，以见食为比		
灵 184	刑狱·议故武威太守黄隽罪	律令	失期	《后汉书》卷58《盖勋传》注引《续汉书》	

续表

时间	议题	理据	内容	出处	备注
灵帝时	礼法·议殴杀指挥使尚可斋祠不	元和诏	礼无免斋	《蔡中郎集·答斋议》	
献 194	礼法·议加太傅马日磾丧礼	汉律	《汉律》与罪人交关三日已上，皆应知情	《后汉书》卷 70《孔融传》	

这里所谓的汉代律令、制度，是指当时国家制定的成文法。这是汉代法律体系中最具刚性、最具强制性的一面。如果将有汉一代的法比喻成巨大的冰山，那么律令、制度就是浮出海平面、在阳光下熠熠生辉的那一部分，但绝不可视之为全部。

汉代引成文法较多的集议类型，依次是：刑狱（37 例）、礼法（12 例）、律令（6 例）、封建（6 例）、律历（3 例）。前引经传运用于刑狱之中的集议共 25 例，其中还包括了相当数量的以经义解决法律适用问题、最后仍以律令为据的例子。由此可见，即便在中央层面的司法，仍然以律令为主要裁决依据。而郡县司法更是普遍以律令为据，引经决狱的情况即便在传世文献中也极少出现，在出土文献中则尚未见到。

礼法类集议引律令制度的例子，则可以看到汉制对经典发生作用划定了范限。以下引两个例子：

延寿欲更改之，教以礼让，恐百姓不从，乃历召郡中长老为乡里所信向者数十人，设酒具食，亲与相对，接以礼意，人人问以谣俗，民所疾苦，为陈和睦亲爱、销除怨咎之路。长老皆以为便，可施行，因与议定嫁娶、丧祭仪品，略依古礼，不得过法。(《汉书》卷七六《韩延寿传》)

及汉宗庙之礼，不得擅议，皆祖宗之君与贤臣所共定。(《汉书》卷

二五《郊祀志》)

高后时患臣下妄非议先帝宗庙寝园官，故定著令，敢有擅议者弃市。(《汉书》卷七三《韦贤传》)

韩延寿依古礼为颍川百姓议定嫁娶、丧祭仪品，但前提是“不得过法”。汉代儒者型官员，往往在地方以“条教”治民，这是经典影响下的做法。但是条教会对法律之治构成挑战，所以汉代君主会以律令或制诏的形式对条教进行约束，如：

臣敞非敢毁丞相也，诚恐群臣莫白，而长吏、守丞畏丞相指，归舍法令，各为私教，务相增加，浇淳散朴，并行伪貌，有名亡实，倾摇解怠，甚者为妖。……汉家承敝通变，造起律令，所以劝善禁奸，条贯详备，不可复加。宜令贵臣明饬长吏、守丞，……郡事皆以义法令捡式，毋得擅为条教；敢挟诈伪以奸名誉者，必先受戮，以正明好恶。(《汉书》卷八九《循吏传》)

第二例是著令禁止擅议宗庙。汉代宗庙问题，是集议的焦点。如前所引，集议的参与者往往会引经传、礼法作为解决宗庙问题的依据，有时会引起不必要的混乱。所以吕后时期定著令，严禁臣下擅议宗庙，这也是对经典作用的一种限制。

二、汉代集议引故事、成例考考

表二十六　汉代集议引故事、成例一览表

时间	议题	理据	内容	出处
吕前187	封建・议封诸吕为王	高帝刑白马盟	非刘氏而王，天下共击之	《史记》卷9《吕太后本纪》
景前150	封建・议侯皇后兄王信	高皇帝约	非刘氏不得王，非有功不得侯。不如约，天下共击之	《史记》卷57《绛侯周勃世家》
		汉事	南皮、章武侯先帝不侯	

续表

时间	议题	理据	内容	出处
景前147	封建·驳议侯匈奴降者	高皇帝约		《汉书》卷17《景武昭宣元成功臣表》、40《周亚夫传》
武前119	边事·议匈奴求和亲事	汉事	平城之困、七国之乱	《史记》卷122《酷吏列传》
武前117	封建·议封皇子闳等为三王	故事	他皆如前故事	《史记》卷60《三王世家》
宣前61	礼法·议美阳鼎荐见宗庙	汉事	昔宝鼎之出于汾脽也，河东太守以闻，诏曰：……	《汉书》卷25《郊祀志》
宣前56	刑狱·议御史大夫萧望之罪	故事	故事丞相病，明日御史大夫辄问病；朝奏事会庭中，差居丞相后，丞相谢，大夫少进，揖	《汉书》卷78《萧望之传》
元前36	封建·议封甘延寿、陈汤	安远侯郑吉故事	元帝取安远侯郑吉故事，封千户	《汉书》卷70《陈汤传》、79《冯奉世传》
		萧望之前议	丞相匡衡亦用延寿矫制生事，据萧望之前议，以为不当封	
	封建·再议封冯奉世	甘延寿封侯事	都护延寿发城郭兵屯田吏士四万余人以诛斩匈奴郅支单于，封为列侯	《汉书》卷79《冯奉世传》
成前8	礼法·议兴辟雍、设庠序、陈礼乐	叔孙通定礼仪事	叔孙通将制定礼仪，见非于齐、鲁之士，然卒为汉儒宗，业垂后嗣，斯成法也	《汉书》卷22《礼乐志》

续表

时间	议题	理据	内容	出处
哀前7	礼法·议毁孝武庙	宣帝时议	孝宣皇帝举公卿之议，用众儒之谋，既以为世宗之庙，建之万世，宣布天下	《汉书》卷73《韦贤传》
	封建、刑狱·请废赵氏侯，议罪	永光三年男子忠发长陵事	臣谨案永光三年男子忠等发长陵傅夫人冢。事更大赦，孝元皇帝下诏曰："此朕不当所得赦也。"穷治，尽伏辜，天下以为当	《汉书》卷97《外戚传》
平1	封建·议赐王莽号安汉公	霍光故事	故大司马霍光有安宗庙之功，益封三万户，畴其爵邑，比萧相国。莽宜如光故事	《汉书》卷99《王莽传》
平3	封建·议以新野田益封王莽	故事	故事，聘皇后黄金二万斤，为钱二万万	《汉书》卷99《王莽传》
平5	礼法·议郊祀之处	建始时丞相衡等议	皆曰宜如建始时丞相衡等议，复长安南、北郊如故	《汉书》卷25《郊祀志》
	礼法·议罢皇考庙	本始元年丞相义等议	本始元年丞相义等议，谥孝宣皇帝亲曰悼园，置邑三百家	《汉书》卷73《韦贤传》

续表

时间	议题	理据	内容	出处
光28	学术·议立费氏易、左氏春秋博士	先帝不立《左传》博士事	先帝不以《左氏》为经，故不置博士，后主所宜因袭	《后汉书》卷36《陈元传》
		宣帝立《穀梁》博士事	孝宣皇帝在人间时，闻卫太子好《穀梁》，于是独学之。及即位，为石渠论而《穀梁氏》兴，至今与《公羊》并存	
光31	礼法·议郊尧	元年郊祀故事	方军师在外，且可如元年郊祀故事	《续汉书·祭祀志》及注引《东观书》、《后汉书》卷27《杜林传》及注引《东观书》
		祖宗故事	祖宗故事，所宜因循	
光38	律令、刑制·议重刑罚	孔光、师丹等议	故臣统愿陛下采择贤臣孔光、师丹等议	《后汉书》卷27《杜林传》
光39	废立·议请封皇子	前汉封建之例	高祖圣德，光有天下，亦务亲亲，封立兄弟诸子，不违旧章	《后汉书》卷1《光武帝纪》
光43	礼法·议先帝四庙当代亲庙者及皇考庙事	二帝旧典	臣愚谓宜除今亲庙，以则二帝旧典，愿下有司博采其议	《后汉书》卷35《张纯传》
光48	边事·议许薁鞬日逐王内附	孝宣故事	臣以为宜如孝宣故事受之	《后汉书》卷19《耿国传》

续表

时间	议题	理据	内容	出处
光约51	礼法·议立辟雍、明堂	平帝时议	乃案七经谶、明堂图、河间《古辟雍记》、孝武太山明堂制度，及平帝时议，欲具奏之	《后汉书》卷35《张纯传》
光56	礼法·议请封禅、封禅所施用	元封时封禅故事	上许梁松等奏，乃求元封时封禅故事，议封禅所施用	《续汉书·祭祀志》
明59	礼法·议春南北郊	汉事	高皇帝始受命创业，制长冠以入宗庙。光武受命中兴，建明堂，立辟雍	《续汉书·百官志》注引《东观书》
明72	边事·议出兵调度	故事	案军出塞无谷马故事	《御览》卷837《百谷部·谷》引《东观汉记》
		宣帝时奏	宣帝时五将出征，案其奏，言匈奴候骑得汉矢，见其中有粟，知汉兵出，以故引去。以是言之，马当与谷	
章75	礼法·议明帝尊号庙礼	孝文皇帝祫祭高庙故事	闲祀悉还更衣，共进《武德》之舞，如孝文皇帝祫祭高庙故事	《后汉书》卷3《肃宗孝章帝纪》
章79	礼法·议明德皇后在世祖庙坐位	汉事	文、武、宣、元祫食高庙，皆以后配，先帝所制，典法设张	
章83	边事·议许北单于和亲	故事	臣愚以为宜依故事，复遣使者	《后汉书》卷40《班固传》

续表

时间	议题	理据	内容	出处
章85	边事·议还所掠北匈奴生口	和亲之约	北虏遣使奉献和亲，有得边生口者，辄以归汉，此明其畏威，而非先违约也	《后汉书》卷45《袁安传》
	律令·议断狱当尽冬月	旧事	汉旧事断狱报重，常尽三冬之月	《后汉书》卷46《陈宠传》
和91	边事·议立北单于	南单于故事	乃上立降者左鹿蠡王阿佟为北单于，置中郎将领护，如南单于故事	《后汉书》卷45《袁安传》
		章和时议	至乎章和之初，降者十余万人，议者欲置之滨塞，东至辽东，太尉宋由、光禄勋耿秉皆以为失南单于心，不可，先帝从之	
和92	礼法·议追封和熹皇后父护羌校尉邓训	故事	宠以先世无奏请故事，争之连日不能夺	《后汉书》卷46《陈忠传》
和97	礼法·议贬太后尊号	光武黜吕太后故事	依光武黜吕太后故事，贬太后尊号，不宜合葬先帝	《后汉书》卷10《皇后纪》
		上官太后事	案前世上官太后亦无降黜，其勿复议	
	礼法·追上梁贵人尊号	汉家旧典	汉家旧典，崇贵母氏	《后汉书》卷34《梁竦传》

续表

时间	议题	理据	内容	出处
安107—109间	律令·议尽冬月断狱	故事	其立春在十二月中者，勿以报囚如故事	《后汉书》卷25《鲁恭传》
安111	礼法·议邓太后宜献庙	光烈皇后故事	宜入宗庙如光烈皇后故事，率礼复古，垂示万代	《后汉纪·孝安皇帝纪上》
安119	礼法·议复祭六宗	元始中故事	以元始中故事，谓六宗《易》六子之气日、月、雷公、风伯、山、泽者为非是	《续汉书·祭祀志》注引《李氏家书》
	边事·议击匈奴	永元故事	旧敦煌郡有营兵三百人，今宜复之，复置护西域副校尉，居于敦煌，如永元故事	《后汉书》卷47《班勇传》
安121	人事·议选太尉	前汉事	往者孔光、师丹，近世邓彪、张酺，皆去宰相，复序上司	《后汉书》卷39《刘恺传》
	律令·议复建武故事绝告宁之典	建武故事	光武皇帝绝告宁之典，贻则万世，诚不可改。宜复建武故事	《后汉书》卷46《陈忠传》
安约122	刑狱·议居延都尉范邠罪	比	安帝初，清河相叔孙光坐臧抵罪，遂增锢二世，衅及其子……议依光比	《后汉书》卷39《刘恺传》
顺132	废立·议探筹以立皇后	祖宗典故	篇籍所记，祖宗典故，未尝有也	《后汉书》卷44《胡广传》
顺143	律历·议改历	甲寅诏书故事	宜如甲寅诏书故事	《续汉书·律历志》

续表

时间	议题	理据	内容	出处
桓151	礼法·议崇梁冀礼	萧何、邓禹、霍光事	……礼仪比萧何；……增封为四县，比邓禹；赏赐……，比霍光	《后汉书》卷61《黄琼传》
灵171	废立·议立宋皇后	旧典	群臣大小咸以长秋宫未定，遵旧依典，章表仍闻，历时乃听	《续汉书·礼仪志》
		故事	群臣妾无得上寿，如故事	
灵172	礼法·议别葬窦太后	旧制	子无黜母，臣无贬君，宜合葬宣陵，一如旧制	《后汉书》卷56《陈球传》
灵184—185间	刑狱·议雒阳男子龙罪	丙吉事	丞相丙吉以为道路死伤，既往之事，……《汉书》嘉其达大体	《续汉书·五行志》注引《风俗通》
灵185	边事·议弃凉州	季布斥樊哙事	昔冒顿至逆也，樊哙为上将，云：……季布犹廷斥曰：“哙可斩！”前朝是之	《后汉纪·灵帝纪下》
献190	礼法·议和帝以下不应为宗	先典	五年而再殷，合食于太祖，以遵先典	《续汉书·祭祀志》注引袁山松书

以上为汉代集议引故事、成例的情况。所谓“故事”，前引邢义田文提到其在史籍中具体所指很丰富。但就狭义而言，故事相当于惯例或先例，具体到司法上则相当于判例，在汉代曰“比”。

汉代引故事较多的集议类型，依次是：礼法（20例）、封建（9例）、边事（8例）、律令（4例）、刑狱（3例）。礼法在汉代有成文法，但不像律令那么结构严密、定期清理，而往往是制度、事例、学说、古礼混杂的集合体。所以，以零散的档案或口耳相传的掌故形式存在的礼法，与故事的关系就格外密切。[1] 这可以解释为什么故事被引来议礼法的例子最多。

寻找故事作为集议的理据，其实是对行政、法制经验的一种跨时空的分享。较早的且在当时历史上成功了的先例，对后代的统治者有着很大的吸引力，被尊为“祖宗故事”“祖宗典故”。联系到前所谓“祖有功而宗有德”，则这种赞誉是溢于言表的。祖宗故事对现世的君主可以构成一种制约，这也是律令所难以做到的。因为汉律虽然很多也是“祖宗”所制，但往往已经脱离了制诏的形态而以律条呈现，不具有历史感。故事对后世君主的制约，可以从所谓“高帝约束”一览究竟。

高帝约束，即刑白马之盟，具体内容是“非刘氏不得王，非有功不得侯。不如约，天下共击之”。据学者考证，这是一项“以言辞定约束”的口头誓约，[2] 属于故事的范畴。这一故事曾被引来反对吕氏封王、封王氏外戚侯、封匈奴降者侯等。其中一次成功，两次失败。另外，在两汉四百年的实践中，逐渐形成了另一个故事——外戚恩泽侯的惯例，以作为高帝约束的例外。因此，故事作为不成文法，其约束力是有限的。

以上分析了汉代集议引汉制的两种情况，即作为成文法的律令、制度，和作为不成文法的故事。汉制一方面从经典之中汲取养分，另一方面也利用具有强制力的特点，对经典作用的范围予以制约。从治术来讲，经典象征着汉家制度“王道”的一面，汉制则是“霸道”的一面；从政风来看，经典的推崇者锐意革新，而汉制的奉行者务实因循。两种理据相辅相成，通过“集议”这种议事机制，寻找着最完美的黄金分割点。

---

[1] 参见吕丽：《礼仪法与故事关系探析》，载《当代法学》2008 年 5 月。

[2] 参见李开元著：《汉帝国的建立与刘邦集团：军功受益阶层研究》，生活 · 读书 · 新知三联书店 2000 年版，第 180—195 页。

第四节　汉代集议所引其他理据考

表二十七　汉代集议所引其他理据一览表

时间	议题	理据	内容	出处	备注
文前165	郊祀	祥瑞	黄龙见成纪	《史记》卷10《孝文本纪》、《汉书》卷25《郊祀志》	
文帝时	民政·议可以佐百姓之急	灾异	阴阳不调，日月薄蚀，年谷不登，大遭旱蝗饥馑之害，谪见天地，灾及万民	《风俗通义》卷2《正失·孝文帝》	
武前123	刑狱·议右将军苏建罪	兵法	小敌之坚，大敌之禽也	《史记》卷111《卫将军骠骑列传》	语出《孙子兵法·谋攻》
武前113	礼法·议尊宝鼎	祥瑞	今鼎至甘泉，以光润龙变，承休无疆。合兹中山，有黄白云降	《史记》卷12《孝武本纪》、《汉书》卷25《郊祀志》	
武前95	食货·议更黄金为麟趾褭蹄	祥瑞	获白麟以馈宗庙，渥洼水出天马，泰山见黄金	《汉书》卷六《武帝纪》	
宣前64	边事·议击匈奴	《老子》	军旅之后，必有凶年	《汉书》卷74《魏相传》	或以为《老子》古本无此句，语出《文子》[1]
宣前61	边事·议平羌之策	兵法	攻不足者守有余；善战者致人，不致于人	《汉书》卷69《赵充国传》	语出《孙子兵法·形》、《虚实》

[1] 参见李定生：《〈文子〉非伪书考》，载陈鼓应主编：《道家文化研究》第五辑，上海古籍出版社1994年版，第462—473页。

续表

时间	议题	理据	内容	出处	备注
宣前56	食货·籴谷助京师、增海租三倍、设常平仓	灾异	恐生旱气，民被其灾	《汉书》卷24《食货志》	
元前42	边事·议平陇西羌乱	兵法	今反虏无虑三万人，法当倍用六万人	《汉书》卷79《冯奉世传》	《孙膑兵法·客主人分》：客倍主人半，然可敌也[1]
元前36	刑狱·议甘延寿、陈汤矫制罪	《司马法》	军赏不逾月	《汉书》卷70《陈汤传》	
成前29	灾异·议水灾	灾异	长安城南有鼠衔黄蒿、柏叶，上民冢柏及榆树上为巢	《汉书》卷27《五行志》	
成约前25	边事·议发兵救西域都护	兵法	客倍而主人半然后敌	《汉书》卷70《陈汤传》	语出《孙膑兵法·客主人分》
成前24	灾异·议废王凤勿用	灾异	宜废勿用，以应天变	《汉书》卷60《杜周传》	
成前15	灾异·议归咎张放	灾异	时数有灾异，议者归咎放等	《汉书》卷59《张汤传》	
成前14	礼法·议汉宗庙之礼	灾异	大风坏甘泉竹宫，折拔畤中树木十围以上百余	《汉书》卷25《郊祀志》	

[1] 银雀山汉墓竹简整理小组编：《孙膑兵法》，文物出版社1975年版，第96页。

续表

时间	议题	理据	内容	出处	备注
哀前5	礼法·议改元易号	灾异	今陛下久疾，变异屡数，天所以谴告人也	《汉书》卷75《李寻传》	
哀前2	刑狱·议王嘉罪	灾异	位列三公，阴阳不和，诸事并废，咎皆繇（由）嘉	《汉书》卷72《龚胜传》	
平2	礼法·议告祠宗庙	祥瑞	越巂郡上黄龙游江中	《汉书》卷77《孙宝传》	
平4	民政·议治河	《周谱》	《周谱》云定王五年河徙，则今所行非禹之所穿也	《汉书》卷29《沟洫志》	
新8	祥瑞·议高庙现金匮图策事	祥瑞	丙寅暮，汉氏高庙有金匮图策：高帝承天命，以国传新皇帝；大神石人谈曰：趣新皇帝之高庙受命，毋留	《汉书》卷99《王莽传》	
光28	学术·议立费氏易、左氏春秋博士	《老子》	学道日损；绝学无忧	《后汉书》卷36《范升传》、《陈元传》、79《儒林列传》	
光30	人事·议郡守不宜频更	灾异	六年有日食之异	《后汉书》卷33《朱浮传》	
章76	边事·议罢西域边屯	灾异	建初元年，大旱谷贵，终以为广陵、楚、淮阳、济南之狱，徙者万数，又远屯绝域，吏民怨旷	《后汉书》卷48《杨终传》	
章85	律令·议断狱当尽冬月	灾异	议者咸曰：旱之所由，咎在改律	《后汉书》卷46《陈宠传》	

续表

时间	议题	理据	内容	出处	备注
和 89	边事·议遣窦宪、耿秉击匈奴	灾异	三辅、并、凉少雨，麦根枯焦，牛死日甚，此其不合天心之效也	《后汉书》卷 25《鲁恭传》	
和 89—97 间	律令·议废轻侮法	《三略》	《记》曰：利一害百，人去城郭	《后汉书》卷 44《张敏传》	语出《三略·下略》
顺 136	礼法·议尊谥北乡侯	灾异	北乡侯亲为天子而葬以王礼，故数有灾异	《后汉书》卷 61《周举传》	

汉代集议所引其他理据，主要分为两类，一类是灾异、祥瑞，一类是诸子、兵书、史书。灾异、祥瑞之所以可以成为行政的依据，是在“天人感应”观念的支配之下产生的现象。兵书是汉代图书分类的六略之一，在裁决边事类集议和与军旅有关的刑狱类集议时，也发挥着独到的作用。

第五节　汉代“法源”臆说

法律史学界对中国古代法制的分类，现在正处于一个过渡期。较早的论著和教材热衷于以现代部门法的分类来比附中国古代法制，而随着学术研究的推进，探寻中国古代法制自身的特点，成为学界的共识。部门法的分类，也逐渐向法律形式的分类过渡。以下可以引两位著名法律史学者的论述，反映这一过渡：

可以说中国古代不存在“民法”、“刑法”这种法律类型的划分，……只是中国古代社会法律的类型划分另有标准，比如说从宏观上说礼与法、从法的体系上说汉代的律令科比，唐代的律令格式等等。而这种划分的标准应该是更符合当时中国社会的实际状况。[1]

中国古代法律没有现代意义上的部门法分类，不能生搬硬套现代法律体系的概念去描述古代法律体系。本书所说的中国古代法律体系，是指古代中国各个朝代的全部法律规范按不同法律形式及其表述的立法成果组合形成的体系化的、有机联系的统一整体。[2]

这两段论述反映了前一阶段法律史研究的进步与成果，也代表了现时代法律史研究的潮流与走向。较之部门法的分类，法律形式的确更加能够反映中国古代法的原貌。但是，“法律形式”作为一个基本的法学概念，也自有其特点和局限。

法律形式是通过立法程序形成的；法律形式是具有一定封闭性的规则体系，要想成为法律形式，须经过一定的立法程序。以上两点作为法律形式的特点，应该问题不大。这样一来，就产生问题了。以汉代法律为例，律、令等固然是比较鲜明的法律形式，但是新近的研究热点——“故事”呢？故事是不是通过立法创制的？显然不一定。多数故事只是一种相沿成俗的做法，例如：

及居相位，上宽大，好礼让。掾史有罪臧，不称职，辄予长休告，终无所案验。客或谓吉曰：“君侯为汉相，奸吏成其私，然无所惩艾。”吉曰：“夫以三公之府有案吏之名，吾窃陋焉。”后人代吉，因以为故事，公府不案吏，自吉始。(《汉书》卷七四《丙吉传》)

“公府不案吏”的故事，绝非通过立法创制的，但也具有相当的约束力，成为公府相沿弗替的惯例。如果说“故事”是法律形式，则这是面临的第一个困难。又，如果说“故事”是法律形式，那么是不是所有的故事都是法律？恐怕亦未必如此。故事就是已经发生过的事，或已经形成的惯例。这些先例必须为后人所援引，作为解决新的问题的依据，才具有法律的性质。否则，就只是尘封的档案而已。那么能否说，某则故事在引用之

[1] 曾宪义、马小红：《中国传统法研究中的几个问题》，载《法学研究》2003 年第 3 期。

[2] 杨一凡：《中国古代法律形式和法律体系》，载氏著：《重新认识中国法律史》，社会科学文献出版社 2013 年版，第 19 页。

后就具有了法律的形式，在此之前则否？显然有失于荒唐。汉代的故事，与后世有较大不同。如晋故事：

其常事品式章程，各还其府，为故事。……凡律令合二千九百二十六条，十二万六千三百言，六十卷，故事三十卷。泰始三年，事毕，表上。（《晋书》卷三〇《刑法志》）

晋代的故事，是通过立法创制的，毫无疑问是法律形式。而汉代的故事与此性质差异较大。

再如律章句，是不是法律形式？龙大轩先生研究表明，汉代律家“所著律章句具有法律效力，是汉律体系的组成部分”。[1]这一点可以从《晋书·刑法志》得到直接的印证：

后人生意，各为章句。叔孙宣、郭令卿、马融、郑玄诸儒章句十有余家，家数十万言。凡断罪所当由用者，合二万六千二百七十二条，七百七十三万二千二百余言，言数益繁，览者益难。

既然是“断罪所当由用”，当然属于法律无疑。但是问题又来了：第一，律章句是通过立法创制的吗？经过官方统一赋予效力吗？前一个问题，答案当然是否定的；后一个问题，则并没有证据可以证明。也许与故事一样，律章句之被用以断罪，也只是从偶尔的援引开始的，是一种实践的自然结果而已。第二，所有的律章句都是法律吗？答案应该也是否定的。既然“凡断罪所当由用者”有若干条，那么除此之外就不是“断罪所当由用者”，而只是纯粹的学术著作了。将“律章句”称之为法律形式，也会遭遇以上的困难。事实上，汉代的律章句与后世性质也不大一样。在曹魏，“天子于是下诏，但用郑氏章句，不得杂用余家”，那么将“郑氏章句”称为法律形式是没有问题的。晋代有《张杜律》，唐代有《永徽律疏》，都是通过立法创制的法律形式。而汉代的律章句，与此似乎不同。

条教的研究，也逐渐兴盛，被称为汉代的地方立法。但是将条教称为法律形式，无疑也将面临如上的困难与尴尬。更加麻烦的是，如果采用

[1] 龙大轩：《汉代律章句学考论》，西南政法大学2006年博士学位论文。

“法律形式”这一概念，则本章所探讨的作为汉代集议理据之大宗的经义、礼法都无法被纳入研究的视野，因为其根本不具有法律的外化形式。如果经义不是法律形式，那么“引经决狱”如何可能？说到底，“法律形式”所研究的对象，无论是律、令、科、比，都只能在成文法的范围内兜兜转转而已。

我绝没有要否定“法律形式”的意思，但是基于立法视角的“法律形式”也许得到另一个基于司法视角的法学概念的弥补，才可以更好完成它的分内之事。这个概念就是“法律渊源”，简称“法源”。

“法源”是一个内涵非常丰富，使用也比较混乱的概念。[1]实际上，法源一词应当在司法过程中来理解，[2]是“多元规范的集合，法官从中发现裁决案件所需要的裁判规范”[3]。通俗来讲，法官在裁量案件时去哪里找法，那里就是法律渊源。

法源的概念非常适应于汉代的情况。汉代人去哪里寻找法？前引尚书诘问杨秉的那句问话，是一个绝佳的回答：“经典、汉制有故事乎？”以集议所引理据来看，当时人观念中的“法”是非常多元同时又比较统一的。

首先，汉代人观念中的“法”丰富多元。杨一凡曾认为，中国古代法律体系的一大特征是“以国家‘大法’‘常法’和‘权制’之法体现效力层次和法律地位”[4]，这是非常精辟的见解。但是他认为，汉代并没有能够扮演后世如律典、令典、会典这样功能的“大法”，这是将眼光着力于国家制定的成文法之中的结论。事实上，汉代人心目中的“大法”即是经典，尤其是其中的经传。在汉代人观念中，这些大经大法不仅所从来久，而且将流传万世；不仅是常人行事的准则，而且是君主言动的轨范。即便是律令，只要与之抵触，也应当革除失效。在经传、礼法之外，由有功有德之祖宗

---

[1] 参见彭中礼：《法律渊源词义考》，载《法学研究》2012年第6期。

[2] 参见陈金钊：《法律渊源：司法视角的定位》，载《甘肃政法学院学报》2005年11月。

[3] 彭中礼：《法律渊源词义考》，载《法学研究》2012年第6期。

[4] 杨一凡：《中国古代法律形式和法律体系》，载氏著：《重新认识中国法律史》，社会科学文献出版社2013年版，第25—26页。

所创设的“故事”，也是汉代重要的法源。由于时间的洗礼，久远的故事带有一种神圣性，对现世的君主构成了有力的制约。除此之外，律、令、制、诏、科、比、律章句、条教……莫不成为可资裁决的理据。汉代人的法律世界，比我们想象的要广阔得多。

其次，汉代人观念中的“法”相对统一。汉代的法源并非漫无边际，可以信手拈来。当时人引经传为法时，没有“这不是法”的质疑，也没有断罪必须以律为据的责难。恰恰相反，无论司法中的“以古法义决狱”，还是集议时的“案经艺、考古制”，都是在当时人共同的法观念驱使下的行动。相比起盈于几阁、典者不能遍睹的律令，数量有限的几部经书和人人熟知的经义、礼法，也许更具有明确性和作为行为规范的作用。

使用“法源”这个概念来解释汉代的法，许多原来扞格不通的问题都可以怡然理顺。例如“故事”“律章句”“经义”等，这些都属于汉代的法源，并且在法制活动中被援引之时，在其解决的具体个案上具有了法律规范的性质。而这种援引机制，就是汉代的集议制度。

青蓝 文库

结语

律令时代的“议事以制”

本书的叙事至此已经全部结束，现不厌其烦将主要结论再予提纯。

一、结论之提纯

汉代集议制，指汉代朝廷或各级官署通过合议的方式以立法建制、司法决事的机制，经朝廷或中央官署集议而形成的法律文件、司法判例具有最高效力。所以，集议制本身既是有汉一代之基本大法，又是研究汉代法制的枢纽所在。本书正是从这两个方面进行考证、论析。全文六章，大体分为两个部分。

第一部分为序章、第一、二章，对汉代集议制本身进行基础性的考察，以把握其运作的基本要素与程序。

序章“汉代集议制研究的前提工作”。

历代史籍用以描述、后世学者借以研究汉代集议活动的概念很多，计有集议、朝议、廷议、会议、杂议、大议、详议、博议、议事制度、论议制度等。本章通过还原这些概念在具体史料中的具体所指，得出结论：以现代语汇作为汉代“议”的总名并不合适；“集议”在种种旧名之中涵义较宽、使用较广；以“集议”作为汉代“议”的总称，已是学界相沿弗替的做法。

第一章“汉代集议制基本要素的考察”。

场所、参与者、议题和议的方式，是构成集议制的基本要素。其中尤以场所最为重要，很大程度上规定着集议制的其他要素，这是以往的研究不曾措意的。以考古材料为依据，通过对西汉长安城未央宫前殿的复原，结合《周礼》的“三朝”，我提出了汉代集议制的空间结构——“三朝”模式说。根据这一观点，汉代政治的空间结构包括燕朝、治朝和外朝。汉代政治史上著名的中外朝之分，即分别是以燕朝为中心的官僚团体，和散居外朝不得擅自踏足燕朝的官僚团体。治朝，则是君臣、中外朝合议的场所。

从集议制的参与者来看，大体可以区分为四类人：君主、官僚系统、诸侯宗室系统、专家顾问及吏民。君主是集议的启动者、主持者和决策者，官僚系统和诸侯宗室系统则分别是帝国“公”和“私”的一方面代表。官僚系统是集议制的绝对主角。诸侯王参与集议，在汉初往往是处理“汉廷”之外涉及整个“天下”的事务，“公”的属性较之官僚系统更进一步，但在异姓诸侯王被铲除殆尽之后，刘姓诸侯王参与集议则更多是处理宗室内部事务。专家、顾问、吏民，是集议制的补充，是汉代专家治国、老人治国和广开言路的体现。

从集议制参与者的组合来看，常见的有中朝议、公府议、公卿议及其扩大会议、有司议、诸侯议、专家议、专题会议等形式。其中二府议在前汉、尚书台议和三府议在后汉，分别是处理日常政务的集议组合。而公卿议及其扩大会议，则是汉代最高层级的集议。

汉代集议的议题包括国家政治、法律生活的各个方面，议的方式有书面议、口头议两种基本形式，在一次具体的集议中往往以不同的形式相互结合。

第二章“汉代集议制程序复原”。

集议制的程序构造并不复杂，甚至可以说非常单一，仅仅包括“启动—集议—决策—执行”几个基本环节而已。但是如果把遍布在汉代各地方、各机构的一个个集议终端，以一封封上奏和反馈文书联结起来，构成一张铺天盖地的集议网络，情况就变得复杂得多了。在本章，我尝试着抓住集议制的几个大关节，利用实例对集议制的程序进行了复原。这种复原后的程序，并不一定会发生在每一次集议之中，事实上汉代发生的绝大多数的集议事例都采用的是较之更为简化的程序；但是如果说这一程序反映了汉代集议制较标准、典型的理想形态，应该没有太大的问题。

第二部分为第三、四、五章。将有汉一代的典章大制切割成立法、司法、行政来研究，无异于为混沌凿七窍，七窍生而混沌死。所以在以三权分立为视角的法律史著作中难以看到“集议制”的身影。本书的第二部分即是以“集议”为汉代的基本制度，考察其立法建制、司法决事的两大功能，从而窥探汉代法制的自身特点以及符合汉代人观念的“法”世界。

第三章“汉代集议制的功能（上）：立法建制”。

汉代的立法程序包括创制、编纂两大环节，集议制主要发生在创制环节。创制所产生的法律形式即制诏，这是汉代法律文本的第一形态。制诏经过著录成为律令，这是第二形态。朝廷统一颁布的律令经过中央各官署与郡府的选编，成为挈令、丞相常用、辞讼比、决事比、法比都目等官署法令集，这是第三形态。官吏、学者或百姓出于个人需要，从官方统一发布的法令中选择部分加以抄录，形成公务抄本或私抄本，这是第四形态。第四形态的法律文本已经不属于立法成果的范围，以王杖木简为代表的墓葬出土律令简牍多属此类。集议是汉代立法的重要形式，经集议形成的立法成果有律、令、制、诏、比、故事、礼仪立法、律历章程等。

第四章“汉代集议制的功能（下）：司法决事”。

汉代郡县诉讼程序中，集议主要发生在“议当”环节，在奏谳文书中以“吏议”“吏当”的形式出现。汉代中央诉讼程序主要包括觉、案治、劾奏、下吏、讯狱、议当、奏当、论决诸环节，几乎任一环节前后均可发生集议。郡县司法中集议较少，有利于保障法律的稳定性；中央司法中集议较多，有利于保障司法公正、提高审判水平，实现个案正义。而两者之间的沟通，依靠奏谳制度来实现。除奏谳外，先请、八议、经义决狱、杂治等也是汉代以集议为中心形成的司法程序与制度。

第五章“汉代集议所引理据考析”。

汉代人在集议时所引以裁决疑难问题的理据，可分为经典、汉制两大部分。经典包括经传谶纬、礼法、古事、古制等，产生于（或汉代人认为产生于）汉代之前，是圣人所制、不因朝代更迭而失效的大经大法。汉制则是汉代的现行法，包括以律令为代表的成文法和不成文的先例、惯例。汉制富含着务实的精神和经验的智慧，但基本性格是稳定与守旧。而经典的奉行者在汉代史上多是以对现实的批判与革新者的形象出现的。引经据典，绝非守旧的表现——恰恰相反，称引愈古，往往愈暗含着一种改革的倾向。两汉四百年制度演进的大方向，正是以近乎照搬秦制的汉制为起点，以经过汉代不同流派诠释的经典为蓝图，逐渐形成“霸王道杂之”的“汉家制度”。

二、余论之推衍

法与人，是古今中西任何治理模式都无法回避的两大因素。人是灵活的，但失之任意，易流于妄为；法是稳定的，但失之拘牵，易流于峻急。两大因素各发展到极致，将分别产生西方法学话语中两个经典的概念——法治与人治。古代中国并没有西方意义上的法治，这似乎已是学界共识，不言自明；古代中国亦没有西方意义上的人治，这个结论的得出，需要探寻传统法制自身的原理，真正认清中华法的自我。在古代中国的法律世界，法与人从来不是舍一取一的关系——真正的大立法者总是在寻找这两者在制度上的黄金分割点。

上古据说有“先王议事以制，不为刑辟”的传统。《文心雕龙》在追寻“议”作为一种文体的来源时，对此作了一个综述：

昔管仲称轩辕有明台之议，则其来远矣。洪水之难，尧咨四岳，宅揆之举，舜畴五人；三代所兴，询及刍荛。春秋释宋，鲁桓预议。及赵灵

胡服，而季父争论；商鞅变法，而甘龙交辩：虽宪章无算，而同异足观。（《文心雕龙》卷二四《议对》）

更加生动的细节，可以在今本《尚书》开头三篇——《尧典》《舜典》《大禹谟》中看到。这种议事的传统，应该有着较传说时代的尧、舜、禹更加古老的历史。霍贝尔《原始人的法》，对保留原始痕迹较多的现存部落进行广泛考察后认为：

原始部落中不论紧急特殊的问题什么时候出现，我们都会发现，最后的决定是经过所有成年男子的讨论和取得一致意见以后才作出的。因此，文明时代的立法机关我们可以在原始部落的区域性会议上找到根据。[1]

人类的童年有着高度的相似，中国的情况也大致不差。根据法人类学者的研究，中国境内的有些民族一直保持着通过会议裁决刑狱的习俗，村落中有“议话坪”之类公共议事场所。[2]1983年发掘的甘肃秦安大地湾F901号房址距今五千年，整个建筑坐北朝南，长方形主室面积131平方米，有左右侧室和后室，前有广场，总面积达420平方米，据考古人员推测是“仰韶晚期原始部落的公共活动中心——一座宏伟而庄严的部落会堂”，主要功能当为议事。[3]类似的考古发现还有很多。[4]由此可见，在成文法诞生之前，“议事以制”是人类主要的法律活动。

至迟到东周，成文法的制定与公布已成大势所趋。[5]秦朝统一天下，秉持先秦成文法运动之余绪，推崇法家之精神，“一切皆有法式”“事皆决于法”，律令制的时代俨然已经徐徐拉开序幕。当地不爱宝的今天，一枚

[1] ［美］E. 霍贝尔著：《原始人的法》，严存生等译，贵州人民出版社1992年版，第262页。

[2] 如羌族设有议话坪，具有立法、司法功能。见李鸣著：《碉楼与议话坪——羌族习惯法的田野调查》，中国法制出版社2008年版，第243—249页。

[3] 甘肃省文物工作队：《甘肃秦安大地湾901号房址发掘简报》，载《文物》1986年第2期。

[4] 最近的典型发现是成都新津县宝墩的大型公共建筑遗址，距今约4300年，总面积超300平方米，据考古人员推测是“古人议事或举行重大活动的聚集场所”，载《华西都市报》2011年5月7日。

[5] 学界通说认为春秋郑国子产铸刑鼎是中国公布成文法的开端。俞荣根先生根据《周礼》与《左传》记载互证，推定西周“悬法象魏”是中国最早的公布成文法，详见氏著：《儒家法思想通论》（修订本），广西人民出版社1998年版，第66—70页。

枚记载当日行政与法制实况的简牍重见天日，难免会给人带来这样的印象：“如此彻底的文书行政和法令体制，甚至会给今人带来诸多启示与思考”。[1]

然而，律令制是汉代法律世界的全部吗？

通过本书的考察可以发现，在律令制的背后有一个更加根本的法度在默默运行，文书是它得以维系的血脉，律令是它精心设计的产物，经传、礼法是它赖以滋养的土壤，这就是汉代的集议制，上古“议事以制”传统在律令时代的延续与新生。

以往法律史的著作其实也曾触及集议制的东鳞西爪，例如常见法制史教材在“司法制度”版块的知识点：《春秋》决狱、奏谳制度、先请、八议……包括一些学者对汉代立法程序的探索，也可以看到集议制的身影。然而在今天的学科分类体系之下，集议制似乎更多应该是行政制度史研究的对象。《庄子》有寓言：倏忽为混沌凿七窍，七窍生而混沌死。同样，在立法、行政、司法三权分立的理论预设之下，集议制难以幸免地惨遭车裂之祸。

其实，汉代人的法律世界远比我们想象的，要丰富得多。深挖一下历史的边边角角就可以发现，“议”的传统对中国法制史、对中国历史有多么深远的影响。

集议制，经过两汉四百余年的制度之演习、文化之熏染，逐步浸润到人们的观念之中。东汉自章帝以后，多幼主即位、母后临朝，因为不方便召大臣入议，所以一方面决事于宫闱之中、弄权于阉宦之手，另一方面由于君主的缺席，朝堂成为以公卿为中心的官僚会议场所，促成士大夫作为一个独立群体的生成与发展。在更加宏观的历史视野之下，所谓“士大夫政治”在东汉之定型，所谓“清流浊流”之区分，都可以从这一变化中找到部分原因。

作为制度的“议”，在天下兴亡之际可能为奸人所攘夺，如王莽之利用集议以摄政，董卓之操控集议以废立，皆是其比。但作为文化的“议”则让匹夫挺身而出，担当其责。汉末清议，从太学到宫阙，从乡间到庙堂，

[1] ［日］冨谷至著：《文书行政的汉帝国》，刘恒武、孔李波译，江苏人民出版社2013年版，第354页。

昭示着汉代的集议制死而不亡。

受到"议"文化影响的不仅是士大夫，还有社会的最底层。东汉时期，本土的宗教因子开始集结，催生出道教文化的诞生。而道教较早的经典——《太平经》，即产生于这一时期，故而势不可免地打上了"议"文化的烙印。《太平经》为当时的百姓构想了一幅理想图景，节引数句以窥其奥：

为畏其州郡长吏不敢言者，一州中诸善士贤明相索，共集议于他州上之；畏其郡，集议于他郡上之；畏其县，集议于他县上之；畏其乡亭，集议于他乡亭上之；畏其里，集议于他里上之。

如此则天下莫不欢喜，乐尽其力，共上书言事也，勿得独有孤一人言也，皆令集议。

故大教其集议，贤不肖共平其事。故天下州县乡里置封，仰万民各随材作书，直言疾苦利害可否，致书投于封中。长吏更撰上天子，令知民好恶贤不肖利害，可集议而理之，即太平之气至矣，而福国君万民，万二千物各得所矣。

《太平经》设计的集议制，较之它要埋葬的大汉王朝，走得更为彻底。汉代人信奉孔子说的"天下有道，则庶人不议"。集议制度在朝堂的失效，使得庶人之议大行其道。

尚实干而反空谈的曹操起来以后，厉行名法之治，诛锄以孔融为代表的清议人士，于是抨击朝政的清议逐渐噤声，谈玄论道的清谈转而兴起，中华的国运向着一个更加卑下的低谷滑落。[1]

作为制度的集议，也在进一步发展。在玄学与律学杂交的中古"法理"之学的影响下，[2] 当时人对于集议制的弊端有了更加深刻的认识：严格守法固然未必尽当于每个个案，但任情破法、曲尽其善的"议事以制"只能带

---

[1] 此中消长，可从晋初傅玄的奏议中看得一清二楚："近者魏武好法术，而天下贵刑名；魏文慕通达，而天下贱守节。其后纲维不摄，而虚无放诞之论盈于朝野，使天下无复清议，而亡秦之病复发于今。"(《晋书》卷四七《傅玄传》)

[2] 关于中古"法理"之学，参见邓长春：《中古法制文明论——以"法理"为中心的考察》，载《现代法学》2014 年第 3 期。

来个体的喜剧而造成群体的悲剧。他们开始琢磨让“集议”戴着镣铐跳舞，在成文法的限制下发挥其长处；他们像校准一杆年久失修的天平般，重新寻觅“法”与“人”在制度上的黄金分割点。晋人的这种思考，可以从《晋书·刑法志》所载当时人的言论中看到：

刑书之文有限，而舛违之故无方，故有临时议处之制，诚不能皆得循常也。至于此等，皆为过当，每相逼迫，不得以理，上替圣朝画一之德，下损崇礼大臣之望。

又律法断罪，皆当以法律令正文，若无正文，依附名例断之，其正文名例所不及，皆勿论。法吏以上，所执不同，得为异议，如律之文。守法之官，唯当奉用律令。至于法律之内，所见不同，乃得为异议也。今限法曹郎令史，意有不同为驳，唯得论释法律，以正所断，不得援求诸外，论随时之宜，以明法官守局之分。

凡为驳议者，若违律令节度，当合经传及前比故事，不得任情以破成法。愚谓宜令录事更立条制，诸立议者皆当引律令经传，不得直以情言，无所依准，以亏旧典也。若开塞随宜，权道制物，此是人君之所得行，非臣子所宜专用。主者唯当征文据法，以事为断耳。

而最终找到黄金分割点位置所在之人，为三公尚书刘颂。他提出了“制法”与“行法”的区别——制法可以“看人设教”“随时之宜”，法一旦制定出来，就只能在“成法之内”行法了。另外，他还提出人主、大臣、主者的三层次集议体系：

故臣谓宜立格为限，使主者守文，死生以之，不敢错思于成制之外，以差轻重，则法恒全。事无正据，名例不及，大臣论当，以释不滞，则事无阂。至如非常之断，出法赏罚，……唯人主专之，非奉职之臣所得拟议。然后情求傍请之迹绝，似是而非之奏塞，此盖齐法之大准也。

简单来讲，作为基层的主者不应该拥有集议权，如果遇到疑难、适用法律有困难，则应该提交更高、更富经验和权力的层级处理。从主者守文到大臣释滞，再到人主权断，“人”的因素不断增强，“法”的因素不断削弱，从而逐渐实现了从律令制向集议制的转换。

至于集议所引法源，从汉代的五花八门，到晋代熊远建议“若违律令节度，当合经传及前比故事”，数百年的司法实践最终结晶为《唐律》中的一款律条：

诸断罪皆须具引律、令、格、式正文，违者笞三十。

司法领域的集议，除去规定于《名例律》的“八议”等规定外，唐代一种名曰“三司推事”的新制正在悄然生发，到明清时代成为专门司法的会审制度。从引经决狱到断罪须引正条，从立法司法行政合一的集议制到专门司法的会审制，“人”的因素更好地融入了“法”的血脉，源远流长、生生不息，直到中华法系的涣然解体、西方法系的强势入侵。

让我们回到汉代，把眼光沿着张骞开辟的道路瞄向西方，当时的汉代人已能接触到的另一个伟大文明，也有着丰厚的“议”的传统。以下谨引一段来自《后汉书》的描写：

所居城邑，周圜百余里。城中有五宫，相去各十里。宫室皆以水精为柱，食器亦然。其王日游一宫，听事五日而后遍。常使一人持囊随王车，人有言事者，即以书投囊中，王至宫发省，理其枉直。各有官曹文书。置三十六将，皆会议国事。其王无有常人，皆简立贤者。国中灾异及风雨不时，辄废而更立，受放者甘黜不怨。其人民皆长大平正，有类中国，故谓之大秦。

这段文字原本出自曹魏时代人的手笔，抑或更早。[1] 大秦，应是当时的罗马帝国。[2] 从这欣赏的笔调与“有类中国，故谓之大秦”的莫名亲切感，不难揣摩执笔者内心的艳羡与隐痛——本国源远流长的法律传统被国人弃之如敝屣，却于万里之遥的异域得见先圣先王的良法美意。

礼已失，求诸野乎？

---

[1] 这段文字更早的出处是《三国志》卷三〇《乌丸鲜卑东夷传》裴注引《魏略》，作者鱼豢是曹魏时人。

[2] 关于“大秦”的具体所指，学界尚有争议。要之，大秦位于罗马帝国的境内，则是学界的共识。参见［德］夏德著：《大秦国全录》，朱杰勤译，商务印书馆 1964 年版。

附　录

西汉议例一览表

汉高祖

年份	议题	启动	规格·具体参加者	结果	出处
前 202	礼法·议列侯位次		列侯·谒者关内侯鄂秋	于是乃令何第一，赐带剑履上殿，入朝不趋	《史记》卷 52《萧相国世家》、《汉书》卷 39《萧何传》
前 196	礼法·议天子所服	诏议	相国何、御史大夫昌谨与将军陵、太子太傅通等议	春夏秋冬天子所服，当法天地之数，中得人和。制曰可。著在施行诏书天子所服第八	《汉书》卷 74《魏相传》
前 195	封建·议立吴王	诏议	[诸侯王]·长沙王臣等	拜刘濞为吴王	《汉书》卷 1《高祖纪》
	封建·议立燕王	诏议	诸侯王·长沙王臣等	拜刘建为燕王	《汉书》卷 1《高祖纪》

汉惠帝

年份	议题	启动	规格·具体参加者	结果	出处
前192	边事·议斩使者、击匈奴	太后召议	诸将·丞相平、上将军樊哙、中郎将季布	太后罢朝，遂不复议击匈奴事	《史记》卷100《季布栾布列传》、《汉书》卷94《匈奴传》

吕后

年份	议题	启动	规格·具体参加者	结果	出处
前187	律令·议除三族罪、妖言令			诏除之	《汉书》卷3《高后纪》
	封建·议欲封诸吕为王	太后问	左丞相陈平、右丞相王陵、绛侯周勃	太后喜，罢朝	《史记》卷9《吕太后本纪》
前186	礼法·议以列侯功次定朝位、臧高庙	诏议	列侯·丞相平、绛侯勃、曲周侯商、颍阴侯婴、安国侯陵等	奏可	《汉书》卷3《高后纪》
前184	废立·废少帝立恒山王	诏议	群臣	立恒山王弘为皇帝	《汉书》卷3《高后纪》
前181	礼法·昭灵夫人、武哀侯、宣夫人尊号	诏议	丞相平等	奏可	《汉书》卷3《高后纪》

汉文帝

年份	议题	启动	规格·具体参加者	结果	出处	备注
前180	废立·议立齐王为帝	建议	大臣	于是大臣乃谋迎代王，而遣章以诛吕氏事告齐王，令罢兵	《史记》卷52《齐悼惠王世家》、《汉书》卷38《高五王传》	
	废立·迎立代王		中尉宋昌、郎中令张武等	报太后、占卜以决之	《汉书》卷4《文帝纪》	
	废立·立代王为帝	丞相请议、群臣上议	丞相请阴安侯列侯顷王后、琅邪王、宗室、大臣、列侯、吏二千石议·丞相平、太尉勃、大将军武、御史大夫苍、宗正郢、硃虚侯章、东牟侯兴居、典客揭等上言	遂即天子位	《史记》卷10《孝文本纪》、《汉书》卷4《文帝纪》	
前179	废立·立太子	有司请	有司	上乃许之	《史记》卷10《孝文本纪》、《汉书》卷4《文帝纪》	
	律令·议养老令、民政·议振贷	诏议	有司	具养老令	《汉书》卷4《文帝纪》	
	律令·议除收律、相坐法	诏议	丞相、太尉、御史大夫·左右丞相周勃、陈平	尽除收律、相坐法	《史记》卷10《孝文本纪》、《汉书》卷23《刑法志》	按:《汉书》系前178年，应从《史记》

续表

年份	议题	启动	规格·具体参加者	结果	出处	备注
约前179	边事·议征朝鲜、南越		将军陈武等	且无议军	《史记》卷25《律书》	
约前178	礼法·议定制度、兴礼乐	建议	太中大夫贾谊、右丞相周勃、太尉灌婴	其议遂寝	《史记》卷23《礼书》、84《屈原贾生列传》、《汉书》卷22《礼乐志》	
	人事·议以贾谊为公卿	天子建议	右丞相周勃、太尉灌婴、东阳侯张相如、典客冯敬	于是天子后亦疏之，不用其议	《史记》卷84《屈原贾生列传》、《汉书》卷48《贾谊传》	
前176	边事·议击匈奴与和亲孰便		公卿	和亲甚便	《史记》卷110《匈奴列传》	
前174	刑狱·议淮南王长罪	丞相、典客行御史大夫事、宗正、廷尉杂奏，制下议	列侯、吏二千石等四十三人·丞相张仓、典客冯敬、行御史大夫事宗正逸、廷尉贺、备盗贼中尉福、臣婴	赦死罪，废勿王，徙蜀	《史记》卷118《淮南衡山列传》	

续表

年份	议题	启动	规格·具体参加者	结果	出处	备注
前167	律令、刑制·议废肉刑	少女上书，下令议	丞相张苍、御史大夫冯敬	改定律，制曰可	《汉书》卷23《刑法志》	
	礼法·议增诸祠畤礼		有司		《史记》卷28《封禅书》	
前166	礼法·议改正朔服色	鲁人公孙臣上书，下其事与丞相议	鲁人公孙臣、丞相张苍	以为其言非是，请罢之	《史记》卷10《孝文本纪》、28《封禅书》	
前165	礼法·议郊祀	诏议	礼官	于是，夏四月文帝始幸雍郊见五畤，祠衣皆上赤	《史记》卷10《孝文本纪》、《汉书》卷25《郊祀志》	
	礼法·议巡狩封禅事		博士诸生		《史记》卷28《封禅书》	
前163	民政·进言利农之道	诏议	丞相、列侯、吏二千石、博士		《汉书》卷4《文帝纪》	

续表

年份	议题	启动	规格・具体参加者	结果	出处	备注
文帝时	封建・议分齐、赵		贾谊		《汉书》卷14《诸侯王表》	
	民政・议可以佐百姓之急	诏议	丞相、御史		《风俗通义》卷2《正失・孝文帝》	或即前163年诏

汉景帝

年份	议题	启动	规格・具体参加者	结果	出处
前156	礼法・议孝文庙礼仪	诏议	丞相、列侯、中二千石、礼官・丞相嘉等	制曰可	《史记》卷10《孝文本纪》、《汉书》卷5《景帝纪》
	民政・议听民徙宽大地	建议			《汉书》卷5《景帝纪》
	律令・更议著吏受所监临令	诏议	丞相、廷尉		《汉书》卷5《景帝纪》

续表

年份	议题	启动	规格·具体参加者	结果	出处
前155	封建·议以适罚侵削诸侯	建议	丞相申屠嘉、内史晁错	诸法令多所请变更	《汉书》卷5《景帝纪》
	封建、律令·请诸侯之罪过削其支郡	御史大夫奏请，令杂议	公卿、列侯、宗室·詹事窦婴	错所更令三十章	《汉书》卷5《景帝纪》
	封建·削吴		汉廷臣		《史记》卷106《吴王濞传》
前154	军事·议讨七国策		汉景帝、御史大夫晁错		《汉书》卷49《爰盎传》
	人事·诛晁错	召问	故吴相爰盎	上从其议，遂斩错	《汉书》卷35《荆燕吴传》、49《爰盎传》
前150	封建·议侯皇后兄王信		丞相周亚夫	景帝默然而止	《史记》卷57《绛侯周勃世家》

续表

年份	议题	启动	规格·具体参加者	结果	出处
前150	废立·议立梁孝王为嗣 礼法·赐容车地之径至长乐宫	上书请	爰盎	太后议格 天子不许	《汉书》卷47《文三王传》、51《邹阳传》
前147	封建·驳议侯匈奴降者		丞相周亚夫	上曰："丞相议不可用。"乃悉封徐卢等为列侯；初开封赏之科	《汉书》卷17《景武昭宣元成功臣表》、40《周亚夫传》
前143	刑狱·议防年罪	廷尉上囚，诏问太子	太子刘彻	年弃市刑，议者称善	《御览》卷88《皇王部·孝武皇帝》引《汉武故事》

汉武帝

年份	议题	启动	规格·具体参加者	结果	出处	备注
前140	礼法·议立明堂、改服色、兴制度		公卿·御史大夫赵绾、郎中令王臧、太中大夫申公、许令褒等	窦太后不好儒术，使人微伺赵绾等奸利事，按绾、臧，绾、臧自杀，诸所兴为皆废	《史记》卷12《孝武本纪》、121《儒林列传》、《汉书》卷6《武帝纪》、22《礼乐志》、25《郊祀志》、《初学记》13《礼部上·明堂》	
	人事·议选丞相、太尉			乃以魏其侯为丞相，武安侯为太尉	《史记》卷107《魏其武安侯列传》	
约前140—138	封建·议侵削诸侯		大臣	于是上乃厚诸侯之礼，省有司所奏诸侯事，加亲亲之恩焉	《汉书》卷53《景十三王传》	
前135	边事·议匈奴请和亲事	匈奴请和亲，下其议	群臣·御史大夫韩安国、大行王恢	群臣议多附安国，于是上许和亲	《史记》卷108《韩长孺列传》、《汉书》卷52《韩安国传》	

续表

年份	议题	启动	规格·具体参加者	结果	出处	备注
约前135	灾异·议董仲舒论辽东高庙等灾草稿	主父偃奏，上召视诸儒	诸儒·仲舒弟子吕步舒	下仲舒吏，当死，诏赦之	《汉书》卷56《董仲舒传》	
前134	边事·议马邑之谋	马邑豪聂壹因大行王恢建议，上召问公卿	公卿·大行王恢、御史大夫韩安国	乃从恢议	《汉书》卷52《韩安国传》	
前133	边事·议击匈奴	诏问公卿	公卿·大行王恢	从恢议	《汉书》卷6《武帝纪》	
前132	刑狱·议灌夫罪	窦婴上书，召入，具告，使与田蚡东朝廷辩之，问朝臣	朝臣·御史大夫韩安国、主爵都尉汲黯、右内史郑当时	上怒，即罢起入	《史记》卷107《魏其武安侯列传》、《汉书》卷52《窦婴传》、50《郑当时传》	

续表

年份	议题	启动	规格·具体参加者	结果	出处	备注
前131	人事·议选丞相			更以薛泽为丞相	《史记》卷108《韩长孺列传》	
前128	律令·议不举孝廉罪	诏议	中二千石、礼官、博士	不举孝，不奉诏，当以不敬论。不察廉，不胜任也，当免	《汉书》卷6《武帝纪》	“夫附下罔上者死，附上罔下者刑；与闻国政而无益于民者斥；在上位而不能进贤者退”，《补注》：沈钦韩曰：《说苑·臣术篇》引《太誓》与此四语同，此今文《太誓》也。
	刑狱·议燕王定国罪	上书言定国事，下公卿议	公卿	皆议曰：“定国禽兽行，乱人伦，逆天道，当诛。”上许之。	《史记》卷50《楚元王世家》、《汉书》卷35《荆燕吴传》	
前127	政制、边事·议置朔方郡	主父偃建议，下公卿议	公卿·丞相公孙弘、中大夫侍中朱买臣	硃（朱）买臣难诎弘，遂置朔方	《汉书》卷58《公孙弘传》、64《主父偃传》、64《朱买臣传》	

续表

年份	议题	启动	规格·具体参加者	结果	出处	备注
前126—前124间	刑狱·议郭解罪		御史大夫公孙弘	当大逆无道，遂族解	《史记》卷124《游侠列传》	
前126—前122间	刑狱·议疑奏		廷尉府掾史·廷尉文学卒史兒宽	上宽所作奏，即时得可	《汉书》卷58《兒宽传》	
前124	政制·议予博士弟子员	诏太常议	丞相公孙弘、太常臧、博士平等	为博士官置弟子五十人，著功令	《汉书》卷6《武帝纪》、88《儒林传》	
	刑狱·议淮南王安罪	淮南郎中雷被上书，下廷尉、河南治；淮南王告相，下廷尉治，公卿议	公卿	请弃市，诏不许。请废勿王，上不许。请削五县，可二县	《汉书》卷44《淮南王传》	
前123	律令·议置武功赏官	诏议	有司	有司奏请置武功赏官，以宠战士	《史记》卷30《平准书》、《汉书》卷6《武帝纪》	

续表

年份	议题	启动	规格·具体参加者	结果	出处	备注
前123	刑狱·议梁平王襄及太后罪		公卿	削梁王五县，夺王太后汤沐成阳邑，枭任后首于市	《汉书》卷47《文三王传》	
	刑狱·议右将军苏建罪	大将军卫青问	议郎周霸、军正闳、长史安等	遂囚建诣行在所	《史记》卷111《卫将军骠骑列传》	
前122	祥瑞·议获白麟	博谋群臣	群臣·谒者给事中终军	对奏，上甚异之，由是改元为元狩	《汉书》卷64《终军传》	
	刑狱·议淮南王安、衡山王赐罪	有司请逮捕，诏与诸侯王列侯会肄丞相诸侯议	诸侯王、列侯四十三人·赵王彭祖、列侯让、胶西王端、丞相弘、廷尉汤	丞相弘、廷尉汤等以闻，上使宗正以符节治王。安自刑杀。国除为九江郡	《汉书》卷44《衡山王传》	
约前122	学术·议公羊穀梁优劣		董仲舒、瑕丘江公	卒用董生	《汉书》卷88《儒林传》	
前121	刑狱·议江都王建罪	丞相长史、江都相杂案，有司请捕诛，制下议	列侯、吏二千石、博士	有诏宗正、廷尉即问建。建自杀，后成光等皆弃市	《汉书》卷53《景十三王传》	

续表

年份	议题	启动	规格・具体参加者	结果	出处	备注
前121—前115间	事役・议通褒斜道	上书建议，下御史大夫张汤	御史大夫张汤	发数万人作褒斜道五百余里	《汉书》卷29《沟洫志》	
前120	食货・更造钱币		公卿	遂造白鹿币、白金三品	《史记》卷30《平准书》、《汉书》卷24《食货志》	
前119	边事・议伐匈奴		诸将		《史记》卷111《卫将军骠骑列传》	
	边事・议匈奴求和亲事		群臣・博士狄山、御史大夫张汤	谴山乘鄣。至月余，匈奴斩山头而去	《史记》卷122《酷吏列传》	
	边事・议匈奴求和亲事	下议	丞相长史任敞	使为外臣，朝请于边	《史记》卷110《匈奴列传》	
前117	政制・议大司马名		议者	加“大”为大司马	《续汉书・百官志》注引《汉官仪》	

续表

年份	议题	启动	规格·具体参加者	结果	出处	备注
前117	封建·议封皇子闳等为三王	大司马霍去病上疏，制下御史，中二千石二千石议；列侯、中二千石二千石、谏大夫博士更议	列侯、中二千石、二千石、谏大夫、博士·丞相青翟、御史大夫汤、太常充、大行令息、太子少傅安、列侯婴齐、博士将行等	制曰：立皇子闳为齐王，旦为燕王，胥为广陵王	《史记》卷60《三王世家》	
前116	刑狱·议博士徐偃矫制罪	诏下终军问状	御史大夫张汤、谒者给事中终军	偃矫制颛行，下御史征偃即罪	《汉书》卷64《终军传》	
约前115前	律令·议禁民毋得挟弓矢	丞相建议，上下其议	丞相公孙弘、光禄大夫侍中吾丘寿王	上以难丞相弘。弘诎服焉	《汉书》卷64《吾丘寿王传》	
前113	礼法·议封禅事		公卿		《史记》卷30《平准书》	

续表

年份	议题	启动	规格·具体参加者	结果	出处	备注
前113	礼法·议祀后土礼	诏议	有司、太史令、祠官·太史令谈、祠官宽舒	上遂立后土祠于汾阴脽上，如宽舒等议	《汉书》卷25《郊祀志》	
	礼法·议尊宝鼎	建议	公卿大夫	制曰可	《史记》卷12《孝武本纪》、《汉书》卷25《郊祀志》	
	礼法·议封禅事		公卿、诸生·齐人丁公	上于是乃令诸儒习射牛，草封禅仪	《史记》卷12《孝武本纪》、《汉书》卷25《郊祀志》	
前111	礼法·议郊祀乐	下公卿议	公卿	祷祠泰一、后土，始用乐舞	《史记》卷12《孝武本纪》、《汉书》卷25《郊祀志》	
	民政·议减内史稻田租挈	诏议			《汉书》卷29《沟洫志》	
约前111	礼法·议巡狩封禅仪	问对	诸儒五十余人·右内史兒宽、徐偃、周霸	上乃自制仪，采儒术以文焉	《史记》卷12《孝武本纪》、《汉书》卷58《兒宽传》	

续表

年份	议题	启动	规格·具体参加者	结果	出处	备注
前110	礼法·议封禅事		博士褚大、御史大夫兒宽		《汉书》卷58《兒宽传》	
	礼法·议巡狩事	上建议		乃遂北巡朔方	《汉书》卷25《郊祀志》	
前107	民政·议徙流民于边以適之	建议	公卿·丞相石庆	案御史大夫以下议为请者	《汉书》卷29《沟洫志》	
前105之前	边事·议乌孙求和亲事	问群臣	群臣	议许，曰：“必先内聘，然后遣女。”	《汉书》卷96《西域传》	

续表

年份	议题	启动	规格·具体参加者	结果	出处	备注
前104	礼法·议改正朔、议造历	建议，诏下议	御史大夫、博士议正朔，大中大夫、太史令、侍郎、大典星等议造历·御史大夫兒宽、博士赐、大中大夫公孙卿、壶遂、太史令司马迁、侍郎尊、大典星射姓	遂诏议造《汉历》	《汉书》卷21《律历志》	
前102	边事·议罢讨大宛军	建议	公卿·邓光	案言伐宛尤不便者邓光等	《史记》卷123《大宛列传》	
前95	食货·议更黄金为麟趾袅蹄	建议	有司	更黄金为麟趾袅蹄，班赐诸侯王	《汉书》卷6《武帝纪》	
	边事·议开大河防匈奴	建议	齐人延年	恐难改更	《汉书》卷29《沟洫志》	

续表

年份	议题	启动	规格·具体参加者	结果	出处	备注
前 87	边事·议击服匈奴		群臣	会先帝弃群臣，以故匈奴不革	《盐铁论》卷 8《西域》	

汉昭帝

年份	议题	启动	规格·具体参加者	结果	出处
前 82	刑狱·议识视自谓卫太子者	诏使公卿、将军、中二千石杂识视	公卿、将军、中二千石·丞相、御史、右将军、京兆尹隽不疑	遂送诏狱	《汉书》卷 71《隽不疑传》
前 81	食货·议罢盐、铁、榷酤	诏有司问贤良文学民所疾苦，建议罢盐铁榷酤	郡国所举贤良、文学、御史大夫桑弘羊、丞相田千秋等	盐铁不可废也。奏罢酒酤	《汉书》卷 7《昭帝纪》、24《食货志》、60《杜周传》、66《田千秋传》及赞语
前 78	刑狱·议侯史吴罪	丞相召中二千石、博士会公车门议	中二千石、博士、丞相·丞相田千秋	议者皆执吴为不道。明日千秋封上众议，光以千秋擅召中二千石以下，下狱	《汉书》卷 60《杜周传》

续表

年份	议题	启动	规格·具体参加者	结果	出处
前78—前75	律历·议诸家历优劣	太史令张寿王建议，诏下主历使者鲜于妄人诘问，请杂候	太史令张寿王、主历使者鲜于妄人、治历大司农中丞麻光等二十余人、丞相、御史、大将军、右将军史各一人	寿王课疏远	《汉书》卷21《律历志》
前77	边事·议傅介子诛楼兰王事		公卿将军	公卿将军议者咸嘉其功	《汉书》卷70《傅介子传》
前74	边事·议击匈奴	乌孙公主上书求救	公卿	会昭帝崩，宣帝初即位，本始二年，遣惠使乌孙	《汉书》卷70《常惠传》、94《匈奴传》、96《西域传》
	人事·议以蔡义为丞相		公卿大臣	以元平元年代杨敞为丞相	《史记》卷20《建元以来侯者年表》

汉宣帝

年份	议题	启动	规格·具体参加者	结果	出处	备注
前74	废立·议立广陵王胥		群臣·郎	迎昌邑王贺	《汉书》卷68《霍光传》	

续表

年份	议题	启动	规格·具体参加者	结果	出处	备注
前74	废立·议废昌邑王	大将军霍光召集会议	丞相、御史、将军、列侯、中二千石、大夫、博士会议未央宫·丞相敞、大司马大将军光、车骑将军安世、度辽将军明友、前将军增、后将军充国、御史大夫谊、宜春侯谭、当涂侯圣、随桃侯昌乐、杜侯屠耆堂、太仆延年，太常昌、大司农延年、宗正德、少府乐成、廷尉光，执金吾延寿、大鸿胪贤、左冯翊广明、右扶风德、长信少府嘉、典属国武、京辅都尉广汉、司隶校尉辟兵、诸吏文学光禄大夫迁、畸、吉、赐、管、胜、梁、长幸、夏侯胜、太中大夫德、卬、博士霸、隽舍、德、虞舍、射、仓	太后诏归贺昌邑，赐汤沐邑二千户	《汉书》卷63《武五子传》、66《杨敞传》、68《霍光传》、90《酷吏传》	
	废立·议立刘病已	大将军霍光会议	会丞相以下议·丞相敞、大将军光、车骑将军安世、丞相义、度辽将军明友、前将军增、太仆延年、太常蒲侗昌、谏大夫谭、当涂侯平、杜侯屠耆堂、长信少府胜、御史大夫广明、后将军充国、大司农延年、少府乐成、光禄大夫迁、右扶风德、典属国武、廷尉光、宗正德、大鸿胪贤、詹事畸、光禄大夫吉、京辅都尉广汉	光奉上皇帝玺绶，谒于高庙，是为孝宣皇帝	《汉书》卷8《宣帝纪》、36《楚元王传》、60《杜周传》、68《霍光传》、73《韦贤传》、74《丙吉传》	
	废立·议立皇后		公卿	大臣知指，白立许婕妤为皇后	《汉书》卷97《外戚传》	

续表

年份	议题	启动	规格·具体参加者	结果	出处	备注
前73	礼法·议故皇太子谥、置园邑	诏议	有司	故皇太子谥曰戾，置奉邑二百家	《汉书》卷8《宣帝纪》、63《武五子传》	
前72	礼法·议孝武庙舞、尊号	诏议	列侯、二千石、博士，群臣大议廷中·丞相义、御史大夫广明、长信少府夏侯胜、丞相长史黄霸	尊孝武庙为世宗庙，奏《盛德》、《文始》、《五行》之舞	《汉书》卷8《宣帝纪》、75《夏侯胜传》、89《循吏传》	
	礼法·议定嫁娶丧祭仪品	太守召议	颍川太守韩延寿、郡中长老为乡里所信向者数十人	议定嫁娶、丧祭仪品，略依古礼，不得过法	《汉书》卷76《韩延寿传》	
	刑狱·议大司农田延年罪	焦、贾告发，下丞相府，丞相议奏，下廷尉议	丞相府	丞相议奏：主守盗三千万，不道。未及下廷尉，自刎	《汉书》卷90《酷吏传》	

续表

年份	议题	启动	规格·具体参加者	结果	出处	备注
前70	刑狱·议广川王去罪	大鸿胪、丞相长史、御史丞、廷尉正杂治诏狱，奏请逮捕后昭信，制可，有司复请诛王，制下议	列侯、中二千石、二千石、博士·大鸿胪、丞相长史、御史丞、廷尉正	制曰："朕不忍致王于法，议其罚。"有司请废勿王，与妻子徙上庸。奏可	《汉书》卷53《景十三王传》	
前68	政制·议去上书副封	上封事建议	御史大夫魏相	宣帝善之，诏相给事中，皆从其议	《汉书》卷74《魏相传》	
	封建·议封奉车都尉山为列侯奉票骑将军去病祀	事下丞相御史	丞相、御史大夫		《汉书》卷68《霍光传》	
前67	人事·议路温舒请出使匈奴	路温舒上书请	下度辽将军范明友、太仆杜延年问状	罢归故官	《汉书》卷51《路温舒传》	

续表

年份	议题	启动	规格·具体参加者	结果	出处	备注
前65	封建·议封冯奉世	下议	丞相、将军、少府萧望之	上善望之议，以奉世为光禄大夫、水衡都尉	《汉书》卷79《冯奉世传》	
前64	边事·议击匈奴		后将军赵充国、丞相魏相、平昌侯王无故、乐昌侯王武、平恩侯许伯及有识者	上从相言而止	《汉书》卷74《魏相传》	
	边事·议罢车师田		公卿	罢车师田	《汉书》卷96《西域传》	
	边事·议与乌孙和亲	诏下公卿议	公卿·左冯翊萧望之	望之以为万里结婚非长策。天子不听	《汉书》卷78《萧望之传》、96《西域传》	《西域传》载“大鸿胪萧望之”，误
前62	刑狱·议韦玄成以病狂不应召	大鸿胪奏状，章下丞相、御史案验	丞相、御史大夫、案事丞相史、侍郎章	有诏勿劾，引拜。玄成不得已受爵	《汉书》卷73《韦贤传》	

续表

年份	议题	启动	规格·具体参加者	结果	出处	备注
前62—前59间	刑狱·议骑吏罪罚	敕功曹议	功曹	免罚	《汉书》卷76《韩延寿传》	
前61	礼法·议美阳鼎荐见宗庙	下有司议	有司·京兆尹张敞	制曰："京兆尹议是。"	《汉书》卷25《郊祀志》	
	边事·议平羌之策	酒泉太守辛武贤建议—下其书后将军赵充国令博议—赵充国上书—下其书公卿议—书敕让赵充国—赵充国上书—玺书报从充国计	校尉以下吏士知羌事者博议、公卿议·后将军赵充国、长史董通年	玺书报从充国计	《汉书》卷69《赵充国传》	
	边事·议平羌策	赵充国奏上请议，下公卿议，报书，再上奏，再下议	公卿议臣·后将军赵充国、丞相魏相	初是充国计者什三，中什五，最后什八。有诏诘前言不便者，皆顿首服	《汉书》卷69《赵充国传》	

续表

年份	议题	启动	规格·具体参加者	结果	出处	备注
前61	边事、律令·议令诸有罪得入谷边郡赎罪	京兆尹张敞建议，下左冯翊（前少府）、少府议，复下两府议	左冯翊萧望之、少府李强、丞相魏相、御史大夫丙吉	不施敞议	《汉书》卷78《萧望之传》	
前60	刑狱·议司隶校尉盖宽饶罪	盖宽饶上封事，下议	中二千石·执金吾、谏大夫郑昌	宽饶吏。宽饶引佩刀自刭北阙下	《汉书》卷77《盖宽饶传》	
	边事·议迎少主还	常惠建议，诏下公卿议	公卿·大鸿胪萧望之	天子从其议，征少主还	《汉书》卷78《萧望之传》、96《西域传》	
前59	封建·议废海昏侯嗣	豫章太守廖请议，下有司议	有司	议皆以为不宜为立嗣，国除	《汉书》卷63《武五子传》	
前57	刑狱·议左冯翊韩延寿罪	御史大夫萧望之劾奏请议，下议	丞相、中二千石、博士（公卿）	延寿竟坐弃市	《汉书》卷76《韩延寿传》	

续表

年份	议题	启动	规格·具体参加者	结果	出处	备注
前57—前54间	刑狱·议菑川王终古罪	青州刺史奏，下丞相、御史	丞相、御史	有诏削四县	《汉书》卷38《高五王传》	
前56	边事·议因匈奴乱灭之	建议，诏遣中朝大司马车骑将军韩增、诸吏富平侯张延寿、光禄勋杨恽、太仆戴长乐问	御史大夫萧望之	上从其议，后竟遣兵护辅呼韩邪单于定其国	《汉书》卷78《萧望之传》	
	食货·籴谷助京师、增海租三倍、设常平仓	大司农中丞耿寿昌建议	御史大夫萧望之	如耿寿昌议	《汉书》卷24《食货志》、78《萧望之传》	
	刑狱·议御史大夫萧望之之罪	下侍中建章卫尉金安上、光禄勋杨恽、御史中丞王忠，并诘问望之		左迁太子太傅	《汉书》卷78《萧望之传》	

续表

年份	议题	启动	规格·具体参加者	结果	出处	备注
前55	政制·杂问郡国上计长吏守丞	丞相请议	丞相黄霸、中二千石、博士杂问郡国上计长吏守丞		《汉书》卷89《循吏传》	
	祥瑞·图议上祥瑞神雀	丞相欲奏议	丞相黄霸	后知从臣敞舍来，乃止	《汉书》卷89《循吏传》	
	礼法·议呼韩邪单于朝见礼	诏议	公卿·丞相霸、御史大夫定国、太子太傅萧望之	其以客礼待之，位在诸侯王上	《汉书》卷8《宣帝纪》、78《萧望之传》	
前51	学术·议五经同异	诏议	诸儒议，太子太傅萧望之等平奏其议，上亲称制临决·《公羊》博士严彭祖、侍郎申輓、伊推、宋显、侍郎许广，《穀梁》议郎尹更始、待诏刘向、周庆、丁姓、中郎王亥、博士戴圣、太子舍人闻人通汉、淮阳中尉韦玄成、侍郎临	立梁丘《易》、大小夏侯《尚书》、穀梁《春秋》博士	《汉书》卷8《宣帝纪》、73《韦玄成传》、88《儒林传》、《通典》卷73《礼·嘉礼·继宗子》等、《礼记》卷22《礼运》疏引《五经异义》	

汉元帝

年份	议题	启动	规格·具体参加者	结果	出处
约前48	律令·议律令可蠲除轻减者	诏议			《汉书》卷23《刑法志》
前48	政制·议罢角抵	建议	谏大夫贡禹	始罢角抵	《汉书》卷23《刑法志》、72《贡禹传》
	边事·议罢珠厓郡		有司·待诏贾捐之、侍中驸马都尉乐昌侯王商、御史大夫陈万年、丞相于定国	珠厓由是罢	《汉书》卷64《贾捐之传》
	政制·议中书不用宦者	建议	太傅前将军萧望之	上初即位，谦让重改作，议久不定	《汉书》卷78《萧望之传》
	人事·议罢退外戚许史、中书宦官弘恭石显	尚在谋议阶段，未启动	太傅前将军萧望之、少傅诸吏光禄大夫领尚书事周堪、散骑宗正给事中刘向	未白而语泄，遂为许、史及恭、显所谮诉，堪、更生下狱，及望之皆免官	《汉书》卷36《楚元王传》
前47	刑狱·议宗正刘向罪	下太傅韦玄成、谏大夫贡禹，与廷尉杂考	太傅韦玄成、谏大夫贡禹、廷尉杂考	更生坐免为庶人	《汉书》卷36《楚元王传》

续表

年份	议题	启动	规格·具体参加者	结果	出处
前44	食货·议罢盐、铁官及北假田官、常平仓	建议	在位诸儒	上从其议，皆罢之	《汉书》卷24《食货志》
	人事·议以朱云守御史大夫	华阴守丞嘉上封事，下议	公卿·太子少傅匡衡	嘉竟坐之	《汉书》卷67《朱云传》
	食货、律令·议罢采珠玉金银铸钱之官、除贩卖租铢之律	建议，下议	御史大夫贡禹等	禹议亦寝	《汉书》卷24《食货志》、72《贡禹传》
	律令·议令民产子七岁出口钱	建议，下议	御史大夫贡禹	天子下其议，令民产子七岁乃出口钱，自此始	《汉书》卷72《贡禹传》
	律令·议除赎罪之法、重选举不以实及臧罪	建议，下议	御史大夫贡禹	虽未尽从，然嘉其质直之意	《汉书》卷72《贡禹传》
	封建·议求孔子后绍殷嗣		光禄大夫、太子少傅匡衡	上以其语不经，遂见寝	《汉书》卷67《梅福传》

续表

年份	议题	启动	规格·具体参加者	结果	出处
前44	边事·议郅支单于求侍子内附事		御史大夫贡禹、博士匡衡、卫司马谷吉、右将军冯奉世	右将军冯奉世以为可遣，上许焉	《汉书》卷70《陈汤传》
	礼法·议汉家宗庙祭祀不应古礼	建议	御史大夫贡禹	天子是其议，未及施行而禹卒	《汉书》卷25《郊祀志》、73《韦贤传》
前43	刑狱·议车骑都尉韩昌、光禄大夫张猛擅盟匈奴罪		公卿议者	有诏昌、猛以赎论，勿解盟	《汉书》卷94《匈奴传》
	刑狱·议贾捐之、杨兴罪		皇后父阳平侯禁与中书令石显杂治	捐之坐弃市。兴减死罪一等髡钳城旦	《汉书》卷64《贾捐之传》
前42	边事·议平陇西羌乱	诏召入议	丞相韦玄成、御史大夫郑弘、大司马车骑将军王接、左将军许嘉、右将军奉世	遣奉世将万二千人骑，以将屯为名	《汉书》卷79《冯奉世传》

续表

年份	议题	启动	规格·具体参加者	结果	出处
前40	礼法·议罢郡国庙	诏议	将军、列侯、中二千石、二千石、诸大夫、博士、议郎·丞相韦玄成、御史大夫郑弘、太子太傅严彭祖、少府欧阳地馀、谏大夫尹更始等七十人	罢昭灵后、武哀王、昭哀后、卫思后、戾太子、戾后园，皆不奉祠，裁置吏卒守焉	《汉书》卷73《韦贤传》
前40—39	礼法·议罢郡国庙	诏议	将军、列侯、中二千石、二千石、诸大夫、博士·丞相玄成等四十四人、大司马车骑将军许嘉等二十九人、廷尉忠、谏大夫尹更始等十八人	自太上皇、孝惠诸园寝庙皆罢	《汉书》卷25《郊祀志》、73《韦贤传》
前38	学术·考诸家《易》异同	令与诸《易》家论	少府五鹿充宗、博士弟子朱云、诸《易》家	既论难，连拄五鹿君，由是为博士。	《汉书》卷67《朱云传》

续表

年份	议题	启动	规格·具体参加者	结果	出处
前37	政制·议考功课吏法	京房建议，上令会议	公卿朝臣、刺史·郎京房、御史大夫郑私、光禄大夫周堪	以房为魏郡太守，得以考功法治郡	《汉书》卷75《京房传》
前36	边事·议悬郅支单于首	甘延寿、陈汤建议，下有司	丞相匡衡、御史大夫繁延寿、车骑将军许嘉、右将军王商	有诏将军议是	《汉书》卷70《陈汤传》
	刑狱·议甘延寿、陈汤矫制罪		丞相匡衡、中书令石显、故中正刘向	其赦延寿、汤罪，勿治	《汉书》卷70《陈汤传》
	封建·议封甘延寿、陈汤	诏议	公卿·丞相匡衡、中书令石显	封延寿为义成侯。赐汤爵关内侯，食邑各三百户，加赐黄金百斤	《汉书》卷70《陈汤传》、79《冯奉世传》
	封建·再议封冯奉世	杜钦上疏请议		上以先帝时事，不复录	《汉书》卷79《冯奉世传》
前33	边事·议罢边备塞吏卒	单于建议，令下有司议	有司·郎中侯应	天子有诏："勿议罢边塞事。"	《汉书》卷94《匈奴传》

汉成帝

年份	议题	启动	规格·具体参加者	结果	出处	备注
成帝初	民政·议治河	清河都尉冯逡建议，下丞相御史	丞相、御史大夫、博士许商	博士许商行视，以为可且勿浚	《汉书》卷29《沟洫志》	
前33	人事·议以东平王宇为辅佐		汉大臣		《汉书》卷80《宣元六王传》	
前32	礼法·议甘泉泰畤、河东后土之祠徙置长安	丞相衡、御史大夫谭请议	大司马车骑将军等八人、右将军、博士、议郎等五十人，共五十八人议	于长安定南、北郊	《汉书》卷25《郊祀志》	
前30	灾异·议避水灾	天子亲御前殿，召公卿议	公卿·大将军凤、左将军王商	不宜令上城，重惊百姓	《汉书》卷82《王商传》	
前29	灾异·议水灾		议臣	时议臣以为恐有水灾	《汉书》卷27《五行志》	
前28	律令·议减死刑及可蠲除约省者	诏议	中二千石、二千石、博士、明习律令者	有司徒钩摭微细，毛举数事，以塞诏而已	《汉书》卷23《刑法志》	

续表

年份	议题	启动	规格·具体参加者	结果	出处	备注
前28	礼法·议复太上皇寝庙园	建议	博士给事中平当	诏复太上皇寝庙园	《汉书》卷71《平当传》	
	边事·议受右皋林王伊邪莫演	伊邪莫演请降，使者以闻，下公卿议	公卿·光禄大夫谷永、议郎杜钦	勿受降	《汉书》卷94《匈奴传》	
前27	边事·议发兵诛夜郎王兴等	牂牁太守请发兵		议者以为道远不可击，遣使持节和解	《汉书》卷95《西南夷传》	
约前26	刑狱·议京兆尹王尊罪	请议	公卿、大夫、博士、议郎	天子复以尊为徐州刺史	《汉书》卷76《王尊传》	
约前25	边事·议发兵救西域都护		百僚·丞相王商、大将军王凤、陈汤	居四日，军书到，言已解	《汉书》卷70《陈汤传》	
前24	灾异·议废王凤勿用	王章上封事，上召议	京兆尹王章	凤复起视事。上令尚书劾奏京兆尹章，章死诏狱	《汉书》卷60《杜周传》	
前24—前21间	刑狱·议高陵令杨湛罪			或议以为疑于主守盗	《汉书》卷83《薛宣传》	
前20	人事·议薛宣为御史大夫		安定太守谷永		《汉书》卷72《王吉传》、83《薛宣传》	

续表

年份	议题	启动	规格·具体参加者	结果	出处	备注
约前20	政制·议丞相掾史督促司隶	司隶校尉涓勋请议，下议	中朝特进列侯、将军以下	议者以为丞相掾不宜移书皆趣司隶	《汉书》卷84《翟方进传》	
前20—前17间	刑狱·议请限制梁王立	太傅辅奏请，下丞相御史	丞相、御史大夫	请许，奏可	《汉书》卷47《文三王传》	
约前19	刑狱·议司隶校尉涓勋罪	丞相司直翟方进劾奏，下丞相，平当驳议	太中大夫平当给事中	贬勋为昌陵令	《汉书》卷84《翟方进传》	
前17	事役·议罢建昌陵	建议	公卿·光禄大夫向、大司马中丞闳、侍中卫尉长、太中大夫给事中平当	前16年下诏罢昌陵	《汉书》卷10《成帝纪》、36《楚元王传》、70《陈汤传》、71《平当传》、93《佞幸传》	
前16	刑狱·议陈汤罪		丞相、御史大夫、廷尉增寿	廷尉增寿当是。汤前有讨郅支单于功，其免汤为庶人，徙边	《汉书》卷70《陈汤传》	此裁决有“议功”之意

续表

年份	议题	启动	规格·具体参加者	结果	出处	备注
前16—前13间	刑狱·议梁王立罪		太中大夫谷永	天子由是寝而不治	《汉书》卷47《文三王传》	
前15	灾异·议归咎张放	建议	丞相宣、御史大夫方进	上不得已，左迁放为北地都尉	《汉书》卷59《张汤传》	
	刑狱·议右曹侍郎薛况罪	先下有司，后下公卿议臣	有司·御史中丞众等，廷尉直；公卿议臣·丞相孔光、大司空师丹，自将军以下至博士、议郎	况竟减罪一等，徙敦煌	《汉书》卷83《薛宣传》	
前14	礼法·议汉宗庙之礼		光禄大夫刘向	诏复诸郊祀	《汉书》卷25《郊祀志》	
前12	灾异·议有星孛于东井	诏议	公卿大夫、博士、议郎		《汉书》卷10《成帝纪》	

续表

年份	议题	启动	规格·具体参加者	结果	出处	备注
前12	封建·议封淳于长	下公卿议	公卿·光禄勋平当、大司农谷永	坐前议不正，左迁钜鹿太守。后上遂封长	《汉书》卷71《平当传》、86《王嘉传》	平当由光禄勋左迁，按《百官公卿表》为前12年事，又谷永任大司农在前9年，疑误
前11	人事·议段会宗功		公卿	赐爵关内侯，黄金百斤	《汉书》卷70《段会宗传》	
前8	礼法·议兴辟雍、设庠序、陈礼乐	刘向建议，下公卿议	公卿·光禄大夫刘向、丞相、大司空	会向病卒，丞相大司空奏请立辟雍。案行长安城南，营表未作，遭成帝崩，群臣引以定谥	《汉书》卷22《礼乐志》	
	废立·议中山、定陶王谁宜为嗣	召入禁中议	大司马骠骑将军王根、丞相翟方进、御史大夫光、右将军廉褒、后将军硃（朱）博	立哀帝为太子	《汉书》卷80《宣元六王传》、81《孔光传》	

续表

年份	议题	启动	规格·具体参加者	结果	出处	备注
前8	刑狱·议淳于长小妻廼始等六人罪		丞相方进，大司空武、廷尉孔光	有诏“光议是”	《汉书》卷81《孔光传》	
	礼法·议太子谢定陶王否		少傅阎崇、太傅赵玄	太子从之。诏问所以谢状，尚书劾奏玄，左迁少府	《汉书》卷97《外戚传》	
	礼法·议皇太子得与傅太后、丁姬相见不	下有司议	有司	有司奏议不得相见	《汉书》卷97《外戚传》	
	政制·议备三公官、大司空名号	建议	御史大夫何武、安昌侯张禹	于是上赐根大司马印绶，以御史大夫何武为大司空，皆增奉如丞相，以备三公官焉	《续汉书·百官志》注引应劭《汉官仪》、《汉书》卷83《朱博传》、《唐六典》卷一《三公·司空》注	
前7。议当更在前	食货·议请一切增赋			随奏许可，后议者以为不便	《汉书》卷84《翟方进传》	

续表

年份	议题	启动	规格·具体参加者	结果	出处	备注
成帝时	礼法·议修复河间古乐	宋晔上书建议，平当考试同议，下公卿议	公卿·大夫博士平当	事下公卿，以为久远难分明，当议复寝	《汉书》卷22《礼乐志》	
	礼法·议郊祀之处		公卿		《汉书》卷25《郊祀志》	
	学术·议立三传博士		胥君安		《华阳国志》卷10下《先贤士女总赞》引《春秋穀梁传首叙》	

汉哀帝

年份	议题	启动	规格·具体参加者	结果	出处	备注
哀帝初	民政·议博求能浚川疏河者	平当建议，下丞相孔光、大司空何武	丞相孔光、大司空何武	奏请部刺史、三辅、三河、弘农太守举吏民能者，莫有应书	《汉书》卷29《沟洫志》	
前7	律令·议田宅奴婢限列	师丹建议，诏下议	左将军领尚书事师丹、丞相孔光、大司空何武	诏书：“且须后”，遂寝不行	《汉书》卷11《哀帝纪》、卷24《食货志》	

续表

年份	议题	启动	规格·具体参加者	结果	出处	备注
前7	礼法·议毁孝武庙	丞相孔光、大司空何武请杂议，奏可	群臣杂议·丞相孔光、大司空何武、光禄勋彭宣、詹事满昌、博士左咸等五十三人、太仆王舜、中垒校尉刘歆	制曰："太仆舜、中垒校尉歆议可。"	《汉书》卷73《韦贤传》	此时刘歆不得为中垒校尉，疑误
	礼法·议定陶傅太后居处	有诏问丞相、大司空	丞相孔光、大司空何武	何武曰："可居北宫。"上从武言	《汉书》卷81《孔光传》	
	封建、刑狱·请废赵氏侯，议罪	司隶校尉解光请议	丞相以下	免赵氏侯，家属徙边	《汉书》卷97《外戚传》	
前6	刑狱·请议辨赵氏无罪	议郎耿育上疏请下有司议		哀帝为太子，亦颇得赵太后力，遂不竟其事	《汉书》卷97《外戚传》	
前5	礼法·议定陶傅太后尊号	建议，下议	丞相孔光、大司空师丹、何武、大司马傅喜、王莽、太仆王恽等二十五人，朱博	尊傅太后为皇太太后，丁后为帝太后，又为共皇立庙京师，仪如孝元皇帝。失傅太后指者皆免官	《汉书》卷12《平帝纪》、60《杜周传》、72《鲍宣传》、81《孔光传》、82《傅喜传》、83《朱博传》、86《师丹传》、98《元后传》	

续表

年份	议题	启动	规格·具体参加者	结果	出处	备注
前5	食货·议废钱币	建议，召问师丹，章下议	公卿·大司空师丹	皆以为行钱以来久，难卒变易	《汉书》卷86《师丹传》	
	刑狱·议大司空师丹罪	召问，下廷尉	将军中朝臣·给事中博士申咸、炔钦	已诏有司赦君勿治。其上大司空高乐侯印绶，罢归	《汉书》卷86《师丹传》	
	礼法·议改元易号	建议，下议	骑都尉李寻、司隶校尉解光、奉车都尉刘歆、待诏夏贺良	大赦天下，以建平二年为太初元年，号曰陈圣刘太平皇帝	《汉书》卷75《李寻传》	
	刑狱·议丞相朱博、御史大夫赵玄、孔乡侯傅晏罪	诏左将军彭宣与中朝者杂问，宣等劾奏；制将军、中二千石、二千石、诸大夫、博士、议郎议	将军、中二千石、二千石、诸大夫、博士、议郎·右将军蟜望等四十四人，谏大夫龚胜等十四人	上减玄死罪三等，削晏户四分之一，假谒者节召丞相诣廷尉诏狱。博自杀，国除	《汉书》卷83《朱博传》	
前4	刑狱·议更下公卿复治东平王云罪	廷尉梁相建议	尚书令鞫谭、仆射宗伯凤	制诏免相等皆为庶人	《汉书》卷86《王嘉传》	

续表

年份	议题	启动	规格·具体参加者	结果	出处	备注
约前3	事役·穿长安城引漕注太仓下以省转输	建议	光禄大夫持节领护三辅都水息夫躬	议不可成，乃止	《汉书》卷45《息夫躬传》	
前3	边事·议以诈谋削弱匈奴	息夫躬建议，上召公卿将军大议	公卿将军大议·左将军公孙禄、光禄大夫息夫躬、丞相嘉	董贤因日食沮躬议	《汉书》卷45《息夫躬传》	
	封建·请议封董贤	上令持诏书示丞相御史，丞相御史上封事请议	丞相王嘉、御史大夫贾延请公卿、大夫、博士、议郎议	上感其言，止	《汉书》卷86《王嘉传》	
	边事·议许单于请朝明年	以问公卿	公卿·黄门郎扬雄	天子召还使者，更报单于书而许之	《汉书》卷94《匈奴传》	
前2	刑狱·议王嘉罪	尚书劾奏，先下将军中朝者，后制下议	将军中朝者议·光禄大夫孔光、左将军公孙禄、右将军王安、光禄勋马宫、司隶校尉鲍宣、博士夏侯常、光禄大夫龚胜等十五人；票骠骑将军、御史大夫、中二千石、二千石、诸大夫、博士、议郎议·卫尉云等五十人、议郎龚等、永信少府猛等十人	有诏假谒者节，召丞相诣廷尉诏狱	《汉书》卷72《龚胜传》、86《王嘉传》	

续表

年份	议题	启动	规格・具体参加者	结果	出处	备注
前2	礼法・议复孝惠、孝景庙		议者・光禄大夫龚胜、博士夏侯常	议者皆曰宜复。胜曰：“当如礼。”	《汉书》卷72《龚胜传》	
	礼法・议议帝祖母傅太后谥		丞相、御史、光禄勋马宫等杂议		《汉书》卷81《马宫传》	
前1	政制・议三公名号			定三公之号曰大司马、大司徒、大司空	《续汉书・百官志》注引《汉官仪》	
	废立・议立天子	太后令议	大司马王莽、太傅孔光、车骑将军王舜、左将军光禄勋甄丰、侍中奉车都尉甄邯	迎中山王奉成帝后，是为孝平皇帝	《汉书》卷99《王莽传》	

汉平帝

年份	议题	启动	规格・具体参加者	结果	出处
1	封建・议赐王莽号安汉公	群臣建议	群臣	以故萧相国甲第为安汉公第，定著于令，传之无穷	《汉书》卷99《王莽传》
2	礼法・议告祠宗庙		大臣・太师孔光、大司徒马宫、大司农孙宝、侍中奉车都尉甄邯	侍中奉车都尉甄邯即时承制罢议者	《汉书》卷77《孙宝传》
3	刑狱・议金钦罪	劾奏，下议	四辅、公卿、大夫、博士、议郎	谒者召钦诣诏狱，钦自杀	《汉书》卷68《金日磾传》

续表

年份	议题	启动	规格·具体参加者	结果	出处
3	废立·议立皇后	王莽建议，事下有司	庶民、诸生、郎吏以上守阙上书者日千余人，公卿大夫或诣廷中，或伏省户下	太后遣长乐少府、宗正、尚书令纳采见女	《汉书》卷99《王莽传》
	封建·议以新野田益封王莽	信乡侯佟建议，下有司	有司	不须复加益地之宠	《汉书》卷99《王莽传》
	封建·议封王莽如周公	大司徒司直陈崇建议，太后以视群公	群公	群公方议其事，会吕宽事起	《汉书》卷99《王莽传》
	政制·议令郡国学官教授王莽书	大司马护军褒建议，下群公	群公	请令天下吏能诵公戒者，以著官簿，比《孝经》	《汉书》卷99《王莽传》
4	封建·再议封王莽如周公	太保舜等奏言，章下有司，又事下太师光等	有司·太师光等	遣大司徒、大司空持节承制，诏王莽入视事	《汉书》卷99《王莽传》
	民政·议治河	建议，司空掾典其议奏言大司空	长水校尉关并、大司马史张戎、御史韩牧、大司空掾王横、大司空掾桓谭、大司空甄丰	王莽时，但崇空语，无施行者	《汉书》卷29《沟洫志》、《御览》卷61《地部·河》引桓谭《新论》
	礼法·议九锡之法	诏议			《汉书》卷99《王莽传》

续表

年份	议题	启动	规格·具体参加者	结果	出处
5	礼法·再议九锡礼仪	诏议	公卿大夫、博士、议郎、列侯张纯等九百二人	上九锡之法，奏可	《汉书》卷99《王莽传》
	刑狱·议马宫罪	马宫上书请罪，章下有司	有司	上太师、大司徒印绶使者，以侯就第	《汉书》卷81《马宫传》
	礼法·议郊祀之处		大司马王莽、太师孔光、长乐少府平晏、大司农左咸、中垒校尉刘歆、太中大夫硃阳、博士薛顺、议郎国由等六十七人	宜如建始时丞相衡等议，复长安南、北郊如故	《汉书》卷25《郊祀志》
	礼法·长安旁诸庙兆畤		大司马王莽、太师光、大司徒宫、羲和歆等八十九人	奏可，于是长安旁诸庙兆畤甚盛矣	《汉书》卷25《郊祀志》
	礼法·议罢皇考庙		大司马王莽、大司徒平晏等一百四十七人	皇高祖考庙奉明园毁勿修，罢南陵、云陵为县	《汉书》卷73《韦贤传》
	礼法·议平帝葬礼	建议	有司	以礼敛，加元服	《汉书》卷12《平帝纪》

西汉不明时代案例

年份	议题	启动	规格·具体参加者	结论	出处
不明	事役·议立钱塘		郡议曹华信	塘以之成	《后汉书》卷71《朱俊传》注引《钱塘记》

附：新莽

年份	议题	启动	规格·具体参加者	结论	出处
6	刑制·议复汙（污）池刑	张竦为刘嘉作奏请议	下四辅公卿大夫议	后谋反者，皆污池云	《汉书》卷99《王莽传》
8	礼法·议王莽为母服丧之服制	王莽请太后下诏议	少阿、羲和刘歆与博士诸儒七十八人	莽遂行焉，凡一吊再会，而令新都侯宗为主，服丧三年云	《汉书》卷99《王莽传》
	祥瑞·议高庙现金匮图策事	宗伯刘宏以闻，召公卿议	公卿	未决，而大神石人谈曰："趣新皇帝之高庙受命。毋留！"	《汉书》卷99《王莽传》
15	礼法、学术·议制礼作乐、讲合《六经》之说		公卿	议论连年不决，不暇省狱讼冤结民之急务	《汉书》卷99《王莽传》
19	边事·议缓伐匈奴		廷议·大司马严尤	策免严尤	《汉书》卷99《王莽传》
21	军事·议禽贼方略	召问	群臣·故左将军公孙禄	莽怒，使虎贲扶禄出。然颇采其言	《汉书》卷99《王莽传》
22	政制·议遣风俗大夫司国宪等分行天下除即位以来诏令不便于民者			待见未发	《汉书》卷99《王莽传》

东汉议例一览表

汉光武帝

年份	议题	启动	规格·具体参加者	结果	出处	备注
25	礼法·议上尊号	建议	诸将·孟津将军冯异、振威将军马武、前将军耿纯	六月己未，即皇帝位于鄗。改年为建武元年，大赦天下	《后汉书》卷1《光武帝纪》、17《冯异传》、《后汉纪·光武皇帝纪三》	
	人事·议选大司空			擢拜梁为大司空	《后汉书》卷22《王梁传》	
26	封建·议封侯		博士丁恭	乃遣谒者即授印绶	《后汉书》卷1《光武帝纪》	
	律令·议省刑法	诏议	中二千石、诸大夫、博士、议郎		《后汉书》卷1《光武帝纪》	
28	学术·议立费氏易、左氏春秋博士	尚书令韩歆上疏，诏下其议；奏，下博士；郎陈元上疏，下其议	朝公卿、大夫、博士于云台·博士范升、尚书令韩歆、太中大夫许淑、郎陈元等	帝卒立《左氏》学	《后汉书》卷36《范升传》《陈元传》、79《儒林列传》	
29	事役·议开渠	建议	河南尹王梁	渠成水不流，有司劾奏，诏以为济南太守	《后汉书》卷22《王梁传》	
30	军事·议应对隗嚣策	召诸将议	诸将·征虏将军祭遵	帝从之，乃遣遵为前行	《后汉书》卷20《祭遵传》	

续表

年份	议题	启动	规格·具体参加者	结果	出处	备注
30	人事·议郡守不宜频更	执金吾朱浮上疏，下其议	群臣	群臣多同于浮，自是牧守易代颇简	《后汉书》卷33《朱浮传》	
31	礼法·议郊尧	大议，诏复下公卿议	三公、卿大夫、博士·侍御史杜林	祭如元年郊祭故事	《续汉书·祭祀志》及注引《东观书》、《后汉书》卷27《杜林传》及注引《东观书》	
	人事·前将军李通以病上书乞身	诏下公卿群臣议	公卿群臣·大司徒侯霸等	诏通勉致医药，以时视事	《后汉书》卷15《李通传》	
	政制·议令司隶校尉督察三公	大司农江冯上言，事下三府	三府·司空掾陈元	帝从之，宣下其议	《后汉书》卷36《陈元传》	
32	军事·议征隗嚣		诸将·马援	明旦，遂进军至第一，嚣众大溃	《后汉书》卷24《马援传》	
约32	边事·议匈奴犯塞事	帝召百僚廷议	百僚·博士郭宪	宪以为天下疲敝，不宜动众……帝令两郎扶下殿，宪亦不拜	《后汉书》卷82《方术列传》	
33	政制·议复置护羌校尉官	建议	班彪	复置护羌校尉官	《后汉书》卷1《光武帝纪》注	

续表

年份	议题	启动	规格·具体参加者	结果	出处	备注
35	边事·议弃金城		朝臣·陇西太守马援	帝然之，诏武威太守令悉还金城客民	《后汉书》卷24《马援传》	
35—40间	食货·议复五铢钱	陇西太守马援上书，事下三府	三府	事遂寝。后援入为虎贲中郎将，更具表言，帝从之	《后汉书》卷24《马援传》	
约37	刑狱·议孙氏叔侄分田事		会稽郡掾史·北部督邮钟离意	意请夺常田，畀并妻子。众议为允	《通典》卷168《刑法六·决断》	
38	律令、刑制·议重刑罚	太中大夫梁统上疏，事下三公、廷尉，不可；复上言，令尚书问状，对，寝不报	三公、廷尉、尚书·光禄勋杜林	统令所定，不宜开可；议上，寝不报	《后汉书》卷27《杜林传》、34《梁统传》及注引《东观记》	《后汉纪》系于36年
39	废立·议请封皇子	诏群臣议	群臣·大司空融、固始侯通、胶东侯复、高密侯禹、太常登等	制可	《后汉书》卷1《光武帝纪》	

续表

年份	议题	启动	规格·具体参加者	结果	出处	备注
39	政制·议去二府官名“大”字	建议	朱祐	后遂从其议	《后汉书》卷1《光武帝纪》、《后汉书》卷22《朱祐传》	施行在51年
42	事役·议修复鸿郤陂	太守邓晨召许杨与议之	汝南太守邓晨、术士许杨	因署杨为都水掾，使典其事	《后汉书》卷89《方术列传》	
43	礼法·议先帝四庙当代亲庙者及皇考庙事	五官中郎将张纯与太仆朱浮奏请议，下公卿、博士、议郎	公卿、博士、议郎·大司徒戴涉、大司空窦融等	上可涉等议	《续汉书·祭祀志》、《后汉书》卷35《张纯传》	
44	礼法·议吴汉谥		有司	有司奏议谥武，诏特赐谥曰忠侯	《后汉书》卷18《吴汉传》	
48	边事·议许薁鞬日逐王内附	事下公卿	公卿·五官中郎将耿国	帝从其议，遂立比为南单于	《后汉书》卷19《耿国传》	《后汉纪》系于47年
49	军事·议承制受武陵蛮降		诸将·监军谒者宋均	乃矫制受降	《后汉书》卷41《宋均传》	
	刑狱·请议马援功罪	前云阳令朱勃诣阙上书请下公卿		书奏，报归田里	《后汉书》卷24《马援传》	

续表

年份	议题	启动	规格·具体参加者	结果	出处	备注
50	礼法·议禘祫之祭	诏问	大司空张纯	帝从之，自是禘、祫遂定	《后汉书》卷35《张纯传》	
约51	礼法·议立辟雍、明堂	博士桓荣上言，章下三公、太常	三公、太常·司空张纯	纯议同荣，帝乃许之	《后汉书》卷35《张纯传》	
51	边事·议北单于求和亲事	天子召公卿廷议	公卿廷议	不决，皇太子言毋许，帝从之	《后汉书》卷89《南匈奴列传》	
52	人事·议选太子傅	大会百官	大会百官（廷议）·博士张佚	即拜佚为太子太傅，而以荣为少傅	《后汉书》卷36《桓荣传》	
	礼法·议酬答北匈奴之宜	帝下三府议酬答之宜	三府·司徒掾班彪	帝悉纳从之	《后汉书》卷89《南匈奴列传》	
54	礼法·议不祭配林		虎贲中郎将梁松等		《续汉书·祭祀志》	
56	礼法·议请封禅、封禅所施用	诏问，与议	有司·虎贲中郎将梁松等、博士曹充等	封禅	《续汉书·祭祀志》及注引《东观书》、34《梁松传》、35《曹褒传》	
	礼法·议立七郊、三雍、大射、养老礼仪	受诏议	博士曹充		《后汉书》卷35《曹褒传》	
	事役·议灵台所处	有诏会议	议郎给事中桓谭		《后汉书》卷28《桓谭传》	

汉明帝

年份	议题	启动	规格·具体参加者	结果	出处	备注
57	刑狱·议刑辟宜须秋月		寿张侯长水校尉樊鲦	显宗并从之	《后汉书》卷2《显宗孝明帝纪》、卷32《樊鲦传》	
58	政制·议置度辽将军、左右校尉	上言	大司农耿国	显宗追思国言，后遂置度辽将军，左右校尉，如其议焉	《后汉书》卷19《耿国传》	
	礼法·议光烈皇后宜入庙	虎贲中郎将梁松建议，使公卿、博士议	公卿、博士·太傅邓禹	光烈皇后于是入庙	《后汉纪·孝安皇帝纪上》	
59	礼法·议尊三老		群臣·城门校尉董钧	诏从钧议	《续汉书·礼仪志》注引谯周《五经然否》	《明帝纪》永平二年初行养老礼，故系是年
	礼法·议春南北郊		公卿·东平王骠骑将军苍		《续汉书·舆服志》注引《东观书》、《后汉书》卷42《光武十王列传》	

续表

年份	议题	启动	规格·具体参加者	结果	出处	备注
60	礼法·议世祖庙登歌八佾舞名		公卿·东平王骠骑将军苍	诏曰：骠骑将军议可	《续汉书·祭祀志》注引《东观书》、《后汉书》卷42《光武十王列传》	
65	边事·议遣使报北单于		朝议·越骑司马郑众	帝不从，复遣众	《后汉书》卷35《郑众传》、40《班固传》	
66—67	律历·议历不正	太史待诏上言，事下三公、太常知历者杂议	三公、太常知历者杂议	讫十年四月，无能分明据者	《续汉书·律历志》	
约68	食货·议置常平仓		公卿议者·行执金吾事、屯骑校尉刘般	帝乃止	《后汉书》卷39《刘般传》	《通典》载永平五年置常平仓，或至是年废
69	事役·议修汴渠		司空掾王景	遣景与王吴修渠筑堤	《后汉书》卷76《循吏列传》	

续表

年份	议题	启动	规格·具体参加者	结果	出处	备注
70	边事·议兵事		太仆祭肜、虎贲中郎将马廖、奉车都尉窦固、下博侯刘张、好畤侯耿忠、谒者仆射耿秉等	兵出白山，匈奴必并兵相助，又当分其东，以离众	《后汉纪·孝明皇帝纪下》	《通鉴》系72年，此从《后汉纪》；《后汉纪》“马廖”作“马庚”，此从《通鉴》
72	边事·议出兵调度		黄门侍郎马防	敕下调马谷	《御览》卷837《百谷部·谷》引《东观汉记》、894《兽部·马二》引《东观汉记》	
73	刑狱·议骑都尉秦彭罪	窦固奏彭专擅，引公卿朝臣平其罪科	尚书令、公卿朝臣·公府掾郭躬	帝从躬议	《后汉书》卷46《郭躬传》、《御览》卷646《刑部·斩》引《汉新事》	
	边事·议袭杀匈奴使者	假司马班固建议，吏士请与从事议		未与从事议，袭杀匈奴使者	《后汉书》卷47《班超传》	

续表

年份	议题	启动	规格·具体参加者	结果	出处	备注
73—75间	刑狱·议中常侍孙章罪	尚书奏章矫制，朝议召问	朝议·公府掾郭躬	章应罚金	《后汉书》卷46《郭躬传》、《御览》卷640《刑法部·决狱》引《续汉书》	
明帝时	刑狱·议青州刺史王望擅出布粟赈灾罪	王望事毕上言，帝以望章示百官，详议其罪	公卿·尚书仆射钟离意	帝嘉意议，赦而不罪	《后汉书》卷39《王望传》	

汉章帝

年份	议题	启动	规格·具体参加者	结果	出处
75	礼法·议明帝尊号庙礼		公卿·东平王苍、太尉喜等	尊号曰显宗，庙乐皆如王议	《续汉书·祭祀志》注引《东观书》、《后汉书》卷3《肃宗孝章帝纪》
	边事·议救戊己校尉关宠	诏公卿会议	公卿·司空第五伦、司徒鲍昱	帝是昱议，发兵救	《后汉书》卷19《耿恭传》
76	人事·议越骑校尉桓郁以母忧乞身	诏公卿议	公卿	诏听以侍中行服	《后汉书》卷37《桓郁传》及注引华峤书

续表

年份	议题	启动	规格·具体参加者	结果	出处
76	边事·议罢西域边屯	校书郎杨终上疏，下其章	校书郎杨终、司空第五伦、太尉牟融、司徒鲍昱、校书郎班固等	帝从之，听还徙者，悉罢边屯	《后汉书》卷47《杨终传》
76—81间	政制·议使尚书郎补千石令		尚书令郑弘	帝从其议。弘所陈补益王政者，皆著之南宫，以为故事	《后汉书》卷33《郑弘传》
76—83间	律令·议定轻侮法			是时遂定其议，以为轻侮法	《后汉书》卷44《张敏传》
79	学术·议五经同异	诏议，下太常	下太常、将、大夫、博士、议郎、郎官及诸生、诸儒会白虎观，五官中郎将魏应承制问，侍中淳于恭奏，帝亲称制临决·广平王羡、太常楼望、少府成封、屯骑校尉桓郁、卫士令贾逵、方正鲁恭、侍中兼射声校尉丁鸿、玄武司马班固	作《白虎议奏》	《后汉书》卷3《肃宗孝章帝纪》、25《鲁恭传》、37《丁鸿传》、40《班固传》

续表

年份	议题	启动	规格·具体参加者	结果	出处
79	礼法·议明德皇后在世祖庙坐位		公卿·东平宪王苍	明德皇后宜配孝明皇帝	《御览》卷531《礼仪部·宗庙》引《东观汉记》
80	人事·议纠举恶吏	诏议	有司		《后汉书》卷3《肃宗孝章帝纪》
81	食货·议复盐铁官		朝议·大司农郑众	众谏以为不可，帝不从	《后汉书》卷36《郑众传》、《书钞》卷54《设官部·大司农》引《后汉书》
83	民政·议省贡献徭费以利饥人	奏议	大司农郑弘	帝顺其议	《后汉书》卷33《郑弘传》
	边事·议许北单于和亲	诏问群僚	玄武司马班固		《后汉书》卷40《班固传》
84	人事·议郡国贡举	有诏下公卿朝臣议	大鸿胪韦彪	其要归在于选二千石，帝深纳之	《后汉书》卷26《韦彪传》、《文选》卷29《嵇康杂诗》注
85	礼法·议增修群祀	诏议			《后汉书》卷2《肃宗孝章帝纪》

续表

年份	议题	启动	规格·具体参加者	结果	出处
85	律历·议元首十一月当先大	问对	使左中郎将贾逵问治历者卫承、李崇、太尉属梁鲔、司徒掾严勖、太子舍人徐震、钜鹿公乘苏统及欣、梵等十人	敕毋拘历已班，天元始起之月当小	《续汉书·律历志》
	礼法·议增修群祀宜享祀者	诏议			《续汉书·祭祀志》，注引《东观书》
	礼法·议请著成汉礼	上疏，章下太常	太常巢堪	不可许	《后汉书》卷35《曹褒传》
	边事·议还所掠北匈奴生口	武威太守孟云上书，诏百官议朝堂	公卿百官·司徒桓虞、太尉郑弘、司空第五伦、太仆袁安、大鸿胪韦彪、司隶校尉	帝竟从安议还生口	《后汉书》卷45《袁安传》、89《南匈奴列传》
	律令·议断狱当尽冬月	长水校尉贾宗等上言，以其言下公卿议	公卿·尚书陈宠	遂尽冬初十月，不复改	《后汉书》卷46《陈宠传》
86	礼法·议制作礼乐	诏议，上疏，事下三公，召问玄武司马班固	三公、玄武司马班固	于下年敕曹褒制作汉礼百五十篇	《后汉书》卷35《曹褒传》

续表

年份	议题	启动	规格·具体参加者	结果	出处
86	边事·议答乌孙使者	问对	尚书仆射郑弘、侍中窦宪	上遂答乌孙使	《后汉纪·孝章皇帝纪下》
约86	食货·议一取布帛为租、复盐官、复均输	尚书张林上言，诏诸尚书通议；陈事者复重述林前议，有诏施行，尚书仆射驳议	诸尚书通议·尚书仆射朱晖、尚书令	帝意解，寝其事	《后汉书》卷43《朱晖传》
85—87	礼法·议制作礼乐	诏议	众儒		《后汉书》卷35《张纯传》
87	边事·议置北匈奴降者于滨塞		太尉宋由、光禄勋耿秉	皆以为失南单于心，不可，先帝从之	《后汉书》卷45《袁安传》

汉和帝

年份	议题	启动	规格·具体参加者	结果	出处
88	礼法·议章帝谥		崔骃	谥曰章	《御览》卷562《礼仪部·谥》引崔骃《章帝谥议》
	边事·议许南单于请兵北伐		窦太后、尚书宋意	会南单于竟不北徙	《后汉书》卷41《宋意传》

续表

年份	议题	启动	规格·具体参加者	结果	出处
88	刑狱·议案刺杀齐殇王子都乡侯畅事	尚书令奏议	尚书令韩棱	棱上疏以为贼在京师，窦太后以切责棱，棱固执其议	《后汉书》卷45《韩棱传》
89	边事·议遣窦宪、耿秉击匈奴		太尉宋由、司徒袁安、司空任隗、九卿、侍御史鲁恭	书奏，不从	《后汉书》卷21《任隗传》、25《鲁恭》、45《袁安传》
	边事·议罢征匈奴军旅	朝会	尚书仆射郅寿、诸尚书	因朝会讥刺宪等，下吏当诛	《后汉书》卷29《郅寿传》
89—97间	律令·议废轻侮法	尚书张敏驳议，请下三公廷尉		和帝从之，废轻侮法	《后汉书》卷44《张敏传》
90	礼法·议拜大将军称万岁		尚书以下·尚书令韩棱	议者皆惭而止	《后汉书》卷45《韩棱传》
91	边事·议立北单于	大将军窦宪上言，事下公卿议；司徒袁安上封事，诏下其议	公卿·太尉宋由、太常丁鸿、光禄勋耿秉等十人；司徒袁安、司空任隗、宗正刘方、大司农尹睦、大将军窦宪	宪竟立匈奴降者右鹿蠡王于除鞬为单于，后遂反叛，卒如安策	《后汉书》卷45《袁安传》

续表

年份	议题	启动	规格·具体参加者	结果	出处
92	政制·议举孝廉员数	下公卿会议	公卿·司徒丁鸿、司空刘方	帝从之	《后汉书》卷37《丁鸿传》
	礼法·议追封和熹皇后父护羌校尉邓训		太尉张禹、司徒徐防、大司农陈宠	争之连日不能夺，乃从二府议	《后汉书》卷46《陈忠传》
93	礼法、刑狱·议奏曹褒擅制汉礼，宜加刑诛	奏议	太尉张酺、尚书张敏等		《后汉书》卷34《曹褒传》及论
94	律令·议请令三公、廷尉平定律令	建议，请令三公、廷尉平定律令	廷尉陈宠	未及施行，会坐诏狱吏与囚交通抵罪	《后汉书》卷46《陈宠传》
	边事·议儆备单于	中郎将杜崇、度辽将军朱徽上言，下公卿议	公卿	遣有方略使者之单于庭观其动静。如无它变，可令责其部众横暴为边害者，若不从命，令为权时方略	《后汉书》卷89《南匈奴列传》
95	灾异·问得失	帝引见公卿问得失	公卿·将、大夫、御史、谒者、博士、议郎、郎官会廷中各言封事		《后汉书》卷4《孝和帝纪》

续表

年份	议题	启动	规格·具体参加者	结果	出处
97	礼法·议贬太后尊号	建议	太尉张酺、司徒刘方、司空张奋	其勿复议	《后汉书》卷10《皇后纪》
	礼法·追上梁贵人尊号	奏记三府求申议	太尉张酺	追尊为太后	《后汉书》卷34《梁竦传》
100	刑狱·议太尉张酺罪	司隶校尉晏称劾奏，有诏公卿、博士、朝臣会议	公卿、博士、朝臣会议·司徒吕盖	于是策免	《后汉书》卷45《张酺传》
101	礼法·请议礼乐异议三事	上疏请议	太常张纯	帝虽善之，犹未施行	《后汉书》卷35《张纯传》
102	学术·议博士及甲乙策试宜从其家章句	司空徐防上疏，诏书下公卿	公卿	皆从防言	《后汉书》卷44《徐防传》
	律历·议改用夏历	待诏太史霍融上言，诏书下太常	史官·太史令舒、承、梵等	下晷景漏刻四十八箭，立成斧官府当用者，计吏到，班予四十八箭	《续汉志·律历中》

汉殇帝

年份	议题	启动	规格·具体参加者	结果	出处
106	边事·议罢西域都护		公卿议者	永初元年，遂罢都护	《后汉书》卷47《梁慬传》

汉安帝

年份	议题	启动	规格·具体参加者	结果	出处	备注
107—109间	律令·议尽冬月断狱	太后诏公卿以下会议	公卿以下·司徒鲁恭	后卒施行	《后汉书》卷25《鲁恭传》	
108	民政·议赈灾	御史中丞樊准上书请下公卿平议		太后从之，悉以公田赋与贫人	《后汉书》卷32《樊准传》	
110	军事·议击海贼张伯路	御史中丞王宗召刺史太守共议	御史中丞王宗，幽州冀州刺史、太守，青州刺史法雄	宗善其言，即罢兵	《后汉书》卷38《法雄传》	
	边事·议弃凉州	谒者庞参奏记车骑将军邓骘，乃会公卿集议	四府、公卿·大将军邓骘、太尉李修、郎中虞诩	众多不同，乃止	《后汉书》卷51《庞参传》	
111	礼法·议邓太后宜献庙	谒者刘珍上言，事下公卿	公卿	佥曰：宜如珍言	《后汉纪·孝安皇帝纪上》	
116	礼法、律令·议牧守行三年丧	上言，诏下公卿	公卿·司徒刘恺	太后从之	《后汉书》卷5《孝安帝纪》、39《刘恺传》	

续表

年份	议题	启动	规格·具体参加者	结果	出处	备注
118	刑狱·议征西校尉任尚罪		太尉马英、司空李郃、司徒刘恺		《后汉书》卷39《刘恺传》	
119	礼法·议复祭六宗	司空李郃奏，制下公卿议	公卿·五官将行弘等三十一人，大鸿胪庞雄等二十四人	上从郃议，由是遂祭六宗	《续汉书·祭祀志》注引《李氏家书》	
	边事·议击匈奴	敦煌太守曹宗请出兵，朝堂会议，太后召班勇与议	公卿朝堂会议·尚书、长乐卫尉镡显、廷尉綦毋参、司隶校尉崔据、太尉属毛轸、军司马班勇	从勇议不出兵，复置西域副校尉	《后汉书》卷47《班勇传》	
120	礼法·议冠一梁	侍御史任方奏请，事下有司	有司·尚书陈忠	方言宜寝，奏可	《续汉志·舆服下》	
121	人事·议选太尉		尚书陈忠	书奏，诏引恺拜太尉	《后汉书》卷39《刘恺传》	
	律令·议复建武故事绝告宁之典	尚书令祝讽、尚书孟布等奏	尚书令祝讽、尚书孟布、尚书陈忠	宦竖不便之，竟寝忠奏而从讽、布议，遂著于令	《后汉书》卷46《陈忠传》	

续表

年份	议题	启动	规格·具体参加者	结果	出处	备注
121	刑狱·议乐成王苌罪		尚书令黄香、尚书侍郎冷宏	贬苌爵为临湖侯	《后汉书》卷50《孝明八王列传》、《后汉纪·孝安皇帝纪上》	《后汉书》以黄香卒于延平元年，盖延光元年之误。又：冷宏，《后汉纪》作“岑宏”
	边事·议伐高句骊（丽）	玄菟太守姚光上言	尚书陈忠	遣吊问，因责让前罪	《后汉书》卷89《东夷列传》	
	礼法·议邓太后谥		群臣·尚书陈忠		《蔡中郎集·和熹邓后谥议》	
约122	刑狱·议居延都尉范邠罪	诏下三公、廷尉议	太尉刘恺、司徒杨震、司空陈褒、廷尉张皓	有诏：“太尉议是。”	《后汉书》卷39《刘恺传》	
123	律历·议改历事	中谒者亶诵、河南梁丰上言改历，尚书郎张衡、周兴问难，以为《九道法》最密，诏书下公卿详议	公卿·侍中施延等；博士黄广、大行令任佥；河南尹祉、太子舍人李泓等四十人；太尉恺等八十四人；尚书令忠	上纳尚书令言，遂寝改历事	《续汉书·律历志》	

续表

年份	议题	启动	规格·具体参加者	结果	出处	备注
123	边事·议复通西域以制北虏	敦煌太守张珰上书陈三策，诏下其议	尚书陈忠	乃以班勇为西域长史西屯柳中。勇遂破平车师	《后汉书》卷88《西域传》	
124	废立·议废太子	召公卿以下会议	公卿以下·大将军耿宝、太仆来历、太常桓焉、廷尉张皓	是日遂废太子为济阴王	《后汉书》卷15《来历传》、37《桓焉传》	
	刑狱·议太子罪	群臣诣鸿都门证太子无过	太仆来历、光禄勋祋讽，宗正刘玮，将作大匠薛皓，侍中閭丘弘、陈光、赵代、施延，太中大夫朱伥、第五颉，中散大夫曹成，谏议大夫李尤，符节令张敬，持书侍御史龚调，羽林右监孔显，城门司马徐崇，卫尉守丞乐闱，长乐、未央厩令郑安世等十余人	免历兄弟官，削国租，黜公主不得会见	《后汉书》卷15《来历传》、36《郑众传》	
安帝时	刑狱·议河间人尹次、颍川人史玉罪		三公曹尚书陈忠	尚书陈忠以罪疑从轻，议活次、玉	《后汉书》卷48《陈忠传》	

汉顺帝

年份	议题	启动	规格·具体参加者	结果	出处
125	礼法·议徙阎太后于别馆	议郎陈禅建议	群臣议者·司徒李郃（司徒掾周举）	明年正月，帝乃朝于东宫，太后由此以安	《后汉书》卷61《周举传》
126	礼法·议停恭陵神道工	张衡上封事请议	太史令张衡		《续汉书·五行志》注
131—135间	刑狱·议宁阳主簿罪	宁阳主簿上书，帝持章示尚书，尚书劾，尚书仆射虞诩驳	尚书仆射虞诩、尚书	帝纳诩言，笞之而已	《后汉书》卷58《虞诩传》
132	废立·议探筹以立皇后		尚书仆射胡广、尚书郭虔、史敞	帝从之，以梁贵人良家子，定立为皇后	《后汉书》卷44《胡广传》
	政制·议察举限年四十以上试以经学章奏	尚书令左雄上言，诏许，胡广等驳议、请议	尚书令左雄、尚书仆射胡广、尚书郭虔、史敞	帝从左雄，班下郡国	《后汉书》卷44《胡广传》、61《左雄传》
136	礼法·议尊谥北乡侯	诏召公卿、中二千石、尚书诣显亲殿问	公、卿、中二千石、尚书·司隶校尉周举；司徒黄尚、太常桓焉等七十人	司徒黄尚、太常桓焉等七十人同举议，帝从之	《后汉书》卷61《周举传》
	食货·议增蛮夷租赋	武陵太守上书	尚书令虞诩	遂增其租赋	《后汉书》卷86《南蛮西南夷列传》

续表

年份	议题	启动	规格·具体参加者	结果	出处
约 136	政制·议立交州	交趾太守周敞上书，朝议	朝议	朝议不许，即拜敞为交趾刺史	《晋书》卷 15《地理志下》、《安南志略》卷 7
138	边事·议平日南、象林蛮夷乱	召公卿百官及四府掾属问其方略	公卿百官及四府掾属·大将军从事中郎李固	四府悉从固议，即拜祝良为九真太守，张乔为交阯刺史	《后汉书》卷 86《南蛮西南夷列传》
142	政制·议遣八使循行天下	召问	群臣·谏议大夫周举	遣八使持节循行天下	《后汉纪·孝顺皇帝纪下》
143	律历·议改历	尚书侍郎边韶上言，诏书下三公、百官杂议	三公、百官杂议·太史令虞恭、治历宗欣等	宜如甲寅诏书故事，奏可	《续汉书·律历志》

汉冲帝

年份	议题	启动	规格·具体参加者	结果	出处
144	礼法·议殇帝、顺帝昭穆之序	诏以殇帝幼崩庙次宜在顺帝下，太常、谏议大夫异议，诏下公卿	公卿·太常马访、谏议大夫吕勃、大鸿胪周举	吕勃议是，太后下诏从之	《后汉书》卷 61《周举传》
145	军事·议遣太尉李固援击广陵贼		梁太后	未及行，会抚等进击，大破之	《后汉书》卷 38《滕抚传》

汉质帝

年份	议题	启动	规格・具体参加者	结果	出处
145	礼法・议为冲帝卜山陵		太尉李固	乃从固议	《后汉书》卷63《李固传》
	废立・议立帝		大将军梁冀、太尉李固	立乐安王子缵，年八岁，是为质帝	《后汉书》卷55《章帝八王传》、63《李固传》

汉桓帝

年份	议题	启动	规格・具体参加者	结果	出处
146	废立・立天子	太尉李固引司徒胡广、司空赵戒与梁冀书，冀召三公、中二千石、列侯大议所立	三公、中二千石、列侯大议・司徒胡广、大将军梁冀（中常侍曹腾）、司空赵戒、太尉李固、大鸿胪杜乔、袁汤	竟立蠡吾侯，是为桓帝	《后汉书》卷44《胡广传》、45《袁安传》、55《章帝八王传》、63《李固传》、《杜乔传》
147	军事・议遣讨零陵桂阳山贼		公卿・尚书陈蕃	以此忤左右，故出为豫章太守	《后汉书》卷66《陈蕃传》
151	礼法・议崇梁冀礼	大会公卿，共议其礼	中朝二千石以上会议其礼・司空黄琼、特进胡广、太常羊溥、司隶校尉祝恬、太中大夫边韶等	宣布天下，为万世法	《后汉书》卷34《梁冀传》、61《黄琼传》
152	人事・议选将帅平蛮乱	诏下公卿议	公卿・四府（大将军、太尉、司徒、司空）	四府举奉才堪将帅。永兴元年，拜武陵太守	《后汉书》卷48《应奉传》

续表

年份	议题	启动	规格·具体参加者	结果	出处
154	礼法、律令·议二千石得去官为亲行服		司空掾赵岐	朝廷从之	《后汉书》卷64《赵岐传》
	政制·议分巴郡	巴郡吏民自讼，太守但望上疏，朝议	朝议	朝议不许	《华阳国志》卷1《巴志》
157	食货·议改铸大钱	上书言，事下四府群僚及太学能言之士	四府群僚及太学能言之士·太学生刘陶	帝竟不铸钱	《后汉书》卷57《刘陶传》
161	刑狱·议杨秉、韦著罪	有司劾奏，请下所属，尚书令、尚书议奏	尚书令周景、尚书边韶	于是重征，乃到，拜太常	《后汉书》卷54《杨秉传》
163	刑狱·议车骑将军冯绲罪	监军使者张敞奏请下吏案理，尚书令黄俊奏议	尚书令黄俊	会长沙贼复起，绲以军还盗贼复发，策免	《后汉书》卷38《冯绲传》
164	刑狱·请议勃海王悝罪	北军中候史弼上疏请议		上以至亲，不问其事	《后汉书》卷64《史弼传》、《后汉纪·孝桓皇帝纪下》
165	废立·议立皇后		司隶校尉应奉	帝纳其言，竟立窦皇后	《后汉书》卷48《应奉传》

续表

年份	议题	启动	规格·具体参加者	结果	出处
166	刑狱·议襄楷罪	襄楷诣阙上书，召诣尚书问状，诏下有司处正	尚书	帝以楷言虽激切，然皆天文恒象之数，故不诛，犹司寇论刑	《后汉书》卷30《襄楷传》
桓帝时	政制·议制婚姻之家及两州人士不得对相监临		朝议	乃制婚姻之家及两州人士不得对相监临	《后汉书》卷60《蔡邕传》

汉灵帝

年份	议题	启动	规格·具体参加者	结果	出处	备注
167	废立·议立灵帝		太尉周景、御史刘倏、太仆袁逢		《续汉书·五行志》、《后汉书》卷45《袁安传》、《周景传》	
168	封建·加窦武封爵		朝议·布衣卢植	武并不能用	《后汉书》卷64《卢植传》	
	边事·集议边事		四府掾属诣台集议·司徒掾冯岱		《书钞》卷68《设官部·掾》引谢承《后汉书》	

续表

年份	议题	启动	规格·具体参加者	结果	出处	备注
171	废立·议立宋皇后		群臣·尚书令嚣、仆射鼎、尚书旭、乘、滂、谟、诣，太傅、太尉、司徒、司空、太常	立宋皇后	《续汉书·礼仪志》注引蔡质书	
172	礼法·议别葬窦太后	太尉李咸上疏，诏公卿大会朝堂，令中常侍赵忠监议	公卿·太尉李咸、廷尉陈球、中常侍赵忠	以窦太后与桓帝合葬	《后汉书》卷56《陈球传》、《后汉纪·孝灵皇帝纪上》、《搜神记》卷15	《后汉纪》以李咸上疏在前，公卿议在后。《通鉴考异》以为当以《后汉纪》为是
175	律历·议用甲寅元	五官郎中冯光、沛相上计掾陈晃言，诏书下三府，与儒林明道者详议	三府，与儒林明道者详议·校尉、侍中、郎将、大夫、千石、六百石、议郎、博士、户曹令史·议郎蔡邕、五官郎中冯光、沛相上计掾陈晃、太尉耽、司徒隗、司空训	以邕议劾光、晃不敬，正鬼薪法。诏书勿治罪	《续汉书·律历志》	

续表

年份	议题	启动	规格・具体参加者	结果	出处	备注
176	政制・议遣八使巡行郡国			未详斯议所因寝息	《后汉书》卷60《蔡邕传》	
	边事・议弃益州郡		朝议・太尉掾李颙	乃拜颙益州太守，击破平之	《后汉书》卷86《南蛮西南夷列传》	
177	边事・议征幽州诸郡兵出塞击鲜卑	护乌桓校尉夏育上言，中常侍王甫请，大臣多有不同，乃召百官议朝堂	百官议朝堂・议郎蔡邕	遂遣将出击鲜卑	《后汉书》卷90《乌桓鲜卑列传》、《蔡中郎集・难夏育请伐鲜卑议》	
178	灾异・议灾异之意	诏书尺一召议	光禄大夫杨赐、谏议大夫马日磾、议郎张华、蔡邕、太史令单飏	各答对	《蔡中郎集・答诏问灾异》	
179	律历・议王汉所上《月食注》	公乘王汉上《月食注》，事下太史令，谷尚书召谷城门候刘洪敕问	太史令修、谷城门候刘洪	遣汉归乡里	《续汉书・律历志》	

续表

年份	议题	启动	规格·具体参加者	结果	出处	备注
180	律历·议宗诚、张恂历术优劣	诚兄整前后上书，诏书下太常平议	太常就耽、侍中韩说、博士蔡较、谷城门候刘洪、右郎中陈调、部舍人宗诚、张恂	诏书报，恂、诚各以二月奉赎罪，整适作左校二月。遂用洪等，施行诚术	《续汉书·律历志》	
184	军事·议灭黄巾贼	召群臣诣省阁会议	群臣·太尉杨赐、北地太守皇甫嵩	解党禁，发天下精兵讨黄巾	《后汉书》卷54《杨赐传》、71《皇甫嵩传》	
	刑狱·议故武威太守黄隽罪		凉州刺史梁鹄、汉阳长史盖勋	罪在八议得免	《后汉书》卷58《盖勋传》注引《续汉书》	
	封建·议复安平国		朝廷议·安平相李燮	续竟归藩。燮以谤毁宗室，输作左校	《后汉书》卷63《李燮传》	

续表

年份	议题	启动	规格·具体参加者	结果	出处	备注
184—185间	刑狱·议雒阳男子龙罪		太尉、中常侍、尚书、御史中丞、直事御史、谒者、卫尉、司隶、河南尹、雒阳令·太尉邓盛（太尉议曹掾应劭）	时灵帝诏报，恶恶止其身，龙以重论之，阳不坐	《续汉书·五行志五》注引《风俗通》	《续汉志》以此事在光和中，按邓盛任太尉在中平元年（184），二年免，姑系于此
185	边事·议募鲜卑兵	北军中候邹靖上言，事下四府，又诏百官大会朝堂	四府·大将军掾韩卓、太尉属应劭、司徒属孙嵩、司空掾孔仙 百官大会朝堂	于是诏百官大会朝堂，皆从劭议	《后汉书》卷48《应劭传》、《御览》卷827《资产部·市》引《汉名臣奏》	
	边事·议弃凉州	司徒崔烈建议，诏会公卿百官	公卿百官·司徒崔烈、议郎傅燮	帝从燮议	《后汉书》卷58《傅燮传》、《后汉纪》卷25《灵帝纪下》	

续表

年份	议题	启动	规格·具体参加者	结果	出处	备注
185	刑狱·议豫州刺史王允罪	大将军何进、太尉袁隗、司徒杨赐上疏请议		书奏，得以减死论	《后汉书》卷66《王允传》	
188	政制·议置州牧	太常刘焉建议	太常刘焉	焉领益州牧，太仆黄琬为豫州牧，宗正刘虞为幽州牧	《后汉书》卷75《刘焉传》	
	人事·议选幽州牧		朝议	乃以刘虞为幽州牧	《三国志》卷8《公孙瓒传》	
灵帝时	刑狱·议汝南王叔汉狱	诏将相大夫会议之	将相大夫会议·博士任敏	诏书：还钱，复本官	《意林》	
	礼法·议殴杀指挥使尚可斋祠不	问对	议郎蔡邕、博士任敏	可斋无疑	《宋书》卷14《礼志一》、《蔡中郎集·答斋议》	

汉献帝

年份	议题	启动	规格·具体参加者	结果	出处	备注
189	废立·议废少帝立陈留王	董卓大会百官于崇德殿	大会百官于崇德殿集议·司空董卓、尚书卢植	卓怒罢会，立陈留王为皇帝，年九岁	《后汉书》卷64《卢植传》、72《董卓传》、《御览》卷92《皇王部·废帝弘农王》引《英雄记》	
	礼法·议迁太后永安宫	董卓复大会群臣	群臣·司空董卓	乃迁于永安宫	《后汉书》卷10《皇后纪》、72《董卓传》、《三国志》卷6《董卓传》注引《献帝纪》	
190	礼法·议和帝以下不应为宗		相国董卓、左中郎将蔡邕等	皆奏毁之	《续汉书·祭祀志》注引袁山松书、《后汉书》卷9《孝献帝纪》、《蔡中郎集·宗庙迭毁议》	
	军事·议大发卒讨关东义兵	董卓会公卿议	公卿·相国董卓、尚书郑太	卓乃悦，以公业为将军，使统诸军讨击关东	《后汉书》卷70《郑太传》	

续表

年份	议题	启动	规格·具体参加者	结果	出处	备注
190	事役·议迁都	大会公卿议；黄琬退而驳议	大会公卿百官·相国董卓、司徒杨彪、太尉黄琬、司空荀爽、河南尹朱俊、吏部尚书周珌、侍中伍琼	于是迁天子西都	《后汉书》卷54《杨彪传》、61《黄琬传》、71《朱俊传》、72《董卓传》	
	人事·议选司徒			纪见祸乱方作，即时之郡。玺书追拜太仆	《后汉书》卷62《陈纪传》	
191	礼法·议邓后谥		左中郎将蔡邕	追正和熹之谥	《后汉书》卷10《皇后纪》注引《蔡邕集·谥议》、《蔡中郎集·和熹邓后谥议》	
193	礼法·议日蚀行冠礼		尚书八座议·士孙瑞		《通典》卷78《礼三十八·沿革三十八·军礼三·天子合朔伐鼓》	
194	礼法·议加太傅马日磾丧礼		朝廷议·少府孔融	朝廷从之，不加礼	《后汉书》卷70《孔融传》	

续表

年份	议题	启动	规格·具体参加者	结果	出处	备注
195	礼法·议车驾别幸		公卿大会议·车骑将军	不决	《后汉纪》卷28《孝献皇帝纪》	
196—198间	律令、刑制·议复肉刑		少府孔融	朝廷善之，卒不改焉	《后汉书》卷70《孔融传》	
198	礼法·议皇后敬父礼		三公八座议·大司农郑玄、丞相征事邴原		《通典》卷67《礼二十七·沿革二十七·嘉礼十二·皇后敬父母》	198年郑玄得在朝廷，故系此年。邴原为丞相征事在210年，郑玄已卒，《通典》殆误，此时原为司空掾。或玄、原议不在同时
200后	礼法·议陈矫非礼		徐宣	曹操下令建安五年以前一切勿论	《三国志》卷22《陈矫传》注引《魏氏春秋》	
204	政制·议复古九州		侍中守尚书令荀彧	遂寝九州议	《后汉书》卷70《荀彧传》	
208—212间	礼法·议散斋不废乐		尚书令荀彧、台郎董遇		《通典》卷147《乐七·散斋不废乐议》	

续表

年份	议题	启动	规格·具体参加者	结果	出处	备注
210	刑狱·议田畴罪	有司劾，下世子及大臣博议	世子、大臣·世子曹丕、尚书令荀彧、司隶校尉钟繇	太祖喟然知不可屈，乃拜为议郎	《三国志》卷11《田畴传》及注引《魏书》、《魏略》	
约210	礼法·议元会应避日蚀否		朝臣议·尚书令荀彧、博平计吏刘邵	遂朝如旧，日亦不蚀	《通典》卷78《礼三十八·沿革三十八·军礼三·天子合朔伐鼓》	
211—213间	刑狱·议亡士妻白等罪		大理、冀州主簿卢毓	太祖曰：毓执之是也	《三国志》卷22《卢毓传》	
213	律令、刑制·议复肉刑	令议	大司农郎中令王修、相国钟繇、御史中丞陈群、丞相府参军傅干	修以为时未可行，太祖采其议	《三国志》卷11《王修传》、13《钟繇传》、22《陈群传》、《晋书》卷30《刑法志》、《艺文类聚》卷54《刑法部·刑法》	
约213	礼法·议异姓为后		博士田琼、大理王朗、奉常王修、军谋史于达叔		《通典》卷69《礼二十九·沿革二十九·嘉礼十四·异姓为后议》	王朗为大理在汉末，王修亦卒于汉末。此云“魏时”，盖指曹操之魏国

续表

年份	议题	启动	规格·具体参加者	结果	出处	备注
220	礼法·议追尊曹嵩为太王	尚书令桓阶等奏，诏更议	博士祭酒孙钦等	于是汉帝追谥为“太王”	《通典》卷72《礼三十二·沿革三十二·嘉礼十七·天子追尊祖考妣》	
献帝时	刑狱·议曹操罪	曹操敕主簿议罪	主簿	因援剑割发以置地	《三国志》卷1《武帝纪》注引《曹瞒传》	

东汉不明时代案例

年份	议题	启动	规格·具体参加者	结果	出处	备注
不明	刑狱·议光禄勋刘嘉、廷尉赵世罪	高赐举奏	高赐	廷尉治嘉罪，河南尹治世罪	《续汉书·百官志》注引蔡质《汉仪》	《刘虞传》：祖父嘉，光禄勋
	礼法·议异姓为后		吴商		《通典》卷69《礼二十九·沿革二十九·嘉礼十四·异姓为后议》	吴商，汉末人。此议或为私议
	人事·议选侍御史		朝议	朝议欲以为侍御史，因遁身逃命于梁沛之间	《御览》卷725《方术部·卜上》引谢承《后汉书》	范丹，桓灵时人

后　记

书稿初成，我贾足余勇，写了一篇洋洋洒洒数千字的后记。在硬盘里凉了两个月，觉得有些话存在心里即可，外人未必有兴趣读。所以重草此篇，核心意思只有一个：说说本书的缺点。

第一，我不懂外语，尤其是日语。所以，关于汉代集议制有两种很重要的研究——永田英正《汉代の集议について》、渡边信一郎《天空の玉座》，我虽然能拿到日文本，却没法参考利用。我找懂日语的朋友，翻译了永田英正文章的核心部分，勉强做了一个脚注。至于渡边氏的研究，我只能参考王德权先生《东京与京都之外——渡边信一郎的中国古代史研究》一文的评介。如果有郢书燕说之处，幸望识者教正。

第二，我没有对魏晋以下的集议制度进行专门研究，目前学界也罕有此类成果。所以，本书关于汉代集议制的一些论断，缺乏后世制度作为参照系，价值会相应削弱。

第三，本书所用史料的断限，大体是到《岳麓秦简（三）》为止。《岳麓秦简（四）》有不少集议的史料，当时无缘得见。我本来想将有关新出史料补入，但这样不过徒增若干重复的例子，既不对本书观点构成修正，又缺乏对新史料的严谨释读，故暂时作罢。

论文答辩的时候，自曝缺点是很好的防守办法。但我这里自陈局限，是为了让读者更有效利用局限之外的长处。本书的初稿是我的博士论文。成稿前后，龙大轩老师、俞荣根老师、徐世虹老师指教最多，特此致谢。

人民大学的朱腾兄与我迄未谋面，他对拙作垂青谬赏，极力玉成了出版事宜。并世学人而能相知如此，令我感佩在心。妻子曹勤经常与我讨论书中的问题，给我许多灵感。我现在已分不清，书中哪些部分凝结着她的心血。本书修订期间，小女降临人世。这样枯燥冷僻的书，没有办法送给她。但愿她长大后能享受好的法律，能读到好的历史。

最后一段话是写给读者的。我不希望这本书出版后有如泥牛入海，杳无回响。尽管明知无益，还是留下我的邮箱：qintaoshui@163.com。如果哪一天您能赐予指教，将会让我开心一整天的。

秦　涛

丁酉七夕后二日

识于渝北五斗斋，时伏后暑热未消

图书在版编目（CIP）数据

律令时代的“议事以制”：汉代集议制研究 / 秦涛著. —北京：中国法制出版社，2018.6
（青蓝文库）
ISBN 978-7-5093-9182-2

Ⅰ. ①律… Ⅱ. ①秦… Ⅲ. ①法制史—研究—中国—汉代
Ⅳ. ① D929.34

中国版本图书馆 CIP 数据核字（2018）第 011177 号

策划编辑 马 颖 王雯汀 责任编辑 马 颖 王雯汀 封面设计 蒋 怡

律令时代的“议事以制”：汉代集议制研究

LÜLING SHIDAI DE “YISHIYIZHI”：HANDAI JIYIZHI YANJIU

著 者 / 秦 涛
经 销 / 新华书店
印 刷 / 三河市紫恒印装有限公司
开 本 / 680 毫米 ×1000 毫米 16 开
印 张 / 31.25
字 数 / 448 千

版次：2018 年 6 月第 1 版 / 2018 年 6 月第 1 次印刷
书号：ISBN 978-7-5093-9182-2 定价：79.00 元

北京西单横二条 2 号
邮政编码：100031 传真：010-66031119
网址：http://www.zgfzs.com 编辑部电话：010-66060794
市场营销部电话：010-66033393 邮购部电话：010-66033288

（如有印装质量问题，请与本社印务部联系调换。电话：010-66032926）